牧　健二監修
佐藤進一
池内義資編
百瀬今朝雄

中世法制史料集

第三巻
武家家法Ⅰ

岩波書店刊行

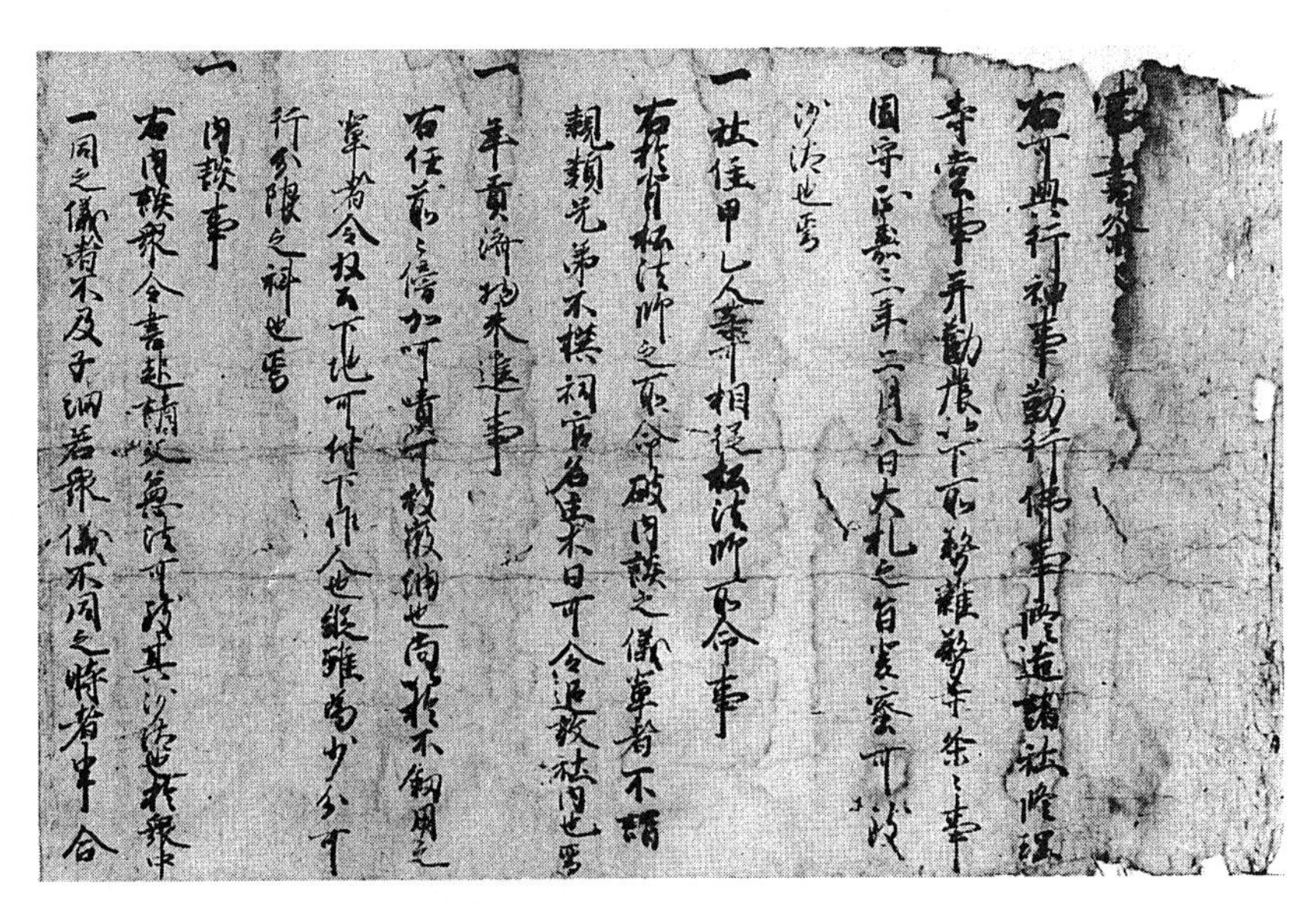

宗像氏事書(宗像辰美氏所藏)　卷首　本文21頁參照

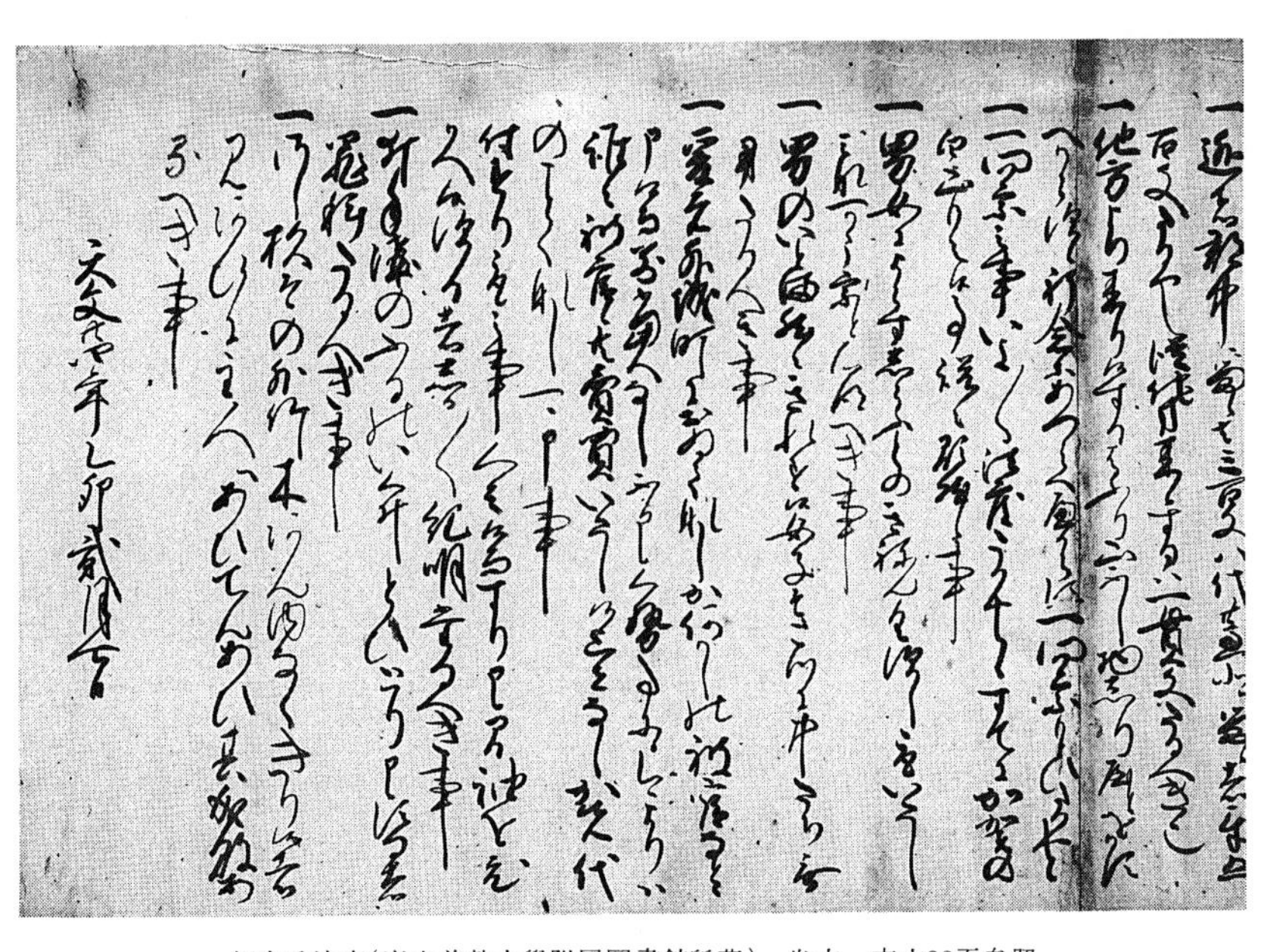

相良氏法度(慶應義塾大學附屬圖書館所藏)　卷末　本文32頁參照

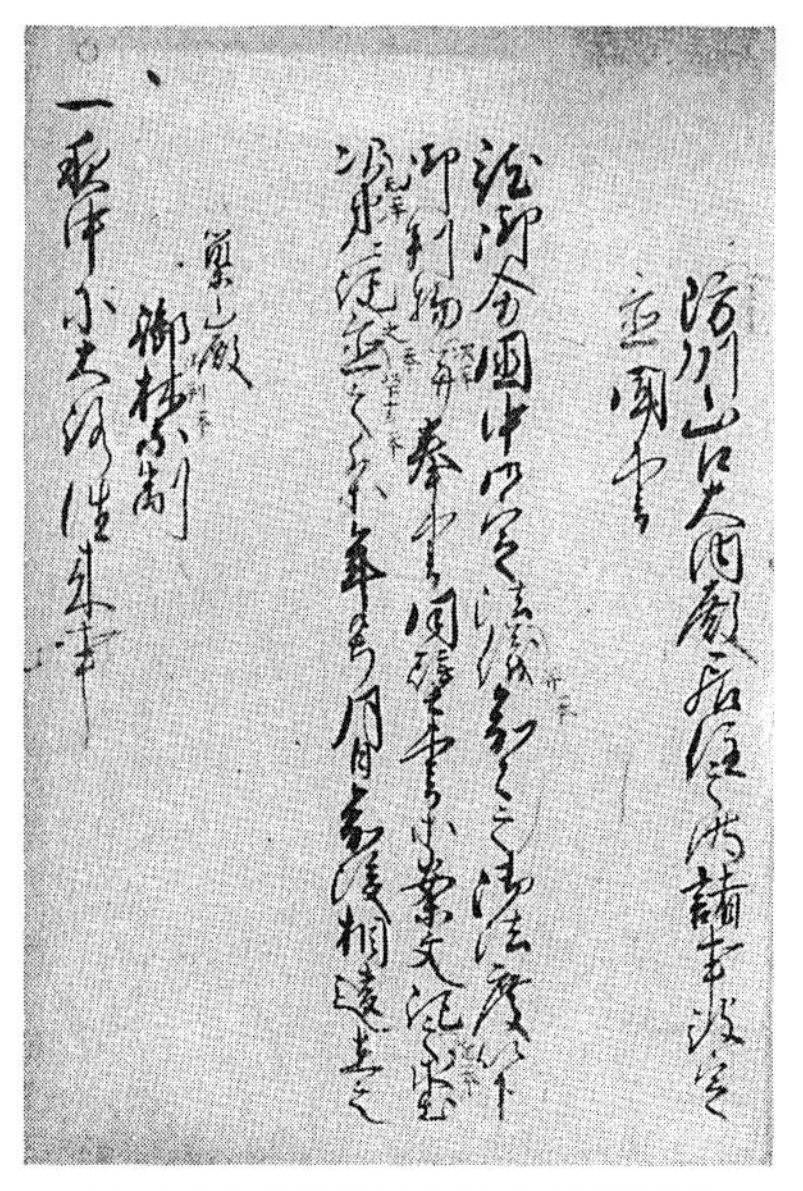

永田本大内氏掟書(山口縣立山口圖書館所藏) 卷首 本文36頁參照

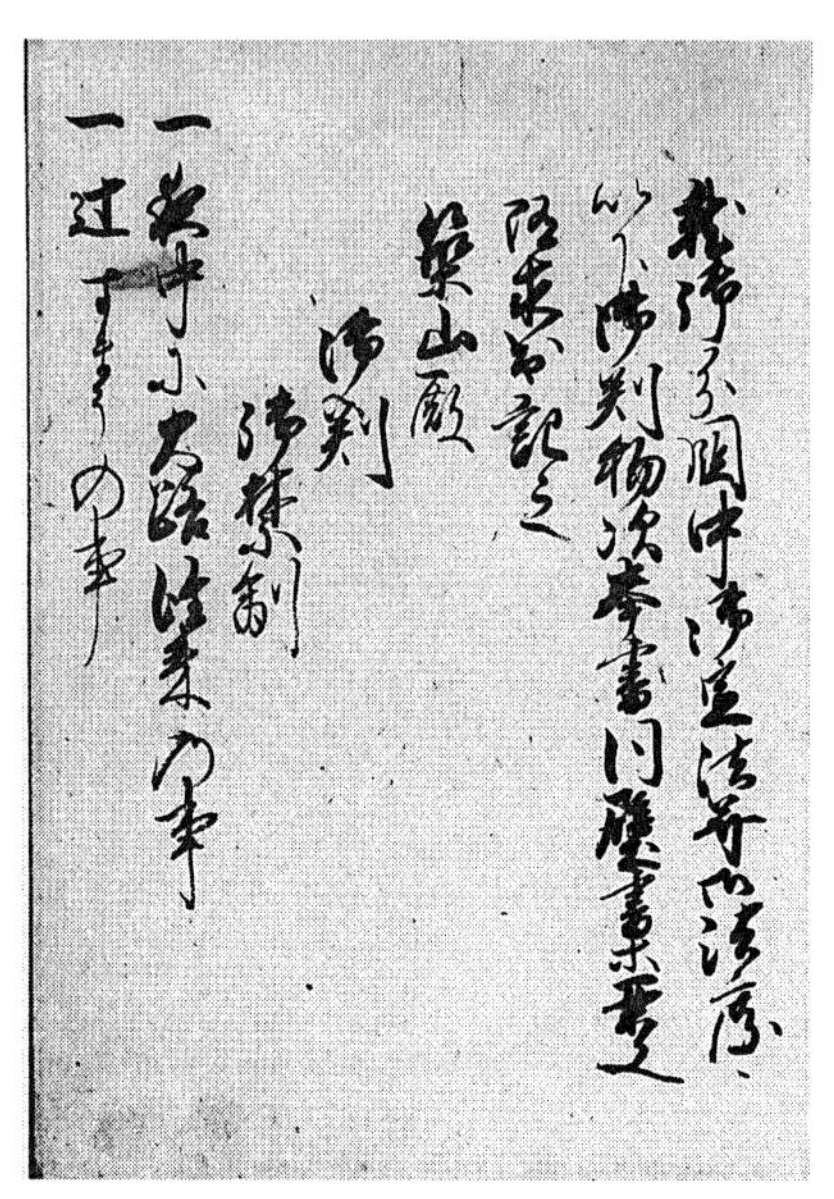

前田家本大内氏掟書(前田家尊經閣所藏) 卷首 本文36頁參照

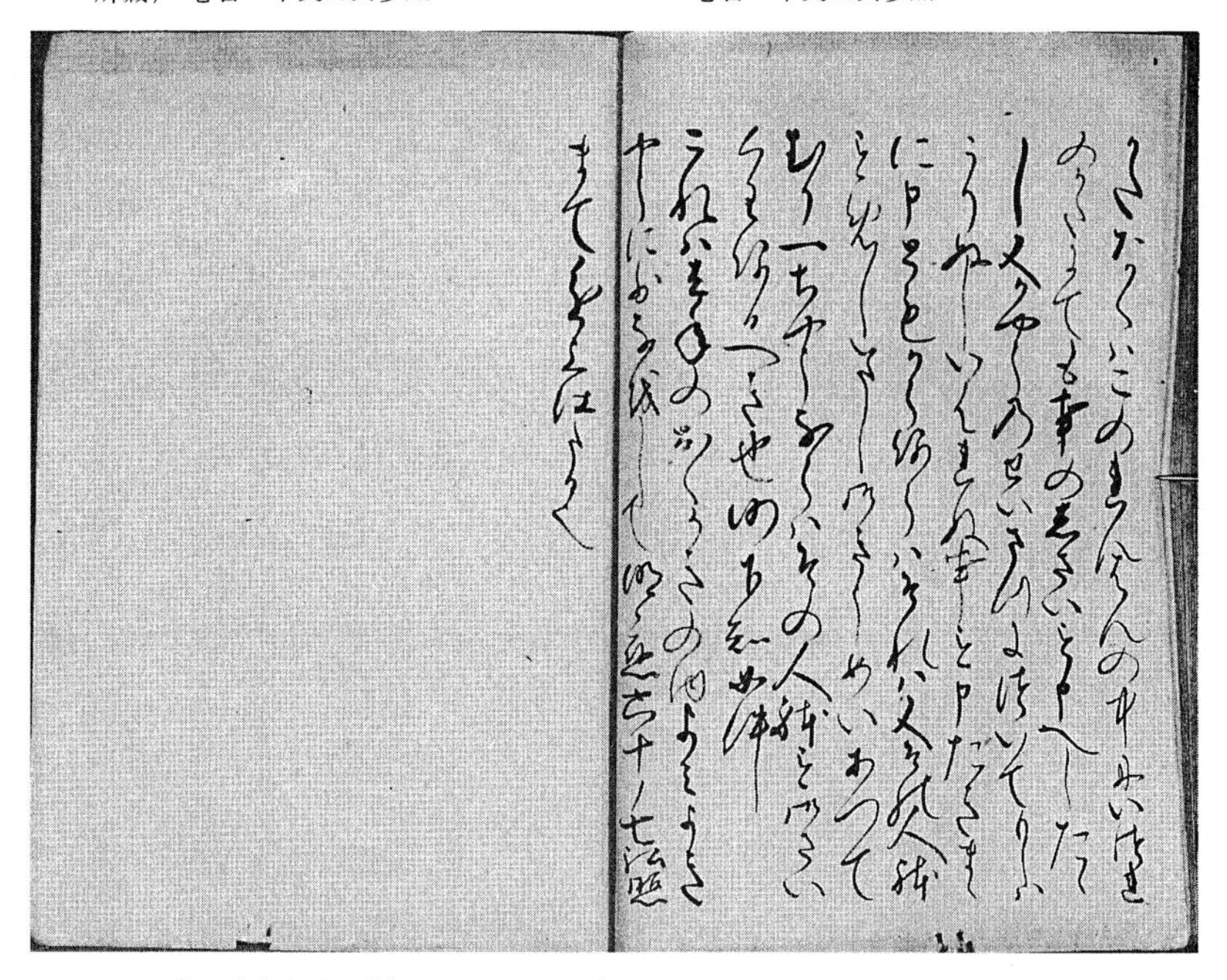

永田本大内氏掟書(山口縣立山口圖書館所藏) 第98條 本文101頁參照

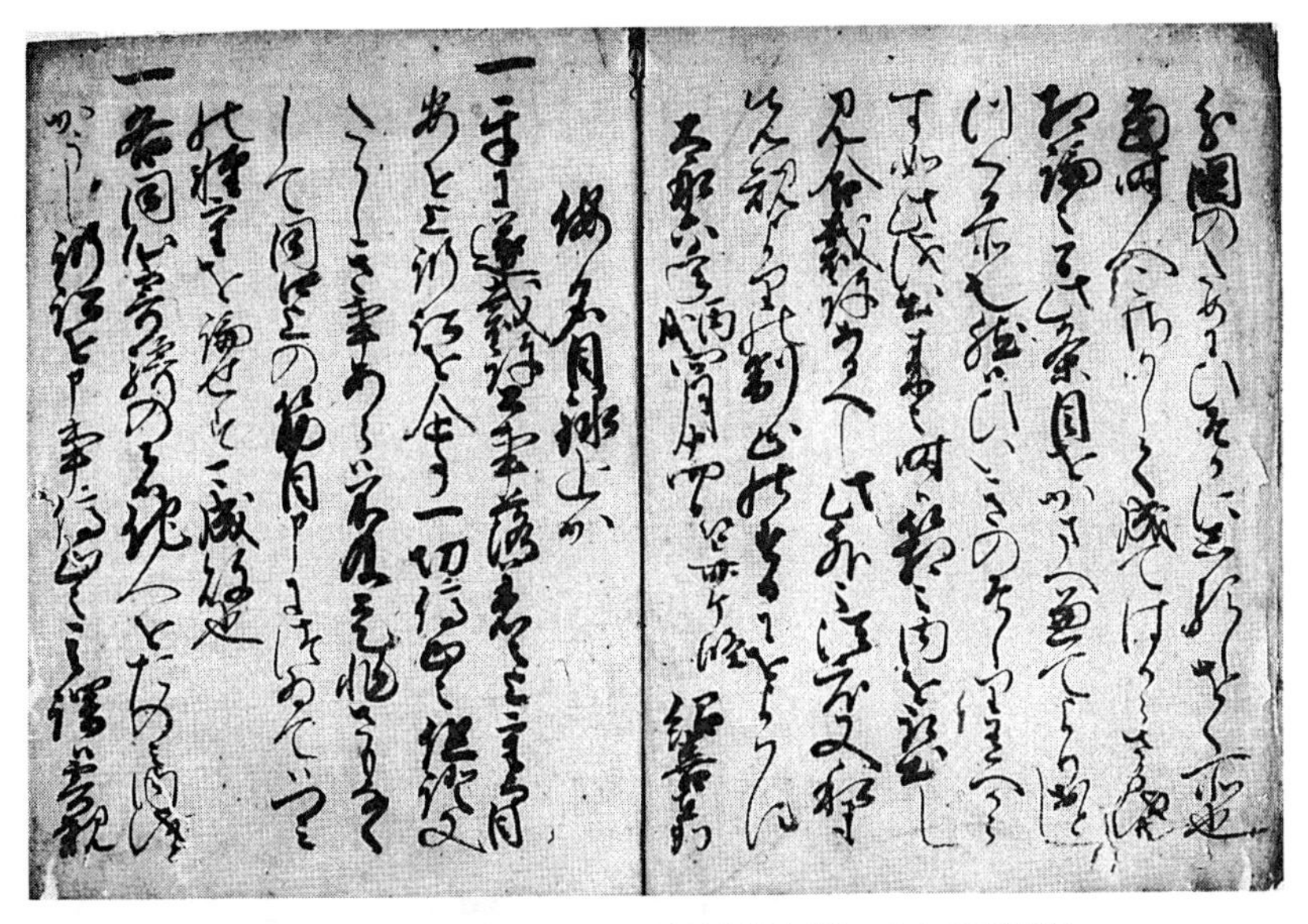

黑川本今川假名目錄(明治大學刑事博物館所藏)　本文122頁參照

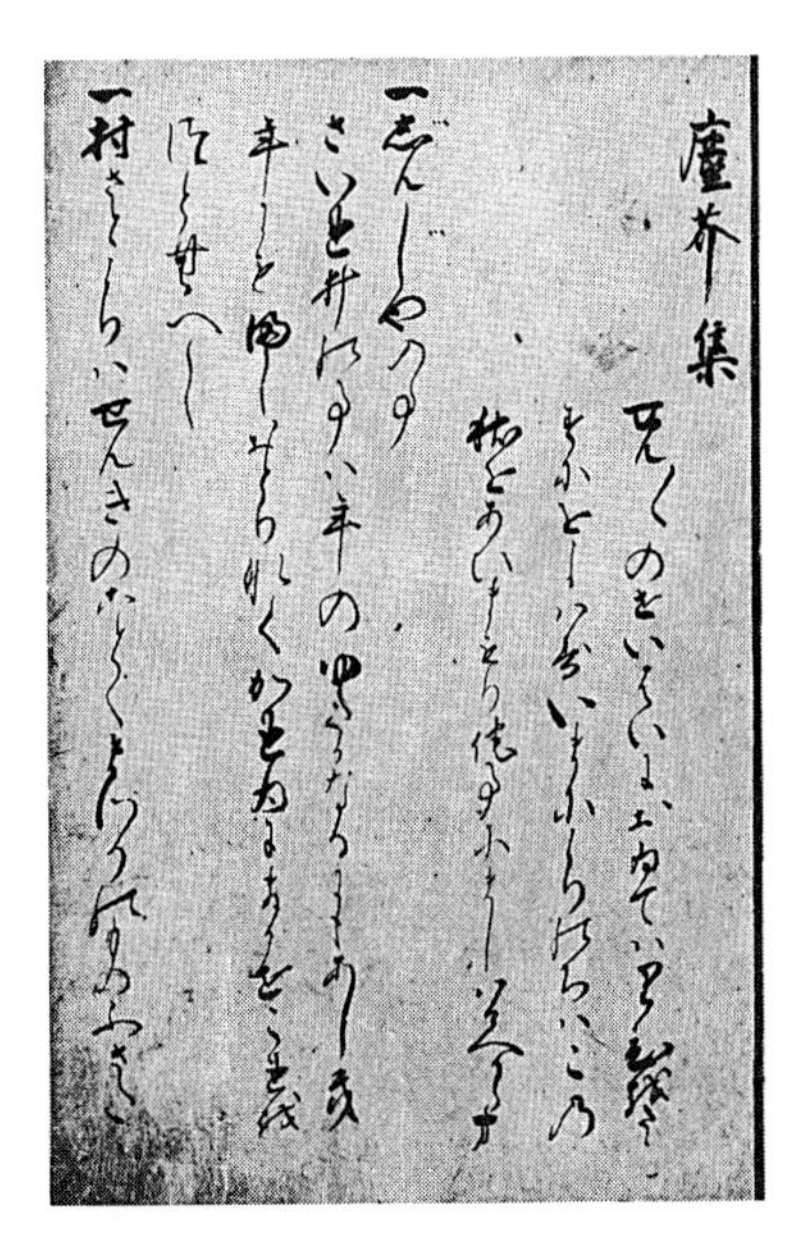

村田本塵芥集(仙臺市博物館所藏)　卷首
本文135頁參照

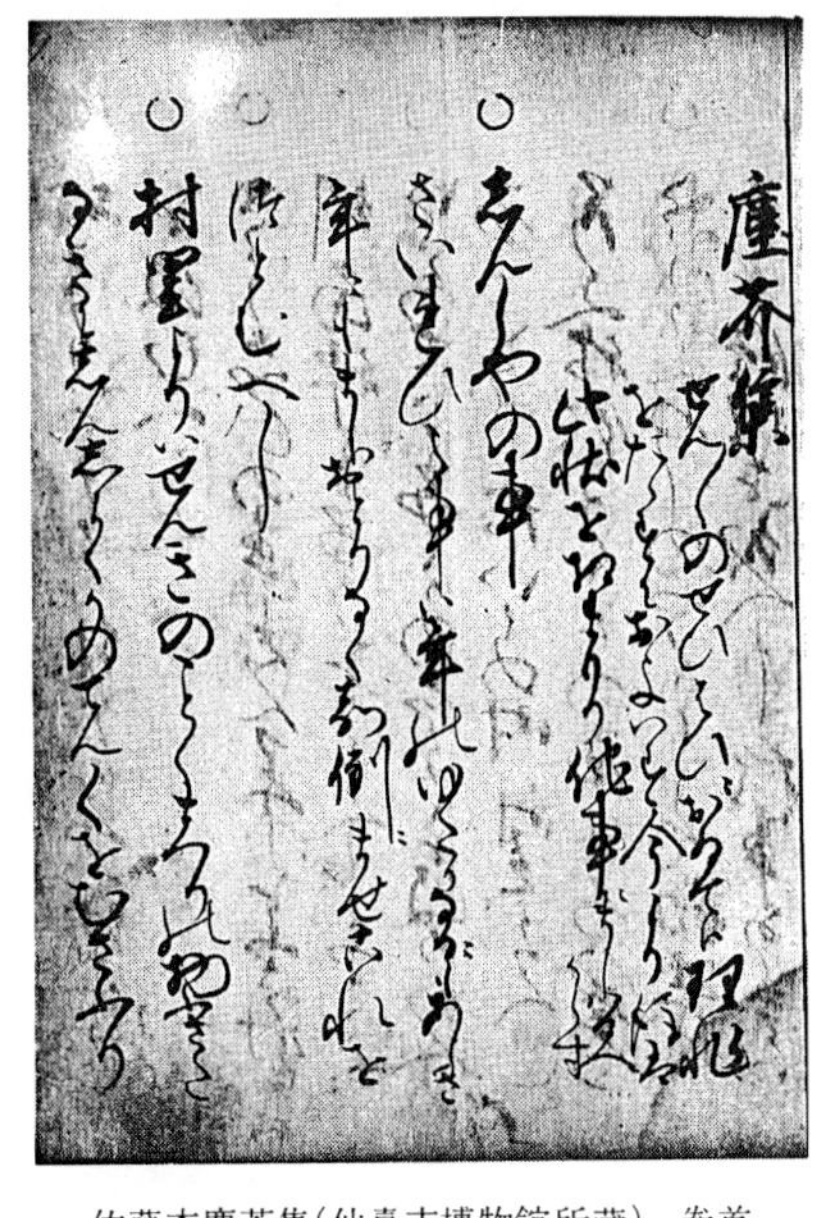

佐藤本塵芥集(仙臺市博物館所藏)　卷首
本文135頁參照

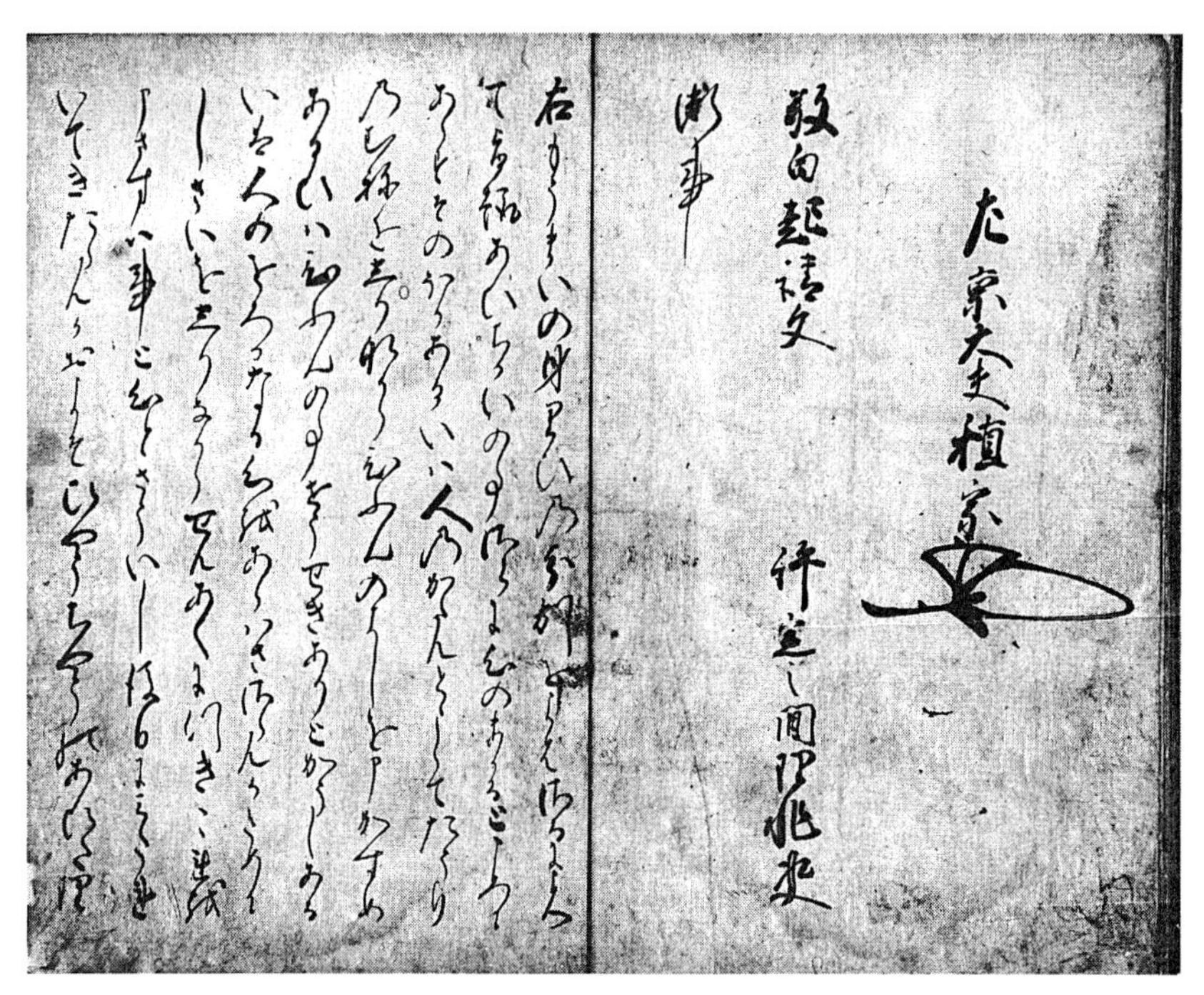

村田本塵芥集（仙臺市博物館所藏）　本文186頁參照

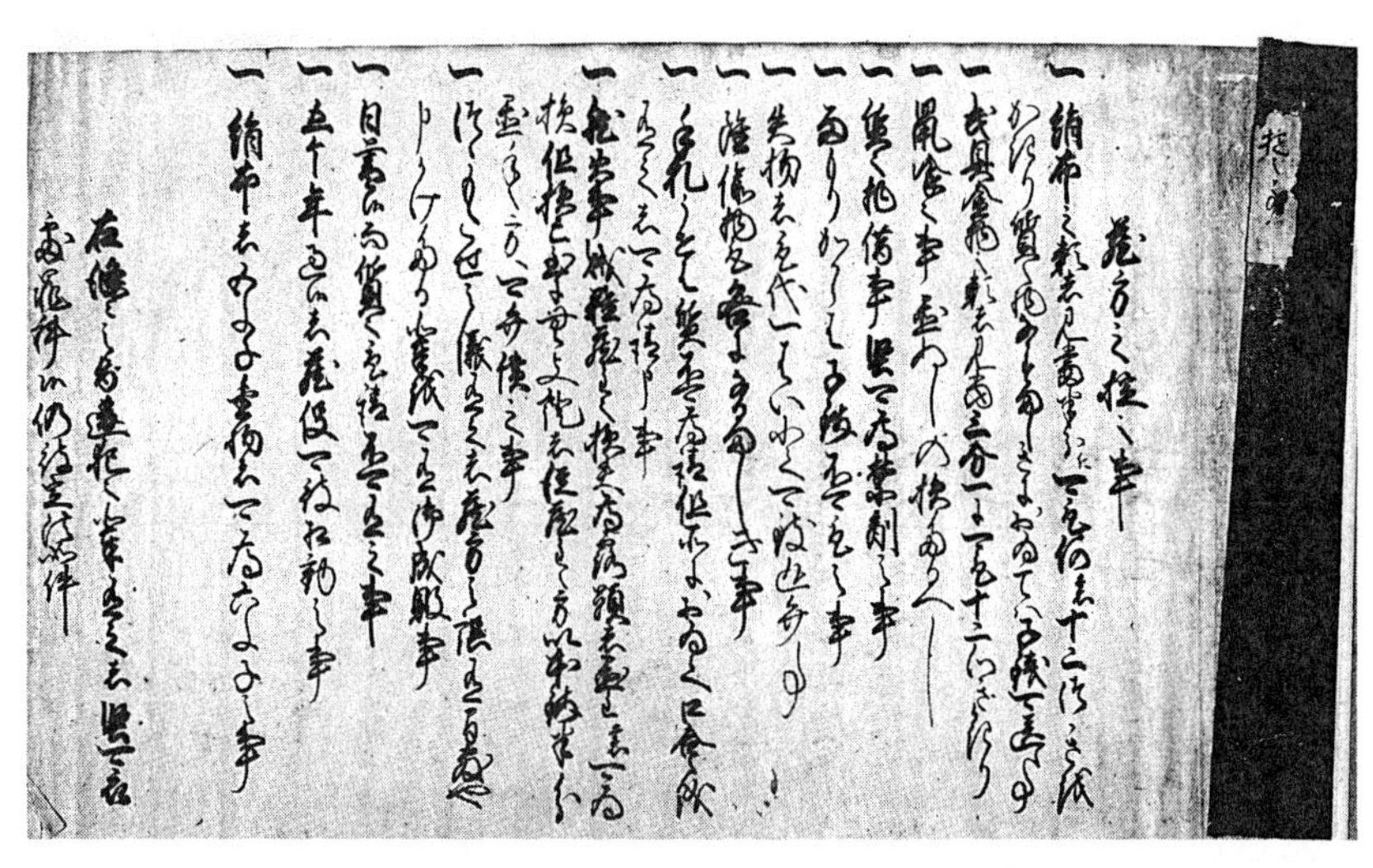

伊達家本藏方之掟（仙臺市博物館所藏）　本文191頁參照

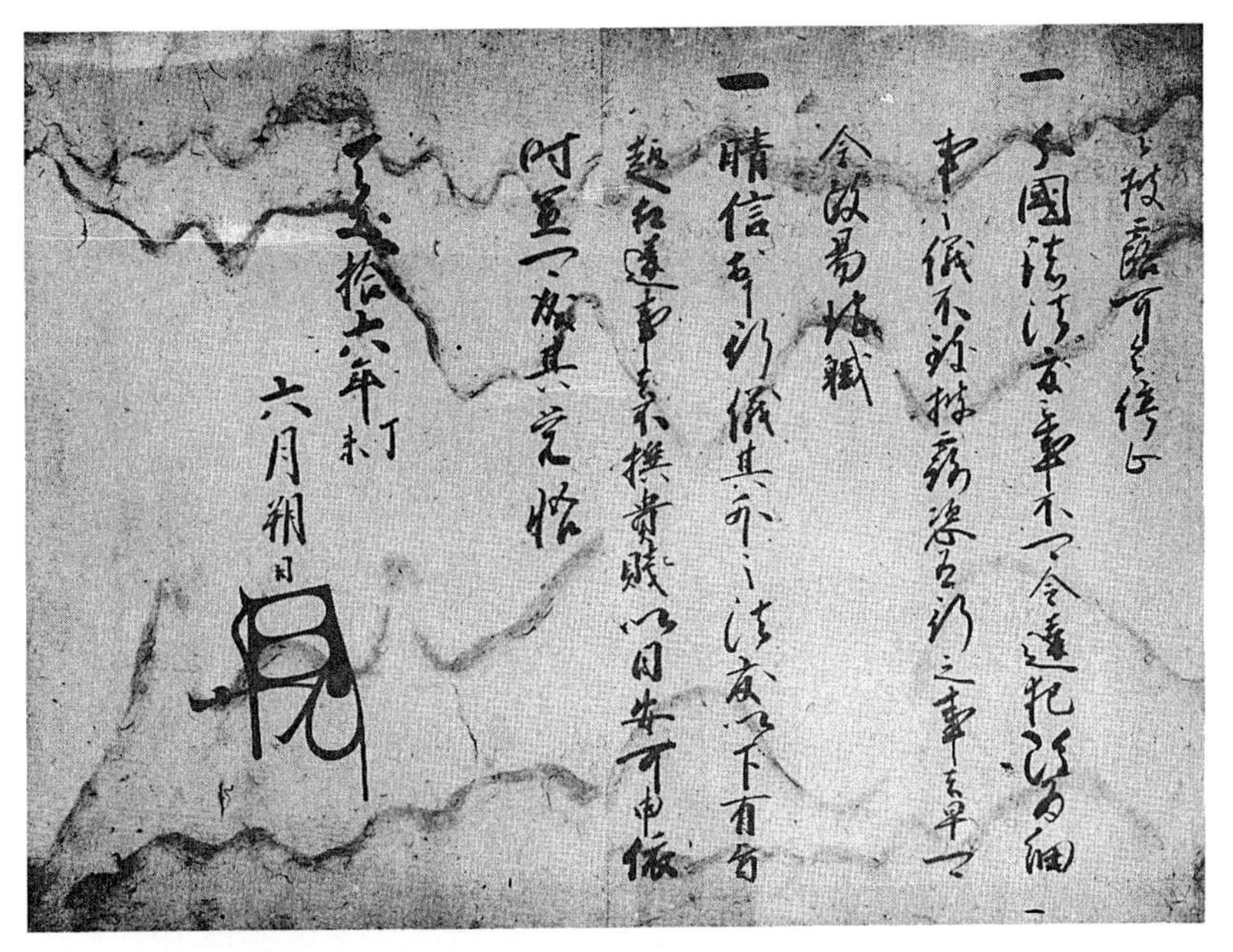

保阪本甲州法度之次第（保阪潤治氏所藏，東京大學史料編纂所架藏レクチグラフに據る） 卷末　本文199頁參照

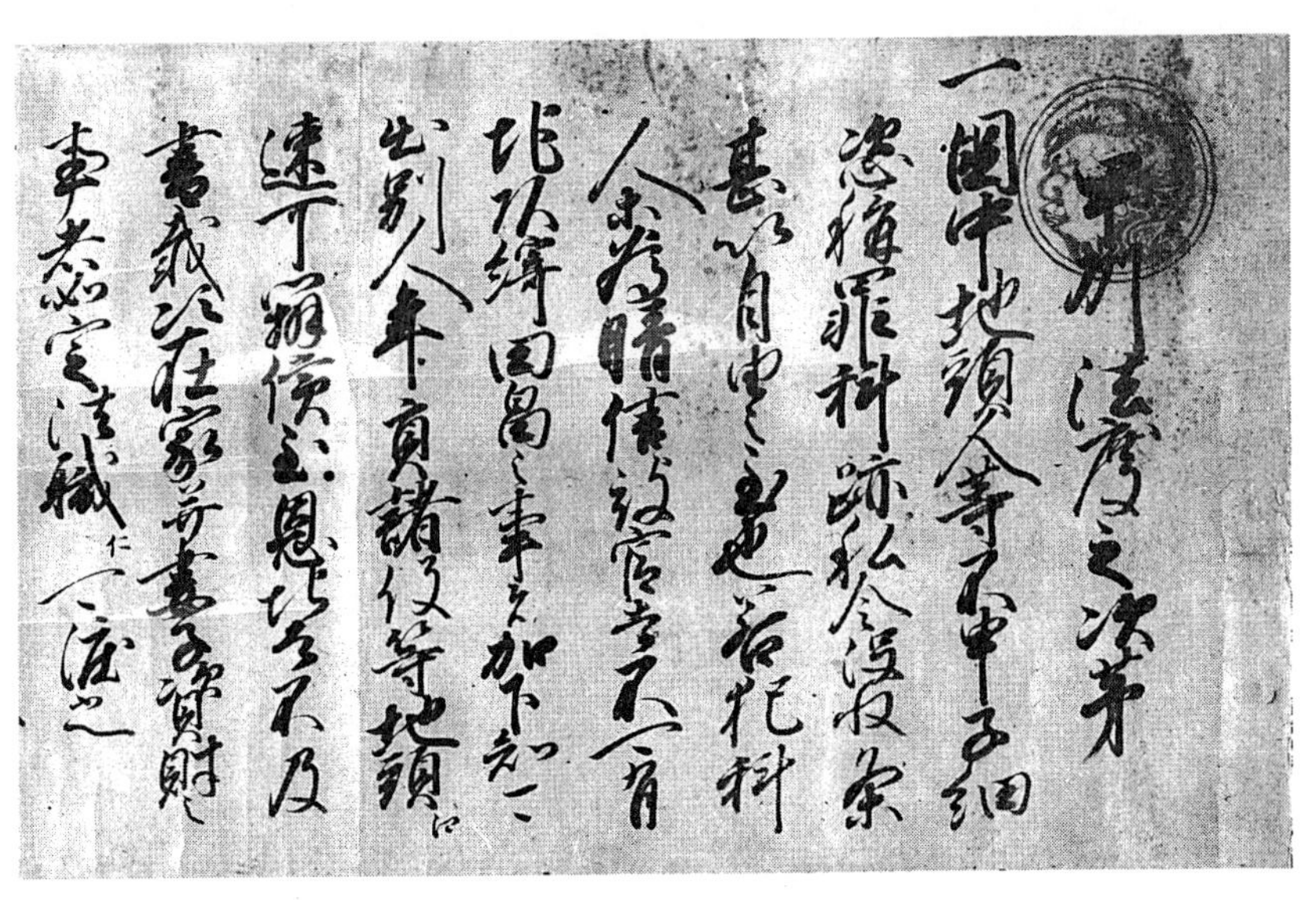

東大本甲州法度之次第（東京大學法學部研究室所藏） 卷首　本文200頁參照

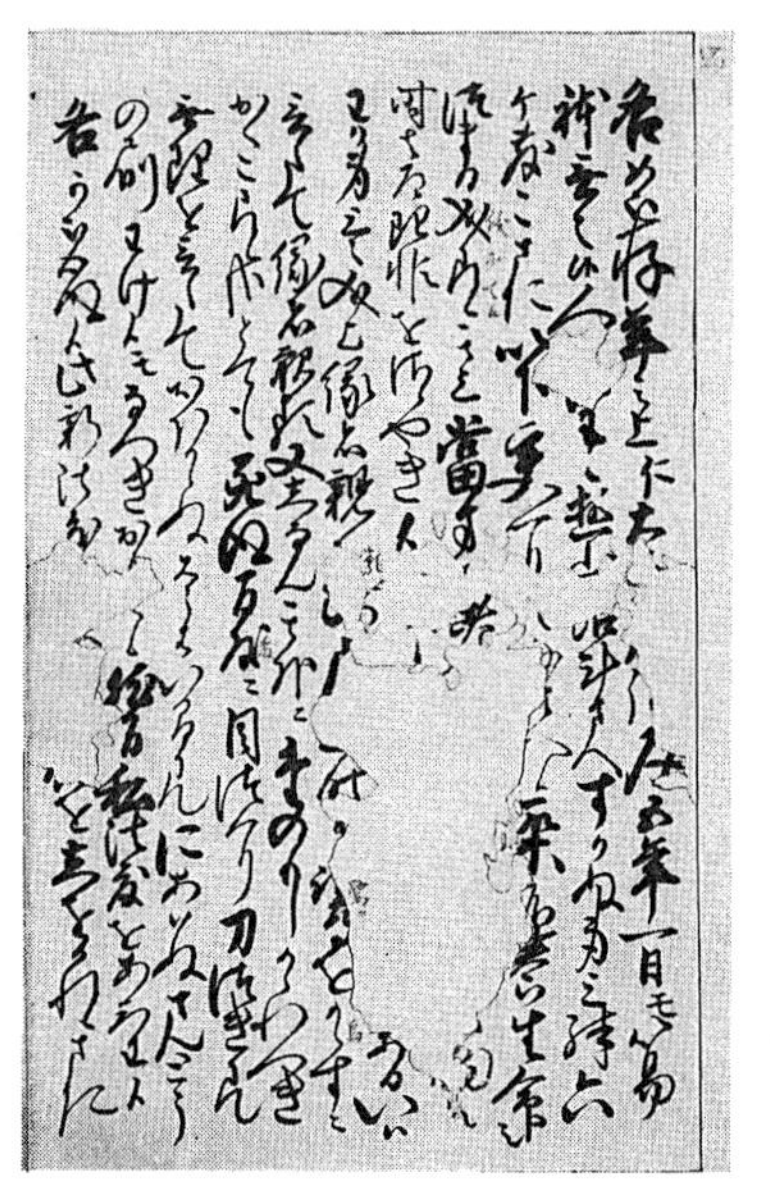

結城氏新法度（東京大學史料編纂所架藏影寫本に據る）　巻首　本文227頁參照

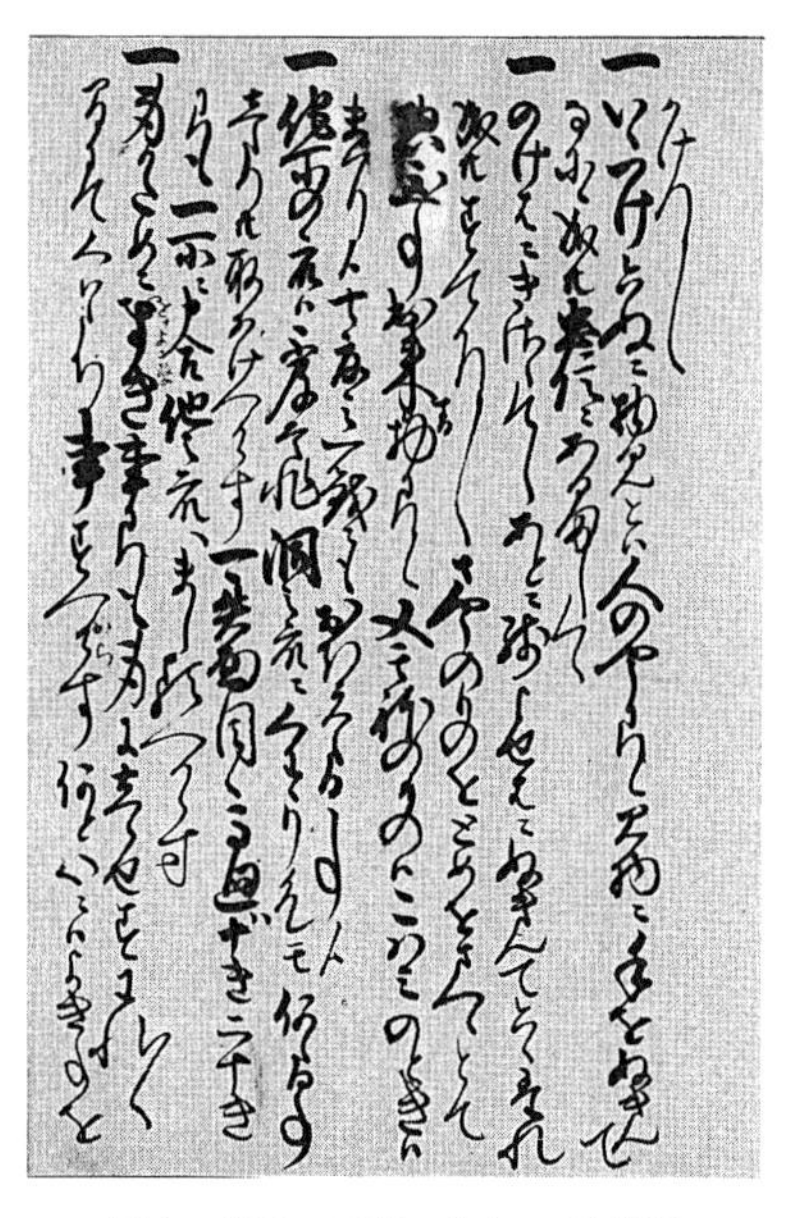

同右　第69～72條　本文245頁參照

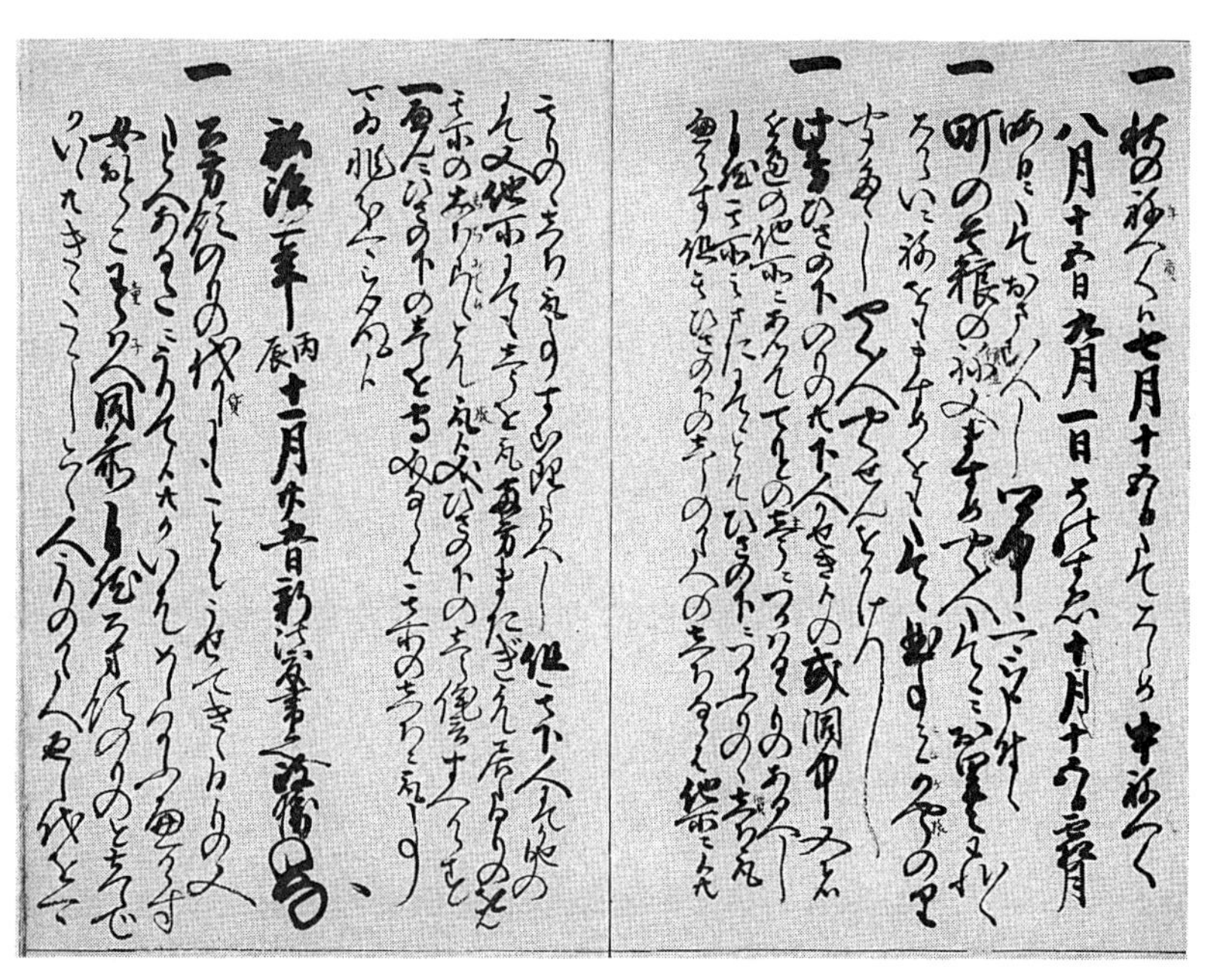

結城氏新法度（東京大學史料編纂所架藏影寫本に據る）第102～追加１條　本文254頁參照

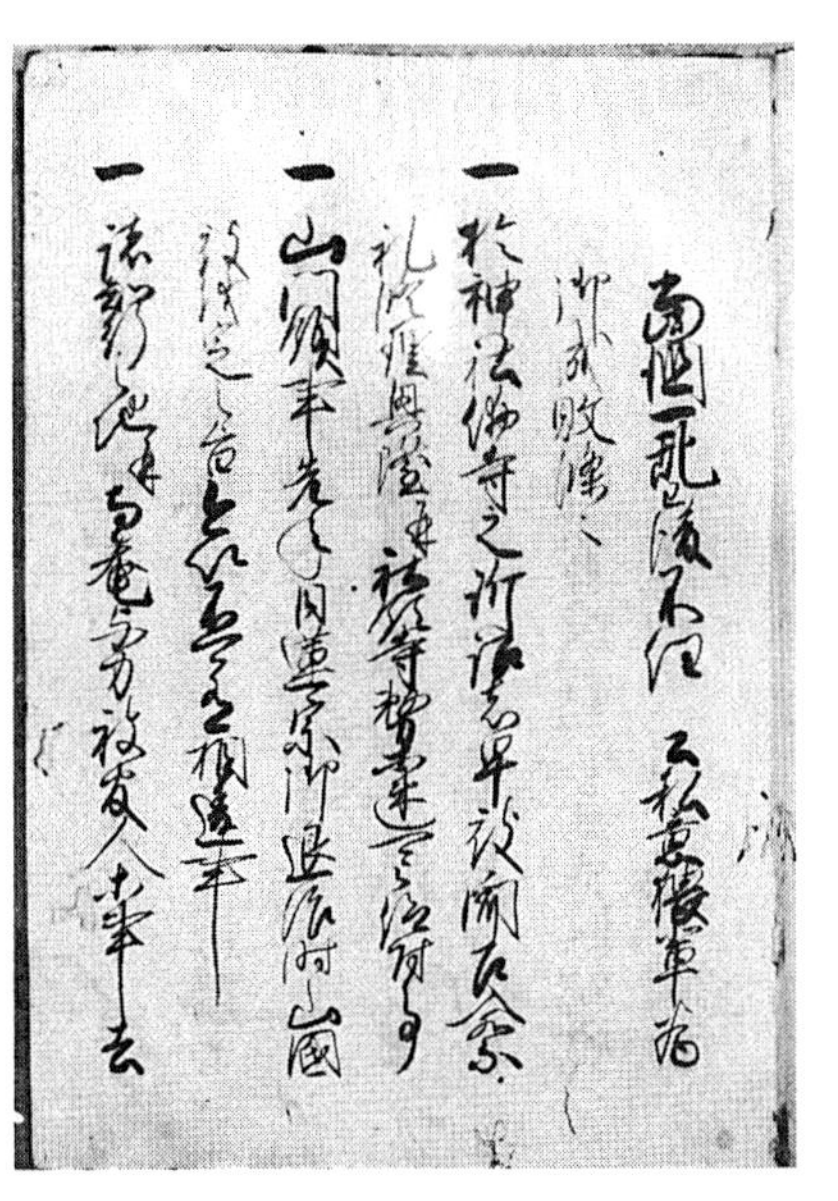

大谷本六角氏式目（大谷雅彦氏所藏）
卷首　本文259頁參照

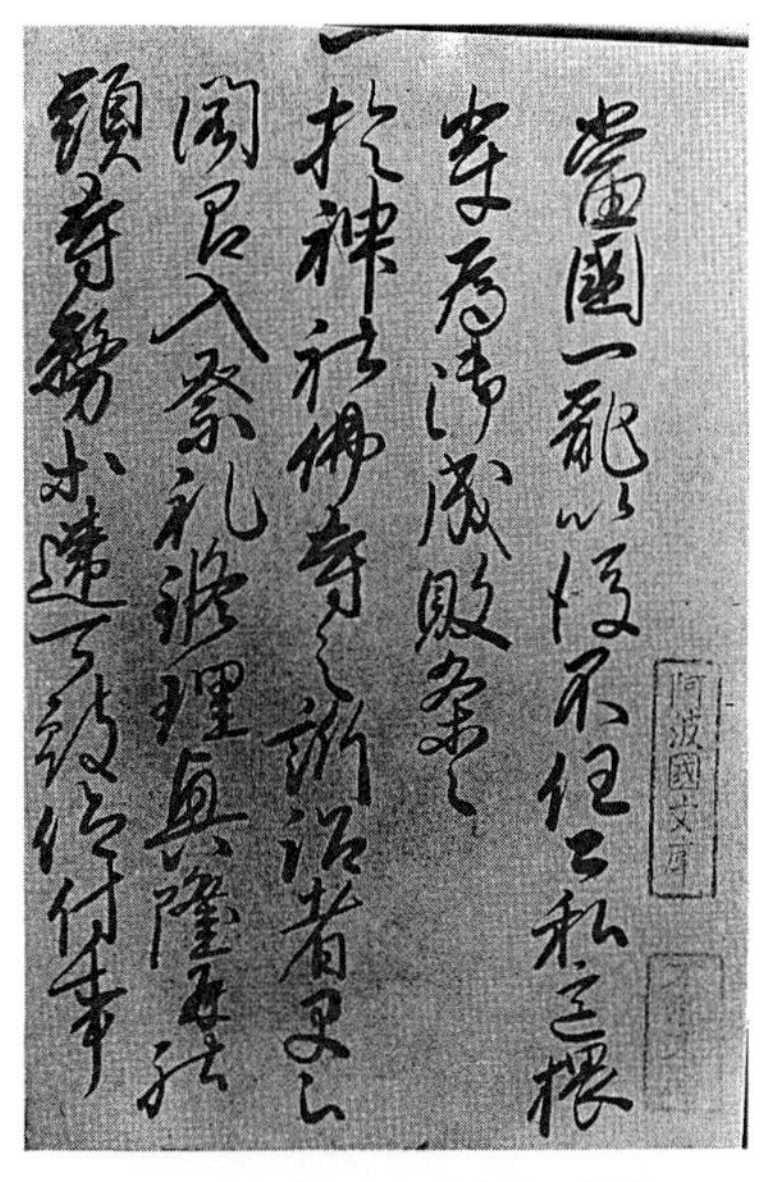

阿波國文庫本六角氏式目　卷首
本文259頁參照

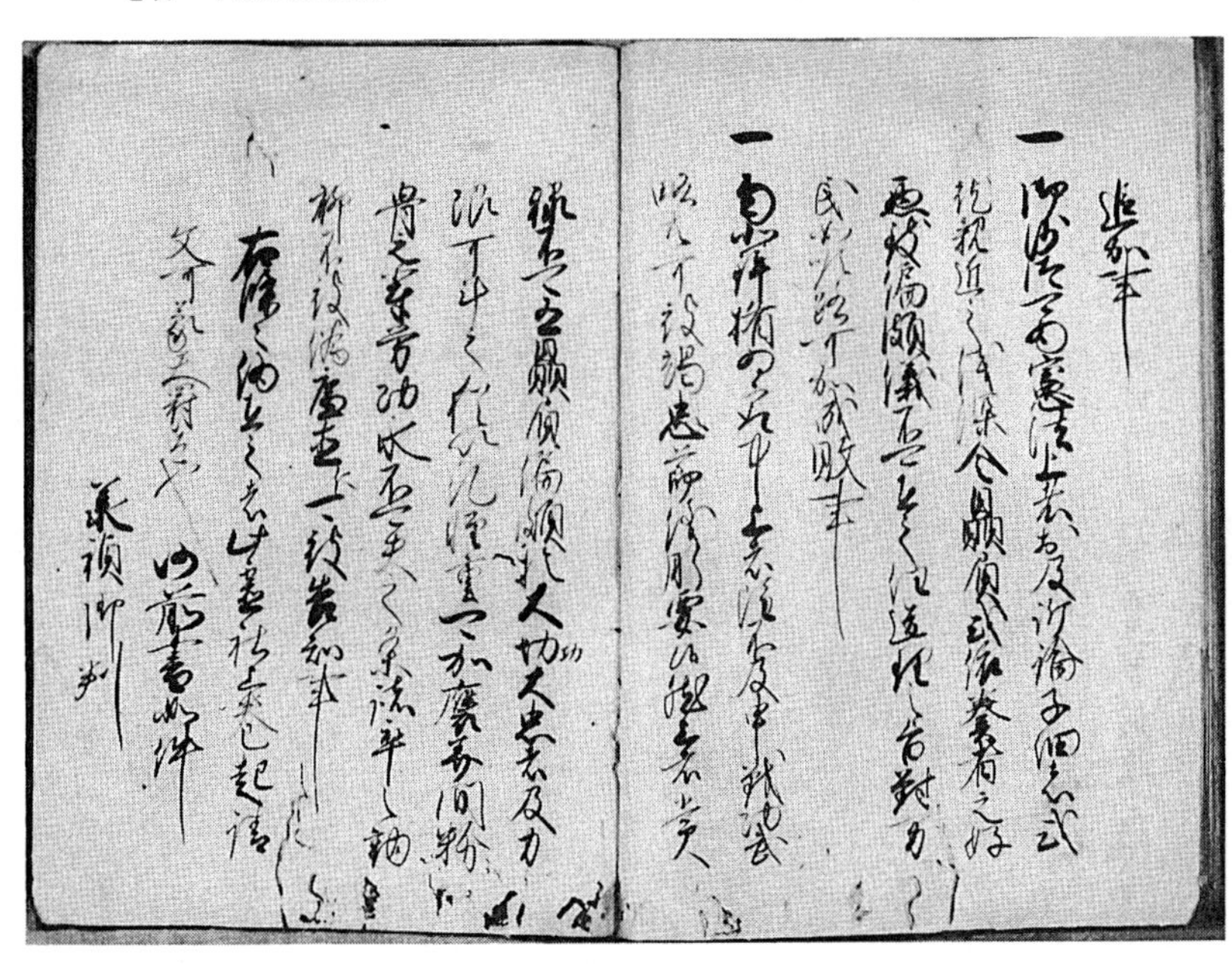

大谷本六角氏式目（大谷雅彦氏所藏）　起請文前書　本文274頁參照

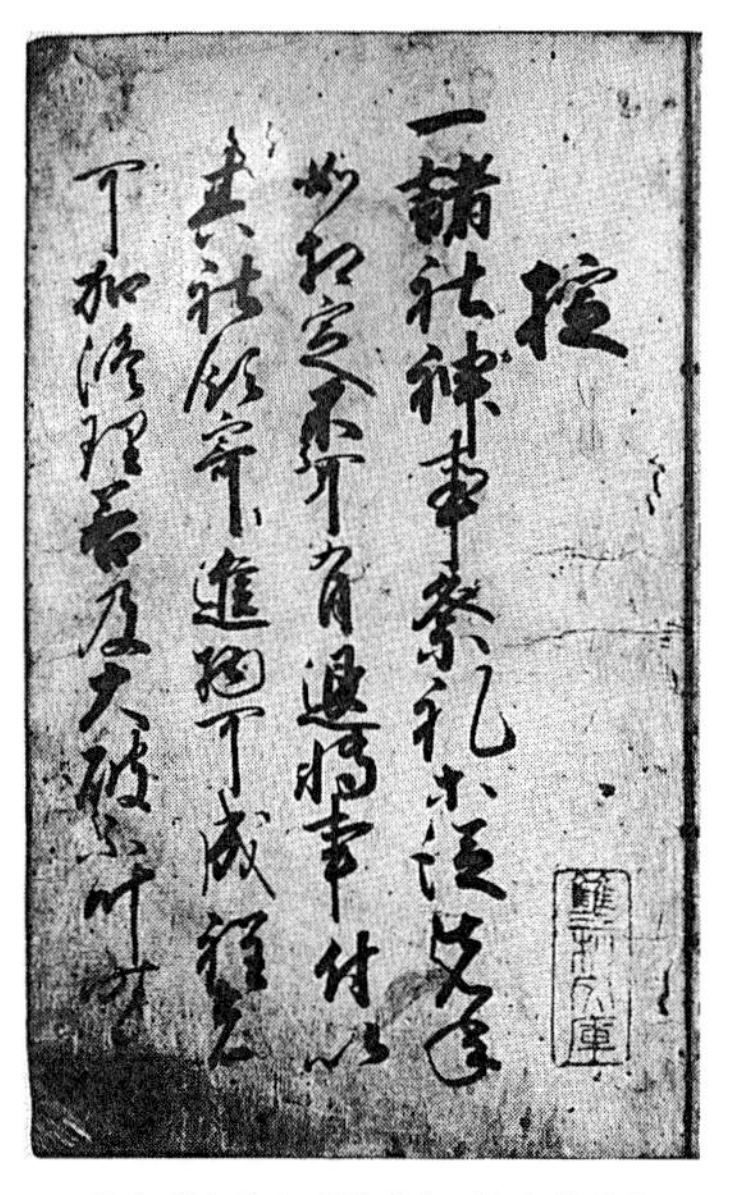

明大本長宗我部氏掟書(明治大學刑事博物館所藏）　卷首　本文285頁參照

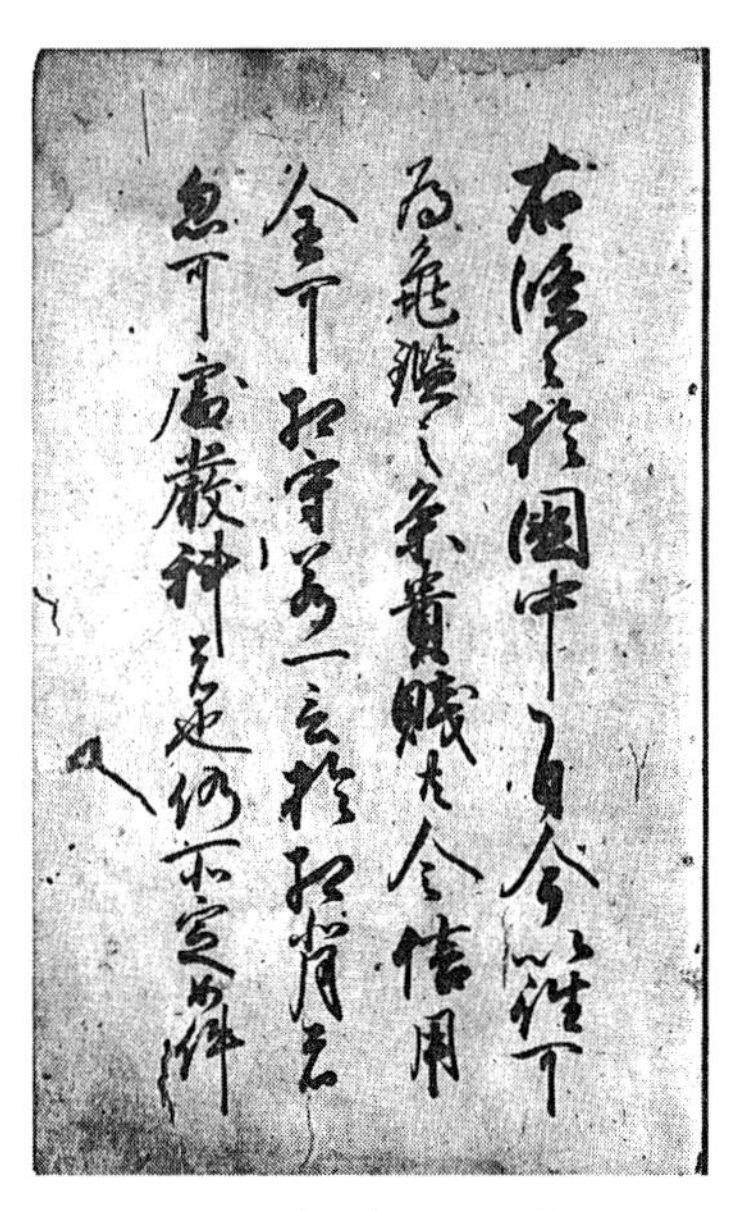

同右　後書　本文302頁參照

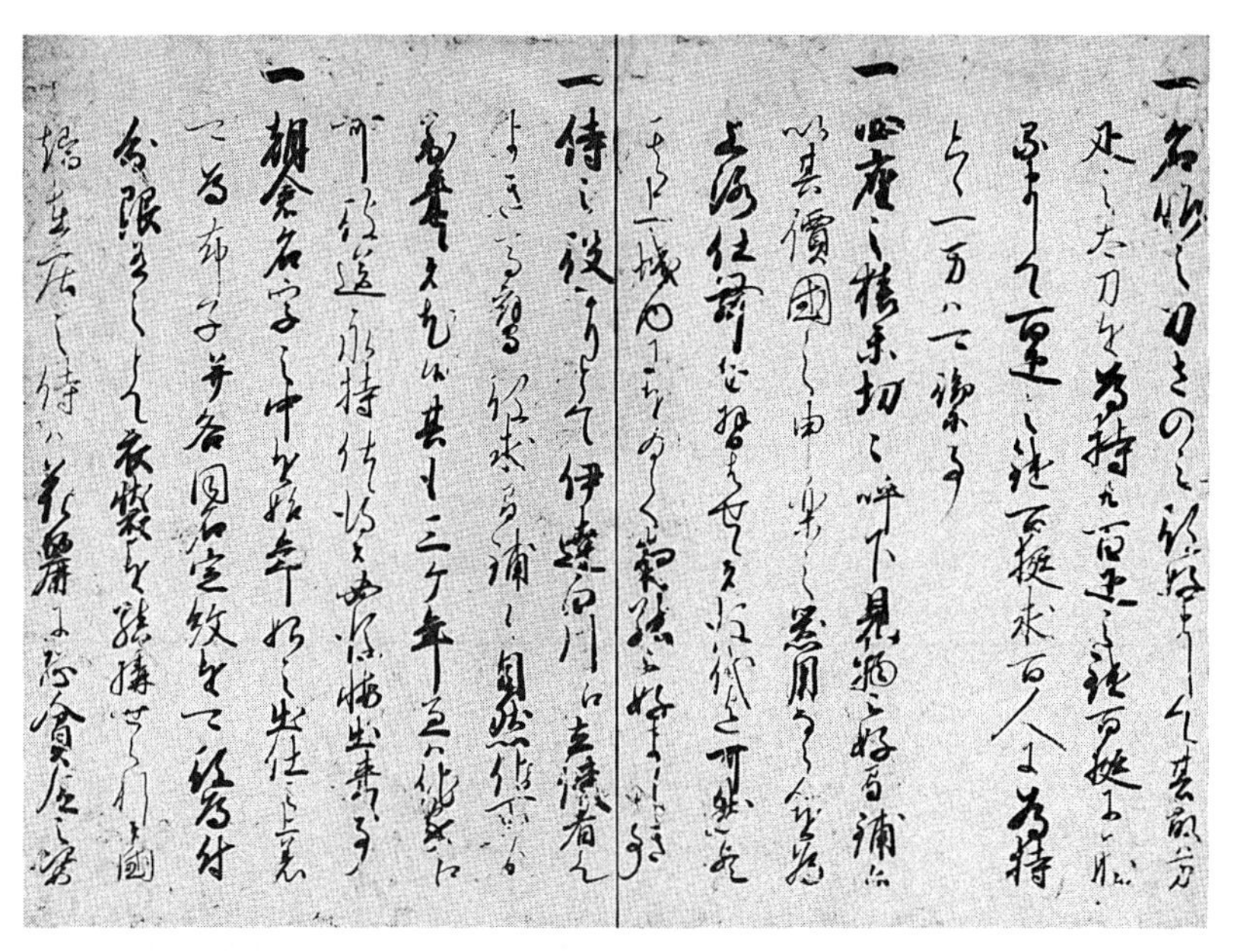

黑川本朝倉孝景條々(明治大學附屬圖書館所藏）　第４～７條　本文335頁參照

例　言

一　わが國中世の法制史料中もっとも基本的なるものを編集して中世法制史料集と題し、逐次刊行する。

一　ここに中世法制史料集第三巻武家家法Ⅰとして刊行するところは、武家十二氏の基本法規を編集したものである。その篇目左の如し。

㈠宇都宮家式條　㈤今川假名目錄　㈨六角氏式目
㈡宗像氏事書　㈥伊達氏の塵芥集　㈩三好氏の新加制式
㈢相良氏法度　㈦武田氏の甲州法度之次第　㈠㈠長宗我部氏掟書
㈣大内氏掟書　㈧結城氏新法度　㈠㈡吉川氏法度

一　基本法規の付屬法規と見るべきものを、それぞれの基本法規の後に附收した。

一　附錄として、左記二種の家訓を全篇の後に附收した。

㈠朝倉孝景條々
㈡早雲寺殿廿一箇條

一　全篇を通ずる凡例を次に掲げる。

(イ)　個々の基本法規、付屬法規の後に、それぞれの典據史料を示す。但し、大内氏掟書はその特殊性にかんがみて、諸傳本所收の法令を新たに年次の順に排列し、典據史料を各條下に（複數箇條一括制定のものは、その後に）示す。各典據史料には、當該條文の排列番號を付記した（例、前本三五）。

(ロ) 典據史料には多く略名を用いた。解題中の傳本解説に於て、書名の下に〔　〕で示したものが、該本の略名である。

(ハ) 典據史料が二つ以上存在する場合は、その中最も據るべきもの一を選んでこれを底本とし、他を對校本とした。底本は典據史料の最先に掲げ、且つゴチック體活字を用いてこれを明示した。

(ニ) 本文校勘上の典據とはなし難いが、内容上參考すべき史料は典據史料の後に、〔參考〕として掲げた。但し、部分的にはかかる史料も對校に用いた場合がある。

(ホ) 底本及び對校諸本選擇の理由、校異の方針等は解題に記した。

(ヘ) 底本の文字は、左記十七字を除く外、すべて古體・異體・略體文字は正字に、變態假名は現行假名に改めた。

（カッコ内は正字）

欝（鬱）　姧（姦）　准（準）　庄（莊）　刄（刃）　双（雙）　忩（悤）　惣（總）　躰（體）

着（著）　厨（廚）　罸（罰）　併（倂）　𦬇（菩薩）　[illegible]（菩提）　𛀁（え）　ヿ（こと）

(ト) 缺損文字は、前缺には［　　　］、一行中にては［　　］、字數を推しうる場合は［　　］、□等の符號を用い、殘劃によって判讀しうる場合には□内に文字を入れ、疑わしきものには右傍に？符を付した（例、……甲……乙?）。

(チ) 文字の上に別字を重ね書きした箇所にあっては、後に書かれた文字を本文として採り、その右傍に×を冠して原の字を傍註した(例、甲(×乙))。

(リ) 各條文の事書を上欄に掲げ、[　]符を以て圍み、その右肩に條文の一連番號を付して閲讀參照の便をはかった。

事書の文章は概ね本文に據ったが、編者に於て取意、作製した場合もある。

(ヌ) 本文の校訂註を上欄に掲げた。本文當該文字の左傍、上下に・點を付してその所在を示し(長文に亙るときは最初の文字と最後の文字だけ)、當該行の上欄に、一項目毎に改行註記した。

但し、主として記事の輻輳を避けるため、左の如き除外例を設けた。

(一)古體・異體・略體文字等通用と認められる文字の異同はすべて省略した。

(二)箇―個―ケ　拘―抱　坊―房　以―已(上、下、前、後)の異同は省略した。

(三)異同の特に多い大内氏掟書については、之。字の有無、船―舟、い―ひ、お―を、やう―よう等の異同も省略に從った。

(四)記事過多の場合は、毎項改行とせず、○印を各項に冠して連記した。

(ル) 對校本によって底本を訂するには、「據何本改(補、移、刪)」等と頭註し、底本・對校本の何れが是か明らかならぬ時は異同を示すにとどめ、間々「恐是(非)」、「或是(非)」その他然るべき私按を付した。

(ヲ) 全く編者の私見を以て本文を訂する場合は、「意補」、「意改」、「意移」、「當衍」等の私按を、又未だ成案を得ざる場合は「恐(或)脱」、「恐(或)誤」、「恐衍」等の私按をそれぞれ註した。

(ワ) 對校本の性質を知るに足る顯著な脱字脱文は特に上欄に註した。

(カ) 地名、人名、推定年次、假名書き語句に當てるべき漢字等、内容の説明に關する編者の註には、すべて( )符を加えた。

(ヨ) 編者に於て、全文に句點、返點を施して、讀解の參考に資した。

一　大内氏掟書はその性質上、一打ちのない條文が多い。今それらに便宜一打ちを施して、閲讀の便をはかった。

一　塵芥集の底本は濁音符にすべて三濁點を用いており、對校本にも三濁點を用いた個所があるが、本史料集の本文及び校註にはすべて二濁點を用いた。對校本の三濁點は解題においてその個所を明記した。

また校訂記事の輻輳を避けるため、同音異字の假名の異同(い―ひ、お―を等)は頭註欄に載せず、たゞ底本と佐藤本兩古寫本の分だけを一括して解題中に掲げた。

一　甲州法度は二十六箇條本・五十五箇條本・松平文庫本の三本を掲げた。

五十五箇條本諸本の收載條文中、對校諸本に見えて、底本に含まれぬ三ヵ條は、追加二條の後に收載し、便宜五六、五七、五八の條文番號を付した。

松平文庫本は五十五箇條本中、流布本とは別系統の代表的傳本であるので、參考として原形のまま掲載した(誤字・脱字を改めず、返點も施さない)。

一　朝倉孝景條々は諸本間の異同が甚しく、校註が著しく煩雜となるため、傳本の二大系統を代表する黑川本・白石本の二本を併掲した。

一　巻末に補註として、法令の年次推定理由の説明考證、本文校訂に關する補足的説明及び史料、本文に使用されている方言・訛語その他難解な語彙の解釋及び他史料に見えた使用例等を收め、本文當該部分に補註番號をアラビア數字で示した。

一　校正完了後、補註に増補もしくは訂正の必要を見出すに至ったものは、追加補註と題して、補註のあとに収め、本文もしくは補註の當該部分に(追1)、(追2)……の略號を付した。

追加補註の大部分は國語學者、山田忠雄氏の教示を仰いで成ったものである。(なお、それぞれの項目に於いて一々その旨を明記した。)

一　補註、追加補註に於て説明を加えた語彙の檢索の便に供するため、補註語彙一覽を追加補註のあとに付した。

一　一、二、三、五、六、七、一〇は主として百瀬が、八、九、一二は主として佐藤が擔當した。四、一一については、池内が行った諸本校合の結果にもとづいて、四の校訂及び解題を佐藤、一一の校訂及び解題を百瀬がそれぞれ擔當した。

補註、追加補註は佐藤、百瀬が擔當した。

一　本書の刊行については、文部省より研究成果刊行費補助金の交付を受けた。

目次

目　次

條文目次

一、各條の頭部に掲げたゴチック體數字は諸家家法それぞれの條文番號、各條の下に示した數字は頁數。
一、年次の（　）は推定によるもの。

一　宇都宮家式條　弘安六年

四　大內氏掟書

五　今川假名目録

假名目錄追加 天文廿二年二月廿六日

定

六　塵芥集　天文五年四月十四日

七 甲州法度之次第

I 甲州法度之次第(二十六箇條本) 天文十六年六月朔日

II 甲州法度之次第(五十五箇條本)

九 六角氏式目 永祿十年四月

一〇 新加制式

一一　長宗我部氏掟書　文祿五年十一月十五日

條文目次

一二　吉川氏法度　元和三年四月廿六日

武家家法 I

一　宇都宮家式條

・式條

式上志本館本有宇都宮家弘安、但志本弘以下改行

私定置條々　　弘安六年癸未

一　當社修理事

右、於二造營一者、巡年有レ限、其外臨時破壞出來者、宜レ令二不日修造一也、縱雖レ爲二末社一、不レ可レ有二緩怠之儀一、

一　當社修理事　宜志本作堅恐非

一　神宮寺幷尾羽寺往生院善峯堂塔庵室等、可レ加二修理一事

右、伽藍之洪基者、累祖之氏寺也、土木之構、起レ自二父祖之懇志一、若有二破損之聞一者、早速可レ令二修治一也、

二　神宮寺尾羽寺往生院等可加修理事　祖館本作代之史本志本無　治館本作理

一　當社學頭・事

右、令レ置二衆中之學頭一者、爲レ抽二向後之聖因一也、然者當寺止住之禪侶、稽古拔群之名譽、誠無二其隱一者、須レ用二其仁一也、

三　當社學頭事　頭下館本有之　因原作目意改　隱原作陰意改　也史本無

一　社壇圖・事

四　社壇圖事

鬮下館本有之
叵原作匹據志本改
實下恐有脫字

五 起請文日數事
數下館本有之

出下志本館本有焉

六 神官等社頭番事
官原作宦據諸本改
番下館本有之
者同上無

議原作儀據志本改

七 神官等鎌倉參住時當社神事等事

右、人情難レ及、子細叵レ辨之時、爲決實・冥慮、適取レ鬮者例也、而近來、不レ究二理非一、不レ糺二眞僞一、無二左右一取レ之由、粗有二其聞一、太以不レ可レ然、自今以後、社官等令二會合一、可レ糺二明事躰一、若爲二難儀一者、可レ令レ申二子細一、無二左右一不レ可レ取レ之、

一　起請文日數・事

右、於二大事一者、七ケ日參二籠當社一、可レ隨二失之有無一、至二于少事一者、不レ可レ過二三個日一、且無二其失一下向之時者、守二參籠日之時剋一、相二觸奉行人一、蒙二免許一、可レ令二退出一、・

一　神官等社頭番・事

右、於二當番五個日五ケ夜一者、更不レ可レ有二疎略一、爰入二夜陰一者、雖レ令二參社一、於二日中一者、各歸二宿所一云々、依レ之、社頭無人、神慮有レ恐者歟、早可レ止二自由之退出一、要用之時者、互相議、當番衆一兩可レ留二社頭一、

一　神官等鎌倉參住時、當社神事等之事

右、二季御祭、春冬、三月會、一切經會、五月會、六月臨時祭、九月會、彼神事之時者、神官等縱雖レ參二住鎌倉一、可レ被レ差二下之一也、但依二大番以下重事一、在京之時者、任二先例一不レ可レ依二此儀一、

八 當社五月會六月臨時祭流鏑馬事

誡原作識意改

期原作朝據志本改

或原作式據諸本改

九 社頭狼藉事

一〇 當社九月會之時池拂事

拂下志本館本有之

各同上作名

一一 當社廻廊修理幷大頭役用途配分事

頭館本作湯

內志本館本無

一　當社五月會幷六月臨時祭流鏑馬之事

右、以二同射手一及二重役一之由、近年有二風聞一、參詣之族、貴賤之嘲、爲レ神爲レ所不レ可レ不レ誡、向後可レ守二此儀一、若令二違犯一、有下勤二仕其役一之輩上者、可レ被レ召二所帶一、但兼日令二用意一射手、相二當期日一、或急病、或禁忌、如レ然之事出來、令二闕如一者、非二制之限一矣、

一　社頭狼藉事

右、參詣之輩、未レ擧二膝突一之以前、奪取之條、自由之企、甚以不當也、於二此族一者、可レ被レ召二籠其身一也、

一　當社九月會時池拂・事

右、東上條氏家西方別符宮方散仕定使幷眞壁郡司田所各付、散仕、定使、令レ參二住宮一、可レ致二其沙汰一、令二違犯一之輩者、可レ被レ處二過科一、但所勞之時、以二子息以下器量之代官一、可レ致二沙汰一也、

一　當社廻廊修理幷九月九日大頭役用途、可レ配二分惣鄕內給免一事

右、雖レ爲二各別給分一、爲二神領一者、難レ遁二其所役一歟、然者於二鄕內給免一者、彼神役出來之時者、任二田數一、惣鄕內段別用途以二半分一、可レ致二沙汰一、至二于手足役一者、

矣館本作事恐非

一二 法會時宮仕等可隨供僧下知事
或原作式據諸本改
處原作所據志本改

一三 三十講衆事
違下館本有之
來下原有與據志本館本刪
矣史本館本無

一四 講演時講衆日々可皆參事
小史本作于

一五 講說時結衆先達等不出仕事
結志本館本作詰下同
處原作所據同上改

一六 夏中間講演事

不レ可レ及ニ沙汰一、但雖レ爲ニ惣鄕之內一、帶ニ擧狀一可レ除レ之矣、

一　一切經會以下法會時、宮仕等可レ隨ニ供僧之下知一事

右、隨ニ神官供僧之命一、宮仕等或令レ拂ニ雜人一、或可レ被ニ召仕一之處、一切不ニ敍用一云々、太以無ニ其謂一、自今以後可レ隨ニ彼命一、此上於レ令ニ難澁一者、隨ニ注申一可レ被レ處ニ罪過一、

一　三十講衆之事

右、依ニ講演之勞效一、可レ被レ補ニ供僧之闕一旨、先々被ニ定置一歟、而近年粗相違・事出來・云々、自今以後糺ニ其勞一、可レ令ニ定補一矣、

一　講演時、講衆日々可ニ皆參一事

右、各稱ニ自由之故障一、忩有ニ衆會之不參一、自今以後隨ニ小勸進催促一、不レ可レ有ニ懈怠一、且爲ニ彼輩一注ニ參否一者、惣行事請ヨ取之一、可レ令ニ披露一矣、

一　講說時、結衆先達等不ニ出仕一事

右、講演之日、結衆之輩必列ニ梵席一、可レ談ニ法門一之處、各不レ及ニ出仕一云々、是則不レ可レ叶ニ佛意一歟、令レ付ヨ注參否一之條、相ヨ同先段一、

一　夏中間講演事

之下館本有事恐非

右、每ニ講演之席一、有ニ酌盃之儲一云々、自今以後一切可レ停ニ止之一、

一七 當社安居間供花代官事

花館本作華
順當作巡下同
處原作所據志本館本改
或原傍書據諸本補
者原作ハ據諸本改

一　當社安居間、供花代官事

右、安居之間、各供華順役之時、自身可ニ參勤一之處、構ニ代官一云々、如ニ風聞一者、彼代官或幼年少童、或下輩僧徒備レ之云云、定可レ背ニ神慮一歟、然者順役之時者、須ニ自身參勤一、若有ニ故障一之時者、可レ用ニ尋常之代官一、此上於レ致ニ不法一者、經ニ所之沙汰人一、可レ令レ注ニ進之一、就レ其可レ有ニ斟酌一、

之館本無

一八 夏末驗競事

一　夏末驗競事

右、一夏勤滿之時、於ニ當社一、決ニ效驗之雌雄一者舊例也、而常住之山臥等、臨レ期他行之條、所存之企、太非ニ正儀一、自今以後、爲ニ惣行事之沙汰一、兼日可レ令ニ相觸一、於ニ他行之輩一者、須レ被レ止ニ常住之義一也、

一九 宮神宮寺供僧不可兼行事

一　宮、神宮寺供僧、不レ可ニ兼行一事

右、當社十二人、神宮寺五個輩、永停ニ兼行之儀一、宜レ補ニ各別之仁一、

二〇 僧徒不可用代官事

一　僧徒不レ可レ用ニ代官一事

右、致ニ御祈禱一之時、自身可レ令ニ參勤一、縱依ニ現所勞一、雖レ進ニ代官一、於ニ未出仕之輩幷非器之族一者、不レ可レ用レ之、

一 念佛堂時衆・事
右、任二本願主之素意一、專二淨土宗之敎法一、常執二行談義一、須レ相二勵學問一也、當番之時、自身可二參勤一、所勞之外、代官停二止之一、兼又、好二酒宴一事、一向可レ禁二制之一、

一 社家神宮寺僧徒衣裳事
右、精好長絹之袈裟停二止之一、可レ用レ布也、縱爲レ布不レ可レ用二美布一、但、爲二大衆一裹頭之時者、長絹袈裟非二制之限一、

一 宮中兒間事
右、於二當社一者、一切經會之舞樂、每年無二退轉一、爰宮御堂供僧等、可レ專二舞童一之處、有下不レ所二持兒一輩上云々、甚以不レ可レ然、自今以後、不レ可レ絕二兒於坊中一、兼亦、於二廿未滿之出家一者、受戒之儀、向後可レ停二止之一、但可レ急有二子細一者、申二事之由一、可レ隨二左右一也、

一 僧徒濫行事
右、僧徒之法、淨行而本祈二公私一之處、濫行之條、不レ憚二神明之照鑒一歟、殊以可レ有二誡沙汰一、

一 大湯屋出仕事

二一 念佛堂時衆事 衆下館本有之 本志本作所恐非 專志本史本作守

二二 社家神宮寺僧徒衣裳事

二三 宮中兒間事 處原作所據志本館本改 亦館本作又 儀據志本補 有據志本館本補

二四 僧徒濫行事 本據志本傍書補、恐當作可 處原作所據志本館本改

二五 大湯屋出仕事

右、服ニ酒肉五辛一之輩、相ニ交于僧徒一之條、非ニ正儀一、於ニ在俗一者、一向可レ停ニ止之一、若違犯之輩出來者、就ニ注申交名一、可レ有ニ其咎一、

一　宮御堂僧侶、不レ可レ浴ニ在家溫室一事

右、穢氣不淨之男女雜人等、令ニ亂入一云々、而爲ニ御祈禱之社僧一、混ニ・彼輩一之條、不レ可レ然、早可レ停ニ止之一、若不ニ敍用一者、可レ被レ・止ニ社家之出仕一矣、

一　當國朔奠幷朔幣田御田名田・事

右、社官等死去之時、或以ニ後家女子、或末子養子等一、令ニ分讓一之條、・定背ニ神慮一歟、然者當職相傳之仁之外、不レ可レ分ニ讓之一、

一　所領名主等處分・事

右、自今以後、於下自ニ一分一內之鄕上者、所レ立之嫡子一人之外、讓ニ餘子一事、可レ停ニ止之一、於ニ後家・分一者、假令可レ爲ニ田五段在家一宇一、（但、於ニ公事一者、免ニ除之一、）一期之後者、可レ付ニ本鄕一、二三分鄕者、嫡子一人之外、讓ニ餘子一事、同可レ停ニ止之一、於ニ後家分一者、假令可レ爲ニ田一町在家一宇一、（但、於ニ公事一者、免ニ除・之一、）一期之後者、可レ付ニ本鄕一、三四分・之鄕者、嫡子之外、次男分田二町在家二宇、（領家地頭恆例臨時濟・々物、可レ致ニ沙汰一、）於ニ後家分一者、田一町五段在家一宇、（・於ニ公事一者、可レ准ニ先條一、）一期之後者、可レ付ニ本鄕一、五六分鄕者、嫡子之外、次男分

二六 宮御堂僧侶不可浴在家溫室事
混下原有亂據諸本刪
止意補

二七 當國朔奠幷朔幣田御田名田事
田志本無恐非
田下館本有之
定同上無

二八 所領名主等處分事
分下館本有之
分據諸本補
除下原有除據諸本刪
之志本無恐是
分原傍書據諸本補
濟々恐當作之濟

者諸本無恐非

二九　定原イ本志イ本館本作足

一本自女性知行所帶處分事
分下館本有之　被計原無被、志本無計、意補被、據五四條或當作有計

三〇　未處分跡事
跡下館本有之　隱原作陰據史本改　者據志本補

三一　養子事
子下館本有之

三二　諸鄉後家并女子分事
分下館本有之　女原作子據諸本改

田三町在家二宇、後家分田二町在家一宇、次男所役并後家分之事、共以相同以前、七八分鄉者、嫡子之外、次男分田五町在家三宇、後家分田二町五段在家一宇、子細準以前、但嫡子一人之外、不讓與後家次男分者、任本主之素意、不及沙汰、縱雖爲後家次男分、本主猶於減定者、同可任其意、

一　本自女性知行所帶處分・事

右、隨讓狀之躰、其時可被計沙汰、

一　未處分跡・事

右、配分之次第、宜准先條、雖有嫡子之號、於日來隱居不忠之輩者、難被賞[1]之歟、

一　養子・事

右、相論之時、糺明實否之間、有其煩歟、向後、兼日令申其子細、可蒙免許、無其儀者、不及沙汰、但、於兩方令承諾者、不及異儀、

一　諸鄉後家并女子分・事

右、始從弘長元、於其以後後家并女子分者、彼一期之後、可令付本鄉、但、兼日吹擧男女等、帶安堵之狀之所々事、不及改沙汰、又雖爲後家女子跡、

不レ申二子細一、無二左右一令二知行一者、可レ被レ充二行別人一、

三三　給免事
帶下志本有之
矣志本館本無

一　給免事
右、一人之外、不レ可レ分二讓之一、但、以二各別所帶・所職等一、令二讓與一者、不レ能二制止一矣、

三四　宮中屋敷事
敷下館本有之
分同上無

一　宮中屋敷・事 町屋分准レ之
右、縱雖レ帶二讓狀一、於二後家女子等相傳一者、向後永可レ停二止之一、但、本自至二女性進止之地一者、隨レ事・可レ有二沙汰一、

三五　雜人沙汰事
止原作山據志本館本改
事下恐當有躰

一　雜人沙汰事
右、被レ下二御判御敎書一之後、早速不二事行一者、可レ被レ召二所帶一矣、

三六　雜人沙汰書下事

一　同沙汰書下事
右、止二問狀之儀一、自二初度一、帶二陳狀一可二參對一之旨、差二日限一可レ書二下之一、二箇度不二敍用一者、以二別使者一可レ催、其上不二出對一者、可レ令レ下二知訴人一、

三七　訴人遁避參對事
須原傍書據志本館本補

一　爲二訴人身一遁二避參對一事
右、論人出對之時、二箇度令二遁避一者、須レ下二知論人一、但、於二現所勞禁忌一者、可レ依二實證一、

三八
或被下御教書或自他所出來沙汰事
下原傍書據志本補之館本無
以原傍書據諸本補

一 或被レ成ヨ下御教書一、或從ニ他所一出來之沙汰之事
右、閣ニ他事一可レ致ニ其沙汰一、且奉行人尋究、申ニ子細一者、臨時可レ有ニ沙汰一、內談之時者、以ニ公方并他所事一、先可レ有ニ其沙汰一、

三九
訴訟以下事

一 訴訟以下事
右、各申ニ事之由一時、或加ニ連署一、或成ニ一味之儀一條、太非ニ正儀一、縱所レ申雖レ爲ニ理運一、不レ可レ有ニ敍用一、

四〇
不可執申旨內々觸奉行事
右下恐有脫字之據志本館本補
被原作令意改、宜參看解題

一 爲レ塞ニ訴人一、不レ可ニ執申一旨、內々相ヨ觸奉行一事
右、・私曲之祕計、塞ニ衆訴之有理一、送ニ年月一累ニ旬日一云々、此條糺明之時、爲ニ事實一者、可レ令レ下ヨ知訴人一、至ニ姧謀之論人一者、可レ令ニ罪科一、於下不ニ執申一奉行人上者、可レ被レ放ニ其職一、若訴人構ニ無實一申レ之者、縱雖ニ理訴一、可レ被ニ棄置一、訴訟無理者、可レ被レ處ニ別罪科一、

四一
相論是非落居後可施行事
小原作少據館本改

一 相論是非落居後可ニ施行一事
右、於ニ大事一者廿五個日、中事者十五日、小事者十個日、以ニ彼日數一、可レ令レ書ヨ進下知狀一、若於ニ違期一者、可レ被レ諷ヨ諫奉行人一、

四二
下知以後催促事

一 下知以後催促事

被原作令意改、宜參看解題

四三 於內談座書問狀事

四四 宮仕輩所望擧狀事

四五 在京在鎌倉留守間沙汰事

四六 官途事

傍原作謗據志本館本改
前々原作別而據原イ本館本改

右、裁許之後、催促一箇度不ニ事行一者、可レ遣ニ別使者一、其上不ニ敍用一者、可レ分ニ召所帶一、無ニ所帶一者可レ被ニ追却一、

一　於ニ內談座一書ニ問狀一事

右、停ニ止之一、但、依ニ急事一以ニ別儀一令レ書之條、不レ及ニ子細一、

一　宮仕輩所ニ望擧狀一事

右、依ニ自身之訴訟一、令ニ望申一者、尋ニ明子細一、所レ申有ニ其謂一者、可レ被ニ許容一歟、於ニ非據之訴訟一者、不レ及ニ口入一、而祗候之輩、或稱ニ親類之由一、或號下有ニ事緣一之由上、令レ望レ狀事、前々有レ之歟、自身訴訟之外、更不レ敍ニ用之一、

一　在京在鎌倉留守間沙汰事

右、不レ限ニ所領住人一、他所之沙汰出來歟、在國奉行人、各以レ鬮分ニ取之一、可レ令ニ尋沙汰一、

一　官途間事

右、祗候之輩、至ニ自由之昇進一者、度々御制符更難ニ違犯一、雖レ然隨レ時依レ躰令レ任之條、非レ無ニ傍例一歟、而未レ蒙ニ免許一之以前、自由拜任之輩、前々有レ之歟、縱雖レ帶ニ聞書一、不レ可ニ敍用一、蒙ニ免許一而可レ令レ任、凡雖レ有ニ所望之輩一、強不レ可ニ許容一、

四七 名主賣買地事

四八 所領内利錢事
差恐誤字
物恐衍
時意補

四九 入質物具等事

五〇 犯科人事
所志本無恐非
處原作所據志本館本改
猶志本作於

就中、於二年齢廿未満之輩一者、拔群忠賞之外、一切不レ可二敍用一、次宮中僧徒官位子細同レ之、但、不レ亂二﨟次一、可レ令二昇進一之條、御式目炳焉之上者、可レ守レ之也、

一　名主賣買地之事

右、依二要用一、割二分田畠在家等一、人令二賣渡一事、於二兩三年分限一者、不レ及二沙汰一、此外至二數年之賣地一者、沙汰出來者、可レ收二公之一、

一　所領内利錢事 付、出擧

右、依三利分令二過差一、負人物彌及二侘傺一歟、自今以後、三十日爲二一月一、不レ可レ過二十月五把利一、次出擧事、春夏之間取レ之、來收納之時、不レ可レ過二六把利一、但、馳二過約束日月一者、可レ勘二加違期利分一、兼又、他所輩借用分、利錢出擧共以不レ及レ制レ之、

一　入質物具等事

右、本物過二一倍一者、須レ任二倉下之意一、

一　犯科人事

右、所犯之輩出來之時者、須レ召二渡檢斷所一之處、内々致二私沙汰一之由、有二其聞一者歟、自今以後可レ召二渡檢斷一、猶背二制止一者、早隨二事之淺深一、可レ有二科之輕重一歟、

五一 檢斷有司非法事
說下館本有等
事候歟館本空格
處原作所據志本館本改

五二 諸奉行諸別當輩事
被意補、宜參看解題

五三 鎌倉番役懈怠事
勞下原有者據志本館本刪
上原作止據諸本改
々原作之意改
分志本館本作召、或當作分召歟

五四 領內道路幷橋事
被意補、宜參看解題

一　檢斷有司非法事

右、就二風聞之說一、暫雖レ召三籠其身一、依レ爲二虛名之儀一、被レ赦三免其仁一之時、有司等稱二籠拔一、貪二放免之族一云々、所存之企、甚以不當也、自今以後、可二放免一之由事候歟、[2]無二指子細一於二籠置一者、雖レ爲二有司之所行一、以二檢斷之沙汰人一可レ被レ處二過怠一、

一　諸奉行諸別當輩事

右、或稱二奉行人之進止一、或募二別當職之威勢一、奉行別當、成敗之輩等所帶、不レ申二子細一、收公之條、甚以自由也、於二彼給分一者、爲二正員之恩顧一、何就二奉行職一、可レ任二私意一哉、若令二違犯一者、可レ被レ改二彼所職一、

一　鎌倉番役懈怠事

右、於二參着之日限一者、兼日被二催促一、而爲レ令レ延三引參上之日數一、寄二事於所勞一、不レ申二案內一、差三上幼少子息幷親類等一之族、一向可レ停三止之一、向後、不日被レ檢三見々所勞一之處、非二指重病一者、依二不忠之咎一、可レ被レ分二所帶一也、

一　領內道路幷橋事

右、付二住所之近隣一、可レ造二其邊之便路一之由、可レ被二仰付一、若所役爲二過分一者、

隨二其躰一、可レ有二計沙汰一、

一　宿河原并宮中在家人等宿直旅所・之事

右、盜人以下之狼藉、職而由レ斯、先年、三ケ夜之外、宿直之旨、被二禁制一畢、而近年有二違犯之輩一云云、所存之趣、非レ無二不審一、自今以後、於下違二背此法一輩上者、縱雖レ無二指所犯一、・至二彼家主一者、可レ被レ處二罪科一也、

一　町屋不入許在家拜領輩事

右、稱二地子一取二請料一、不レ可レ有二別役一之旨、令二契約一之間、急用之時、奉行人之催促、一切不二合期一之條、甚以非據也、向後至二如レ此處々一者、可レ被レ付二別給人一、

一　鎌倉屋形以下地事

右、爲二給人之進止一、不レ可レ相二傳子孫一、縱當給人雖レ爲二存日一、隨二祗候之躰一、可レ被レ充二行別人一、・兼亦、白拍子、遊女、仲人等之輩、居二置彼地一事、一向可レ停二止之一、

一　駒牽到來迯夫事

右、駒牽到來不レ知二期日一之間、以二當日一雖レ催二促人夫一、・鄉之依二遠所一、速疾不二事行一之間、有二其煩一云々、然者向後宿、上河原、中河原、・小田橋爲二彼宿々役一、守二結番一、隨二奉行人之催促一、可レ勤二仕其役一、

五五 宿河原并宮中在家人等宿直旅所事　所下原有々據諸本削

五六 町屋不入許在家拜領輩事　無原傍書據諸本補　犯下或脱文

々原作い據志本館本改　被原作令意改、宜參看解題

五七 鎌倉屋形以下地事　被原作令意改、宜參看解題　亦志本館本作又

五八 駒牽到來迯夫事　之恐當作々　田原作兩據原傍書館本改

五九 領内市々迎買事
買原作賣據原傍書志本館本改

一　領内市々迎[3]買事

右、為二制止一、結番被レ付二奉行人一畢、猶於二違犯之族一者、奉行人定申二交名一歟、就レ其可レ被レ行二罪科一也、

六〇 市々押買事
々原作之據前條改
隱原作陰意改

一　市々押買事

右、於二押買之輩一者、商人等尤可二存知一之間、不レ可二見隱聞隱一之由、召二起請文一畢、加之、就二一門方々一、所レ令二相觸一也、此上於下背レ制之輩上者、可レ被レ處二罪科一、若為二下輩之族一者、搦二取其身一、可レ被レ曝二于市一、

六一 宮仕下部等自身市商事
渡原作度據館本改
其據原傍書并諸本補

一　宮仕下部等自身市商事

右、下輩之族、為レ渡二世商一事、雖レ不レ能二制止一、乍レ致二宮仕一、自身令レ座二列商人等一、汚レ面之條、甚以不レ可レ然、如レ然之輩者、永不レ可レ召二仕其身一矣、

六二 正月元三私待酒肴事

一　正月元三之間私待二酒肴一事

右、如二舊式一者、非レ無二其煩一、自今以後一切停二止之一、

六三 内々酒宴之時不可有過分事
止原傍書據志本館本補
差原作美意改

一　内々酒宴時不レ可レ有二過分一事

右、酒宴者一旦興也、何可レ及レ費哉、於二客人來臨之外一者、二重衝重菓子或肴停二止之一、於二菓子一者、押二入行器一、魚鳥之間、不レ可レ過二三種一、凡止二過差之分一、可レ存二

省略之儀一也、

六四 人々宿所鋪設事

或原作式據諸本改

一　人々宿所鋪設事

右、寢所之外者、停二止高麗縁一、或絹縁或布縁可レ用レ之、縱主君雖レ有二來臨之事一、不レ可レ過二此法一、

六五 殺生禁斷事

一　殺生禁斷事

右、於二六齋日一者、任二嚴制之法一、可レ停二止之一、若背二制止一者、可レ被レ處二罪科一、但、至二于當社頭役分一者、不レ能二制止一、

六六 米收納時酒肴事

一　米收納時酒肴事

右、收納之時、令レ沙二汰酒肴一之條、百姓等有二其煩一云々、此條都無二先例一、何及二新儀一哉、向後慥可二停止一、若背二此法一者、沙汰人等可レ被レ處二過怠一、

煩原イ本史イ本作歎恐非

被原作令意改、宜參看解題

六七 下部等入鄉々狼藉事

一　下部等入二鄉々一狼藉事

右、非二指使節一、押二入百姓等許一、譴二責飯酒一、以下所二放飼一之馬上、令レ取亂騎、終以有二乘損一云々、所行之企尤不當也、自今以後、於下如レ然之輩上者、有二所帶一者、可レ被レ召レ之、無足之族者、隨二事躰一、或被二追放一、或可レ被二召籠一、

被原作令意改、宜參看解題

六八 力者以下依鄉々未進入部事

一　力者以下下部、依二鄉々未進一入部事

右、爲二譴責之使者一、其身一人可レ令二入部一之處、令レ引二率親類眷屬一云々、永可レ停二止之一、於二違犯之輩一者、鄕々名主等隨レ令二注申一、可レ被レ行二罪科一、

々原作之意改

一　博奕輩事

六九 博奕輩事

右、御式目之所レ推、其罪過太不レ輕、雖レ然動其族出來歟、須爲レ懲二向後傍輩一、可レ被レ致二嚴密之沙汰一矣、

被原作令意改

一　可レ停二止人倫賣買一事

七〇 可停止人倫賣買事

右、制法之趣、更非二私儀一、而猶有二賣買之聞一歟、依レ之、所々沙汰多分出來、可レ停二止之一、背二制法一之族者、須レ被レ追二放所領內一、口入人可レ爲二同罪一也矣、

被意補、宜參看解題
矣志本館本無

宇都宮史所收本　史本　志本　館本

二　宗像氏事書

密原作蜜意改

一 社住甲乙人可從松法師所命事

二 年貢濟物未進事

例意補

三 内談事

事書條々

右、可下興ヨ行神事一、勤ヨ行佛事一、修ヨ造諸社一、修中理寺堂上事、幷勸農以下所務雑務等條々事、固守ニ正嘉三年二月八日大札之旨一、嚴密可レ致ニ沙汰一也焉、

一　社住甲乙人等、可レ相ヨ從松法師所命一事

右、於下背ニ松法師之所命一、破ニ内談之儀一輩上者、不レ謂ニ親類兄弟一、不レ撰ニ祠官名主一、不日可レ令レ追ヨ放社内一也焉、

一　年貢濟物未進事

右、任ニ前々傍例一、加ニ呵嘖一、可レ被ニ徵納一也、尙以於下不ニ敍用一之輩上者、令レ收ヨ公下地一、可レ付ニ下作人一也、縱雖レ爲ニ少分一、可レ行ニ分限之科一也焉、

一　内談事

右、内談衆令レ書ニ起請文一、憲法可レ致ニ其沙汰一也、於ニ衆中一同之儀一者、不レ及ニ子細一、若衆儀不同之時者、申ヨ合故實之人々一、可レ被ニ相計一、但、或構ニ今案一企ニ姧曲一、

或不參及二數箇度一之輩者、且出二衆中一、且可レ有二其科一也、縱雖レ無二可レ合事一、於二有レ限式日一者、參二會公文所一、可レ被レ申二談諸事一、松法師成長之後者、任二道理一可レ令二成敗一也焉、

文意補

四 諸鄉納所御用修理料米等勘定事

一 諸鄉納所御用修理料米晴氣田久得分以下等勘定事

右、就二于公文所書下一、令レ下二行之一、取二方々請取一、續二書下與二請取一、可レ遂二勘定一也、任二雅意一令二散用一之條、敢不レ可二許用一、若沙汰人致二抑留一者、指二日限一可二經入一也、若令二違期一者、改二所職一、可レ補二憲法之仁一也、

五 諸鄉辨濟使公文名主等召仕百姓事

一 諸鄉辨濟使、公文、名主以下沙汰人等、任二雅意一、不レ可レ仕二百姓一事

右、殊加二禁制一、固可レ令二停止一、尙以於下不二敍用一之族上者、不日改二易所職一、可レ補二穩便之輩一也焉、

六 年貢加增事

一 年貢加增事

右、社家之大訴也、進二雜掌於關東一、可二歎申一也、而近年以二公田一爲二恩給一、以二年貢之內一、充二給米一之仁等、多以有レ之歟、悉令二收公一、可レ全二御年貢一、訴訟入眼之後者、如レ元可二充給一也、但、於二無足仁一者、加二內談一、可レ被二相計一也焉、

七 關東御使以下雜事課役事

一 關東御使以下雜事課役等事

八 方々雜掌使節幷結番等奉公事

外恐當作若

九 諸郷夫傳馬支配事

一〇 浦島事

右、守二公文所配分之旨一、無二緩怠之儀一、可レ致二沙汰一、若於下令二難澁一之輩上者、殊可レ行二重科一也焉、

一　方々雜掌使節幷結番等奉公事

右、或糺二巡儀一、或依二所帯之分限一、且就二當座之器量一可二勤仕一、若御公事之外、稱二指合一、於下令二辭退一之仁上者、爲二不忠之最一一、殊可レ行二罪科一、將又過二于社恩一越二於傍輩一、至下于致二奉公一之族上者、尤可レ有二忠賞一也、

次結番事、續三調奉行人之着到與二番頭之着到一、可レ令レ勘三合之一、外不參及二五ケ度一者、可レ處二罪科一、於二非番之輩一者、可レ有二別功一之旨、載二右狀一畢、

一　爲二田所沙汰一、支三配諸郷夫傳馬一事

右、案二大札之趣一、當職者社家之規模也云々、而近年自二親類以下方々一、內々召仕之由有二其聞一、太以無レ謂、所詮置二片日記於公文所一、糺二巡儀一、無二偏頗一令レ支三配之一、一年兩度可レ遂二勘定一也焉、

一　浦嶋事

右、自二方々一離二沙汰人一、直遣二使者一、責三取肴以下御菜等一事、太以不二穩便一、固可レ令二停止一、若尙於下不二敍用一之輩上者、向二惣官松法師一、可レ存二異儀一歟、於下眤三親

彼仁二之族上者、更不レ可レ打二解心一者也焉、

一一 山口事

一　山口事

右、山口山、垂水山、山田山、於二彼山之口一者、更非二制之限一、致二禁制一者、還而可レ成二土民之煩一者也、此外屛風嶽、極樂寺山、用山、高山、帝賢寺山等者、依レ爲二用水一、固可レ令二禁制一之由、可レ被レ相二觸沙汰人等一也焉、

一二 早馬事

一　早馬事

右、任二守文一、無二緩怠之儀一、可レ致二沙汰一、若於下令二違犯一之輩上者、守二右狀之旨一、固可レ行二其咎一也焉、

一三 鎧以下具足等幷馬事

一　鎧以下具足等幷馬事

右、天下御大事出來之時者、薄廣令二配分一、落居以後者、如レ元可レ入二置納殿一、於二私之借用一者、縦雖レ爲二親類兄弟一、敢不レ可レ許二用一者也、次馬事、子細同前、

以前條々如レ此、但、不レ載二此事書一、相二漏彼一篇一子細等、不レ可二勝計一歟、然者或守二式目之旨趣一、或尋二先々之傍例一、且任二理致之所一レ指、且依二時宜之所一レ推、加二內談一、憲法可レ被レ致二其沙汰一、凡糺下明忠與二不忠一之淺深上、可レ有下感與二不感一之輕重上、正二理非一則政道之肝心也、行二賞罰一是治世之眼目也、仍事書狀如レ件、

正和貳年正月九日　（宗像氏盛）（花押）

宗像氏事書

三　相良氏法度

為續・長毎・兩代之御法式

申定條々

一　[4]買免之事、賣主買主[5]過候て以後、子々孫々[6]無文候者、無㆓相違㆒本主之子孫ニ可㆑返、

一　無文買免之事、一方過候者、本主可㆓知行㆒、

一　買取候田地を又人に賣候て後、其主退轉之時者、本々賣主・可㆑付、

一　普代之下人之事者、無㆓是非㆒候、領中之者、婦子ニよらす、來候するを、相互・可㆑被㆑返也、寺家社家可㆑為㆓同前㆒、其領中より地頭ニ來候するを婦子ハ、其領主のまゝたるへし、

一　惡錢之時之買地之事、十貫[7]字大鳥四貫文にて可㆑被㆑請、黑錢十貫文之時者、可㆑為㆓五貫㆒・

一　何事にても候へ、法度之事申出候する時ハ、いかにも堅固ニ、相互ニ被㆓仰定㆒肝要候、忽緒ニ候する方ハ、承出、無㆓勿躰㆒之由、堅可㆑申候、

續下異本有樣　每下同上有樣御　之同上無

一 買免事　て異本作而

二 無文買免事

三 田地買主轉賣後退轉事　て異本作而　々同上作主之　主下同上有ニ

四 譜代下人事　互下異本有ニ　其以下五字同上作從其領中

五 を同上無　惡錢買免事　地異本作免　貫下同上有也

六 法度事申出事　ニ異本無

一　四至境、其餘之諸沙汰、以前より相定候する事ハ不㆑及㆑申候、何事にても候へ、其所衆以㆓談合㆒相計可㆑然候、誠無㆓分別㆒子細を可㆑有㆓披露㆒、無理之儀被㆓申亂㆒候する方ハ、可㆑為㆓其成敗㆒也、為㆓後日㆒申候、

明應二年卯月廿二日

一　本田の水を以て、新田をひらくによて、本田の煩たる在所あり、たとひ本田よりあまり候水なりとも、能々本田の領主ニこひ候て、りやうしやうならハひらくへし、

一　人の内之者、其主人の在所を退出之時、又別人より扶持すへき事、本主人ニ案内ありて、領掌ならハ、相互に許容たるへし、

一　牛馬ゆるすへき事、田畠の作毛取おさめ以後たるへし、年明候ハヽ、在々所々ニ其定のことくたるへし、自然牛馬作毛をそんさし候ハヽ、其主人・そんのほと禮あるへし、過分にそんさし候ハヽ、其牛馬をとゝめへし、

七　境論以下諸沙汰事
境異本作堺
以前より同上作従以前

八　以本田水開新田事
の異本作之下同○て同上無○あ以下五字
同上作有縱○あまり同上作餘○なりとも
同上作成共○こひ同上作乞○て以下七字
同上作而領常、常當作掌

九　退出本主在所預別人扶持事
の原作を據傍書改、異本作之○扶以下五
字異本作可扶持○ありて同上作有之○掌
原作常意改○許以下六字異本作可許容

一〇　放牛馬事
おさめ異本作納○ハ、同上作者下同○ニ
同上無
人下同上有へ○そ以下十字同上作損之程
可有禮
と以下五字同上作可留

一一 盗物買得事　て異本作而下同○あり同上作有○み同上作見○しらさる同上作不知下同

一二 讒者事　ハ異本作者○之同上無○よるへし同上作可寄○不以下十四字同上作無不審至申披者○重以下六字同上作可爲重罪

一三 落書落文事　あ以下五字異本作楸之○科以下五字同上作可爲科下同○其同上作それ○へ同上作得

一四 科人走入事　之異本作の○さま同上作樣○追以下六字同上作可被追出○在以下七字同上作不嫌在所

一五 小者喧嘩事　の異本無○かちまけ同上作勝負○とも同上作共○たかひに同上作互○各原作吾據同上改○の以下五字異本作之折檻

一六 文質物事　々異本無○しち同上作質○の同上作之○か以下八字同上作必從早晩○まて同上作迄○其同上作それ○者同上作而

一七 尋人事　他所より異本作從他所○部同上作子

一 盗たる物をしらす候て買置候より、六ケ敷子細あり、所詮賣主をみしらさる物ならハ、能々決候て、賣主をしらさるよしあらハ、其科たるへし、

一 讒者之事、篇目一定之時ハ、死罪流罪、其時之儀によるへし、又不審なく申ひらくにいたつてハ、虚言を申候人、別而の重科たるへき事、

一 落書落文取あけ[8]あつかひの事、俗出上下によらす、科たるへし、自然あつかふ者あらは、其を主と心へ、則科たるへし、

一 寺家社家によらす、入たる科人之事、[9]則さまをかへ追出されへし、誠於㆓重罪㆒者、在所をきらハす成敗あるへし、

一 小者いさかひの事、かちまけいかやうに候とも、主人いろふへからす、たかひに各々の小者のせんかんすへし、

一 用々によて文しち物の事、かならす[10]いつよりいつまてと定あるへし、其過候者、請取主まゝたるへし、

一 他所より其人を尋來候者之事、男女童部等いつれも、縱路次な

とにて見合候共、其尋行在所へ付へし、

一　諸沙汰之事、老若役人に申出候以後、於㆓公界㆒論定あらは、申出候する人道理也とも、非義に可㆑行、況無理之由、公界の批判有といへ共、一身を可㆑失之由、申亂者あり、至㆑爰、自然有㆓慮外之儀㆒者、為㆓道理㆒者不運の死ありといふとも、彼非義たる者の所帯を取て、道理の子孫に與へし、所領なか覽者ハ、妻子等・いたるまて可㆑絶、よく〳〵分別有へし、殊更其[11]あつての所へ行、又ハ中途邊にても、惣而面に時宜をいふへからさる事、

一　田畠を賣候て、年忌あかさるうちに、又別人に賣者あり、又子共をしちにふたりの所へをき候、為㆓重罪㆒間、此兩條ハ、何れも主人より可㆑被㆓取置㆒、[12]至㆓面々㆒者、上様より直こ可㆑被㆓召上㆒候、

一　うりかひの和市の事、四入たるへし、としの[13]きとくによて、斗のかす多少ハあるへき歟、此ますのほか用へからす、

為續長毎兩代之御法式　御法度條々（異本ト略稱）

へ同上無〇付へし同上作可付

一八　諸沙汰事
出異本作いたし
也とも同上作なり共
義同上作儀
批原作披據同上改
あり異本作有下同
と以下五字同上作云共
非義たる同上作爲非儀
與へし同上作可與
覽同上作らん
等下同上有こ
よ以下九字同上作能々可有分別

一九　田畠兩賣并子息二重入質事
賣異本作うり〇て同上作而〇忌當作紀〇うち異本作內〇者同上作物〇しち同上作質〇何同上作いつ〇置同上作上〇者同上作ハ

二〇　和市事
とし異本作年
ほか同上作外
二〇條奥原有天文十八己酉五月吉日押之云々宜參看解題

晴廣様被㆓仰定㆒候條々

二一 井手溝事

一 井手溝ほんそう題目候、田數次第ニ、幾度も人かす出すへし、人いたささる方の水口、一同にとゝむへし、

二二 買地事

一 買地の事、かひ主うり主よりも、井手溝之時、十人ならハ、五人つゝ出すへき事、

二三 田錢事

一 田錢ふれの時、五日の內に相揃へき事、付、かひ地ハ、かひ主うり主半分つゝいたすへき事、

二四 作子檢斷事

一 檢斷之所へ、作子置候者、主人可㆑返、但、當作かり取候者、其年者公役すへし、又置主けんたん之時者、置主の主人へ可㆑付事、

二五 緣者檢斷事

一 檢斷之所へ、緣者格[14]護之時、從㆓他領㆒我々兼日格護候か、歸りに來候なとゝ申候、是ハ無㆓檢斷㆒さきに、連々彼者之事、そなたへ誂置候由、點[15]合なく候者、可㆑為㆓檢斷儘㆒事、

二六 緣約之娘檢斷事

一 檢斷之時、むすめ兼てさきへ約束候共、むかへす候ハゝ、けんたんまゝたるへし、至㆓其際㆒請取候ハゝ、聟可㆑為㆑科事、

二七 殿原檢斷事

一 百性檢斷之時、殿原に仕候由共候、其地を格護候上者、百性にふせられへし、

けんたんまゝたるへし、

二八 懸持檢斷事

一 懸持檢斷之時、百性を假屋なとゝ候事候、然と其在所を居屋敷ならす候者、檢斷まゝたるへし、

二九 賣寡婦事?

一 やもめ女、女房とか[16]つし候而賣候者、ぬす人たるへし、但、代物に請候而かつし候者、躰に可レ寄、

三〇 稱緣者親類養置者賣却入質事

一 緣者親類と候而養置後、或者賣、或者質物ニなし候者、其科たるへし、其分候者、兼日格護無用候、

三一 稱本作人違亂賣地事

一 賣地之事、本作人と候而、いらん無用候、誰人にも可レ賣事、

三二 逃去下人爲他人被雇事

一 人の下人、身をぬすミ候而出候事候、從二他方一、其身後悔候而、傳言なと候者、請返、やとハれ主計成敗あるへし、科人兩人同前と候者、聞えかたく候、

三三 雇他人令致夜討山立屋燒事

一 人よりやとハれ候而、夜討、山たち、屋燒之事、やとハれ主雇主同前ニ成敗、但、やとハれ主聽而披露候者、可レ寄二時宜一歟、

三四 逃者事

一 逃者郡中ニ留候者、三百文、八代、蘆北ヘ留候者、互五百文たるへし、從二他方一來候するハ、一貫文たるへき也、[17]

三五 祝山伏物知事

一 他方より來り候するはふり(祝)、山ふし、物[18]しり、やと(宿)をかすへからす候、祈念等

あつらへへからす、一向宗もとひたるへく候、

三六 一向宗制禁事

一 一向宗之事、いよ〳〵法度たるへく候、すてに加賀の白山もえ候事、説々顕然候事、

三七 素人祈念醫師制禁事

一 男女によらす、しらふと(素人)のきねん(祈念)くすし取いたし、ミな一から宗と心得へき事、[19]

三八 仲媒事

一 男のいとま然々(追3)きれす候女子、そこつに中たち無用たるへき事、

三九 被官賣買事

一 爰元外城町におゐて、[20]なしか何かしの被官なとゝ申候而、別當へなし不レ申候、くせ事に候、今よりハ誰々被官候共、賣買いたし候上者、なしか先代のことくなし可レ申事、

付、すり取之事、くミ候而すり申候間、袖をひかへ候する者、しか〳〵糺明たるへき事、

四〇 取井手溝堰杙樋事

一 井手溝のふる[21]のいくゐ(堰杙)とひ(樋)とり申候する者、罪科たるへき事、

四一 插杉竹木伐採事

一 さし杉その外竹木、あん内なくきり候者、見あひに、主人へあひてん(點)あひ(合)、其成敗あるへき事、

天文廿四年乙卯貳月七日

御法度條々

四 大内氏掟書

一 百姓逃散事　一據永本多本補

者據諸本補　捕同上作取

判據諸本補

蔭原作讓據毛本改　判前本作同

充所前本永本毛本實錄無　手原作年意改

一 百姓逃散御定法之事

植木庄寺社本所領并諸給分本領等百姓、或拘ニ持土貢一、或欲下企ニ嗷訴一、逃中散他所上之條、不レ可レ不レ誡、所詮、有ニ所望之輩一者、搦ニ捕狼藉人一、可レ渡レ之、御定法之上者、聊不レ可レ有ニ慳惜之儀一也、仍執達如レ件、

永享十一年十二月十九日

杉近江守 重傳 判

森下紀伊入道 淨蔭 判

白松 祥貞 同

千手越前守殿

閣本八八　前本九五　永本一四七　多本一四四　〔參考〕毛本九六　類本八八　寮本八八　松本一四〇

世本一四四　實錄

二―八　禁制

おゐ多本作於
湯實錄作溫
但以下原接續於前行據諸本改
子細を多本無
號諸本作かう
出毛本作いて
立下同上有等
廿下永本多本有八恐當作一
有之毛本作あつて
被相定諸本作あひさためらるゝ
上永本多本作うへ
者諸本作は
之原在此下據諸本移
二多本松本作三
大夫閣本作尉
同同上作奉

築山殿（教弘）
御判
御禁制

一　夜中に大路往來の事
一　辻すまうの事
一　路頭におゐて女をとる事
一　夜中に湯田の湯へ入事
但、湯治の人幷女人同農人等被レ除レ之、
一　諸國落人、其餘子細を不ニ存知一輩、不レ可ニ召仕一事
一　京やうと號し出立・いさう（異相）の事
一　他國の輩、加ニ用心一可ニ召仕一之事

右七ケ條、去廿・日衆評有レ之、被ニ相定一上者、御分國中上下人々、可レ守ニ此旨一之由、壁書如レ件、

長祿三年五月廿二日

左衛門尉 奉秀明
右衛門大夫 同正安

前本一―七　閣本一（但、御分國迄缺ク）　永本一―七　多本一―七　〔參考〕毛本一―七　類本一（但、御分國迄缺ク）　寮本一（同上）　松本一―七　世本一―七　實錄

一　同長祿四年養子御法事

爲二當方御家人一之輩、以二非御家人子一、號二養子一之條、太不レ可レ然也、但、有二事子細一而於レ被二御許一者、非二制限一之旨、被レ定二置之一畢、可レ被二存知一之由、所レ被二仰出一也、仍執達如レ件、

長祿四年十一月廿五日　　右衛門大夫判（正安）

主計允判（武賢）

宗春知職也

陶中務少輔殿（弘房）

內藤下野守殿（盛世）

杉伯耆守殿（重國）

仁保加賀守殿（盛安）

問田掃部助殿（弘綱）

安藝・東西條御代官

飯田石見入道殿（昌秀）

九　養子事　此條宜參看一五四條

一　意補

同　以下五字實錄無

也　閣本無恐是

而　松本無

大　原作太據前本閣本改

判　同上作同

春　閣本作春

殿　據前本補

盛　原作成據前本閣本改下同

國　實錄作綱

藝　下前本閣本有國

飯田昌秀　實錄無

綱原作網據閣本改

之閣本無

一〇 從山口於分國中行程日數事

一據永本多本補
周防國同上作防州實錄無
但下に至りて前本作至在
至り永本作いたり
來下前本有の
之永本多本無
至て多本作至りて永本作いたりて
て下永本多本有ハ

朽網若狹守殿季綱
內藤駿河入道殿道圓
右各一通宛レ之

永本一四四　多本一四一　前本九一　閣本八四
〔參考〕　松本一三六　世本一四一　毛本九二　類本八四
寮本八四　實錄

一　從二山口一於二御分國中一行程日數事
周防國
大島郡四日　但、島末に至りてハ五日、
請文到來・日限十五日、
玖珂郡三日　但、山代之庄に至て・四日、
請文十三日、
熊毛郡三日　請文十一日
都濃郡二日　請文十一日
佐波郡一日　請文七日
吉敷郡一日　請文七日
長門國

大津郡二日路半 請文十一日

豊東郡二日 請文九日

豊西郡二日 但、宇賀、河棚に至てハ二日路半、請文十一日、

厚狹郡二日 但、津布田、埴生に至て二日路半、請文十一日、

豊田郡二日 但、神田、阿川、粟野に至てハ二日路半 請文十一日、

吉田郡二日 請文七日

阿武郡 福田に至てハ二日、小河に至テ二日路半、請文十一日、椿、三見、地福、得作、生雲一日、請文七日、

厚東郡一日 請文七日

美禰郡一日 但、厚保一日路半、請文八日、

豐前國

宇佐郡六日 請文十七日

上毛郡五日 請文十五日

下毛郡五日 請文十五日

京都郡四日 請文十三日

仲津郡四日 請文十三日

日下永本多本有十一日恐非

田原作同據諸本改

に據前本補

て據同上補

て下永本多本有ハ

路據永一本補

豐田郡之項多本無

粟原作粟意改

に據前本補

七恐當作十一

河前本作川

に據前本補

得多本作德

作前本多本作佐

下毛郡之項多本無

三永本多本作二

築城郡四日 請文十三日
田川郡四日 請文十三日
規矩郡三日 請文十・三日
筑前國
怡土郡七日 請文十九日
上座郡六日 請文十七日
下座郡六日 請文十七日
三笠郡五日 請文十五日
糟屋郡五日 請文十五日
那珂郡五日 請文十五日
席田郡五日 請文十・五日
嘉摩郡四日 請文十三日
穗波郡四日 請文十三日
鞍手郡・四日 請文十・三日
御牧郡三日 請文十一日

三諸本作一恐是

下座郡之項前本無

五同上作三恐非
嘉摩郡之項同上無
穗波郡之項同上無
四永本多本作三
三同上作一
御牧郡之項多本無

高原作當據諸本改

よつて永本作よて多本作依て○令諸本作せしめ、在參下○したかひ多本作隨ひ○差遣諸本作さしつかハす○は前本作者○儀同上無○望て諸本作のそむて○往以下五字前本作可往來○往來永本作わぅらい○は永本多本無○此前本作この○之諸本無○違背前本永本作いはゐ○をひて多本作於て○可以下七字諸本作罪科にしょせらるへきのよし、但前本の無

安藝國
東西條七日 請文十九日
日高島七日 請文十九日
呉　島五日 請文十五日
蒲苅島六日 請文十七日
能美島四日 請文十三日
石見國
邇摩郡七日 請文十九日
肥前國
神崎郡八日 請文廿一日
以上

右、訴人の申状によつて、召文をなさるゝといへとも、やゝもすれハ令二遲參一、いたつらに日數をへるの間、しるしをかるゝ者也、但、御用にしたかひ、差遣飛脚等は、其時儀ニ望て、早速に往來すへきの條勿論也、又山口中人々の事は、五ケ日中に申あきらむへし、此壁書之次第、若違背せしむる輩にをひてハ、可レ被

處二罪科一之由、御評定畢、諸人可レ令二存知一之由、所レ被二仰出一也、仍執達如レ件、

寛正二年六月廿九日

備（杉）中守奉秀明
左衛門大夫奉正安

閣本二　前本八　永本八　多本八　〔參考〕毛本八　類本二　寮本二　松本八　世本八　實錄

二一三 盜物事

又盜物事、雜賀飛驒入道妙金當所在國之時、御尋被レ申分聞書、

一　ぬす人のとる物之事、とゝまる所よりいたすへし、

一　罪科の事ハ、本々へたゝして、賣主をひき付さる仁を、ぬす人の准據に、罪科あるへし、

一　失物質物にをくとき、その盜人倉へ持來て、をく事ハ、不レ能二左右一、若人をやとひてをかは、その人躰を倉へめしく（召具）して申時、質物をいたす請錢・不レ可レ入レ之、

寛正二年七月八日

前本七四―七六　閣本六七―六九　永本一三二―一三四　多本一二九―一三一　〔參考〕毛本八〇―八二
類本六七―六九　寮本六七―六九　松本一二五―一二七　世本一二九―一三一　實錄

令原作有據實錄改
左諸本作右
奉同上作同
盜物事　分松本作合
ぬす多本作盜
とる多本閣本作取
ある閣本作有
をくとき同上作置時
その閣本多本作其
その閣本多本作其
錢下原有を據諸本削

一四
猥殺害人科事
一據永本多本補
七前本無
或下前本有者諸本有ハ、下同
中諸本作人
事前本多本無
まかせ多本作任せ諸本作任
さん多本作散
は前本作者下同
お原作か據諸本改
もの多本作者
まもり前本作守
之原作の據諸本改
者據諸本補
雖上諸本有又或是
をひ多本作於
せ永本無
之永本多本無
晦諸本作卅

一　寄二事於左右一、猥殺二害人一之間、御定法之事

飯田大炊助貞家郎従石川助五郎、為二長門國三隅庄平民左衛門三郎男一、去十七日夜被二殺害一之事、

右意趣者、依三助五郎密二懐左衛門三郎妻一（才松母也云云）、猥殺二害人一之條、其科難レ遁者乎、所詮、當家分國中士民等事、或・案内を領主にへ、或・於二庭中一子細を申は、可レ加二下知一也、殊更家中等事、申旨あらハ、其實否にまかせ、可二成敗一之處、やゝもすれは宿意をさんする間、還而失二其身一條、且は忠孝をおもはさるにあらさるや、且は傾城として身を損するたくひ、嗚呼のものにあらさるや、自今以後ハ此下知をまもり、敢て定法を違失する事なかれ、若違犯之輩あらは、たとひ雖レ為二異類身之者一、雖レ為二重代相傳之忠臣一、永子孫をたやし、罪科に處すへき也、仍此趣諸人に告知せしめんために、左衛門三郎男并才松母事にをひてハ、貞永式目之旨に任せ、流刑に一定せしめ畢者、早件之兩人を長門國見島に可二差遣一之状如レ件、

寛正三年八月晦日　　　　御判
（教弘）
築山殿

内藤下野守殿盛世

閣本三　前本九　永本九　多本九　〔參考〕毛本九　類本三　寮本三　松本九　世本九　實錄

一　麻布寸尺事

御分國中所納年貢のあさ布寸尺事、古式に任、よろしく貳丈八尺を以て壹端とす、鷹秤を用之、又賣布の事ハ、貳丈五尺或ハ貳丈六尺各鷹秤、即和銅七年符也、壹端たるへし者、早右の定法の旨を守、豊前國中の甲乙人等に觸しむへきよし、所レ被二仰出一也、仍執達如レ件、

寛正三年十月廿五日　　石見守判貞俊
　　　　　　　　　　　(飯田)沙彌判昌秀

杉伯耆守殿

前本一〇　閣本四　永本一〇　多本一〇　〔參考〕毛本一〇　類本四　寮本四　松本一〇　世本一〇　實錄

法泉寺殿禁制

世下原有也據前本削

一五　麻布寸尺事　一據永本多本補　のあさ閣本作之麻　よろ多本作宜　て閣本無　秤同上作計下同　之原作也據永本改　又同上作亦　ハ毛本無　定永本多本作丈恐是　十下永本多本有一

一六　狩獵禁制　法泉寺殿多本無

周防國都濃郡鷲頭庄妙見山

右、甲乙人等於ニ當山一かりの事、莵苗田狩等に至て、永令ニ禁斷一畢、自今以後、若此制符をそむき、違犯のやからあらは、罪科に處すへきの狀如レ件、

應仁元年四月二日　　法泉寺殿(政弘)
多々良朝臣　御判

閣本五　前本二一　永本二一　多本二一　〔參考〕毛本二一　類本五　寮本五　松本二一　世本二一
實錄

於當山多本作當山に
於て諸本作當山にをいて
令禁斷諸本作禁斷せしめ
斷原作制據諸本改

一七一二　周防國鯖川渡舟賃事

佐波郡鯖川之渡御定法事

定

周防國鯖川渡舟賃二瀬之事

一　往來人者壹文　壹瀨分
一　荷壹人持者貳文　壹瀨分
一　至ニ鎧唐櫃并長唐櫃一者、貳人持五文　壹瀨分
一　馬者五文　壹瀨分
一　輿者三文　壹瀨分

川永本多本作河
自定至事十三字永本多本無
川前本作河
壹原作一據永本多本改
壹瀨分前本作同前
壹瀨分諸本作同前

洪以下六字前本永本作こう水の時かくのことし、但時永本作とき○そうけむ多本作増減○つゐて永本作就て多本作付て○そむく多本作背く○やから前本作族○云永本多本作いひ下同○わたしもり前本作渡守多本作渡し守○左據諸本補○したかひ多本作隨ひ○かたく原作有て意改諸本無○可被處罪科前本作罪科に處せらるへし諸本作罪科に處せらるへき○縱諸本作たとひ○共諸本作とも○舟賃永本作船ちん○相以下五字前本作無相違者○わた多本作渡○或ハ舟の據諸本補、但前本ハ無下諸本有ハ○渡もり前本作渡守永本作わたしもり多本作渡し守○受以下九字前本作可遂受用之由

二三 防州長州寺社領半濟事

一意補

由恐當作間

施原作絕意改

右、船賃之事、洪水之時如レ此、若出錢そうけむにつゐて、御定法をそむくやからあらは、行人と云、わたしもりと云、兩篇の左右にしたかひ、かたく可レ被レ處二罪科一、縱風雨幷夜中たりといふ共、舟賃相違なくは、即時に舟をわたすへし、彼賃錢之事、或ハ舟の修理をくはへ、或・渡もり受用をとくへきよし、所レ被二仰出一、諸人可二存知一之狀如レ件、

應仁元年五月廿日

閣本六一〇　前本二二一六　永本二二一六　多本二二一六　〔參考〕毛本二二一六　類本六一〇
寮本六一〇　世本二二一六　實錄

一　防州長州寺社領半濟事、依二豐前筑前錯亂一、件兩國御勢、文明元年夏以來、馳二集周防長門一、令二逗留一之間、爲二兵粮料一令二支配一云々、誠非二御本意一、尤國家安全ハ、可レ被レ任二佛神加護一之段、勿論之由、所レ被二思召一也、雖レ然、爲二人由之習一對二治敵一之時ハ、悉以二多勢顯勇之威力一則得二勝利一畢、武略又非二其中一者乎、殊豐筑兩州御勢、忠節無二比類一之間、不レ可レ不レ被レ施二撫育御憐愍一、云レ彼云レ是、且者當時寺社領之不運、且者可レ被レ存二先例一歟、然處、爲二御在京御禮一、寺社之輩、

者原作ハ據實錄改
也原作なり意改

或自身參洛、或以二使者一被レ進二錢貨已下一之間、其費有二御推察一者也、遠路往反不レ輙之時節、其身之難義、亦不便ニ被二思召一也、所詮、至二京都一自二寺社一御禮事、於二自今以後一者、可レ被二停止一之由、對二周防國中寺社一、嚴重ニ可レ被二相觸一之旨、堅固所レ被二仰出一也、但、如レ此以二優恕之儀一、被二仰付一候處、一向被二無音一寺社事者、欲レ不レ達二上聞一、自然無道之族可レ蔑二寺社一歟、然者隨二分際之志一、抽二御祈禱精誠一、以二便宜一自二寺社一可レ被レ進二卷數一也、此等之次第、宮社寺庵平均存知候樣、可レ被二申觸一之由、依レ仰執達如レ件、

文明七年卯月十日

布本一五　實錄

二三一三四　興隆寺法度條々

定

氷上山興隆寺法度條々

一　上宮社參之儀、當山衆徒之外者、可レ被二停止一事、但、雖レ爲二他門他宗一、至二各別之僧侶一者、可レ被レ奉レ伺レ之、

一　朝夕入堂衆徒懈怠之時罰金、前々者雖レ爲二朝貳錢夕壹錢一、於二自今以後一者、可レ爲二朝參錢夕貳錢一事、

一　依二綱位一亂二臈次一之故、猥求二自由之昇進一、雖レ爲二宿老有智之高僧一、被レ超ヨ越少年無才之後輩一、（貞永式目内取要載レ之、）所詮、當山衆徒官位事、請二一山之評議一、以二連署狀一、蒙二武家御免許一可レ被二轉任一事、

一　巡山堅固可レ有二其沙汰一事、

一　雖レ爲二山中幷坊舍境內一、不レ可レ採ヨ用竹木一事、（縱雖レ栽二代木一、敢不レ可レ伐ヨ用之一、）

一　狩獵事、於二當山境內一者、可レ蒙二神罰一之間、諸人定可レ成二其恐一之上者、不レ被レ及二御制止之沙汰一者也、但、猶以嚴重可レ有二禁斷一之、縱雖レ爲二武領一、於二近所山野一、堅固被二停止一畢、禽獸之類被二驅馳一、則翔ヨ走于當山一而及レ斃之間、御禁制如レ斯、若有二違犯之族一者、差二交名一可レ被二注申一事、

一　於二法界門之內一、女人禁制事、（但、二月會幷千部經會同大法會時除レ之、）

一　於二當山一五辛禁斷事、

一　於二法界門之內一、雖レ爲二或兒童或寺僕一、不レ可二魚食一事、

一　每月管絃講、無二闕怠一如二前々一可レ被レ遂二其節一事、（付、役者參不參、可レ被レ記ヨ置之一、）

一　每月月次連歌、自二武家一如二前々一可レ被レ致二其沙汰一事、

一　每月本坊（十坊）和歌、可レ有二興行一事、（任二頭役其心一、可レ有二山中會合一、但、飲食一向可レ停ヨ止之一、）

以上

右條々、堅守二此旨一、可レ被レ致二其沙汰一之由、所レ被二仰出一也、仍執達如レ件、

文明七年十一月十三日 備中守弘綱(問田)奉

從四位下行左京大夫多々良朝臣政弘(花押)

興隆寺文書三 布本一七—二七(但、第七條缺ク)

今八幡社頭并御神領事條々

一 修理造營之時、社頭中人足有二催促一、可レ召二仕之一、然而號二地子辨濟一、不レ勤二仕人足以下諸役一云々、大綱修造之時者、縱雖レ爲二地子收納地一、可レ相二催之一、若於二異儀仁一者、不レ可レ居二住社頭中一事、

一 御家人中、雖レ有二所望地一、不レ可レ立二神人居宅一事、

一 諸役田知行仁、每事無沙汰之時者、可レ召二放其地一事、

一 社邊掃除者、宮司并神人等、可レ致二奔走一事、

一 諸人號二屋・地一、雖レ申二給神領內一、則不レ作レ家不レ辨二收地料一、剩於二彼地內一、定二置百姓一、納二取地子一、偏如二私領一、有二受用之族一云々、於二自今以後一者、縱以二上裁一

三五—三九 今八幡社頭并御神領事 一原在前行意移之原作の據多本閣本改 頭諸本作領 地據永本多本補 於同上作及 頭閣本作領永本多本無

屋下多本有數 收永本多本無

ケ諸本無

雖二預ケ給一、至二如レ此仁一者、言二上子細一、爲二社家一可レ召二放件地一、若又乍レ令二居住一、不レ社二納地料一者、就二訴訟之是非一、可レ被レ付二渡其家於其地一事、

之據同上補

右條々、堅固所レ被二仰出一也、以二此旨一可レ有二其沙汰一之狀如レ件、

文明十年卯月十五日　（相良）遠江守正任奉

前本一七—二一　閣本一一—一五　永本一七—二一　多本一七—二一　〔參考〕毛本一七—二一　類本一一—一五
寮本一一—一五　松本一二—一六　世本一七—二一　實錄

四〇—四四 安藝國西條鏡城法式

（政弘）法泉寺殿 御判

安藝國西條鏡城法式條々

一 當城衆當番、以二名代一不レ可レ勤仕一事

一 當城普請、每日不レ可レ有二懈怠一事

有閣本無恐非

一 縱雖レ爲二城衆知人一、不レ可レ入二城內一事

一 置二兵粮一、無爲之時、不レ可レ配二當城衆一事

一 博奕堅固可二停止一事

以上多本無

廿永本多本無

四五
徳政訴訟事
一意補
米錢永本多本無
但據諸本補
論同上作諍
之原作々據毛本改
者多本無
十閣本無

右、於下背二此旨一之輩上者、可レ被レ行二殊御成敗一之由、所レ被二仰出一也、仍壁書如レ件、

以上

文明十年六月廿日　――奉

前本二二―二六　閣本一六―二〇　永本二二―二六　多本二二―二五(但、第三條缺ク)　〔參考〕毛本二二―二六
類本一六―二〇　寮本一六―二〇　松本一七―二〇　世本二二―二五(但、第三條缺ク)　實錄(但、第五條缺ク)

一　徳政訴訟事23

筑前國人々申、文明元年以來至二長門國一令二渡海一之仁、前々米錢借物事、悉不レ可二返辨一之由、被二仰出一畢、但號レ取二返質劵之狀同質物等一、自然及二喧嘩鬪論一、至レ及二國之忩劇一者、爲二不忠族一、云二米錢主一云二借人一、共以可レ被レ處二罪科一者也、所詮、雖レ不レ取二返彼借狀一、既如レ此御成敗之上者、於二當年八月十七日以前之借狀一者、永不レ可レ立也、然者各不レ及二論量之儀一、無爲令二相談一者、可レ爲二神妙一之旨、可レ被レ相二觸筑前國中一之由、所レ被二仰出一也、仍執達如レ件、

文明十年十月六日　(安富)掃部助 判 房行

守閣本永本無
前司同上大書多本無
判閣本作同

四六―五〇
「奉行人掟條々」
一意補

神代貞綱實錄缺
綱據正任記當作賢

陶(弘護)尾張守殿　　遠(相良)江守前司判 正任

前本二七　閣本二　永本二七　多本二六　〔參考〕毛本二七　類本二　寮本二　松本二　世本二六
實錄

一　奉行人數 次第不同

高石三河守　重幸
宇野主計助　弘喬
飯田安藝守　貞家
高石彥右衞門尉　忠幸
神代左馬允　貞綱
尾和兵庫允　武親
門司下總守　能秀
杉孫右衞門尉　弘―(照)有レ憚
伴田大炊助　弘―(興)有レ憚

見嶋彦右衛門尉　弘康

一　毎朝致₂出仕₁、或御世務方令レ相₂談之₁、或御沙汰方事、内々致レ披₂露之₁、毎月六箇度御評定式日、経₂衆儀₁可₂議定₁事、

日原作目意改

一　毎朝若依₂病気₁、奉行人之内、不レ能₂出頭₁者、可レ捧₂起請文₁、又難レ去私用之時者、可レ言₂上子細₁事、

又多本無

一　御沙汰事、毎月六ケ度御評定式日之前日、内々可レ請₂上意₁、毎度至₂式日₁経₂上裁₁之間、御沙汰御決断延引不レ可レ然事、

日原作目據松本改下同

一　毎月六ケ度御評定式日者、奉行人各終日可レ致₂祗候₁、御評定相初時刻、可レ為₂四時₁也、被₂相定₁上者、奉行人出仕時刻事、又限₂此式日₁、御評定衆同時、可レ致₂出仕₁事、

上御原作以意改
下御松本無

文明十三年三月五日

永本九九―一〇三　多本九六―一〇〇　【参考】　松本九二―九六　世本九六―一〇〇　實録

五一―五六
椀飯同御節并所々御出事

・椀飯同御節并所々御出の事

一　椀飯御祝三献、進物如₂例式₁、其後面々着座ありて、御肴三献まてハくむへし、

椀上原有一據諸本削
〇あり閣本作有〇自ま至献二十字據諸本補〇まて多本作迄

その後ハ一たうたるへし、五獻めにむきまいるへし、羹まんちう折臺略すへし、

一 問田に御出そめの事、御祝幷進物以下如レ例、御肴一獻まいりて、御臺まいるへし、御臺ハ本膳に御菜六、二の膳ニ御菜三、三の膳に御さゐ三、御しるハ本膳に一、しやうしん、二の膳ニ二、三の膳ニ二一ひやしる、たるへし、折ハからうたてをいろゐへからす、臺も木地たるへし、いつれの所へ御出のときも、御相伴衆まてハ此准據たるへし、近習衆ハ本膳ニ菜三、しる二、二の膳にさい三、しる二たるへし、外樣衆は本膳に菜三、ひき物一たるへし、但、惣別所々御出の次第ハ、時により御氣色ニよるへし、

一 五日の御節の事、御肴御臺以下可レ准レ右之、

一 五日・御節のとき御折御肴の臺御樽進上有へからす、但御用の時、進上あるへきよし被二相觸一者、進上あるへし、時の躰によるへし、

一 いつれの所へ御出のときも、折肴の臺樽つかハすへからす、是

その閣本多本作其〇め諸本作目〇まいる閣本作參
そめ多本作御免恐非
まいり閣本作參り
まいる同上作參〇菜諸本作さい下同〇膳永本作せん〇三原作さん據諸本改
膳永本作せん〇しる閣本多本作汁〇膳永本多本作せん〇しやうしん原大書據永本細書、閣本作精進〇膳諸本作せん〇膳永本作せん
いつれ閣本作何れ〇とき永本多本作時〇衆據諸本補〇まて多本作迄
菜諸本作さい下同〇しる閣本作汁〇二以下十字諸本無
外樣衆永本多本作とさまひき物閣本作ひやしる
之閣本永本作也
日下閣本有之諸本有のとき閣本多本作時有永本多本作ある
時永本多本作とき
相閣本作仰
あるへし同上作可有、在進上
いつれ閣本作何れ〇とき諸本作時下同〇肴原作盃據松本改〇つかハす松本作遣す

いつれ閣本多本作何れ○江原作に據諸本改○まて多本作迄
う原作ち據五一條改○是永本作これ○儀諸本作宜恐是

五七
参宮人仁餞送停止事
一意補
仁諸本無

又閣本作亦

も時宜によるへし、

一　いつれの所に御出のときも、三獻まてハ御肴くむへし、其後ハ

一　たうたるへし、是も時儀によるへし、

文明十三年十二月廿六日　　御評定

前本二八―三三　閣本二二―二七　永本二八―三三　多本二七―三二　〔参考〕毛本　二八―三三　類本二二―二七　寮本二二―二七　松本二二―二七　世本二七―三二　實錄（但、第五條缺ク）

一　参宮人仁餞送停止事

諸人爲二參宮一上洛之時、餞送之儀、可レ爲二停止一之由、自今以後被レ定二御法一畢、其故者、依三人事二禮節一、可レ輕二神慮一歟、然上者、下向之時、又土産之儀可レ爲二停止一、若不二存知一之人、有二其沙汰一者、以二此旨一不レ可レ請三取土産物一之由、所レ被二仰出一也、仍壁書如レ件、

文明十五年三月九日

前本三六　閣本三〇　永本三六　多本三五　〔參考〕毛本三六　類本三〇　寮本三〇
松本三〇　世本三五　實錄

一　兵船渡海關役事御定法
爲二九州御對治一、御在關之時、渡海御勢事、爲二赤間關役一、可レ仕二立船一之旨、於二當關一被レ經二御評定一、任二先例一被レ定二御法一、・自今以後、可レ爲二此分一之由議定畢、則所レ被・殿中日日記、壁書如レ件、

文明十五年八月一日

永本三四　多本三三　前本三四　閣本二八　〔參考〕松本二八　世本三三　毛本三四
類本二八　寮本二八　實錄

一　御沙汰決斷地、爲二新御恩一不レ可二望申一事
沙汰出來之時、理非兩方依二懸隔一、所レ被二沒收一之所領之事、やゝもすれは、其身則爲二新御恩一、可レ預二御扶持一之由言上、・太以不レ可レ然、於二自今以後一者、堅被レ加二制止一者也、背二此旨一令二披露一

五八
兵船渡海關役事
一據前本補〇事書原接續於本文意移
對多本作退
旨原作今日據實錄改〇自任至定十九字前本無〇法下閣本有畢恐是
被下恐有脱字〇日諸本作々

五九
御沙汰決斷地不可望申事
一意補
御右傍永本肩註添書也
所原在收下意移
上下永一本多一本有也恐當作之
太前本作甚

奉行人事、共以可レ被レ處二罪科一之由、所レ被二仰出一也、有レ憚

文明十五年十二月十五日　（伴田）大炊助弘（興）奉

實錄

閣本二九　前本三五　永本三五・五六（重出、但、事書ナシ、コレヲ永一本トス）　多本三四・五五（重出、但、事書ナシ、コレヲ多一本トス）　〔參考〕毛本三五　類本二九　寮本二九　松本二九・五〇（重出、但、事書ナシ、コレヲ松一本トス）世本三四・五五（重出、但、事書ナシ）

一　金銀兩目御定法事

こかねしろかねの兩目の事ハ、京の大法として、いつれも一兩四文半錢にて、貳兩九文めたる處に、金をハ一兩五文めに賣買事、其謂なし、殊御分國中如レ此云々、代ハたかくも安くもその身〱のはからひたるへし、兩目の事ハ、京都の法を守へし、若此旨をそむく族あらは、經二上裁一、可レ有二罪科一、自然又此法をやふる輩を聞出たさるゝ事あらハ、慥遂二紀明一、そのとかのかれすは、重科にをこなハるへし、仍下知如レ件、

文明十六年五月日　（高石）三河守重幸　判

五松一本作八
十多本無
伴田據永一本多一本補

六〇

金銀兩目事

一意補〇京下諸本有都恐是〇の閣本作之
〇いつれ同上作何れ〇め諸本作目〇に閣
本無〇金諸本作こかね〇文め閣本作匁〇
賣買諸本作うりかふ〇其閣本永本作その
〇謂諸本作いはれ〇殊永本作ことに〇殊
下閣本多本有に〇安く諸本作やすく〇そ
の諸本作其〇〱實錄作其身〇守閣本永
本作まもる〇そむく閣本作背多本作背く
〇族諸本作やから〇可有罪科諸本作罪科
あるへし〇自然永本作しせん〇此下閣本
有御〇やふる同上作破〇出た永本多本作
いた〇慥毛本實錄作たしかに〇遂紀明永
本多本作紀明をとけ〇その とか閣本多本
作其科〇のかれすは閣本作不遁者〇をこ
なハる松本作行る

重幸原大書據永本改

實錄　前本三七　閣本三一　永本三七　多本三六　〔參考〕毛本三七　類本三一　寮本三一　松本三一　世本三六

禁制

一　錢をえらふ事

段錢の事ハ、わうこ(往古)の例たる上ハ、えらふへき事、もちろんたりといへとも、地下仁ゆうめんの儀として、百文に、永樂、宣德の間廿文あてくハへて、可レ收納一也、

一　り錢幷はいく〳〵錢事

上下大小をいはす、ゑいらく、せんとくにおいてハ、えらふへからす、さかひ錢とこうふ(洪武)錢なわ切(打平)の事也、うちひらめ、此三いろをはえらふへし、但、如レ此相定らるゝとて、永樂、せんとくはかりを用へからす、百文の内ニ、ゑいらく、せんとくを卅文くハへて、つかふへし、

一　米をうりかふにふたうをかまふる事

役人判形のますにとかき(斗概)をいかにも正直にあてゝ、うりかふへきところに、てをそへて、24くりはかりにてうるによりて、諸人しうそ(愁訴)在レ之、所詮京都はうやう(法様)のこ

六一　撰錢事
もちろん多本作勿論
あて布本作充也同上作之恐是

六二　利錢幷賣買錢事
おいて多本作於て〇と布本無〇な以下六字實錄無〇め下布本有如〇いろ同上作色〇は同上無〇せんとく同上作宣德〇はかり松本作計〇を布本無〇ゑ以下八字同上作永樂宣德〇つかふ松本作遣ふ

六三　就米賣買構無道事
か原作り據布本改〇て同上作手〇在諸本作有〇ことく多本作如く下同

く　下布本有に
うち　多本作内
り　原作る　據諸本改
ハ　布本無
ある　同上作有
まて　多本作迄
かき　布本作書
用　下諸本有ゆ
を　布本作に
とも　同上作共
重　同上作嚴
七　同上作五
差出書　同上名字署判
實名無
尉　原作允　據布本松本改
尉　原作允　據布本改
沙彌以下三名據同上補

とく、時によりて一日のうちたりといふとも、そうけんハあるへし、たとへは、
今日まては百文に壹斗充たりといふとも、はい〳〵の米方々より出さらん時ハ、
役所へ案内をへて、わし(和市)をけんすへし、
右事かきのことく、米をうりかい錢を用へし、若此制札前をそむくともからあ
らハ、けんもん其外諸人被官たりといふとも、可レ被レ處ニ重科ニ者也、

文明十七年四月十五日

伴田 大炊助 弘(興) 在判
高石 三河守 重幸 同
杉 左衛門尉 武明 同
杉 左衛門尉 武道 同
杉 美濃守 重親 同
安富 掃部助 房行 同
(杉　重隆?) 沙彌
(内藤弘矩) 彈正忠
(問田弘綱) 掃部頭

永本一〇七―一〇九　多本一〇四―一〇六　布本四四―四六　〔參考〕　松本一〇〇―一〇二　世本一〇四―一〇六

實錄

六四 某品代物事　十多本作拾

六五 塗物代物事

一松本作壹　寸下同上有の　十同上作拾下同　とも同上作共下同

二多本作貳　一同上壹　三松本作二

ことく多本作如く下同

その松本作其

そのぬし松本作其主　多本作其ぬし　うけ松本作請

在判多本作同

下ハ　百五十文

なを下ハ　百文

一　塗物代事

七寸より一尺三寸・刀のつかさや、地ぬり五十文、花ぬり五十文、以上　百文

一尺四寸より二尺のハ、地ぬり花ぬりともニ百五十文

二尺一寸より三尺のハ、地ぬり花ぬりともニ三百文

自餘のぬり物も、此しゆん(准)きよ(據)たるへし、

右條々、かくのことく相定らるゝ上ハ、賃相當分けんてう(嚴重)にほんそう(奔走)すへき者也、あたいをハ御法のことく下行せしむる處ニ、もしその職をおろそかにする族あらハ、件のあつらへ物を、そのぬし出帶して、奉行所にてひはん(批判)をうけ、ふたうれきせんたらハ、たちまち可レ處ニ罪科一者也、仍下知如レ件、

文明十七年卯月廿日

伴田 大炊助(弘興) 在判

高石 三河守(重幸) 在判

杉重親多本松本無
助下多本有同

杉平左衛門尉(武明)同
杉勘左衛門尉(武道)同
杉美濃守(重親)
安富掃部助(房行)・
杉三河入道(重隆)沙彌
内藤彈正忠(弘矩)
問田掃部頭(弘綱)

【參考】松本一〇三・一〇四(但、首缺)
永本一一〇・一一一(但、首缺)　多本一〇七・一〇八(同上)
世本一〇七・一〇八(同上)　實錄(同上)

六六
龜童丸馬乘之時供衆事

とき多本作時松本作時分
そのとき多本作其時
出原作下據多本改

一　若子樣(龜童丸、義興)御馬にめされ候ハんする時、飯田大炊助事ハ、毎度懈怠なくしこうあるへく候、御供人數事は、其日の近習幷申次の當番の役として、御ともあるへし、もし當番はかりにて、無人數のときハ、近習幷申次の當番の役として、うかゝひ申さるへし、そのとき上意として、可レ被二仰出一也、しせんうかゝひ申され候ハて、ふさたの事あらハ、當番の越度たるへきよし、所レ被二仰出一也、仍壁書如レ件、

六七—七六
諸役人掟事

かならす松本作必

役下原有役據多本刪下同

可爲加判之原在次條尉下意移之實錄作也下同

文明十七年五月十九日

永本一二七　多本一二四　〔參考〕松本一二〇　世本一二四　實錄

諸役人掟事

一　御家具事、別紙事書を被レ送畢、

一　政所より、贄役人米錢已下送物の時、かならす可レ執二送狀一也、政所よりも又かならす可レ遣二送狀一也、

一　御肴事、町より進納遲々候て、御事闕候ハんする時、贄役より浦へ人を遣たらん時者、浦の問丸の請取狀にて、可レ被レ遂二勘定一也、

一　炭事、遁衆五日番を勤衆可レ出二請取一事、

加判事

一　贄役方の御用ハ、承次の人と、當番の奉行と加判たるへし、若此一筆承次の人無沙汰あらハ、贄役・人より、當番奉行可レ申レ之、其時當番奉行有二催促一可レ遣二贄役・人一也、

一　米錢請遣方以下御用之時、贄役方より、判形人數計、可レ爲二加判一之、

一　御味方御用ハ、承次の仁ニ、杉孫右衛門尉弘照と、御末の當番内一人と、可レ為ニ
加判ニ之、諸御用可レ為レ如レ此也、

一　山里御用ハ、承次の人と、山さとの奉行と、加判たるへし、山さとの奉行の承
次たらん御用ハ、山さとの奉行と、當番一人と、可レ為ニ加判一也、

一　細工所方の御用ハ、承次の人と、細工所の申次と、可レ為ニ加判一也、さいく所の
申次の承・たらん御用ハ、彼申次と、當番奉行と、可レ為ニ加判一也、

一　木屋方事、一段の御用ハ、殿中奉行よりこや奉行に申與て、木屋奉行兩人の請
取にて、可レ為ニ支配一也、細々御用ハ、承・たらん人と、當番の奉行と、可レ為ニ加
判一也、殿中奉行承次たらん御用は、殿中奉行と、奉行衆内一人と、可レ為ニ加判一
也、右壁書如レ件、

文明十七年十一月五日

伴田大炊助
弘(興)在判
見嶋彦右衛門尉
弘康同
杉孫右衛門尉
弘照同
尾和兵庫尉
武親同
門司下總守
能秀同

弘照恐當細書

承下多本有り下同
こや松本作木屋

右壁書如件實錄無

尉當作允

杉平左衛門尉 武明 同
飯田安藝守 貞家 同
相良遠江守 正任 同
宇野主計允・ 弘喬 同
高石三河守 重幸 同

允當作助

七七 奉行所可出仕人數

永本一一七—一二六　多本一一四—一二三　〔參考〕 松本一一〇—一一九　世本一一四—一二三　實錄

奉行所毎朝可レ有二出仕一人數

宇野主計助 弘喬
杉平左衛門尉 武明
相良遠江守 正任
門司下總守 能秀
伴田大炊助 弘（興）—
尾和兵庫允 武親
見嶋彦右衛門尉 弘康

七八 従奉行所言上披露使者
次多本作二
貞頼原在前行意移
次原作二據松本改
弘夏原在前行意移
六實錄作太
護家原在前行意移
毎朝松本在右下
之原作候據多本改
者多本作ハ

七九 奉行所番帳
次多本作二
次原作二據松本改
衞下實錄有尉

飯田安藝守　貞家

従二奉行所一毎朝言上披露御使

高石彦次郎　弘孝

原助二郎　弘胤

嶋田小三郎（弘途）

宮川大藏丞　貞頼

神代次郎兵衞尉　弘夏

飯田彌六郎　護家

右、可レ爲二毎朝出仕之時刻五巳前一也、不參有レ事者、爲二奉行所當番并筆者役一、嚴重にくろめらるへき由候也、

番帳

一手　杉孫右衞門尉　弘照
　　　伴田彦四郎　弘與

一手　見嶋彦右衞門尉　弘康
　　　岡部十郎　武景

一手　尾和兵庫允　武親
　　　原助次郎　弘胤

一手　高石彦二郎　弘孝
　　　神代次郎兵衞　弘夏

一手 嶋田小三郎 弘途
宮川大藏丞 貞賴

右、守二次第一、五日五夜可レ被レ勤之由候也、

文明十七年十一月 日

永本一〇四—一〇六 多本一〇一—一〇三 〔參考〕 松本九七—九九 世本一〇一—一〇三 實錄

八〇—八四

奉行人掟條々

一 條々

奉行人數次第不同

高石三河守 重幸

宇野主計•允 弘喬

允當作助

飯田安藝守 貞家

門司下總守 能秀

杉孫右衛門尉 弘照

見嶋彥右衛門尉 弘康

尾和兵庫允 武親

伴田大炊助 弘—(興)

一　毎月三箇度、於二奉行人宅所一輪番令二會合一、御世務方其外諸篇、可レ遂二衆評一之事、

一　式日事六日、十七日、廿八日、但、此日者、爲二政所之沙汰一、毎月御臺所方可レ遂二勘定一之矣、於二弘ー宅一可レ有二集會一也、

一　當日會席之亭主、可レ設二汁精進一菜二一内一精進魚類之、飯中酒者一盞、大小可レ任レ望事、

一　右奉行人之外、諸役人并申次之人者、就二催促一可レ令二出頭一之事

右、依レ仰規式之趣如レ斯、

文明十七年十一月　日

永本一二一—一二六　多本一〇九—一一三　〔參考〕松本一〇五—一〇九　世本一〇九—一一三　實錄

式下日原作目據原傍書改
此下日據多本補
日者實錄無
者多本無
矣同上作事恐非
盞松本作盃
者實錄作々

八五　毎月六日十七日會合次第

一　毎月六日十七日會合之次第

高石三河守(重幸)　飯田安藝守(貞家)
門司下總守(能秀)　杉孫右衛門尉(弘照)
見嶋彥右衛門尉(弘康)　尾和兵庫允(武親)
相良遠江守(正任)　杉平左衛門尉(武明)

文明十七年十一月　日

永本一二八　多本一二五　〔參考〕松本一二一　世本一二五　實錄

八六 身暇日數事

一意補之原作の據閣本多本改、永本無

至、者閣本無常下諸本有之

寗原作蜜據同上改

輩諸本作族

一　身暇日數之事

在山口衆內少分限之仁事、年中百ケ日可ㇾ給ニ身暇ㇾ之由、被ニ相定ㇾ畢、但、隨ニ當用ニ至ニ不時之儀ㇾ者、可ㇾ被ㇾ任ニ申請之旨ㇾ事常・篇也、然處不ㇾ申ㇾ上御暇ㇾ、以ニ寗々ニ或歸宅或他行、有下達ニ上聞ㇾ事上者、十ケ日壹貫文、爲ニ過怠ㇾ可ㇾ被ㇾ寄ニ寺社修理ㇾ也、日限分際、以ニ此員數ㇾ可ニ校量ㇾ也、百ケ日者可ㇾ爲ニ拾貫文ㇾ、若此御成敗至ニ難澁之輩ㇾ者、可ㇾ被ㇾ沒ㇾ收恩給地ㇾ也、仍壁書如ㇾ件、

文明十七年十二月廿六日

前本三八　閣本三二(但、脫文アリ)　永本三八　多本三七　〔參考〕毛本三八　類本三二(但、脫文アリ)　寮本三二　松本三二　世本三七　實錄

八七 評定式日奉行人可參候事

一意補

日原作目據松本改

之諸本作候

一　御評定式日、奉行衆悉食後、早々可ㇾ有ニ參候ㇾ也、若不參之時者、早朝對ニ當番奉行ㇾ、可ㇾ有ㇾ言ㇾ上子細ㇾ之由、被ニ仰出ㇾ畢、仍壁書如ㇾ件、

文明十八年三月廿九日

八八
御相伴衆着座人數事
一 據永本多本補
事書同上無
日 諸本作而
非時除之 實錄無
時 永本多本作衆恐非
從 諸本作自
一 閣本作朔

永本五四　多本五三　〔參考〕松本四八　世本五三　實錄

一 御相伴衆着座人數事

定

御相伴衆事、着座不ㇾ可ㇾ過二拾人一也、兼日勘二人數一、可ㇾ爲二十餘人一（非時除ㇾ之）之時者、從二末座衆一可二斟酌一、依二別仰一於ㇾ被二召加一者、非二制限一、

文明十八年四月一日

前本四〇　閣本三四　永本四〇　多本三九　〔參考〕毛本四〇　類本三四　寮本三四　松本三四　世本三九

實錄

八九―九三
禁制條々
禁制 據諸本補
之 原作の據閣本改
專 永本多本無恐非

禁制

一 夜中大道往來之事

先御代御禁制事舊畢、異相不審之者、專可ㇾ加二制止一也、但、旅人事者、糺二其宿一、可ㇾ許二往來一也、

一 薦僧、放下、猿引事、可ㇾ拂二當所幷近里一事

一 非職人、非二諸人之被官一者、他國之仁、於二當所一不ㇾ可二寄宿一事

一　路頭夜念佛停止事

一　巡禮者、當所之逗留可レ爲二五ケ日一、・過二五ケ日一者、不レ可二許容一事

右五ケ條、去十九日有二衆評一、被二相定一上者、堅固可レ・守二此旨一之由、所レ被二仰出一也、仍下知如レ件、

文明十八年四月廿九日

（伴田）大炊助（弘興）
（問田）掃部頭（弘綱）

〔參考〕毛本四一—四五　類本三五—三九　前本四一—四五　閣本三五—三九　永本四一—四五　多本四〇—四四　寮本三五—三九　松本三五—三九　世本四〇—四四　實錄

日下同上有也

守原作專據諸本改

一　就二寺・社領沙汰出來之儀一、被二押置一中途・土貢事、准二武領一不レ可レ被レ用二御公物一、縱雖レ爲二中途一、於二・神事佛事勤行料・以下入目等一者、不レ可レ被レ止二先例一、・但至二餘得分一者、可レ被レ備二公用一・之、自今以後、各可レ存二知此旨一之由、依レ仰・壁・書如レ件、

文明十八年五月廿六日

（見島）右衞門尉・奉　弘康
（伴田）大炊助・奉　弘（興）・有レ・憚

九四
被押置中途土貢事
一據永本多本補〇社閣本無〇途下永本多本有之間〇神事多本無〇料下永本多本有并神事〇例下多本有也〇神之永本多本無、或當作也〇壁書同上作所定
奉多本無下同
有憚永本多本無

前本三九　閣本三三　永本三九　多本三八　〔參考〕　毛本三九　類本三三　寮本三三　松本三三　世本三八

實錄

九五 諸人郎従受領幷任諸司助事

一、任前本閣本無〇
本文原接續於事書據
前本閣本移〇築原作
筑據諸本改〇也下原
有良據諸本削〇建長
式目宜參看第一卷第
二部三〇八條〇仁治
御成敗宜參看第一卷
第二部二〇四條

・一　諸人郎従受領幷・任諸司助事

(教弘)・築山殿御代以來、堅被二停止一之處、近年猥令レ任之條、太以不レ可レ然也、・即従任官事、建長式目分明也、雖レ然、當時都鄙不レ及二其沙汰一之間、不レ能二御禁制一也、於二受領幷諸司助一者、自今以後、不レ請二上裁一、有二令レ任族一者、云二仁治御成敗一、云二先御代御法度一、被レ止二其名一、至二主人一者、別而可レ被二仰出一也、仍壁書如レ件、

文明十八年六月　日

永本四六　多本四五　前本四六　閣本四〇　〔參考〕　松本四〇　世本四五　毛本四六　類本四〇　寮本四〇

實錄

九六 奉書案文事

一　奉書案文事、為二奉行當番役一、可レ備二上覽一之由、被二仰出一之處、近日無二其沙汰一、於二自今以後一者、就二每事一、奉書案文事、可レ備二上覽一之由、所レ被二仰出一也、仍壁書如レ件、

文明十八年七月六日　（尾和）武親　奉

永本五一　多本五〇　〔參考〕松本四五　世本五〇　實錄

九七 御門役闕番事　七松本作六

一　御門役闕番事、奉行當番中事者、爲ニ當番役一申合、可レ定ニ人躰一、本番參上之時者、如レ元可レ勤也、

文明十八年七月九日

永本五〇　多本四九　〔參考〕松本四四　世本四九　實錄

九八 奉公衆他家使者評定衆參候時事　公多本作書恐非 例原作測據松本改

一　奉公衆并他家御使、次評定衆（式日人數相觸之時）參候之時者、縱雖レ爲ニ御休息之時節、不例御氣色一、早速可レ有ニ披露一之由、被ニ仰出一畢、

文明十八年七月十日　中務丞　奉

永本五二　多本五一　〔參考〕松本四六　世本五一　實錄

九九 奉行衆退出時事

一　每朝奉行衆退出之時、可レ被ニ案内一之由候也、

文明十八年八月二日　（島田）弘途　奉

永本五三 多本五二 〔參考〕 松本四七 世本五二 實錄

一〇〇 御代々年忌々日事 一據永本多本補

五原作一據諸本改

寺永本作院
闢雲寺後、永本多本載下記三項、法泉寺九月十八日、陵雲寺十二月廿日、龍福寺九月一日、但多本抹消九月一日、猶可參看解題

參下多本有詣〇致閣本無〇上永本多本作候〇出下諸本有也毛本有也仍〇伴田永本多本無〇弘ー閣本無

一 御代々御年忌、至二其御寺一、各可レ有二出仕一當日事、

乘福寺（重弘） 三月六日
永興寺（弘幸） 三月六日
正壽院（弘世） 十一月十五日
香積寺（義弘） 十二月廿一日
國淸寺（盛見） 六月廿八日
澄淸寺（持世） 七月廿八日
闢雲寺（教弘） 九月三日

右、任二先例一、當日未明、至二當寺一各可レ有二參・候一、直垂裏打、此出仕事者、縦兼日雖レ不レ被レ相二觸之一、必可レ被レ致二參上一之由所レ被二仰出一、・壁書如レ件

文明十八年九月四日 伴田 大炊助弘（興）ー奉

前本四七 閣本四一 永本四七 多本四六 〔參考〕 毛本四七 類本四一 寮本四一 松本四一 世本四六 實錄

條上永本多本有一被仰出

・條々

一〇一 他家使者等參上時披露事

露下閣本有之永本多本有也

一　他家之人同使者參上之時披露事、申次當番役事者勿論也、自然無祗候者、近習當番可有披露、無祗候者、奉行當番可有披露、

一〇二 御出之時供奉衆以下事

之時原作のとき據諸本改
次閣本無
禮上諸本有御或是
隨御氣色原作御氣色にしたかひ據永本多本改
可渡原作渡へき據同上改

一　何方にも御出之時、供奉衆、次御中間、御小者、御輿舁以下可被相觸之由、對當役人、奉行當番より申へし、可被持せ・禮物以下事、同當番役として相調、隨御氣色、供奉衆に可渡之由、壁書如件、

文明十八年十一月四日

前本四八・四九　閣本四二・四三　永本四八・四九　多本四七・四八　〔參考〕毛本四八・四九　類本四二・四三
寮本四二・四三　松本四二・四三　世本四七・四八　實錄

一〇三 在山口衆密々在宅事

以原作御據永本改

一　諸人在山口衆、縱雖為一日、以密々之儀在宅之輩、有達上聞事者、注置其人數、御暇言上之時、各不可申次也、因茲、重而以内々於令在鄉族者、永可被放御家人之由、所被仰出也、仍壁書如件、

文明十八年十二月十二日

多本五四　永本五五　〔參考〕松本四九　世本五四　實錄

一〇四
闕所家事

一據永本多本補、但在次行々首
從諸本作自
可下閣本有有
綺原傍書敗
令原作被據松本改
左原作右據永本多本改
奉據諸本補下同
弘康、弘ｌ並多本無

一　闕所家御定法之事
從二侍所一爲二彼役一、於二山口中一所レ被二闕所一家事、縦雖レ爲二其領主一、以二私之儀一、不レ可レ成レ綺也、自今以後、經二上裁一、可レ被レ定二是非一之由、所レ被二仰出一也、此旨諸人可レ令二存知一之旨、壁書如レ件、
文明十九年二月廿二日
(見島)左衛門尉奉弘康
(伴田)大炊助奉弘ｌ(興)

前本五〇　閣本四四　永本五七　多本五六　〔參考〕毛本五〇　類本四四　寮本四四　松本五一　世本五六　實錄

一〇五
諸商賣船公事免許事

一據永本多本補
買當作賣
船多本無
候永本多本無
大炊助弘ｌ諸本無

一　諸商買船諸公事免許事、雖レ有二望申族一、自今以後不レ可レ申二次之一、若於下有二御免一輩上者、爲二上意一可レ被二仰出一候也、仍壁書如レ件、
文明十九年三月廿九日
(杉)左衛門尉武明
(伴田)大炊助弘ｌ

閣本四五　永本一二九　多本一二六　〔參考〕毛本七七　類本四五　寮本四五　松本一二二　世本一二六　實錄

一〇六 築山掃除事
一 據永本多本補
事 書同上無
從 同上作自
ニ 同上作仁閣本無
卅 閣本作晦、多本作廿恐非
〇〇 修理進永本多本無
〇〇 奉同上在途下

一〇七 御出之時供奉衆下人狼藉事
一 據永本多本補
殊 諸本在有下
下 永本多本作出恐是

一　築山掃除事

一　從ニ築山社頭一至ニ松原同小門一掃除事、可レ為ニ每月晦日一也、普請衆中百石分限ニ一人充、可レ有レ支ニ配之一、普請奉行人幷可レ出ニ普請衆一之人數、兼日可レ被レ相ニ定之一、若風雨之時者、可レ待ニ天氣一、此等之次第、所レ被ニ仰出一壁書如レ件、

文明十九年三月卅日　(島田)修理進 奉 弘途

前本九四　閣本八七　永本五八　多本五七　〔參考〕毛本九五　類本八七　寮本八七　松本五二　世本五七　實錄

一　所々出御之時、供奉衆之下人、於ニ御輿之近邊一、自然及ニ高聲一事狼藉也、其主人堅固可レ申ニ付之一、若猶有ニ自由之族一者、殊可レ有ニ御成敗一之旨、所レ被ニ仰下一壁書如レ件、

文明十九年四月廿日

前本五一　閣本四六　永本一三〇　多本一二七　〔參考〕毛本七八　類本四六　寮本四六　松本一二三　世本一二七　實錄

定

条々

赤間關、小倉、門司、赤坂の渡賃事

一 せきとこくらとのあひた　參文

一 せきともしとのあいた　壹文

一 せきとあかさかとのあひた　貳文

一 よろひからひつ　拾五文

一 なかからひつ　同之

一 むま一ひき　同之

一 こし一ちやう　同之

一 犬一ひき　拾文

以上

右、わたりちんの事、せん〱より定をかるゝといへとも、舟かた共その御法をやふり、ふちよくをかまへ、上下往來の人に煩を

一〇八―一一五

赤間關小倉門司赤坂渡賃事

條々永本多本無○渡賃多本作渡り賃諸本作わたりちん○こくら閣本作小倉○あひた同上作間下同

一據諸本補

あかさか閣本作赤坂

なか閣本作長○同之永本作おなし閣本多本作十五文

むま閣本作馬○ひき多本作疋下同○同之永本多本作おなし閣本作十五文下同

犬永本多本作いぬ

上下諸本有八ケ條

ちん多本作賃○せん〱閣本作前○定永本作さため○定をかるゝ松本作被定置○舟永本多本作ふな○共諸本作とも○その多本作其閣本無○御據諸本補○法永本作はう○やふり多本作破り○ふちよく松本作不直○往來永本作わうらい○煩諸本作わつらい

なすと云々、所詮、關船は小倉にて、一人別貳文あくる事あるへからす、小倉船ハ又關にて、一人別壹文あくる事あるへからす、先年色々御尋のとき、此あけ錢の事ハ申出さぬことなり、只今關の町の太郎右衞門、次郎三郎、阿彌陀寺・の次郎右衞門初而申上・者也、かれこれにつゐて、かたく御法を定らるゝ所也、風波のとき、いひえる儘に舟かた共賃をとるによりて、毎度御法やふるゝなり、縦風波のときも、此御法たるへきなり、若・この御さためをそむき、わたりの人をなやます事あらハ、その舟かたを、關、小くらの代官の所へ引わたすへし、代官の所より山口へ注進をいたしたらんとき、子細をたつねきはめ、きらせらるへきなり、仍下知如レ件、

文明十九年四月廿日

于レ時政所　大炊助（伴田）判　弘｜（興）有レ憚

近江守（安富）判　房行

沙彌　判　宗酉

彈正忠（内藤）判　弘矩

闕船永本多本作せきふね〇小倉諸本作こくら下同〇色々毛本作いろいろ〇尋同上作たづね〇のとき諸本作之時〇此毛本作この〇あけ錢閣本作あげせん永本多本作上ケ錢〇出毛本作いた〇こと永本多本作事也〇只今永本作たゝいま〇次永本多本作二下同〇寺下諸本有領或是〇初而毛本作はしめて永本多本作初上下永本同本有るゝ〇かれこれ閣本作彼是〇つゐて永本作ゐつ本作付〇定ら所毛本作定られゝ閣本作さため、らるゝ多本作定る〇所多本作と、ころ〇き閣本作時〇えるゝ毛本作得〇儘諸本作ま、ゝ〇舟諸本作ふと永本作なふ〇方作方共上作同ち〇賃ん〇と取る〇多本作上も〇やる〇本永本作ゝふや〇ふ本作を〇る多本作破〇なり本作ひを上〇と諸本作法〇き本作縦〇縦閣本作たと〇閣本作九字永本多本作此以下〇時作也〇此多本作可爲〇若本作有〇も永本下若も作猶〇此作御〇永本多本作無〇さ閣本作本〇そむき多本作め〇そ作其〇御本同上作〇渡り〇諸本作引〇多本作永本作ひき〇た渡〇わたす諸本作可〇注以下六字閣本作致注進永本多本作〇時作申〇とき多本作時〇たつね同上作〇尋ねきら閣本作切らせ〇な諸本作〇也于時政所閣本無〇政所據永本多本補判諸本作同下同正據諸本補〇判據松本補、諸本作同下同

（周田）大藏少輔・判弘胤

前本五二―五九　閣本四七―五四　永本五九―六六　多本五八―六五〔參考〕毛本五一―五八　類本四七―五四　寮本四七―五四　松本五三―六〇　世本五八―六五　實錄

一一六（一〇八―一一五ノ附錄）

赤間關渡守事地下人押書

一據永本多本補〇就右御定法〇同上作同就彼儀〇仁原作江意改諸本作人〇赤間永本多本作あかまか〇わたし同上作渡〇守閣本作もり〇事原作中據諸本改〇制札閣本永本作せいさつ〇ほか閣本多本作外〇緩怠諸本作くハんたい〇候する閣本無〇者永本多本作物閣本作もの〇候者閣本永本作候ハ、丶下同〇きゝ閣本作聞〇申同上無〇やかて永本多本作聽而〇罪科諸本作さいくわ〇あひ閣本作相永本多本作合〇太原作大據諸本改〇判上永本多本有在

右諸本作左〇門下永本有在〇門下判多本作同

判永本多本作同

・一 ・就ニ右御定法一赤間關地下仁押書案文

・赤間關・わたし・守の事、御制札よりほかに緩怠仕候する者候者、・き
ゝたて・申候て、則可ニ申上一候、少も無沙汰申候者、やかて御罪科
にあひ可レ申候、恐惶謹言、

文明十九
四月廿日

・太郎左衛門・判
次郎右衛門・判
次郎三郎・判

前本六〇　閣本五五　永本六七　多本六六　〔參考〕毛本五九　類本五五　寮本五五
松本六二・六一（重出、但、脫文アリ、日付ヲ缺キ、差出書ニ「大藏少輔判弘胤」トアリ）　世本六六
實錄

二七一―二二
夜中路頭往來禁制

具足諸本作くそく〇旅永本多本作たひ〇送同上作おくり〇也諸本作之或是〇とく前本作德〇可以下五字永本多本作せいはいすへし〇〇被據毛本補〇也同上作之

三、四條據諸本補

帶永本作おひ

以上據永本多本補

堅同上作かたく〇若永本多本無〇背此旨多本作此旨を背諸本作此旨をそむき〇或下諸本有ハ〇審毛本作しん〇其前本作その〇留置前本永本作とゝめをき多本作とゝめ置〇子細を尋毛本作尋子細〇尋永本作たつね多本作尋ね〇無分別者永本多本作分別なくは〇者原作ハ據前本改〇可有成敗前本作成敗あるへし〇或下毛本有ハ〇うち前本作打〇ぬす同上作盗〇搦捕諸本作からめとり〇可注進前本作注進すへし永本多本作言上せしむへし〇に永本多本無〇依無隙原作隙依無意改、前本作無隙によりて諸本作隙なきによりて〇至深更多本作深更に至りて諸本作深更にいたり〇往上永本多本有路頭〇をひて多本作於て〇不可及糺明前本作糺明におよふへからす永本多本作きうめいに及へからす〇廻多本作廻り諸本作まはり〇可覺悟之由諸本作かくこすへきのよし、但前本の無多本作由〇也據諸本補

夜中路頭往來禁制條々

一　長具足、弓、うつほ(靫)の事、但、旅人幷諸人送迎之仁除レ之、堅可ニ尋究一也、

一　笠同はうり、十とく、いさう(異相)の仁之事 但、於ニ如レ此仁一者、雖レ爲ニ日中一、堅可レ被ニ成敗一也、

一　物詣之由申仁事

一　ほうかふり、中帶の仁の事

一　笛、尺八、音曲之事 但、其身宿所之前一町之間ハ除レ之、

以上

右條々、堅禁制畢、猶以若背ニ此旨一、或・いさう不審之仁あらは、しかと其人躰を其所に留置て、子細を尋、子細無ニ分別一者則令ニ言上一、任ニ上意一可レ有ニ成敗一、但或・火付又者つふて(礫)うち、此外ぬす人なとの事は、不レ及レ經ニ上裁一、其身を搦捕可ニ注進一、次御家人幷諸人之被官等、奉公に依レ無レ隙、男女をいはす、至ニ深更一・往來之事あるへし、如レ此之仁にをひてハ、不レ可レ及ニ糺明一、此旨夜廻之仁可ニ覺悟一之由、所レ被ニ仰出一也、仍壁書如レ件、

文明十九年四月廿日

閣本五六―五八（但、三・四條ナシ）　前本六一―六五　永本六九―七三　多本六八―七二　〔參考〕毛本六〇―六四

類本五六―五八（但、三・四條ナシ）　寮本五六―五八（同上）　松本六四―六八　世本六八―七二　實錄

一二三
夜廻人數番帳
任闕原大書意改

一　就二夜中往來御禁制一夜廻人數番帳相番次第等任レ闕（文明十九年四月廿日？）

一番　右田右馬助
　　　飯田大炊助（弘秀）

二番　野田彥太郎
　　　內藤藏人

三番　高石三河守（重幸）
　　　杉平左衞門尉（武明）

四番　杉　十郎
　　　弘中四郎（武宗）

五番　內藤彈正忠（弘矩）
　　　杉　次郎（武益）

六番　杉三河入道（重隆）
　　　仁保太郎（護郷）

七番　安富近江守（房行）
　　　江口與三左衞門尉

八番　杉美濃守（重親）
　　　安藤又三郎

九番　杉次郎左衞門尉（弘相）
　　　來原彥三郎

十番　杉勘解由左衞門尉（武道）
　　　尾和兵庫允（武親）

藤松本作富

允原作助意改

永本六八　多本六七　〔參考〕松本六三　世本六七　實錄

一二三
諸人郎從望申御家人事
一前本閣本無

一二四
鷹餌鼈龜禁制事
一據諸本補
事書諸本無
惶前本作憚恐是
者據永本補
可飼據同上補
飼得同上作得飼或是
收公同上作執上
見出聞出前本作聞出見出
誅原作討據永本改
月下諸本有四

一 諸人郎從、自然望二申御家人一輩、堅固御禁制也、不レ可二披露一之由、依レ仰壁書如レ件、

文明十九年七月廿日

永本七四　多本七三　前本六六　閣本五九　〔參考〕松本六九　世本七三　毛本六五　類本五九　寮本五九

實錄

一 鷹餌鼈龜禁制事

爲二鷹餌一不レ可レ用二鼈龜幷蚫一也、既爲二氷上山仕者一、儼然之處、不レ存二其惶一之族、忽神罰不レ可レ遁也、於二自今以後一者、堅固所レ加二制止一也、鳥屋飼以下之時、以二禽獸計一可レ飼、不二飼得一者、鷹不レ可二所持一也、若猶背二此禁制一、有下求二鼈龜一之族上者、至レ侍者、可レ被レ收二公恩給地一、無二所帶一者、則可レ被二追放一也、至二凡下之輩一者、隨二見出聞出一、卽時於二其場一、或留二置其身一、或隨二事之躰一可二誅戮一之由、所レ被二仰出一也、仍壁書如レ件、

長享元年九月・日

閣本六〇　前本六七　永本九三　〔參考〕毛本六六　類本六〇　寮本六〇　實錄

一二五
蒙御勘氣輩事
一據永本多本補
輩下諸本有事
事永本多本無
出下閣本有候

・一蒙二御勘氣一輩、・雖レ爲二如何躰之仁一、今之時節、不レ可二披露一之由、依レ仰壁書如レ件、

長享元年九月　日

右、今之時節・事者、御參洛御用意之時節、如レ此被二仰出一・畢、

前本六八　閣本六一　永本七五　多本七四　〔參考〕毛本六七　松本七〇　世本七四　實錄

一二六
就御參洛供奉以下事
一據永本多本補
洛同上作陣
者同上無

・一就二御參洛一、・雖レ爲二無足不足之仁一、任レ望可レ令二供奉一、至下無二御供一之仁上者、或於二山口一致二祗候一勤二御番一、或就二御用一可二相動一者也、於二御家人一者、此時先悉至二山口一可レ遂二參上一之旨、對二同名又・者同鄕近邊衆中一可レ令二告知一之由、所レ被二仰出一、壁書如レ件、

長享元年十一月十日

前本六九　閣本六一　永本七六　多本七五　〔參考〕毛本六八　類本六一　寮本六一　松本七一　世本七五
實錄

一二七　諸人過差事
一　據永本多本補
事書　同上無
然下　同上有也恐是
同　同上作并
并　同上作同
爲　閣本無
令　永本多本無
舊　原作意據同上改
可爲布子等　據同上作布子等可有御免
者　閣本作間
參　永本多本作上

一二八　爲兵船所點置之船事
一　據永本多本補〇所々　據同上補〇汰下之　同上作也〇配下之　據諸本補〇船　實錄作人〇賣　永本多本無恐非〇依　恐衍〇儀　諸本無、或當作俄

一　諸人過差御禁制事

諸人過差事、度々被二仰出一之處、動不レ拘二御法度一之條不レ可レ然、殊御參洛事、可レ依二京都御左右一之間、年內來春無二御油斷一也、然間正月諸人出仕事、所レ被レ禁二過差一也、少分限同外樣衆并無力之輩、衣裳不レ可レ爲二新調一、或令レ用レ舊、或雖レ令二着用一、可レ爲二布子等一也、然者專二武具一、可レ致二參洛之用意一也、但分限之人者、可レ爲レ如二例年一、又有德之仁可レ爲二同前一之由、所レ被二仰出一、壁書如レ件、

長享元年閏十一月廿五日

前本七〇　閣本六二　永本七七　多本七六　〔參考〕毛本六九(但、脫文アリ)　類本六二　寮本六二　松本七二
世本七六　實錄

一　就二京上并所々御用以下一、爲二兵船一所レ被二點置一之船事、御三支一配諸人二之時、有レ限日別粮米令二下行一、可レ乘三用之一、然上者、船賃同水手賃、不レ可レ有二其沙汰一之、前々爲二此分一之處、去年點船御支配之時、諸船舟賃事等申掠歟、如二廻船商賣船之准據一、恣依可レ執二賃粮米一之由申間、上洛之御勢、大略以二私故實一儀令二乘船一

云々、以外次第也、所詮背二此御法一、或及二異儀一、或有下隱二船具足等一事上者、執二其船一預二御支配之仁一、任レ心可二受用一之由、御評議一同畢、此・旨可レ令二存知一之由、所レ被二仰出一也、仍執達如レ件、

長享二年正月廿日

伴田 大炊助 判 弘(興)|
杉 左衛門尉 判 武明
杉 左衛門尉 判 武道
安富 近江守 判 房行
内藤 肥後守 判 弘矩

陶(弘詮)中務少輔殿

前本七一　閣本六三　永本七八　多本七七　〔參考〕毛本七〇　類本六三　寮本六三　松本七三　世本七七
實錄

異原作實據諸本改
御多本作其恐非
議原作儀據閣本改
此下原有之據諸本刪
令據永本多本補
伴田閣本無
弘原作引據同上改
弘|永本多本無、以下實名同
杉據同上補、以下苗字同
杉下永本有平
判諸本作同下同
杉武道項永本多本在末尾
杉下永本有勘

一二九
常赦事
一據永本多本補
事書同上無

一 被レ行二常赦一事
法泉寺殿(政弘)
御判
爲二常德院殿(足利義尚)御追善一、於二御分國中一、所レ被レ行二常赦一也、諸人可二存知一之由、爲レ令二

告知ヽ依レ仰壁書如レ件、

長享三年四月廿六日

(杉)左衛門尉 奉 武明
(相良)前遠江守・同 正任
(杉)左衛門尉・同 武道

閣本六四 前本七二 永本七九 多本七八 〔参考〕 毛本七一 類本六四 寮本六四 松本七四 世本七八

實錄

同前本作奉下同

一三〇 殺生禁斷事

・一 殺生禁斷事

爲二常徳院(足利義尚)殿御追善一、従二今月一至二來年三月廿六日一、於二・分國中一殺生禁斷事、堅固所レ・被二相觸一也、但、爲二商賣一或・釣漁或狩獵、各任二先例一非二制限一、所レ加二禁遏一者、・若有下爲二逍遙一漁二江河一、爲二歷遊一狩二山野一之輩上者、可レ處二嚴科一也、仍壁書如レ件、

長享三年四月廿六日

(政弘)法泉寺殿 御判

前本七三 閣本六五 永本八〇 多本七九 〔参考〕 毛本七二 類本六五 寮本六五 松本七五 世本七九

實錄

一據永本多本補
事書同上無
於下閣本有御
被據毛本補
或下原有ハ據諸本删
者下恐有誤脱

一三一
盗物事
一據永本多本補
出原作於據諸本改
依據諸本補
之據同上補
又多本無
執達永本多本作下知
恐非

一　盗物御定法之事
右、彼盗物之事、或持二出市町一、或出二置店屋一之時、號二盗物一依二押取一、有下及二喧嘩一事上、剰賣主者、不レ知二盗物一之間、買置而又賣之由申事毎度也、然者兩方於二其場一理不盡之口論也、所詮彼盗物之事、預二置其所之役人一可二批判一、若有下背二此旨一族上者、可レ被レ處二嚴科一也、仍執達如レ件、

長享三年五月　日

左衞門尉
（問田弘胤）大藏少輔

閣本六六　永本一三一　多本一二八　〔參考〕毛本七九　類本六六　寮本六六　松本一二四　世本一二八　實錄

一三二
殿中每月和歌連歌懷紙事

一　殿中每月御歌同御連歌御懷紙事
爲二奉行并筆者當番役一、執二置之一、相積之時、可レ渡二文庫之番衆一之由、被二仰出一畢、各可レ有二存知一之由候也、

長享三年七月十日

永本九〇　多本八九　〔參考〕松本八五　世本八九　實錄

一三三 諸人差長刀事

頭實錄作次
知下仍脫歟

一 諸人差二長刀一事、至二武勇得失一、雖レ非二制限一、先御代以來御制禁之處、動差用之間、所詮、於二自今以後一者、不レ謂二侍凡下一、縱雖レ為二路頭一、可レ被レ取二其刀一之由、御定法畢、各可レ為二存知一・壁書如レ件、

長享三年七月十六日

永本九一　多本九〇　〔參考〕松本八六　世本九〇　實錄

一三四 記錄所參候事

候多本無
濵松本作渡
摩弖原大書意改
有下原有可有據多本
削

一 記錄所壁書案文

記錄所事、奉行人同筆者之外、不レ可二參候一之由、被レ押二壁書一之處、其後猶以猥各令二出入一云々、所詮、至二記錄所同濵緣一摩弖、右人數之外、諸人可レ被レ停二止祗候一之、至二御用之仁一者非二制限一、若猶自今以後、於下令レ違二背此旨一之仁上者、可レ有二・殊御成敗一之由、所レ被二仰出一、壁書如レ件、

長享三年八月　日

永本八一　多本八〇　〔參考〕松本七六　世本八〇　實錄

一三五—一三七
七間五間兩御厩條々
七上原有一據實錄削
構原作稱據同上改

一三八
殿中見物禁制事
一原在次行々頭意移
事書據諸本補
之仁同上作仁之
固下同上有御恐是
所同上作數
物下閣本有之

・七間五間兩御厩壁書條々

一　每日出仕之諸人者、於㆓五間御厩㆒、可㆑致㆓祗候㆒也、以㆓各自筆㆒可㆑有㆓着到㆒之、縱雖㆑爲㆓假名書㆒、可㆑被㆑・構㆓自筆㆒也、若猶一向至㆓無筆人㆒者、定㆓證人㆒、可㆑被㆑用㆓他筆㆒也、

一　每朝着到事、出仕童部衆、五大鼓以後、以㆓當番之御前之童部衆㆒、可㆑被㆑備㆓上覽㆒也、若着到披露闕怠日者、可㆑爲㆓當番童部衆越度㆒也、

一　御走衆出仕之時者、當番非番悉於㆓七間御厩㆒、可㆑被㆓祗候㆒也、御番衆與㆓御走衆㆒之外、不㆑可㆑被㆑着㆓座之㆒、至㆓御用之仁㆒者、非㆓制限㆒、

右三箇條、堅固所㆑被㆓仰出㆒、壁書如㆑件、

長享三年八月　日

永本八二—八四　多本八一—八三　〔參考〕松本七七—七九　世本八一—八三　實錄

・一　殿中見物御禁制之事

殿中見物之・仁事、堅固・禁制之處、動知音之族以㆓密々㆒令㆓許容㆒、剩至㆓常御座・所邊㆒之條、以外次第也、於㆓自今以後㆒者、雖㆑爲㆓御庭㆒、不㆑可㆑入㆓見物・者㆒也、縱

雖レ為ニ出仕祗候之人一、於ニ外様之仁一者、不レ可レ奉レ見レ奥、若於下背ニ此旨一之輩上者、可レ有ニ殊御成敗一之由、所レ被ニ仰出一也、仍壁書如レ件、

延徳元年十二月十九日

永本九二　前本七七　閣本七〇　〔参考〕類本七〇　寮本七〇　實録

之仁同上作衆
之輩諸本無
仍據同上補

一三九
御公物納所勘定事

一　壁書案文

御公物米銭納所勘定之時請分事、毎度各役人送レ状之旨、雖レ用ニ其員數一、惣辻之於ニ其上一者、有無猶不分明歟、所詮於ニ自今以後一者、所々納分執ニ一紙目録一、可レ遂ニ其節一、此段、諸人堅固可レ致ニ覺悟一之旨、壁書如レ件、

延徳二年二月廿七日

永本八五　多本八四　〔参考〕松本八〇　世本八四　實録

旨恐當作間
二松本作貳

一四〇
入質子息事

為ニ以後一記置也

一　染殿屋孫左衛門にけいやく子四郎事について、文二つうの事、奉行所において、ひはん(批判)のところに、一通ハ、孫左衛門一期のあひたのけいやくの上ハ、いまにおいて不レ可レ入、又一通の借状ハ、料物壹貫文ふさたせしめハ、永代めしつかうへ

以後松本作後年
おいて多本作於て
ところ同上作所

き由、文言に書のするといへとも、不レ限二年月一の間、彼人しちの事、なかれたる
にあらす、所詮、壹貫文の料足以二一倍一貳貫文、染殿屋孫九郎ニ返辨せしめハ、
彼子事、於二已後一者、親の進退たるへきよし議定畢、此旨存知すへき者也、

延德貳三月廿六日　　　　　　　　　　　(島田)弘途
　　　　　　　　　　　　　　　　　　　(高石)重幸

當町あした屋
次郎太郎所

永本八六　多本八五　〔參考〕松本八一　世本八五　實錄

由據原傍書補　議原作儀意改　年次原大書意改　貳松本作二

一四一

一　聞出地停二止望一事

無足不足之仁爲二御扶持一、聞二出隱地一可レ望申由、被二仰付一之處、動非二隱地一之地
於號二隱地一、非二闕所一之地於號二闕所一、如レ此之仁不レ可レ申二次之一、闕所事者、或御
沙汰未落居歟、或御罪科未斷歟、或有二御思案一可レ有二御宥免一歟也、此等之地者、
縱闕所雖レ爲二一定一、隨二奉公淺深一、可レ被二思食充一之處、不レ能二左右一、所レ成レ望
無レ謂也、然間、隱地之事者不二聞出一、只偏似レ求二諸人之越度一、所詮、於二自今以
後一者、惣別不レ可レ望二申聞出所領一之由、壁書如レ件、

聞出地停止望事一據永本多本補　事書同上無　於原大書意改下同　御據諸本補　縱據同上補　闕所雖爲閣本作雖爲闕所　隨下同上有御恐是

延徳三年七月十九日

前本七九　閣本七二　永本八九　多本八八　〔參考〕毛本七五　類本七二　寮本七二　松本八四　世本八八　實錄

一四二 堺目相論餘地餘得事

一境目相論之時、餘地幷餘得之事

諸人知行分堺目相論餘地內、及二御沙汰一、以二上使一被二檢知一之時、各所レ給之地、過二分限一有下分二出餘地幷餘得一事上者、此餘地餘得事、以二中途之儀一、可レ爲二公用一之由、御定法也、爲二諸人存知一、壁書如レ件、

延徳三年九月十三日

前本七八　閣本七一　永本八八　多本八七　〔參考〕毛本七四　類本七一　寮本七一　松本八三　世本八七　實錄

一四三 蒙御勘氣仁事

一蒙二御勘氣一之仁御定法事

被レ放二御家人一之輩（雖レ爲二暫時一、可レ止二出仕一之由、被二仰出一之族以同前）之事、或被二殺害刄傷一、或遇二恥辱横難一、縦又雖レ有二如何躰之子細一、既蒙二御勘氣一之上者、可レ爲二公界往來人之准據一之間、其敵不レ可レ有二御罪科一之由、被レ定二御法一畢、光孝寺殿（畠山德本（持國））管領職之御時、御成敗如レ斯、御分國中之仁、可レ守二此旨一之由、所レ被二仰出一、壁書如レ件、

（頭注）
一據永本多本補
事書同上無
境閣本作堺
之原作の據同上改
爲諸本在人下
三多本作六
遇原作過據多本改

延徳三年十一月十三日

永本一三五　多本一三二　前本八〇　閣本七三　〔参考〕　松本一二八　世本一三二　毛本七六　類本七三

寮本七三　實錄

一四四

豐前國中惡錢事

一　豐前國中惡錢事、近年被₂禁遏₁之處、動令ᴸ犯₃用之₁、剰去年以來者、偏受用流布云々、以外之子細也、併不ᴸ背₂御成敗₁而已ᴸ、企₂貴賤之無足₁歟、所詮、於₂市中賣買之場₁、用ᴸ之仁者、見合搦₃捕其身₁、於₂惡錢₁者押取、可ᴸ令ᴸ注₃進之₁、若又御禁制之趣、有ᴸ不₂存知₁之由申族ᴸ者、其所爲₂給主并地下役人結構₁、可ᴸ被ᴸ改₃易其地其職₁之由、堅固御定法畢、仍此旨速可ᴸ被₂相觸₁之由、所ᴸ被₂仰出₁也、仍執達如ᴸ件、

延徳四年三月　日　　　左兵衛尉

左衛門尉

宇佐郡代

一通　佐田彈正忠殿

上毛郡段錢奉行人

一〻　山田安藝守殿

一通　廣津彦三郎殿代

子細恐當作次第

而已原作耳據多本改

人多本無

殿下同上有代

廣津同上在仲八屋後

一 〃 仲八屋藤左衛門尉殿代

一 〃 城井常陸介殿

一 〃 副田右衛門大夫殿

一 〃 ・伴田美作守殿代

宇佐反銭奉行人
一 〃 伊賀利彦太郎殿代

一 〃 矢部新左衛門尉殿・

一 〃 橋津六郎次郎殿

築城郡反銭奉行・
一 〃 如法寺孫・二郎殿

一 〃 荒巻源右衛門尉殿

重清家人上毛郡々代
一 〃 廣津新藏人殿

重清家人築城郡々代
・一 〃 内藤新兵衛尉殿

田川郡代未ニ相定
一 〃 杉七郎殿・代

田河郡代反銭奉行
一 〃 伊川弾正忠殿

下毛郡反銭奉行
一 〃 貫助八殿

・下・毛・郡・代
一 〃 野中五郎殿

伴原作伊意改

伊賀利項多本無人同上無

殿下同上有代

行下同上有人 二同上作三

重清同上作同

代松本無

下毛郡代多本松本無

以上

右、各請文到來畢、

永本九四　多本九一　〔參考〕松本八七　世本九一　實錄

一四五
諸人被官公役事

一　諸人之被官公役被ㇾ定二御法一事

就二御動座一依二去年御上洛一、任二先例一、於二赤間關一御座船事、被二仰付一之處、以二浦役錢一可ㇾ致二進納一之由、地下仁申請之間、被ㇾ任二懇望一畢、然間彼等以二相談一、令ㇾ支二配當關地下中一之處、或號二寺僕一、或號二武家被官一、令ㇾ難二澁出錢一事、地下愁訴一同云々、所詮如ㇾ此之族、於ㇾ令ㇾ違二背公役一者、可ㇾ被ㇾ相二支當關居住一之由、被二仰出一畢、若及二違亂一者、云二在所一云二交名一、隨二注進之左右一、可ㇾ有二殊御成敗一也、惣別於二所々一、先御代以來、此御定法歷然之處、動假二其主之號一、令ㇾ輕二御下知一、爲ㇾ遁二公役一、申二亂子細一之輩、自今以後、可ㇾ令ㇾ追二放其所一也、右御定法之事、不ㇾ可ㇾ限二當關一所一、可ㇾ爲二御分國中此准據一之由、堅固所ㇾ被二仰下一也、仍執達如ㇾ件、

延德四年五月二日　　遠江守（相良）前司　判正任

一據永本多本補
事書同上無
仁同上作人
居住閣本作住居
御永本多本無
右原接續於前行意移
下永本多本作出
前司多本無
判永本多本無

判據閣本補
弘依永本多本無
守據閣本補
判閣本作同永本多本無
信松本作美

一四六 於築山築地上見物制禁事
石多本前本無
制禁原作禁制據多本改
自閣本作從
新豐同上作行寶
被據毛本補、但在仰下
者原作ハ據多本閣本改
自前本作從
也閣本前本作之

一四七 御前陪膳并御劍役事
一據永本多本補
自也至儀十六字多本無恐非

(杉)木工助　判弘依
(高石)三河守前司　判重幸

杉信濃守殿

前本八二　閣本七五　永本八七　多本八六(但、脱文アリ)　〔參考〕毛本七三　類本七五　寮本七五　松本八二
世本八六　實錄

一　於築山築地之上、祇薗會其外自然之見物、被加制止訖、殊御實殿同鎮守之邊諸人群集、剰於石築地之上構棧敷事、堅固御制禁也、但、自新豐院殿被仰之時者、自寺家對寺奉行可被尋也、若此旨有違背之族者、可被處嚴科之由、所被仰出、壁書如件、

延德四年壬子六月　日

永本九五　多本九二　前本八一　閣本七四　〔參考〕松本八八　世本九二　毛本八三　類本七四　寮本七四　實錄

一　御前陪膳并御劍役事、任先例、可為近習者之役、非其仁者、可有斟酌也、但、至別段之仰内々儀者、可為其時儀之由、依仰壁書如件、

明應二年十二月　日

前本八三　閣本七六　永本一三六　多本一三三　〔參考〕毛本八四　類本七六　寮本七六　松本一二九

一四八―一五三　長門國府一二宮神事條々

世本一三三　實錄

長府御祭禮事

就二長門國府一二兩宮御神事一、被二仰出一條々

一　御祭禮を專に諸篇可レ遂二其節一事

一　就二御神事一、有二可レ申子細一者、御祭禮以後可レ言二上之一、若御祭禮を支申族あらは、縱道理たりといふ共、後日可レ被レ行二罪科一事

一　當町諸商賣成敗、可レ爲二嚴重一事

一　押買狼藉、堅可レ加二制止一事

一　號二公方買一、號二守護買一、前々儀堅可二停止一事

一　對二諸國廻船一、不レ可レ有二無理非法之儀一事

右事書之旨、若有二違背之族一者、可レ加二成敗之一、隨二事躰一、留二置其身一、可レ經二上裁一之由、所レ被二仰出一、壁書如レ件、

明應四年八月八日

(相良)沙彌　正任 奉

(宮川)大藏丞　貞頼 同

に　據諸本補

有　同上在申下之據永本多本補

いふ　閣本作云

之　閣本無諸本作也

同　永本作奉下同

(杉)左衛門尉 同 武明

前本八四—八九　閣本七七—八二　永本一三七—一四二　多本一三四—一三九　〔參考〕毛本八五—九〇　類本七七—八二　寮本七七—八二　松本一三〇—一三五　世本一三四—一三九

一五四
養子事
長祿四年御法宜參看九條

一　養子被レ改二御法一事 付、長祿四年御法以レ次記レ之、

諸人養子事、養父存生之時、不レ達二上聞一仁者、於二御當家一爲二先例之御定法一、至二養父沒後一者、縱兼約之次第自然雖レ令二披露一、不レ被レ立二其養子一之、病死跡同前也、然間雖レ爲二討死勳功之跡一、以二此准據一令二斷絕一畢、因レ玆被レ加二御思惟一之處、自餘之儀者、猶以有二御遠慮一、先不レ被レ仰二出是非一也、爰於二討死跡事一者、不レ可レ准二據常之篇一、尤不便所レ被二思食一也、所詮於二過去之儀一者不レ及二改沙汰一、至二自今以後一者、討死跡事者、以二私儀一雖レ令二約諾一、爲二其支證明鏡一者、可レ被レ立二其養子一之由、被二仰出一者也、未レ及二養子沙汰一、至二若年輩事一者、於二其一家親類中一撰二器量一、爲二上意一可レ被二仰付一也、此旨諸人爲二存知一、壁書如レ件、

明應四年乙卯八月　日

(相良)沙彌 奉 正任
(杉)左衛門尉 奉 武明

被閣本作可
也多本無

有原作爲意改

據閣本前本無
食多本閣本作召

於閣本無或當作爲

奉諸本作同

永本一四三　多本一四〇　前本九〇　閣本八三　〔參考〕松本一三七　世本一四〇　毛本九一　類本八三
寮本八三　實錄

一五五
喧嘩事

一　喧嘩御定法事
喧嘩事、其身與二其身一、可レ決二是非一之間、不レ可レ爲二公私之煩一上者、有二御思案之旨一、文明御在京比以來、不レ可レ有二御存知一之由、被レ定二御法一、其後者自然雖レ觸二御耳一、不レ及二御裁許一也、然者則如二御法一、可レ爲下其身與二其身一之儀上之處、或及二與力一、或自由之進退一、任二雅意一、猶嗷々沙汰云々、諸人之煩、還而輕二御法度一者歟、此時者被レ改二近年之儀一、於二自今以後一者、達二上聞一者、可レ被レ加二御成敗一之由、所レ被二仰出一也、至二理非一者、兩方善惡共以、偏可レ奉レ任二上裁一也、若於下違二背御下知一之族上者、可レ爲二自滅之覺悟一也、此上者、雖レ爲二親子兄弟從類一家緣者一、令レ停二止合力一、悉可レ守二上意之趣一也、重而被レ定二御法一、所レ被二仰出一、爲二諸人存知一、壁書如レ件、

明應四年乙卯八月　日
(相良)沙　彌奉正任
(杉)左衛門尉奉武明

永本一四五　多本一四二　前本九二(但、脫文アリ)　閣本八五　〔參考〕松本一三八　世本一四二　毛本九三

與其身據前本閣本補
及恐當在猶下
或據同上補
自被至者十二字閣本無據前本補
近據前本補
任多本作仰恐非
也據前本閣本補
定原在御下據前本閣本移
奉多本閣本作同

一五六
蒙御勘氣輩事
爲原作有意改
蒙前本無
坐原作堪意改
有原作爲意改
及據前本閣本補
下多本作出
奉閣本多本作同

類本八五　寮本八五　實錄

一　御勘氣之仁不レ可レ爲二方人一事

蒙二御勘氣一之族事、即時可レ被レ追二放御分國中一也、然者古敵、當敵、當坐之諍論、醉狂以下、雖レ有二如何躰之子細一、令レ殺二害彼御勘氣之仁一時、其討手幷與類等不レ可レ行二其咎一之由、被二仰出一之上者、雖レ爲二親子兄弟從類一家緣者一、不レ可レ有二欝憤之沙汰一也、若猶含二意趣一、爲二御勘氣之仁方人一、有下及二訴訟一輩上者、可レ爲二御勘氣仁同罪一之由、所レ被二仰下一也、此旨爲二諸人存知一、壁書如レ件、

明應四年乙卯八月　日　　沙（相良）彌　奉正任
左衛門尉（杉）奉武明

永本一四六　多本一四三　前本九三　閣本八六　【參考】松本一三九　世本一四三　毛本九四　類本八六
寮本八六　實錄

一五七―一五九
十月會町禁制
禁制多本無

一　十月會町御法度事（明應五年）

禁制

一　おしか（押買）ひらうせき（狼藉）の事

共松本作とも
ものゝ多本作者の
とも同上作共
物松本作もの
このミいろ同上作此三色
ことく多本作如く
とく同上無、據四九條恐非
を同上無
ら下原有す、意刪
文明十七年御定法宜參看六一條
この松本作此
まもる同上作守る
ぬし同上作主
きうめい同上作糺明
の同上無
おく恐當作かへ、宜參看解題

一　くはう(公方)かひ(買)とかう(號)して、代をやすくかひ、又ハたれ共しらぬものゝふた(札)をいたしをく事、たとひ見しりたるものなりとも、くはうかひとかうするものあらハ、御せいはいあるへき也、

一　あくせん(惡錢)にて物をかふ事

但、さかいせに、こうふ(洪武)、なわきりの事也、うちひらめ(打平)、このミいろハ、りせん(利錢)はいゝにえらふへき也、かくのことくとて、又ゑいらく(永樂)せんとく(宣德)はかりにて、ものをかふへから・さるよし、文明十七年の御定法也、このむねをまもるへし、

右、このまちのうりかひのあらハ、御せいはいあるへし、うりぬしの身として、申へきかたなくハ、このれんはん(連判)の中に、いつれのかたにても、事のしさいを申へし、たゝし又、かやうのせいさつ(制札)について、もしハうりぬしいはれぬ事を申たきまゝに申ともからあらハ、それハ又その人躰をめしいたし、御きうめいあつて、むり一ちやう(定)ならハ、その人躰を御さいくわ(罪科)あるへき也、仍下知如レ件、

これハ、去年のおくかきの内、よミよきやうに少なをして、明應六十ノ七弘照(杉)まて進上仕たる也、

永本九六―九八　多本九三―九五　〔參考〕松本八九―九一　世本九三―九五　實錄

一六〇—一六二
公用催促使節日別雜事事
年次宜參看一六三條

一六三
公用催促事
一 意補
之實錄無

就二公用催促一、使節受用日別雜事御法度之事（永正十年二月以前）

一 本使入部、日別錢五十文、米五升

一 名代入部、日別貳十五文、貳升五合

一 悴者下人以下入部、日別十文、壹升

右、郡々反錢并臨時課役等就二催促一、近年被二相定一之分如レ此歟、然處入部使節等、云二本使一云二名代一、無二其差別一之、或壹斗百文馬飼物其外種々煩等、過分充取之間、地下仁頻雖レ令二愁訴一、不レ能二許容一、剩公物内先爲二日別雜事分一受取之條、其未進又如レ元、依レ之公物者不二成立一之間、猶經二日數一譴責云々、仍其在々所々土民等窮困、或逃散荒廢之由、有二其聞一、

布本三三—三五　實錄

事書就二公用催促一於二京都一　永正十　二　廿評

一 公用催促事、假令百貫文可レ致二進納一之在所者、兼而其使節可二入部一之日限申ヲ觸之一、令二用意一之由就レ申レ之、可二入部一之、然者於二其莊郷一逗留三十日間ハ、以二自堪忍一可レ相ヲ調之一、若地下仁猶依二不辨一、約日之間仁不レ遂二皆濟一者、從二卅一日

事同上無

受同上無
之同上作也

公錢事或當作公事錢
費實錄無

一六四
城誘事
一意補

目一者、如二御法一、本使者五十文五升、其以下者、或廿五文貳升五合、或十文壹升受用勿論也、以レ是從二千貫一至二百貫一、自二百貫一至二拾貫文一、催促之日限校量、可レ隨二其員數一矣、日別雜事錢事者、公物悉皆濟之後ニ、別而可レ申二付之一、以二進物錢内一、先日別分受取事、向後堅固可レ從二停止一之、若於二違背族一者、自二地下一可レ遂二訴訟一之由相二觸之一、隨二其左右一、催促人事、可レ被レ加二御成敗一矣、爲二日別受用料簡一、可レ進二納公錢一事日限申二延之一、成二土民之煩費一者、催促人罪科同前焉、爲二本使一輩者、大略帶二御恩一之仁也、然上ハ卅日自堪忍不レ及二餘儀一、若無足之仁、或御雜色庄下御輿舁等、自堪忍無調法之輩事ハ、相當日別受二用之一、非二制限一、但於二其在所一催促日數事ハ、專二土民優恕之儀一、可二收納一、暫自二莊鄉一可レ遂二次第之入部一、其間可レ成二窮民覺悟一之旨、可レ相二觸之一焉、

一 御城誘事、(追5)城戸屏矢倉等、郡内定役在所支配在レ之歟、然處於二催促一者、反錢同前也、從二在々所々一、木具足等令二用意一、可レ勤之由申之處、爲二御城奉行之義一、材木道具以下、善惡之儀堅固依レ申レ之、以二請錢一其役所相調云々、因レ茲、贖者過分申充取レ之、元古具足而以二故實一如レ形誘置之間、無二幾程一令二破損一云々、向後堅固可レ停二止之一、前々者、仕替之古具足事者、於二御城内一調二置之一、就二他事之御用一

材原作伐意改

召二仕之一、朽損之材木者、詰城之時、困窮之由申レ之、當時者、一向不レ及二其沙汰一
也、以外之次第也、至二所々御城柱一、嚴重仁可レ被二申觸一矣、

一六五
寺社半濟米催促事
一意補

一　寺社半濟米催促事者、其法度不レ被二知食一之間、不レ逮レ被レ仰二出之一、是又公物者
嚴重相調、寺社者無二破滅一之樣、寛宥之術計可レ爲二肝要一焉、

已上

(龍崎)道輔　(神代)兼道　弘賴

講所　(弘中)武長　(神代)貞總

布本三六―三八　實錄

一六六
寺社徳政事
一意補

一　以前内々如下被二仰出一候上、御分國中寺社之事[25]、就二御在洛之儀一、半濟、陣僧、京
夫、其外於二田舍一公役寺役等繁多候之條、逐日衰微之式、言語道斷之由候、然ハ
神事勤行退轉、在々所々住持役人令二退出一之、坊舍殿堂以下倒所而已候、殊更乘
福寺事、寺領所々有名無實之上、不慮相違之地等候、結句就二公物無沙汰之儀一、去
年已來鹽田村事被二押置一候、寺家大破之儀ハ先以不レ及二沙汰一、彼地被二召置一候者、
住持役人難レ遂二堪忍一之由、就二寺訴一之、帶二(陶弘詮)武庫注進狀一、都聞兩度參洛候、於二
迷惑一ハ御推察候、以二其上一御免候者、諸寺社必可レ及二大訴一、乍レ去乘福寺事者、

御當家御建立第一之寺家候、御崇敬又不レ可レ準ニ自餘一候、以ニ此儀一惣寺社斷絕之儀も、無ニ勿躰一被ニ思食一之間、種々被レ加ニ御思惟一候、前々も如レ此之砌、以ニ御料簡一被レ成ニ紹隆御下知一之記錄等候間、御祈禱不レ可レ過レ之候條、寺社德政事、被ニ仰出一度候、仍爲ニ其手初一之、先乘福寺領鹽田村計被ニ返遣一候、但、質券田畠計還補候共、繪贊其外常住物等入置候借用分、不ニ事行一者、不レ及ニ安堵一可レ有ニ寺社一候也、然上者、質物借狀分等、同可レ被ニ仰付一候哉、若又准ニ惣德政一、寄ニ事於左右一、御分國中土民及ニ物忩一候者、御成敗之儀可ニ六借敷一候、限ニ寺社領分一之由、堅固被ニ相觸一、無ニ殊事一候者、以ニ此旨一重而可レ被ニ仰付一、彼子細武庫納得候者可レ爲ニ肝要一候間、急度被レ差ニ下使者一、可レ被ニ仰調一之由候、恐惶謹言、

（永正十年以前？）八月廿八日　（龍崎）道輔

弘賴

（興房）陶殿人々御中

布本四

安原作案意改

一六七
撰錢賣買米事

一意補
前御代御法度云々宜
參看六一條以下

一　錢をゑらふ米をうりかふ事、前御代御法度右のことし、しかる處に、近年その御

を據實錄補

也同上作なり

法にかゝわらす、錢をゑらひとる條、國のすいひ土民けつほく[26]、日にそへて言語道斷なり、此故にかさね〳〵制止をくハうといへとも、猶以自由にえらふ事、前々に超過云々、諸人のうれへ只此事也、所詮、前御代さためらるゝ處の三色（なわ切・大とう・うちひらめ）の外、えらふへからす、仍三文、札のおもてにかけおくもの也、若此旨をそむくやからあらハ、就レ注進之、一段可レ加成敗之、自然うる人買人共に、くかい（公界）の沙汰に及て後、わたくしに和談して、無事たりといふとも、御法たるうへハ、兩方罪科のかるへからす者、諸商買人かたく此旨をつゝしミ守之、敢勿レ背御制禁矣、仍下知如レ件、

永正十五年十月十四日

遠江守（相良武任）　紀伊守（神代貞總）　大炊助（飯田興秀）
宮内少輔　平　兵庫助（杉興重）
彈正忠　伯耆守（杉重輔）　兵庫頭（陶弘詮）
兵部少輔　散位　掃部頭（問田興之）
尾張守（陶興房）

布本四七　實錄

一六八
被官諸人子息進退事
一
補
一
御被官諸人子息等進退事、如二前々一者、可レ請二上意一之處、近年猥一人致二奉公一、到二末子等一者、成二他之從類一之條、太以非二本意一、所詮、自今以後不レ請二上意一、於二自由宮仕一者、堅固可レ被レ加二御制誡一之由、所レ仰如レ件者、早甲乙人等存二其旨一、敢勿二違失一矣、

永正十六年二月一日

若狹守

(陶弘詮)
安房守

布本三　實錄

一六九
某寺法度
本條本文缺

門　下

右御法度條々、雖レ爲二前々同等一、今依二住持渡唐之儀一、留守中猶被レ加二御禁誡一者也者、至二在寺僧沙喝從僕等一、守二此旨一、敢勿二違失一、仍下知如レ件、

永正十八年二月二日

(陶興房)
尾張前司

布本二　實錄

諸人可二存知一條々

一七〇
追放逃走之科人自由立歸以子孫爲傍輩被官事

一　前御代以來、或ハ御分國中を追放せられ、或ハ刑罰等の難をのかれて、他國遠所にかくれ居る輩、自然の便宜を以、召返さるゝハ、尤御高恩之至也、何そ先非を存せさらん哉、然處不レ及ニ其沙汰一、或ハ權門の威力をたのミ、或ハ緣者の扶助にちなミて、自由に立歸て、所々に徘徊せしめ、剰子孫を以、傍輩の爲に家來被官に及ふ事、重犯之至罪科のかれかたし者、許容の輩可レ被レ加ニ炳誡一者也、

一七一
以科人子孫自由爲被官郎從事

一　前々ハ御家人たりといへとも、其身のとかによつて、或ハ出仕を止させられ、所帶を沒收せられて、侘傺の餘に、子孫を以傍輩の被官になし、郎從の契約に及ふ事、太以不レ可レ然、縱有ニ子細一加ニ扶持一をと云とも、先事の由を言上せしめ、任ニ御免之有無一、可レ致ニ覺悟一之處ニ、私に許諾之條、且ハ不レ存ニ其憚一也、無禮之甚しき事、是に過たるハなし、於ニ向後一者、聞召及に隨て、彼父祖同子孫等、御分國を追出せらるへし、次ニ諸人郎從等主人をそむけて、他人に奉公せしむる條、傍輩義絕之基、世上失禮の至極也、若此御制禁をそむく族あらハ、可レ被レ處ニ重科一也、

一七二
濫吹之仁逃出後立歸自由横行事

一　於ニ所々一居住の仁等、濫吹によつて、其罪を恐て、一旦逃失せしむといへとも、幾程なく立歸て、自由に横行せしむる事、罪科尤かろからす、然ハ、其所々住人

に意補

々原作之意改

輩下恐當有といひ

張守據實錄補

奉行人等に仰て、可レ被レ行二死罪一也、又ハ所帯以下訴論につゐて、退出せしむる輩、左右なく立歸らハ、其合手見合に隨て、誅伐せしむへし、但、就二證跡一共沙汰有へし、楚忽之儀有へからす、次諸人領内百姓等、本地頭を閣て、他人の被官として、一字を所望の條、無道第一也、剰逃散以下嗷々儀出來之時、果而御成敗のため、其煩なきにあらす者、其百姓といひ、許容の輩・共以可レ被レ處二重科一之、同逃散の百姓等其外子細ある族、僧俗男女をいはす、諸人所領内に不レ可二拘置一也、任二聞及一則糺返すへし、若不二存知一ハ、就二彼地頭等左右一、時日をうつさす可レ渡二付之一、聊不レ可レ令二拘惜一者也者、諸御家人甲乙仁等慥令二承知一、聊勿レ令二違失一、仍條々依レ仰下知如レ件、

永正十八年五月十三日

(神代貞總)紀伊守

(飯田興秀)大炊助

宮内少輔　平　(杉興重)兵庫助　彈正忠

(杉重矩)伯耆守　兵庫頭　(野田興方)兵部少輔

散位　(問田興之)掃部頭　(陶興房)尾張守　十二人アリ

布本二八―三〇　實錄

今度陣中法度條々

一 喧嘩事、當陣中者、不レ謂二理非一、先可レ被レ事二無爲一、若於レ有二旨趣一者、追可レ請二上意一、自然及二楚忽雅意一者、雖レ爲二理致一、可レ有二御成敗一事、

一七三 喧嘩事 於實錄無

大永貳　正月十三日　三人

布本一六　實錄

一 諸人可レ存二知御法度一事

一七四 諸宗相論停止事 一意補

近年於二説經法談之道場一毎々餘經を誹謗し、他宗を罵詈惡口せしむる事、聽衆耳を驚すと云々、因レ茲兩方欝憤に堪す、宗論を遂て、吾法の妙理をあらハさむと擬する間、互に其門徒以下俗緣のともから一揆せしめ、嗔恚强盛の餘り、やゝもすれハ喧嘩鬪諍に及て、干戈を帶し騷動せしむ、前々御法度にかゝわらさる上、自由狼藉の所行、言語道斷之次第、不レ可レ不レ誡レ之、自今已後、宗の相論をかたく停止せしめ、各自悟自得して、可レ被レ事二在寺・隆功一、若尙此制禁を背て、是非に及ふ仁あらハ、出家之人ハ、速御分國中を可レ被レ出也、凡俗輩幷商客下劣之類ハ、所作の輕重見聞に隨て、可レ被レ處二嚴科一者也、諸人後悔なからんかために、兼而

盛 實錄作勢

寺下恐紹脫

御諚之趣如レ斯、甲乙人等宜令ニ承知一、敢勿ニ違失一矣、

大永二年六月

布本一　實錄

一七五
士民等及德政沙汰事
一意補

一　御分國中德政事、從ニ前々一堅被ニ停止一之處、不レ經ニ上裁一、名主百姓等恣令ニ暾訴一之條、以外之次第也、爰氷上山大頭役人幷長州一二兩社流鏑馬役等事ハ、有ニ子細一、別而被レ定ニ御法度一之上者、更不レ可レ準ニ自餘一候、然處、去年大永五筑前國一揆等、旣背ニ御下知一之條、彼張本人四人事、被レ加ニ誅伐一畢、於ニ自今已後一、若及ニ德政之沙汰一者、則可レ有ニ成敗一者也、此等之旨、兼日當國中對ニ士民等一、堅固可レ被ニ申觸一之由、依レ仰執達如レ件、

也原作なり意改

達意補

大永六年五月九日

(飯田興秀)大炊助　左衛門尉　左衛門尉

(杉興重)兵庫助　彈正忠　平

兵庫頭　(野田興方)兵部少輔　(古雲河内興繼)左馬助

(興房)陶尾張守殿

布本四八　實錄

一七六 過差制禁事 一意補

一　夫過差之制者、先達誡最惟重、況於二末代一不レ可レ不レ禁レ之、所以者何、出陣之時、兵具士卒等令二不足一事、職而斯由、武勇之凋弊莫レ甚レ焉、所詮自今以後者、平日宜レ専二軍旅之營一、殊當時有下被二思食一子細上之條、俄之發向、不レ可レ及二兼日之觸一者也、依レ仰壁書如レ件、

享祿二年二月十日

(杉興重)三河守
(野田興方)兵部少輔
(陶興房)前尾張守

布本三二　實錄

一七七―一八一 段錢以下公用條々

條々　享祿貳

一　段錢古未進事

至二去秋一享祿元、悉可レ被レ閣レ之、從二今春一分、聊於二未進一者、則時御成敗之儀、不レ可レ有二寛宥一事、

一　地下散用、銘々以二目錄一可レ被レ申事

遂原作進意改

郷下恐當有々
有恐當作令

至二去秋一同、未進分、銘々可レ遂二地下散用一、慥以二目錄一可レ有二注進一事、

一　御用支配之時、以二書出奉書一、可レ被二相觸一事

毎事御用之時、可レ爲レ如レ此之、増而被二相觸一無レ謂之條、所詮、可レ被レ出二未勤之請取狀一條、從二其郷・里々一有レ出二帶請取一、増減事可二申開一之通、可レ被二申觸一事、

一　不川成之儀、可レ被レ遣二檢使一事

在々所々就二注進一、則被レ遣二檢使一、可レ被レ任二現在一、萬一加二用捨一者、兩方とも可レ有二御成敗一事、

一　日別雜事以下、可レ被レ任二御法度一事

從二先年御在京中一、任下被二仰下一旨上、日別雜事可レ被二申懸一事、注文別紙在レ之、已上

布本三九―四三　實錄

五　今川假名目録

首題原有今川假名目録據黒本削

一 譜代名田地頭無意趣取放事
に黒本無〇不及同上作をよはさる〇可相増同上作あひますへき下同〇のそむ同上作望〇のよし同上作を〇増同上作まし〇て同上作而〇取同上作とり〇め下同上有に〇よし據同上補〇虚言同上作きよこん〇構同上作かま〇ハ據同上補〇かの同上作彼〇〇可没収同上作没収すへし〇名據同上補〇〇ハ以下六字同上作者罪科に處すへし

二 田畠幷山野相論事
あり本跡黒本作有ほんせきを〇新儀同上作しんき〇ふ同上作へ〇〇於以下五字同上作道理なきにをひてハ〇〇を同上無〇可被没収同上作没収せしむへし〇此儀同上無〇議原作義改、但黒本作儀〇畢下原有此條各任訴訟以追加定とする所也、但細書據同上削

三 川成海成之地就打起論境事
川黒本作河〇あり同上作有〇經同上作へ〇跡下同上有を〇知同上作しり〇相互同上作あひたかひ〇〇たつる同上作立〇の同上作之〇之内同上作のうち〇可相定歟同上作定へきか

一 譜代の名田、地頭無㆓意趣㆒に取放事、停㆓止之㆒畢、但年貢等無沙汰におゐてハ、是非に不ㇾ及也、兼又彼名田年貢を可㆓相増㆒よし、のそむ人あらハ、本百姓に、のそミのことく可㆓相増㆒かのよし尋る上、無㆓其儀㆒は、年貢増に付て、可㆓取放㆒也、[27] 但地頭本名主を取かへんため、新名主をかたらひ、可㆓相増㆒のよし虚言を構へハ、地頭にをいてハ、かの所領を可㆓没収㆒、至㆓新名主㆒ハ、可ㇾ處㆓罪科㆒也、

一 田畠幷山野を論する事あり、本跡紏明之上、剰新儀をかまふる輩、於ㇾ無㆓道理㆒者、彼所領の内、三分一を可ㇾ被㆓没収㆒、此儀先年議定畢、[28]

一 川成海成之地うちをこすに付て、境を論する儀あり、彼地年月を經て、本跡・知かたくハ、相互にたつる所の境之内、中分に可㆓

相定一歟、又各別の給人をも可レ被レ付也、

一　相論なかは手出の輩、理非を不レ論越度たるへき事、舊規より
の法度也、雖レ然道理分明の上、横妨の咎永代に及ハヽ不便たるか、
自今以後ハ三ケ年の後公事を翻、理非を糺明し可レ有二落居一也、[29]

一　古被官他人めしつかふ時、本主人見あひに取事、停二止之一畢、
たゝ道理に任、裁許にあつかり、請取へき也、兼又本主人聞出し、
當主に相届の上は、被官逐電せしめハ、自餘の者以二一人一、可二返
付一也、

一　譜代の外、自然めしつかふ者、逐電の後廿餘年を經ハ、本主
人是をたゝすに不レ及、但失あつてちくてんの者にをいてハ、此定
にあらさるへし、

一　夜中に及、他人の門の中へ入、獨たゝすむ輩、或知音なく、
或ハ兼約なくハ、當座搦捕、又ハはからさる殺害に及ふとも、
亭主其あやまりあるへからさる也、兼又他人の下女に嫁す輩、
かねて其主人に不レ屆、又ハ傍輩に知せす、夜中に入來は、屋敷の

又下同上有ハ〇の同上作之〇末尾同上作付せしむへし

四 相論半手出輩事
手下黒本有を〇の同上作す〇不論同上作論せす〇へき據同上補〇の同上作之〇横妨同上作よこあひ〇咎同上作とか〇及同上作をよ〇不便同上作ふひん〇後同上作內〇後下同上有彼〇〇翻同上作ひる返し〇可原作て據黒本改〇有同上無〇居同上作着〇也下原有此條評論之上以追加爲定也、但細書據同上削

五 本主人見合取古被官事
つかふ黒本作仕〇あひ同上作合〇に下同上有可〇之同上無〇たゝ同上作只〇任同上作まかせ〇あつか同上作預〇請取へき同上作可請取〇は恐當作彼〇逐電黒本作ちくてん〇以以下七字同上作一人を以返し付へし

六 譜代之外自然召仕者逐電事
の黒本作之〇然下同上有に〇つかふ同上作仕〇逐電同上作ちくてん〇經同上作へ〇是同上作これ〇不及同上作をよはす

七 及夜中入他人門內輩事
及黒本作をよひ〇の同上作之下同〇の中同上作內〇獨同上作ひとり〇或下同上有ハ〇音下同上有も〇約下同上有も〇搦捕同上作からめとり〇殺害同上作せつかい〇ふ同上無〇ある同上作有〇又同上作亦〇す下同上有る〇不屆同上作とゝけす〇傍輩同上作はうはい〇知同上作しらす〇屋敷同上作家之內

者、其咎かゝるへからす、但からめとり糺明之後、下女に嫁す・儀於二顯然一者、分國中を追却すへき也、

一　喧嘩に及輩、不レ論二理非一、兩方共に可レ行二死罪一也、將又あひて取かくるといふとも、令二堪忍一、剰被レ疵にをいてハ、事ハ非儀たりといふとも、當座をんひんのはたらき、理運たるへき也、兼又與力の輩、そのし[30]は・にをいて疵をかうふり、又ハ死するとも、不レ可レ及二沙汰一のよし、先年定了、次喧嘩人の成敗、當座その身一人・所罪たる上、妻子家内等にかゝるへからす、但しは・より落行・跡におゐてハ、妻子・其咎かゝるへき歟、雖レ然死罪迄ハあるへからさるか、

一　喧嘩あひての事、方人よりとり〳〵に申、本人分明ならさる事あり、所詮其しは・におゐて、喧嘩をとりもち、はしりまハり、剰疵をかうふる者、・本人の成敗にをよふへき也、於二以後一本人露顯せハ、主人の覺悟に有へき也、

一　被官人喧嘩幷盜賊の咎、主人・かゝらさる事ハ勿論也、雖レ然未

咎同上作とか〇か以下五字據同上補〇す下同上有る〇於顯然同上作顯然にをひて〇者原作之據閣本改黒本作ハ〇を以下六字黒本作可追却

八　及喧嘩輩事　に以下七字黒本作之事りひを論せす〇に以下七字同上作死罪に可行兼〇て同上作手〇く同上作ゝ〇令堪忍同上作堪忍せしめ〇被疵同上作きすを蒙〇事ハ同上無はたらき同上作働與力同上作よりき〇輩その同上作ともから其〇は下同上有ゐ下同〇かうふ同上作蒙〇と以下七字同上作共沙汰にをよはさる同上作之〇その同上作其の同上作之〇その同上作其人下同上有之〇等同上無落同上作おち〇行下同上有候〇子下同上有に〇咎同上作とか〇歟同上作か〇迄同上作まてか同上作歟

九　喧嘩相手事　喧嘩黒本作けんくハ〇て同上作手〇事據同上補〇あり同上無〇は下同上有ゐ〇は以下六字同上作走舞〇かうふ同上作蒙〇者下同上有の〇の同上無〇をよふ同上作及〇き以下五字同上作し以後にをひてに有同上作ある

一〇　被官人喧嘩幷盜賊咎事　盜賊黒本作たうそく〇咎同上作とか〇人下同上有に〇らさる同上作るへからさる

分明ならす、子細を可レ尋なと號し、拘をくうち、彼者逃うせハ、主人の所領一所を可ニ沒收一、無ニ所帶一ハ、可レ處ニ罪過一、

一　わらハへいさかひの事、童の上は不レ及ニ是非一、但兩方の親、制止をくハふへき處、あまつさへ欝憤を致さハ、父子共に可レ爲ニ成敗一也、

一　童部あやまちて友を殺害の事、無ニ意趣一の上ハ、不レ可レ及ニ成敗一、但、十五以後の輩ハ、其とかまぬかれ難歟、

一　知行分無ニ左右一こきやくする事、停ニ止之一畢、但難レ去要用あらハ、子細を言上せしめ、以ニ年期一定へきか、自今以後、自由之輩ハ、可レ處ニ罪過一、

一　知行の田畠、年期を定沽却之後、年期未をハらさるに、地檢を遂事停ニ止之一了、但、沽却以前に、地檢之儀令ニ契約一、沽券に載、又ハ百姓私として賣置名田者、沙汰の限にあらさる也、雖レ然地頭沽券に判形をくハへハ、同可レ停ニ止之一、

一　新井溝近年相論する事、毎度に及へり、所詮他人之知行を通す

可尋同上作尋へき○な同上無○し下同上有て○拘原作物據黒本改、但作かゝへ○うち黒本作内○うせ同上作失○を下同上有以○可沒收同上作沒收すへし○末尾同上作罪科に處すへし

一一　童部諍論事
わらハへ黒本作童部○の事同上無○童同上作わらハへ○の同上作之○處原作所據黒本改○處下黒本有に○あ以下七字同上作剩うつふん○致同上作いた○爲同上無

一二　童部誤殺害朋友事
童部黒本作わらハへ○殺害同上作せつかい○無意趣の同上作意趣なき○不以下五字同上作成敗にをよふへからす○の同上作之○難歟同上作かたきか

一三　知行分無左右沽却事
無左右黒本作さうなく○之同上無言上せしめ同上作申上○定へきか同上作可定歟○可處罪過同上作罪科に處すへき也

一四　沽却田畠地検事
の黒本無○沽却之同上作こきやくの○を以下五字同上作訖○遂同上作とくる○之同上無○却下同上有之○令以下五字同上作けいやくせしめうりけん○者同上作ハ○の同上作之○沽券同上作賣けん○形同上無○可停止之同上作停止すへし

一五　新井溝相論事
相黒本無○及同上作をよ○通同上作とを

上同上作うへ〇或下同上有ハ〇は同上作
者〇たて同上作立〇溝同上作みそ
以罰文同上作はちもんを以
可沙汰同上作沙汰すへき〇自往古同上作
往古より〇沙汰同上作さた〇の同上作之
さる也同上作す

一六
出置他國人知行沽却事
人黒本作仁
置同上作しをく
沽却同上作こきやく

一七
無故尋取古文書望名田等事
く原作き據黒本改
取同上作とり
之同上無
可爲各別同上作各別たるへし

一八
借米事
一據黒本補〇わりハ同上無〇一年同上無
〇契約同上作約束〇許同上作はかり〇ハ
同上無
十同上作拾〇〇に同上無〇十石同上無〇合
下同上有而〇〇十同上作拾
をよひ同上作及〇こ以下九字同上作理可
及譴責

一九
借錢事
の黒本作之下同〇はい同上作倍〇なり同
上作成〇ケ同上無〇錢同上作かし
及以下七字同上作六年に及てわきまへす
〇可以下五字同上作譴責に可及

上ハ、或・替地、或ハ井料勿論也、然は奉行人をたて、速に井溝の分限をはからふへし、奉行人にいたりてハ、以ニ罰文一私なき様に可ニ沙汰一也、但自ニ往古一井料の沙汰なき所にをいてハ、沙汰の限にあらさる也、

一 他國人に出置知行沽却する事、頗いはれさる次第也、自今以後停ニ止之一畢、

一 故なくふるき文書を尋取、名田等を望事、一向停ニ止之一畢、但、譲状あるにをいてハ、可レ為ニ各別一、

一 借米之事、わりハ其年一年ハ契約のことくたるへし、次の年より、本米許に一石にハ一石、五ケ年の間に、本利合六石たるへし、十石にハ十石、五ケ年の間に、本利合・六十石たるへし、六年にをよひて、無沙汰に付てハ、子細を當奉行幷領主にことハり、譴責に可レ及也、

一 借錢の事、一はいになりて後、二ケ年之間ハ、錢主相待へし、及ニ六ケ年一、不ニ返辨一は、當奉行幷領主にことハり、可レ及ニ譴責一

也、米錢共に利分の事ハ、契約次第たるへし、

一 借用之質物に知行を入置、進退事盡るゆへに、或號二遁世一、或缺落のよし、佗言を企る儀有レ之、去明應年中歟、庵原・周防守此儀ありし、譜代の忠功もたし難きにより、一旦隨二其儀一畢、但、以二料所燒津ノ郷一、錢主に遣レ之、今年、大永五・乙酉、房州此段しきりに言上難レ去條、一往加二下知一ところ也、一家と云、面々と云、一返ハ其儀に任といへとも、自今以後、此覺悟をなす輩ハ、所帶を沒收すへきなり、

一 他人の知行の百姓に譴責を入る事、兼日領主と當奉行人にことハりとゝけすハ、縦利運の儀たりと云共、可レ爲二非分一也、

一 不入之地の事、改るに不レ及、但其領主令二無沙汰一成敗に不レ能、職より聞立るにおゐてハ、其一とをりハ、成敗をなすへき也、先年此定を置と云共、猶領主無沙汰ある間、重而載レ之歟、31

一 駿府の中不入地之事、破レ之畢、各不レ可レ及二異儀一、

一 駿遠兩國津料、又遠の駄之口の事、停止之上、及二異儀一輩ハ、可レ處二罪過一、

共に原作其據同上改〇末尾黑本作可爲契約次第

二〇 爲質物入置知行事
盡黑本作つく〇ゆへ同上作上〇號遁世同上作ハとんせひとかうし〇缺落同上作かけおちせしむる〇企同上作くハたつ〇有之同上作これあり〇歟同上作か〇原下同上有の〇あり同上作有〇忠功同上作ちうこう〇難同上作かた〇隨其儀同上作其儀に隨〇ノ同上無〇五下同上有年〇言上難去同上作承意さりかたき〇加以下六字同上作下知をくハふる處〇云同上作いひ下同〇返原作通據同上改〇任黑本作まいかす此同上作この〇を同上無〇ハ同上無〇沒以下七字同上作可沒收也

二一 譴責他人知行百姓事
の黑本無〇の同上作之下同〇る同上無〇利同上作理〇云共同上作いふとも

二二 不入之地事
の黑本作之〇改同上作あらたむ〇不及同上作をよハす〇不能同上作あたハす〇置同上作ゝく〇云共猶同上作いへともなを〇ある同上作有〇末尾同上作これを載了各々異儀に不及也、宜參看補註

二三 駿府中不入地事
本條黑本無

二四 駿遠兩國津料等事
の黑本作之下同〇口原作日據同上改〇之以下十一字黑本作了

一 國質をとる事、當職と當奉行にことハらす、爲ㇾ私とるの輩ハ、可ㇾ處㆓罪過㆒也、

一 駿遠兩國浦々寄船之事、不ㇾ及㆓違亂㆒船主に返へし、若船主なくハ、其時にあたりて、及㆓大破㆒寺社の修理によすへき也、

一 河流の木の事、知行を不ㇾ論、見合にとるへき也、

一 諸宗之論之事、分國中にをいてハ、停ヨ止之㆒畢、

一 諸出家取たての弟子と號し、智恵の器量をたゝさす、寺を讓あたふる事、自今以後停ヨ止之㆒、但、可ㇾ隨㆓事躰㆒歟、

一 駿遠兩國之輩、或わたくしとして他國よりよめを取、或ハむこに取、むすめをつかハす事、自今以後停ヨ止之㆒畢、

一 私として、他國の輩一戰以下の合力をなす事、おなしく停ヨ止之㆒畢、

一 三浦二郎左衛門尉、朝比奈又太郎、出仕の座敷さたまるうへハ、自餘の面々ハ、あなかち事を定むるに不ㇾ及、見合てよき樣に、相はからハるへき也、惣別弓矢の上にあらすして、意趣をかけ、

二五 取國質事
此條黒本在二二條次○とる同上作取○爲以下五字同上作私として取○過同上作科○過下原有候據同上削

二六 駿遠兩國浦々寄船事
寄黒本作より○に同上作へ○若同上無○あたり同上作當○及大破同上作大破にをよふ○理同上作造

二七 河流木事
流黒本作なかれ○の同上作之○不論同上作論せす○とるへき同上作可取

二八 諸宗論事
此條黒本無○宗原作家意改

二九 讓與寺事
たての黒本作立之○號同上作かう○智以下五字同上作他人之きりやう○讓あたふ同上作ゆつ○之同上作了○末尾同上作事之躰に隨へし

三〇 駿遠兩國輩與他國者婚姻事
わたくし黒本作ハ私○取同上作とり下同○之同上無

三一 私合力他國輩事
の黒本作之○の同上無○事以下五字同上作こと同○之同上無

三二 出仕座敷事
二黒本作次○の同上作之○さ以下六字同上作定上○むる同上無○不及同上作をよはす○て原作おり據同上改○よき黒本作能○相同上作あひ○ハる同上作ふ○也同上作なり○也下同上有一家の衆も如此たるへき也○上同上作うへ○を同上作に

座敷にての事を心かくる人、比興の事也、將又勸進猿樂、田樂、曲舞の時、棧敷[32]之事、自今以後、鬮次第に沙汰あるへき也、

一　他國の商人、當座被官に契約する事、一向停二止之一畢、

以上三十三ケ條[33]

右條々、連々思當るにしたかひて、分國のため、ひそかにしるしをく所也、當時人々こさかしくなり、はからさる儀共相論之間、此條目をかまへ、兼てよりおとしつくる物也、しかれハひひきのそしり有へからさる歟、如レ此之儀出來之時も、箱の中を取出、見合裁許あるへし、此外天下の法度、又私にも自二先規一の制止は、不レ及レ載レ之也、

大永六丙戌年四月十四日　　紹僖（今川氏親）在印判

續群書類從本　黑本　〔參考〕內閣文庫本（閣本）

座敷にて同上作さしき〇心下同上有に〇人同上作仁〇又同上作亦〇猿樂同上作のさるかく〇曲舞同上作くせまひ〇棧同上作座〇次以下五字同上作にまかせさた

三三 他國商人被官契約事

此條黑本在一六條次〇の同上作之〇する同上無〇一向同上無〇之同上無

以以下七字黑本作以上卅ケ條、但細書、在日付下

右下黑本有之〇思當る同上作おもひ得〇て同上無〇め下同上有に々同上無〇なり同上作成て物同上作所〇しかれ同上作然さる歟同上作す〇之同上無〇も同上作ハ〇の中同上作之內出下同上有し〇天下同上無〇の同上作之〇自先規同上作先規より〇は以下六字同上作のするにをよハす

丙戌同上在年下〇印同上無

かな黒本作假名

一 公事落着之後重企訴訟事
互下黒本有に〇めやす同上作目安〇る同上無〇事下同上有一切停止之但是以下五字同上作不及是非〇付同上作つゐ〇罪之同上作つミの〇不以下七字同上作論せす可成敗

二 同心與力憑他人號內儀訴訟事
與力黒本作寄騎〇號同上作かうの同上作之
加異見同上作異見をくハふる〇賴同上作憑〇我同上作わか
多同上作おほき〇親下同上有よりきの者〇しき同上作數〇贔屓同上作ひいき
歟同上作か下同
以密儀同上作ひそかに〇樣同上作やう〇可同上無〇不苦也同上作くるしからす

三 與力者濫取替寄親事
各與力黒本作よりき〇所に據同上補〇事黒本作こと〇親下同上有を〇ふ同上作へ〇事同上無〇たるの間 黒本作也〇處下同上有に〇より同上作寄
言原作云據同上改〇言下黒本有の〇憑同上作賴〇を同上無〇之同上作の下同
永同上無〇同以下七字同上作可〇同心之由〇請下同上有文〇書同上作かゝ〇く同上無

かな目録追加

一 互・遂二裁許一公事落着之上、重而めやすを上、訴訟を企る事、證文たゝしき事あらハ、是非に不レ及、さもなくして、同口上の筋目申に付てハ、罪之輕重を不レ論、成敗すへき也、

一 各同心與力の者、他人をたのミ、內儀と號し、訴訟を申事、停二止之一、其謂ハ、寄親前々訴訟の筋目を存、いはれさる事をハ相押、加二異見一により、前後しらさる者を賴ミ、我道理計を申により、無覺悟なる者共、取次事多也、但、寄親・道理たゝしき上を、贔屓の沙汰をいたし押置歟、又敵方計策歟、又ハ國のため大事にいたりてハ、以二密儀一、たよりよき樣に可レ申も、不レ苦也、

一 各與力の者共、さしたる述懷なき所に、事を左右によせ、ミたりに寄親・とりかふる事、曲事たるの間、近年停止之處、又より親、何のよしみなく、當座自然之言・次憑計の者共を、恩顧之庶子のことく、永同心すへきよしを存、起請・を書せ、永く同心

間敷同上作ましき〇〻同上無
苦勞を以同上作以苦勞
寄親同上無〇ある同上作有下同〇付同上作つゐ
與力同上作よりき
且同上作端ハ
以あまた同上作もつて數多
る同上無
ふ共同上作へとも
の同上作之下同
たのむ同上作頼
心さし同上作志
也己同上作なりをのれ
先同上作さき
し原作り據同上改
言黒本作詞
歟同上作か
可爲分別同上作分別すへき

四 出陣時屬他手事
の同上作之下同〇す下同上有る〇云以下六字同上作いふとも法度をそむくの
沒以下八字同上作可沒收知行なく
放同上作はな〇猶同上無

五 駿府不入事
かな黒本作假名〇うへ同上作上〇云共同上作いへとも
の同上作之〇い以下七字同上作不可入〇近原作を據同上改
及沙汰黒本作沙汰に及〇財據同上補〇雜黒本作贓〇あひ同上作相

契約なくハ、諸事取次間敷なと〻申事、又非分の事也、所詮内合力をくハふるか、又寄親苦勞を以、恩給充行者ハ、永同心すへき也、但寄親非據之儀あるに付てハ、此かきりにあらす、さあるとて、未斷に寄親かふへきにハあらす、惣別各抽二奉公一の筋目あれハ、當座の與力ハつく事也、一旦奉公を以、あまた同心せしむるといふ共、寄親又奉公油斷の無沙汰あるにより、晝夜奉公の者によりそひ、一言をもたのむにより、もとより別而眞切の心さしなき同心は、をのつからうとむ也、己か奉公を先として、各に言をもかけをかは、故なき述懷なく同心すへき歟、能々可レ爲二分別一也、

一　出陣の上、人數他の手へくハゝり、高名すと云共、背二法度一之間、不忠之至也、知行を沒收すへし、無二知行一ハ、被官人を相放すへき也、軍法常の事なから、猶書載也、

一　駿府不入之事停止之由、かな目錄に有うへハ、不レ及二沙汰一と云共、馬廻之事ハ、目代の手いるへからさる由、近年申來之間、近日及二沙汰一、惡黨之事ハ、家財あらたむるに不レ及、雜物一色あひ

そへわたすへきよし、議定畢、并不入之地準レ之、但家來之惡黨を、家來之者聞立、成敗する事ハ、他之云事なき間、不レ及二是非一、訴人ありて申出・惡黨に至てハ、當職に渡置、可二成敗一也、又自二當職一申付・者、惡黨・抱置にをいてハ、重罪・の間、別而可レ加二成敗一也、か樣之儀申出者にをいてハ、かゝへをくものゝ家財以下出置、其上可レ爲二褒美一也、

一　各困窮せしむるにより、德政の沙汰にあらすといへとも、或年期をのへ、或以二連々一辨濟之事、誠に非分の至也、如二増善寺殿（今川氏親）時一、かたく停二止之一、如レ此相定上、訴訟のよし取次申出る者にをいてハ、知行三分一を可二沒收一、訴訟人之事ハ、一跡を改易すへき也、將亦德人等、或奉公の者、或神社佛寺領賣得の事、一切不レ可レ有レ之、但奉公之者、陣參急用に付てハ、二三ケ年期之事ハ宥免也、神社佛寺領之事も、修造顯然たらハ、同前に是を免許すへき也、此條兼日雖二相定一、條目に所二書載一也、

一　他國之者、當座宿をかりたるとて、被官の由申事、太曲事也、

わたす同上作渡〇之同上無

ハ同上無

出下同上有る〇至原作出據同上改〇自當職黑本作當職より

付下同上有る

黨下同上有を

抱置同上作かゝへをく

罪下同上有たる

加同上無

樣之同上作やうの

可爲褒美同上作ほうひすへき

六 依困窮或延年期或以連々辨濟事

困以下六字黑本作令困窮〇德以下十四字同上作雖非德政之沙汰〇年以下五字同上作延年期

之同上作の〇に同上無〇の同上作之下同

かたく同上作堅〇よし同上作由〇る同上無

分同上作ケ〇可同上無〇訟同上無〇一以下八字同上作可改易一跡

付同上作つゐ〇也同上作之

佛據同上補〇是以下八字同上作可免許

雖相定同上作相定といへとも〇所書載同上作書載處

七 與他國者被官契約事

る黑本作り〇の同上作之下同

主従之契約をなし、扶助之約諾の上、證人あるにをいてハ、被官勿論也、惣別他國の者の事ハ、約束のことく扶持せさるに付てハ、速に暇をとらすへし、扶持をハせすして、一度契約したるなとゝ、譜代同前の申事ハ、非分の事也、

一 分國中諸商買の役之事、自二先規一沙汰し來る事ハ、乍二不便一了簡に不レ及也、今に至てのかれ來る事とて、新役望訴者、無二際限一といへとも、許容せさる也、自今以後、か樣之訴訟取次者にをいてハ、知行十分一を沒收すへき也、知行なくハ、給恩に隨・可二改易一也、

一 百姓等地頭にしらせすして、名田賣買之事、曲事也、但爲二年貢收納一、當座之儀にをいてハ、宥免あるへし、年期二三ケ年にをよハゝ、地頭代官に相とハるへし、永代の儀ハ、不レ及二沙汰一也、

一 奉公の者子孫の事、嫡子一人之事ハ、一跡相續之上、是非に不レ及、弟共に至てハ、知行をさき分、扶持を加るの間、嫡子に與力すへき事勿論也、但割分之上に、給恩を請、內の合力にくハへ、

之同上作の
ハ同上無　持同上作助
ゝ同上無
事同上作至

八 分國諸商賣役事　の黒本作之○自以下五字同上作先規より　さた○る同上無　不及同上作をよはさる○今以下七字同上作至于今遁○る同上無○とて同上作共○無以下八字同上作雖無際限　樣之同上作やうの　沒以下五字同上作可沒收○知以下五字同上作無知行者○隨下同上有ひ

九 百姓等賣買名田事　之事黒本無　爲以下五字同上作年貢收納として　二以下九字同上作及二三ケ年者　の同上作之

一〇 奉公者子孫事　の黒本作之下同○續同上作讓○是以下五字同上作不及是非下同　て同上無○持同上作助○加同上作くハふ○與力同上作寄騎　事據同上補○請同上作うけ

惣領につき奉公すへき事ハ、いはれさる也、速給分あけ置、兄一所に奉公すへきなり、兄弟の間、契約の筋目ありて、割分に随ひ、人數兄にくハへ、其身ハ各別之奉公も随意たるへき約諾あるにをいてハ、其儀にまかすへき歟、父祖譲與の所を、惣領非分を以押領の上、公事に及、裁許を遂、兄の非儀爲二歴然一者、弟各別之奉公、是非に不レ及也、惣別嫡子之外、扶助すへきたよりなき者共、子共おほきまゝ、何も取ならへ、幼少之間、何となく出仕させ置、給恩を望事、甚曲事也、嫡子一人之外ハ、堅可レ停二止之一、但、弟たると云共、別而忠節奉公せしむるにをいてハ、各別として扶助すへき也、又父一代の勞功を以、給恩に預たるもの、子共に割分、何様に奉公さすへきのよし内儀を得、兄弟共に同前に相ことハり、扶助するにをいてハ、無二是非一歟、但、他國人足輕之事者、一かしらとして奉公走廻之間、不レ準レ之、器量を以、一跡可二申付一也、

一　父の跡職、嫡子可二相續一事勿論也、雖レ然親不孝、其上無奉公之

速下同上有に〇あけ同上作上
なり同上作也〇あり同上作有
ひ同上無〇之同上作の〇ある同上作有
歟同上作か〇歟下同上有將亦〇讓原作襄據同上改〇非分を以黒本作以非分
公以下八字同上作及公事遂裁許〇爲歴然者同上作曆然たらは
及下原有さる據同上刪〇別黒本作領
者同上作もの〇何同上作いつれ〇何同上作なに
置同上作をき〇を同上無
弟以下六字同上作雖爲舍弟
扶以下五字同上作可扶助〇代同上作人〇預下同上有り〇もの同上作者
割同上作さき〇の同上無〇に同上無〇前に同上無
ことハり同上作理〇無是非同上作是非なき〇但同上無
者同上作ハ〇器量を以同上作以器量
一　父跡職事　の黒本作之下同〇可相續同上作相續すへき〇也同上作なり〇自其至孝四十六字據同上補

成同上作なる

一二 庶子割分事

之黒本作の
の同上作之
歟同上作か
いたり同上作至
可有分別同上作分別あるへき

一三 田畠野山境相論越度方事

の黒本作之下同○を同上無
歟同上無○各同上作をの〳〵
牓原作傍據同上改○はい黒本作倍○以同
上作もて○之方同上作のかた○付置へき
同上作可付置

一四 公事半手出輩事

不論黒本作論せす○あひて同上作相手
雖然同上作然共○を以下五字同上無○咎
同上作とか
の同上作之下同
至同上作いたり○て下同上有ハ
可裁許同上作裁許すへき

者にをひてハ、弟又ハ他人を養子としても、子孫奉公つゝくへき者に、可ニ申付一也、但嫡子何之不孝成事なきを、親弟に相續すへき覺悟にて、非分の事共申かくる事、太曲事也、時宜により可レ加ニ下知一也、

一 庶子割分之事、本知行五分一、十分一程の儀にをいてハ、大方相當すへき歟、半分、三ケ一にいたりてハ、惣領の奉公迷惑たるへき歟、自今以後、各可レ有ニ分別一也、

一 田畠野山境問答對決の上、越度の方、知行三ケ一を可ニ沒收一之旨、先條雖レ有レ之、あまり事過たる歟のよし、各訴訟に任、問答之牓示境一はいを以、公事理運之方へ、付置へき也、

一 公事半手出、三年理非を不レ論、公事をあひてに落着すへしと云々、雖レ然、非儀をかまふるの輩、公事をのへ置、手出の咎をねらひ、先三年の所務をする事、太奸曲之至也、手出の越度あるにをいてハ、其年の年貢を淺間造營に寄附し、後年に至て、公事の是非を可ニ裁許一也、

一五
號公方人田札事
公以下六字黒本作號公方人〇に原作有據同上改〇旨原作志意據同上改〇ことハり黒本作理〇の同上作之〇を下同上有相〇うへ同上作上〇斷同上作ことハり

一六
贓物事
盗黒本作ぬす〇取同上作とら〇纔同上作わつか〇云共同上作いへとも〇つゝ原作さし據同上改、宜參看補註〇す黒本無〇雜同上作贓〇出以下八字同上作いたすましきのよし自先規〇云同上作いへ〇の同上作之〇其同上作之〇本主原作ぬし據同上改〇可還附黒本作還附すへき

一七
對他國音信私返答事
自他國黒本作他國より〇て下同上有ハ〇の同上作之〇かたく同上作堅

一八
祈願寺住持事
祈黒本作誓〇者同上作もの〇の同上作之下同〇たいくつ同上作退屈〇らくた同上作落墮〇速同上作すミやか〇上置同上作あけをく〇以寺奉行同上作寺奉行を以〇應下同上有之〇持下同上有を

一九
於制法不論親疎可訴申事
云共黒本作いへとも〇あるゆへ同上作有故か〇ぬし同上作主

一　公方人与號し田札する事、公事相手に、其旨趣をことハり、其上田札すへし、公方人の奉行を・定うへハ、奉行人に斷、諸事可ニ申付一也、

一　小身の者、盗人にあひ取るゝ所の財寶、纔の事たりと云共、其身にをいてハ、進退つゝかさる[34]由を存、彼盗人尋出す所に、目代之手へわたるか、或ハ不入之地たる間、雜物出間敷由先規より申と云共、無力の者にをいてハ、不便の儀たる間、贓物一色悪黨に付置、其外ハ本主に可ニ還附一也、

一　自ニ他國一申通事、内儀を得すして、・私之返答の事、かたく令レ停ニ止之一也、

一　祈願寺[35]之住持たる者、故なく進退あらためなから、寺を他人に譲與の一筆出事、甚以自由之至曲事也、出家たいくつの上らくたせは、寺は速に上置のよし、以ニ寺奉行一披露すへし、相應・住持・可ニ申付一也、

一　諸事法度を定、申付と云共、各用捨あるゆへ、事をぬしになり

の同上無〇不論同上作論せす
見同上作み〇て同上作而

二〇

不入地事

此條黒本在五條次〇之同上無〇の同上作之〇沙以下五字同上作不及沙汰
かすめ同上作掠
さた同上作沙汰〇たんせん同上作段錢〇の同上無〇事下同上有ハ〇前以下八字同上作自前々有子細
の同上作之下同〇載判形同上作判形にのせ〇以忠節同上作忠節を以
是以下五字同上作不及是非〇ある同上作有下同〇使同上作之〇甚同上無
形同上無
ハ同上作者
制同上作政恐非
自舊規同上作舊規より
規原作期據同上改
以黒本作もて
あり同上作有〇可以下六字同上作御下知を背へき歟〇ハ下同上有天下〇て同上無
以力量同上作力量を以〇力原作内據同上改〇は同上無〇しゆこ同上作守護

申出者なきハ、各の私曲也、制法にをいてハ、親疎を不レ論、訴申事忠節也、自今以後、用捨をかへり見す申出に付てハ、可レ加二扶助一也、

一　不入之地之事、代々判形を戴し、各露顯之在所の事ハ沙汰に不レ及、新儀之不入、自今以後停二止之一、惣別不入之事ハ、時に至て申二付諸役免許一、又悪黨に付ての儀也、諸役之判形申かすめ、棟別段錢さたせさるハ私曲也、棟別たんせん等の事、前々より子細有て、相定所の役也、雖レ然載二判形一、別而以二忠節一扶助するにをいてハ、是非に不レ及也、不入とあるとて、分國中守護使不入なと申事、甚曲事也、當職の綺、其外内々の役等こそ、不入之判形出す上ハ、免許する所なれ、他國のことく、國の制法にかゝらす、うへなし（追6）の申事、不レ及二沙汰一曲事也、自二舊規一守護使不入と云事ハ、將軍家天下一同御下知を以、諸國守護職被二仰付一時之事也、守護使不入とありとて、可レ背二御下知一哉、只今ハをしなへて、自分の以二力量一、國の法度を申付、靜謐する事なれは、しゆこの手入間敷

兎角之同上作とかく
の〇かたく同上作堅

二 奴婢雑人妻子事

此條黒本在六條前〇
の同上作之下同〇あ
る同上作有〇我同上
作〇わか〇由同上作〇よ
し〇方同上作かた〇
計同上作はから〇〇た
原作な據同上改〇〇云
共黒本作いふとも
くへし同上作ゝくる
也
子下同上有等
至同上作いたり
年下黒本有癸丑、但
割註
日下同上有義元追加

一 評定日事

事、かつてあるへからす、兎角之儀あるにをいてハ、かたく可二申付一也、

一 奴婢雑人妻子の事、夫婦各別の主人あるにより、男の主人ハ、我下人の子たる間、被官之由を申、女の主人ハ、我下女の子たる由、相論す、所詮幼少より扶助をくハふる方へ、落着すへき也、互に扶助せさるにをいてハ、親か計ひたるへき也、但かせものゝ事ハ、扶助をくハへすと云共、子一人の事ハ、譜代の奉公をつくへし、末子に至てハ、親かはからひたるへき也、

以上廿一ケ條

天文廿二年・二月廿六日

續群書類從本 黒本

定

一 毎月評定六ケ日、二日、六日、十一日者、駿遠兩國之公事を沙汰すへし、十六日、廿一日、廿六日ハ、三州之公事を沙汰すへし、但、半年は三州在國すへきの間、彼國にをひて、諸公事裁斷すへし、雖レ然急用のため、三日相定の日、宿老并奉行人數、巳之時よりあつまり、申刻まて、諸公事儀定、披露怠慢せしむへからす、

此六ケ日之外、訴訟、公事、急用之注進等ハ、夜中を論せす、可レ令二披露一也、

二　目安箱事

一　たよりなき者訴訟のため、目安之箱、毎日門之番所に出置上ハ、たしかにはこに入て、毎月六度之評定にこれをひらき、名を沙汰し定へき也、但誰なにかし、いつれの在所と云事名不實之者、訴訟と號し、彼箱になけ入、落書同前に披露すへきにをひてハ、讒言のわさはひたるへし、所詮五日に一度之評定の當日に、彼訴訟之人、門外に祗候せしめ、箱之內之目安、一度に合點せさる訴訟人ハ、落書たるへきの間、則衆中として、燒すつへし、若又其日不二出合一ハ、重而以二目安一可レ申事、

三　奉行人披露遲引事

一　互の日目安向雖レ遂二裁許一、三十日を經て、奉行人披露なきにをひてハ、訴訟之鐘をつくへし、但公事おほきに付、遲引の事あらハ、論人、訴人共に、奉行人かたより、其旨をあひことハるへき事、

四　論人出對日限延引事

歷原作曆意改

一　訴人申により、論人に奉書をなすの處に、罷出日限延引せしむるにをひてハ、公事の道理を訴人につくへし、但くハんらく（歡樂）、又は他行歷然に付而ハ、奉行人へ即時に、其理可レ申事、

五　公事披露事

一　條目之旨相違に付而ハ、再三披露に可レ及、幷公事內儀として各披露、かたく

令ニ停止一事、

六 依有訴訟之便企無謂訴訟輩事 ハ下恐有脱字

一 訴訟之便有とて、謂なき事共かきあつめ、をのれか意趣計いひ立たらん奉公の者にをひてハ、・所帯名田なき者にをひてハ、分國中を追却すへし、事のやうにより成敗すへき事、

七 無用者不可出沙汰座事

一 諸沙汰之座敷へ、無用之者不レ可レ出、但評定衆幷奉行人、同心一人召具すへし、此外ハ堅停ニ止之一、此條、兩人同朋毎度可レ改レ之、制法おかす輩にをひてハ、及ニ披露一、可レ處ニ罪科一事、

八 直訴事

一 直訴之事、諸沙汰之當日、奉行人等相定上ハ、如ニ先例一理非を論せす、可レ加ニ成敗一之事、

九 申掠判形訴訟輩事 輩原作事據抹消符削傍書

一 訴訟人事を左右によせ、萬儀なきよしを申掠、判形を證跡として、公事をする・輩にをひてハ、堅可レ加ニ成敗一也、取次申者にいたりてハ、罰金千疋を出すへし、淺間造營のために寄附すへき也、

一〇 對決時替目安筋目輩事

一 訴人、論人目安を出置、對決之上、目安之筋目をかへ、口上申にをひてハ、不レ及ニ沙汰一事、公事を相手に落着すへき也、

一一 訴論人出入奉行宿所事

一 目安披露之上、奉行人請取、公事落着なき間、論人、訴人共に、奉行の宿所へ

出入すへからす、但奉行人かたへ、公事催促之儀ハ、出仕之上か、又寄親をもて催促すへし、自然内儀相憑之由、相手申かくる處に、賴處歷然に付而ハ、理非を論せす、公事を相手に落着すへし、又虚言申にをひてハ、これも理非にをよはす可ㇾ落着一也、たのまるゝ奉行人にをひてハ、堅可ㇾ處ニ罪科一事、

一　知行差出の員數之外、私曲之由訴人有て、百姓まへ檢地すへきよし申に付てハ、不ㇾ可ㇾ及ニ披露一、但、地頭年來所務之內、かくし置分限、奉公せさるハ私曲也、雖ㇾ然隨ニ分限一、餘慶ハあるへき也、知行三ケ一共かくし置證跡あるにをいてハ、かくす所之十分一を、訴人に永とらせ、殘所は淺間造營のために、其年之年貢令ニ寄附一、翌年に至てハ、本主に返しつけへき也、向後所務等增するに付而ハ、すミやかに分限帳にのせ、相當之奉公すへき也、

一　恩顧之主人、師長、父母之是非、不ㇾ可ㇾ及ニ披露一、但、敵地之內通か、謀叛をくいたて、幷竊盜、强盜、博奕等之人數之返忠者、但主人たりといふとも、國を守護する法度たるの間、可ㇾ令ニ披露一事也、

右所ㇾ定如件、

黑川本

歷原作曆意改

一二　隱置知行事

かく原作返意改、宜参看補註

一三　主人師長父母之是非不可及披露事

但恐誤字

六　塵芥集

塵芥集

せん〳〵のせいはい(成敗)におゐてハ、りひ(理非)をたゝすにをよハす、いま・より[37]のちハこの狀をあひまもり、他事にましハるへからす、

一　じんじや(神社)の事

さいれゐ(祭禮)の事ハ、年のゆたかなるにも、あしき年にも、ましおとりなく、かれゐ(嘉例)にまかせ、これをつとむへし、

一　村さとよりハ、せんき(先規)のことく、まつりのものふさた(無沙汰)なきに、しんしよくかのてんぐをむさふり、をこたりをなすに付てハ、はやくかのしよくをあらたむへき也、

一　さうゑい(造營)の事、じんりやう(神領)をふさけ候ハゝ、へつたうかんぬし(別當神主)しゆり(修理)をなすへし、ふさたにいたつてハ、はやくかのしよくをあ

りひ　佐本作理非

いま　同上作今〇ま　下原有に據佐本狩本刪〇のち　佐本作後〇この　同上作此〇狀　狩本作じやう〇あひ　佐本作相

一　神社事

の　佐本作之〇年　狩本作とし下同

かれゐ　佐本作嘉例

二　祭物事

村　狩本作むら〇さと　佐本作里〇もの　同上作物

付　狩本作つい〇て　佐本作而

かの　同上作彼〇あらた　同上作改〇也　狩本作なり

三　造營事

へ以下八字　佐本作別當神主

あらた　同上作改

らためかへへし、たゝしたいは(大破)のときハ、しき(時宜)によるへし、若又しんりやうなくは、そのやしろのへつたうかんぬしのやくとして、くわんしん(勤進)をもつてしゆりをなすへし、なを事ならすハ、しさいをひろう(披露)のうへ、かうりよく(合力)有へき也、

一 しんりやう(神領)のひやくしやう(百姓)、けんもん(権門)のいをかり、ねんくしよたう(年貢所當)よくりう(抑留)せしめは、せいはいをくわふへきなり、

一 しんぼく(神木)の事、さうゐいに付てきらは、是非にをよハす、しふんのよう〳〵として、きり取うる事、さいくわ(罪科)たるへし、かいて又つミをおなしくすへし、

一 しんしや(神社)につくるしよたい(所帯)の事、ときの別たうかんぬし(當神主)ミたりにうるへからす、うりてかいて共にもつてさいくわたるへし、又きしんいたすしそん(子孫)、かのしよたいけいばう(競望)せしめ、いらんによふへからす、

一 さいれゐ(祭禮)のとうやく、たいくわん(代官)をもつてあひつとむへからす、しゆとちう、かんぬし、ねき、そのほかとうせん、

めかへ狩本作む〇とき佐本狩本作時〇しき佐本作時宜〇若狩本作もし〇し以下五字佐本作神領〇た狩本作と〇く以下五字佐本作勸進〇しゆり同上作修理〇なす同上作成〇なを同上作猶〇事狩本作こと〇な同上作た〇しさい佐本作子細
ひろう同上作披露〇う以下七字同上作上合力〇有佐本狩本作ある〇也狩本作なり

四 神領百姓抑留年貢所當事
し以下五字佐本作神領〇ひやく佐本作百なり佐本狩本作也

五 神木事
の佐本作之〇付狩本作つゐ〇て佐本作而〇是非狩本作せひ〇しふん佐本作時分〇よう〳〵同上作用々〇て下同上有ハ〇きり同上作切〇取狩本作とり〇さいくわ佐本作罪科〇おなしく同上作同

六 神社所帶事
しんしや佐本作神社〇し以下五字同上作所帶之〇ときの同上作時之〇別狩本作べつ〇た以下六字佐本作當神主
共同上作とも〇さいくわ同上作罪科
しそん同上作子孫〇しよたい同上作所帶

七 祭禮頭役事
た以下五字佐本作代官〇ぬし同上作主〇そ以下八字同上作其外同前

一 ばう寺の事
・寺・家のしゆり(修理)ふつし(佛事)等の事、・しんしや(神社)のさたにおなし、
一 ちうちしきハししやう(師匠)まかせたるへし、たゝしもんたうあらは、
・ときのしゆとしよへひろう(披露)のうへ、・その是非にしたかふへし、
一 ちうちしきさたまらさる・いせん、ししやうさうせい(早世)のあとの事、
・かつハその人のきりやうにより、・かつうハしゆこのはからいたる
へ・き也、
一 ・出家のてし(弟子)そく(俗)になる事、そのししやう(師匠)にいとまをこハさると(輩)
・もから、かく(格)こ(護)いたすへからす、又そのしうてい(宗躰)をあらため、た(他)
しう(宗)になる事とうせん、つきにひく(比丘尼)にのさたもかくのことし、
一 しゆつけ所へ、・をんないて入あるへからす、たゝし[38]ともんのけ
・にんしきハ、きんせいにあたハす、
一 ・出家たるの人、かたなさすへからす、
一 ・しりやう(寺領)の事、わたくしのこんりうのところは、・たん(旦那)なまかせ
たるへし、・くはうしよ、・其外さしいてたるてらへきしんの地・の事、

八 坊寺事 寺狩本作てら○の佐本作之○寺家狩本作じけ○の佐本無○等佐本狩本作とう○の佐本作之○しんしや同上作神社

九 住持職事 とき佐本狩本作時○の佐本作之○しよ同上作所○ひろう同上作披露○うへ同上作上○その狩本無○是非同上作せひ

一〇 師匠早世跡事 いせん佐本作以前○の佐本作之 かつハ同上作且○かつうハ同上作且○う狩本無 き也同上作し

一一 還俗并轉宗事 出家狩本作しゆつけ○そく佐本作俗○なる狩本作成○を同上作も○ともから佐本作輩○その同上無○あらた同上作改 つき同上作次

一二 出家所女出入制禁事 所狩本作しよ○を以下五字佐本作女出○け以下五字同上作下人式

一三 出家人不可差刀事 出家佐本作しゆつけ狩本作しゆけ

一四 寺領事 し以下五字佐本作所領之○ところ同上作所○たんな同上作旦那○くはう同上作公奉恐非○其外狩本作そのほか○いて佐本狩本作出○てら佐本作寺○の同上作之

ほんぬし（本主）のしそん、せんそ（先祖）のきしんのちなるよし申、とりかへすへからす、時のちうち（住持）ちかいめあらは、彼子細をひろう（披露）せしむへきなり、

一　せん〳〵よりのしりやう（寺領）、ときのちうちミたりにこきやく（沽却）せしむる事、よのしよたい（所帯）はいとく（買得）せしめ、かれハわたくしにはいとくのよし申、そくゑん（俗縁）のともから、又ハてうあひ（寵愛）の人にゆつる事あるへからす、たゝしせん〳〵のしりやうにてを付す、ときのちうちふくゆう（福裕）のうへ・かいちをいかほといたし候とも、そのぬしのまゝたるへし、たんな（旦那）のけいはう（競望）あるへからさるなり、

一　せつかい（殺害）のとかの事

右、人をころすかうりよく（合力）のやから（族）、たちとり（太刀取）いたし候ハゝ、と（同）うさい（罪）たるへし、しかるにかのかうりよくにん（合力人）、そのとかをまぬかれんために、ほんにん（本人）をうち、まかりいて（罷出）候ハゝ、ゆうめん（宥免）あるへし、又たち（太刀取）とりいたさす候とも、本仁にあひかゝり、とりたはねをなすやからのさいくわ、ほんにんのことくたるへき也、

ほ以下十一字同上作本主之子孫先祖〇ち佐本狩本作地
彼同上作かの〇子細狩本作しさい〇ひろう佐本作披露
なり同上作也

一五
沽却寺領事
し以下七字佐本作所領時之
しよたい同上作所帯
ともから同上作輩〇事ある同上作こと有
しりやう同上作所領〇付佐本狩本作つけ〇とき同上作時〇の佐本作之
うへ同上作上〇へ下同上有ハ恐是〇とも同上作共〇ぬし同上作主
たんな同上作旦那〇ある狩本作有〇さるなり佐本狩本作す

一六
殺害合力科事
の佐本作之〇か以下五字同上作合力下同〇や以下七字同上作族太刀取〇とうさい同上作同罪
しかる同上作然〇かの同上無〇にん佐本狩本作人〇を佐本無
ほんにん同上作本人〇まかり同上作罷〇いて佐本狩本作出〇ハ、佐本作者〇ある佐本狩本作有
たちとり佐本作太刀取〇候同上無〇とも同上作共〇仁同上作人
さ以下八字同上作罪科本人〇也狩本作なり

一七 掛向討殺問答事
しふん佐本作時分
はたらき同上作動○まち佐本作待○うつ
同上作打○及佐本狩本作およひ
相狩本作あひ○たかい佐本作互○尋佐本
狩本作たつね
なり狩本作也

一八 殺害逐電被官罪科懸主人否事
此條狩本無一打、人以下接續於前條○い
け佐本作以下○其則狩本作そのすなわち
○にん同上作人○にん佐本作人下同
とうさい同上作同罪○くたん同上作件
事狩本作こと○たう佐本作當○ん下佐本
狩本有の○さい佐本作在○所狩本作しよ
○を佐本無○然狩本作しかる○のち佐本
作後○これ同上作是○聞佐本狩本作きゝ
人狩本作にん下同○とき同上作時
し下佐本有若狩本有もし○敵佐本狩本作
てき○の狩本無
ある佐本作有○さる也同上作す候恐非○
也狩本作なり
あ以下七字佐本作間披官
とけ原作たて意改、宜參看二五條
うへ佐本作上○相狩本作あひ○し佐本作
知○とも同上作共

一 [39]かけむかいにて、人をまち、うたれたるやから、またれてうたるゝといひ、人をまちたるものくちなしにうち、またれたるにしふんのはたらきをもつて、まちてをうつなといひ、もんたう(問答)に及候ハゝ、相たかいのししやう(支證)を尋へし、ししやうなくハ、うたれ候かたのりうん(理運)たるへきなり、

一 人のひくわんいけ(被官以下)人をころし、其[40]ちくてん(逐電)候ハゝ、しうにんにとかをかけへからす、たゝししうにん、せつかいにん(殺害人)をきよよう(許容)におゐてハ、とうさい(同罪)たるへし、又くたんのとかにん、しうにんかくこ(格護)のよし、てきにんあひさゝへる事あり、そのたうさ(當座)ならは、しうにん・さい所をさかさせへし、然にのちの日これを聞、そのしう人きようのよし申いつるのとき、せうこ(證據)まきれなくハ、まへにのするかことし、又敵人のさゝへ候事せうこなくハ、しうにんのとかあるへからさる也、たゝし又しうにんのいこん(遺恨)あるのあひた、ひくわんそのいきとをりをとけんために、人をころしちくてんのうへ、しうにん相しらすといふとも、そのとかをのか

然狩本作しかる〇しや狩本作せ
いて佐本作出〇ハ以下五字同上作者以前
〇なり同上作也

一九 科人走入他人在所事

にん佐本作人〇命狩本作いのち〇在所同
上作さいしよ下同〇は以下五字佐本作走
入〇のぬし同上作之主〇いた佐本狩本作
出
さ以下七字佐本作在所之内〇也狩本作な
り〇はうてら佐本作房寺〇はしり同上作
走
ある同上作有〇さる同上作す

二〇 依喧嘩口論闘諍差懸於他人在所事

こう佐本作口〇の以下八字同上作之上理
非披露
在所狩本作さいしよ〇たうり佐本作道理
〇いふとも同上作云共
をつと同上作越度

二一 酔狂殺害事

事狩本作こと〇と以下六字佐本作共罪科
ハ狩本無〇とうさい佐本作同罪

二二 誹言事

さか佐本作酒〇事時宜狩本作ことしき〇
し以下八字佐本作出家同前〇け下狩本有
ハ

二三 打科人事

にん佐本作人〇うつ同上作打〇とき同上
作時

れかたし、然にかのとかにんを、しうにんしやうかい(生害)させ、まかりいて候ハヽ、いせんのとかをゆるすへきなり、

一 とかにん命をまぬかれんため、人の在所へはしりいら(走入)は、かの在所のぬし、はやくをひいたし候へき也、もしをひいたすにをよはすハ、さいしよのうちをさかさせへき也、同はうてら(坊寺)へはしり入事、かくこ(格護)あるへからさる也、

一 けんくわこうろん(喧嘩口論)闘諍のうへ、りひひろう(理非披露)にあたハす、わたくしに人の在所へさしかくる事、たとひしこくのたうり(道理)たりといふとも、さしかけ候かたのをつと(越度)たるへし、

一 すいきやう(酔狂)に人をころす事、申むねありとも、さいくわにしよすへし、人をきり、又ハちやうちやく(打擲)する事、とうさい(同罪)たるへき也、

一 さかゑひ(酒酔)人をはうこん(誹言)する事、時宜によるへし、ねうはうしゆつけ(女房出家)・とうせん、

一 とかにんをうつのとき、ひゝき(最屓)のやから、いかほとうちそへ候

とも、うたれたる者のふうんたるへし、たゝしにんたい[41](人躰)とうたう候ハゝ、そのはをのかし、ひろう(披露)いたし、下知を相待へきなり、

一 おやこ兄弟のかたきたり・とも、ミたりにうつへからす、たゝしくたんのてきにん、せい(成敗)はいをハつてのゝち、はいりやう中[42]へはいくわひ(徘徊)のとき、むて[43]人はしりあひ(走合)、おやのかたきといひ、このかたきといひ、うつ事をつと(越度)有へからさる也、

一 おやこのとか、たかひにかくるやいなやの事、

右、あるいはたうさ(当座)のけんくわ(喧嘩)により、あるひハしゆゑん(酒宴)のすい(酔)きやう(狂)により、ふりよ(不慮)のほかに人をころすにおゐてハ、その身をせいはい(成敗)をくわへ、しよたい(所帯)をけつしよ(闕所)すとも、そのちゝ、そのこあひましハらすハ、たかひにこれをかけへからす、人をきるとかの事も、これにしゆんすへし、つきにあるいハこ、あるひハまこ、おほちおやのあたをころすにおゐてハ、おやおほちたとひあひしらすといふとも、とうさい(同罪)たるへし、おやおほちのいきとをりをとけんため、たちまちかいしん(害心)をくわたつるのゆへ也、もし

とも同上作共○者の佐本狩本作ものゝ○にん同上作人○ひろう佐本作披露○いたし狩本作致○相同上作あひ○待佐本狩本まつ○なり同上作也

二四 敵討事

こ佐本作子下同○兄弟佐本作きやうたひ狩本作けうたひ○り下狩本有といふ○とも佐本作共○うつ同上作打○にん佐本狩本作人○せいはい佐本作成敗○にゝち同上作後○りやう同上作領○中狩本作ちう○とき佐本狩本作時○は以下五字佐本作走合○いひ佐本作云下同狩本作とひ○こ以下八字狩本無○うつ佐本作打○をつと同上作越度○有狩本作ある○さる也佐本作す

二五 親子咎相互被懸否事

こ佐本作子下同○の同上作之○あるい同上作或下同○あるひ同上作或下同
ほか狩本作外○その佐本作其
せいはい同上作成敗○しよたい同上作所帯○そ以下五字同上作其子相
ハ同上無恐非○たかひ同上作互下同○これ同上作是下同
に底本細字書入○つき佐本作次
い以下八字同上作云共同罪
る同上無○の狩本無○ゆへ佐本作故○もし同上作若

又人のしよたいをうはゝんとし、もしハ人のさいほう(財寶)をとらんとして、人をころすのとき、其ちゝしらさるのよし申事まきれなくハ、其つミにしよすへからさる也、付たり、きやうたいのとか、たかひにこれにしゆんすへし、

一 たりやう(他領)にてとかにんをうつとき、そのところの者、いらんにをよふ事あるへからさる也、

一 人のひくわん(被官)、本しうにん(主人)をすて、あらためしうをとる事あらは、いまめしつかふしうにんのかたへ申とゝけ候うへ、なをよく(抑)りう(留)いたし、本しうにんへかへさす候ハゝ、一ひつをとり、見あひにこれをうつへし、もし又ふミの返事にもをよはすハ、しさい(子細)をひろうすへし、其是非により、くたんのひくハん(被官)、ならひにきよう(許容)いたし候やから、ともにもつてせいはい(成敗)をくわふへきなり、

一 とまりきやくしんころさるゝ事、ていしゆ(亭主)のをつと(越度)也、たゝしうちてまきれなくハ、そのうへの時宜により、をつとあるへからさる也、

しよ同上作所
とき同上作時○其佐本狩本作その○し以下十六字佐本脱
其狩本作その○也同上作なり○付同上作つけ○たり佐本無

二六 於他領打科人事
此條佐本細字書入○たりやう佐本作他領○にん同上作人○う以下九字同上作打時其所○者佐本作物狩本作もの○ふ下佐本有の○ある同上作有○也狩本作なり

二七 被官捨本主人改取主事
ひくわん佐本作披官○本狩本作ほん下同○とる同上作取○にん佐本作人下同○け以下六字同上作くる上猶かへ同上作返○ひつ狩本作筆○見あひ佐本作ミ合
これ佐本狩本作是○も狩本無○しさい佐本作子細
其佐本狩本作その○是非狩本作せひ○ひくハん佐本作披官
せいはい同上作成敗○ふ同上作へ○なり同上作也

二八 泊客人被殺事
しん佐本狩本作人○をつと佐本作越度下同○也狩本作なりうへ佐本作上○時宜狩本作しき○ある佐本狩本作有

二九 客人相互及喧嘩一方被討事
客狩本作きやく〇しん佐本作人
にん佐本狩本作人〇をき狩本作置〇披露
佐本狩本作ひろう〇もし佐本作若
き同上作儀〇分佐本狩本作わけ〇也狩本
作なり

三〇 被呼出被暗打事
さい佐本作在〇所狩本作しよ〇うち佐本
作内〇いた狩本作出〇とき佐本狩本作時
〇ものその佐本作者其
いせん同上作以前〇いた同上作出〇もの
ゝ同上作者の〇越度狩本作おつと〇たゝ
し同上無〇り同上作ち
さいくわ佐本作罪科

三一 於歸途被暗打事
かた佐本作方〇かへり同上作歸〇道狩本
作みち〇うち佐本作打
いせん同上作以前〇にん同上作人
相佐本狩本作あひ〇尋狩本作たつね〇也
同上作なり

三二 殺害人逐電時被討者呼出罪科事
いた狩本作出〇とき佐本作時〇相狩本作
あひ
つかい佐本作使
もの同上作者〇ほん同上作本〇しさい同
上作子細〇と以下六字同上作共同罪
にん同上作人〇の狩本無〇ゆへなり佐本
作故也〇これ同上作是
其佐本狩本作その

一 客人ときやくしんけんくわにをよひ、一はうたれ候ハゝ、ていしゆ(亭主)くたんのせつかいにん(殺害人)をからめをき、披露すへし、もし又そのき(儀)にをよはす、しんしやく(斟酌)いたし、事のよしを申分へき也、

一 人のさい所のうちより、人をよひいたすのとき、よひいたされ候もの、そのまゝいつかたへもありき、やミうちにうたるゝ事あり、いせん(以前)よひいたし候ものゝ越度たるへし、たゝしあやまりなきしせう(支證)あらは、さいくわにしよすへからす、

一 人のかたへよはれ、そのところよりかへりの道にて、やミうちにうたるゝ事あらは、いせん(以前)のよひてのやくとして、せつかいにん(殺害人)のしせう(支證)相尋へき也、

一 人のつかいとして、人をよひいたし候とき、相たのミ候人、いまよひいたす人をうちちくてん(逐電)のうへ、かのつかいにたのまれ候もの、こんほん(根本)のしさい(子細)をしらすといふとも、とうさい(同罪)たるへし、せつかいにん(殺害人)に、くミするのゆへなり、たゝしこれをしらさるしせう(支證)まきれなくハ、其とかをのかすへし、

一たこく(他國)のあきんと(商人)、しゆきやうしや(修行者)ところさるゝ事あらは、さいくわ(罪科)にいたつてハ、そのむら(村)さと(里)にあひとまるへきなり、たゝしかのかうなひ(鄕內)のもの一人なりとも、くたんのとかにんを申いて候ハゝ、そのむら(村)中のあんとたるへき也、

一しかい(自害)の事、たいもく(題目)を申をきしに(死)候ハゝ、ゆいこん(遺言)のかたき、せいはいをくわふへきなり、いしゆを申をかすハ、せひにをよふへからす、たゝしき(時宜)によるへき也、

一人ちかいいたしうち候事、さいくわ(罪科)たるへし、しかるにもしうたれ候もの、あるひハぬす人と申いつハり、あるひハとかにんのよし申のかるゝといふとも、そのものいきたるうちに、りひ(理非)をひろう(披露)いたさす、すてにせつかい(殺害)せしむるのうへハ、りひをたゝすにをよハす、せいはいをくわふへきなり、

一くひちかいの事、とく(毒)をのミ、くい、しぬるうへハ、其ていしゆの越度たるへし、たゝしくすりのまこと(眞)といつハり(僞)、いまたさたまらさるにいたつてハ、しき(時宜)によりつミ(罪)のふかきあさき有へきなり、

三三 他國商人修行者被殺事
たこく佐本作他國〇んと同上作人〇さいくわ同上作罪科
そ以下六字同上作其村里〇あひ同上作相〇なり同上作也
かうなひ同上作鄕內〇もの同上作者〇とも同上作共〇
むら同上作村〇たる同上作有〇也狩本作なり

三四 自害事
し佐本作自傍書じ〇しに同上作死〇ハゝ同上作者
ふ同上作へ〇なり佐本狩本作也
しき佐本作時宜〇き也同上作し〇也狩本作なり

三五 人違殺害咎事
さいくわ佐本作罪科〇しかる同上作然
も以下五字同上作者或〇あるひ同上作或〇にん同上作人
い以下八字同上作云共其者〇うち同上作內〇ひろう同上作披露
すてに同上作既〇うへ同上作上
なり同上作也

三六 毒死事
其狩本作その〇越度同上作おつと〇たゝし佐本作但〇いつハり同上作僞
しき同上作時宜〇つミ同上作罪〇なり同上作也

一　とかにんかく（格護）このさいしよ（在所）へ申とゝけすして、これをうつへからす、もし申とゝくるのうへ、せういん（承引）いたさす、しゐてかくこ候ハヽ、しさい（子細）をひろう（披露）せしめ、そのさいしよをさかすへきなり、

一　けんくわこうろん（喧嘩口論）により、人をきる事ハ、ておい（手負）おほきかたのりうん（理運）たるへし、たゝしておいしにん（死人）おほくとも、かゝり候ハヽ、かゝりてのをつとたるへき也、

一　人をきるとかの事、ひろうのうへ、せいはい（成敗）をまつへきのところに、其儀にをよはす、わたくしにきりかへし（返）すへからす、かくのことくのともから、たといしこくのりうんたりとも、はつと（法度）をそむき候うへハ、せいはい（成敗）をくわふへきなり、

一　人をちやうちやく（打擲）する事、さふらゐにおゐてハ、しよたい（所帯）をとりはなすへし、むそく（無足）のやからハ、たこく（他国）へをいはらふへし、しかるにせいはい（成敗）をまたす、しふん（自分）としてうちかへし（打返）する事有へからす、しかのことき のやから、しよたい（所帯）をめしあけへし、むそくのともからハ、たこくへおいはらふへきなり、

三七　討科人時可申屆格護在所事

にん　佐本作人○さいしよ　同上作在所○これ　同上作是○うつ　同上作打
こ　狩本作し
しさい　佐本作子細○ひろう　同上作披露○しよ　同上作所○なり　佐本狩本作也

三八　依喧嘩口論及刄傷事

け　以下八字佐本作喧嘩口論○きる　同上作切○しにん　同上作死人○とも　同上作共
也　狩本作なり

三九　刄傷事

き　以下五字佐本作切科之○う　以下六字同上作上成敗○まつ　同上作待○の　佐本無○ところ　佐本狩本作所○其　同上作その○儀　佐本作義狩本作き○ともから　佐本作輩○たとい　原傍書片假名據狩本補○○い　佐本作へ○と　以下五字佐本作共法度○へ　下同上有は○せいはい　同上作成敗○なり　同上作也

四〇　打擲事

さふらゐ　佐本作侍○しよたい　同上作所帯　下同○とり　同上作取○たこく　同上作他國　下同○しかる　同上作然
せいはい　同上作成敗○しふん　同上作自分○うちかへ　同上作打返○有　佐本狩本作ある○の　狩本無
きなり　佐本作き也狩本作し

四一 竊盜強盜海賊山落事
かい佐本作海〇の同上作之〇しせう狩本作支證〇とり佐本作取下同〇さた同上作沙汰〇有狩本作ある〇なり佐本作也下同〇るい狩本作類〇もし佐本作若〇しゆ佐本狩本作數
うち狩本作内
むね佐本作旨〇いせん同上作以前
あひた佐本狩本作間〇ところ同上作所〇たかい佐本作互

四二 贓物事
もつ狩本作物〇〇けにん佐本狩本作下人〇うし佐本作牛〇〇むま佐本狩本作馬〇等狩本作とう〇事佐本作こと〇もし同上作若〇たこく同上作他國〇な狩本作名〇し佐本作死〇〇其佐本狩本作その〇をつと佐本作越度〇〇なり佐本狩本作也

四三 盜物質取事
と以下六字佐本作取翟〇るい狩本作類〇しかる佐本作然〇とり同上作取下同〇ぬし同上作主下同〇ある狩本作有
もの佐本作者〇をつと同上作越度〇也狩本作なり

四四 盜人宿事
さと佐本作里〇町狩本作まち〇やと同上作宿〇とも佐本作共

一 せつたう(竊盜)、かうたう(強盜)、かいそく(海賊)[44]、山おとし(落)の事、
右、しせう(支證)なくハ、[45]いけくちをとり、そのさた(沙汰)有へきなり、とうるい(同類)の事、いけくちまかせたるへし、もし又はくしやう(白状)の人しゆのうち、あやまりなきのよし申、むかいいけくちをとり、とかなきのむね申わくるにいたつてハ、いせん(以前)とり候いけくち、五十日のあひたさた(沙汰)ところ(所)につなかせ、たかいのくちをきかせ、あやまりのかた、せいはいあるへきなり、

一 ぬすむところのさうもつ(贓物)、けにん(下人)、うし(牛)、むま(馬)等の事、てつき(手繼)をひくへし、もし又たこく(他国)の者、なをしらさる人、しにん(死人)なとひき候ハヽ、其身のをつと(越度)たるへきなり、

一 くらやく(倉役)をせすして、ぬすミものしちにとるともから、ぬす人とうるい(同類)のよし申、しかるにとりて(取手)をきぬし(置主)を申いては、とかあるへからす、たゝししちとり候もの、をきぬしをしらすハ、とりてのをつと(越度)たるへき也、

一 ぬす人としらすして、さと町屋におゐて、やといたし候とも、

なり佐本狩本作也

四五 やりこ搦取時相支之事

本條狩本無〇町佐本作まち〇とき相同上
作時あひ〇もの同上作者

四六 依盜人論及刄傷殺害事

と以下五字佐本狩本作時そのしせう〇う
以下五字佐本作上互〇しにん同上作死人
〇〇有佐本狩本作あり〇支證同上作しせう
〇つき狩本作付〇是非佐本狩本作せひ
其同上作その〇成敗狩本作せいはい〇な
り佐本作也

四七 拘置走人事

見佐本作み〇則狩本作すなはち〇にん佐
本作人〇かた同上作方〇いんしん同上作
音信〇うへかの同上作上彼
人下狩本有の〇しからは佐本作然者〇疋
狩本作ひき
をんな佐本作女〇疋佐本狩本作ひき〇代
物狩本作たひもつ

四八 告知走人於本主族事

見佐本作み〇いんしん同上作音信〇ひき
同上作疋〇つゝ狩本無
ぬし佐本作主〇かた同上作方〇の佐本作
な
物の狩本作もの〇ゝ〇事下佐本有も〇相狩
本作あひ〇かへ佐本作返〇付佐本狩本作
つけ
若狩本作もし〇物佐本狩本作もの

をつとたるへきなり、

一 市町にて[46]やりこからめ候とき、相さ[47]へ候もの、とうさひたるへし、

一 ぬす人と申かけ候とき、其支證をこうのうへ、たかひ(互)にろんにをよひ、ておひ(手負)しにん(死人)あり、ぬす人に有なしの支證おちつきの是非により、其成敗をくわへへきなり、

一 にくる人見つけ候ハゝ、則しうにんのかたへ返しをくへし、もしかゝへをき、いんしん(音信)にをよふのうへ、かの下人かさねてにけ候ハゝ、見つけ候人、ふうんたるへし、しからはおとこハ三百疋、をんなハ五百疋の代物をわきまへへし、

一 にけ人見つけ、いんしん(音信)あらは、一人に三十ひき(疋)つゝのれゐせん(禮錢)をわたし、うけとるへし、たゝしとをきさかひよりつけきたらは、ろせんさうし(路錢雜事)以下、人ぬし(主)のかたよりつくのふへし、いたき(抱)物の事、相そへかへし付へし、かゝへおしむにおゐてハ、とうさひたるへし、若又にけ人、くたんのいたき物中途にてうしなひ、

又ハうりなといたす事ありて、いまミつけ候人、これをしらすハ、かの下人のくちにまかせ、せひ(是非)にをよふへからさる也、

一いけくちをとるのとき、うち候事、とりてのをつとたるへし、たゝしかのるいにん(類人)をかさねてとり、いせん(以前)うち候を、はくしやう(白状)にのするに付てハ、とりてあんと(安堵)たるへきなり、

一いけくちをとり、はたらかさる事、とりてのをつとたるへし、たゝしかのるいにん、かさねて取、披露のところに、かうもん(拷問)にあはするのうへ、いせんはたらかさるいけくちとうるい(同類)のよし、はくしやう(白状)いたさは、とりてのりうん(理運)たるへきなり、

一いけくちたいくわんをもつてとハせさるまへに、はら(腹)をきり、した(舌)をくいきりしする事、是非にをよふへからす、たゝし時宜によるへし、

一いけくちをとり、ひき候ろし(路次)にて、其ちかくのかうむら(郷村)のもの、又ハしうにん(主人)、えんしや(縁者)、しんるい(親類)、大せいをもつて取かへす事、ぬす人とうさいたるへし、然にくたんのいけくち、まかりいて、

事佐本作こと〇いま同上作今〇ミ狩本作見〇これ佐本作是
かの同上作彼〇也狩本作なり

四九 討生口事
とき佐本狩本作時
いせん佐本作以前
付狩本作つゐ〇て佐本作而〇なり同上作也

五〇 生口不働事
とり佐本作取下同〇の狩本無〇た以下五字佐本作但彼〇い以下七字同上作ひ人重而〇取披露佐本狩本作とりひろう
うへ佐本作上
り同上作利〇きなり同上作し

五一 生口自害事
きり佐本作切
是非佐本狩本作せひ〇時宜狩本作しき

五二 曳生口時郷人主人等取返之事
其佐本狩本作その下同〇かうむら佐本作郷村〇もの同上作者〇にん同上作人〇しん同上作親〇るい佐本狩本作類〇取佐本狩本作とり〇かへす佐本作返狩本作返す〇事佐本作こと
然狩本作しかる〇くち佐本作口

則狩本作すなはち
ある狩本作有〇なり佐本作也
五三　取損生口及相論事
とき佐本狩本作時〇しあはせ佐本作仕合〇事佐本作こと〇かの同上作彼〇き同上作來
うへ同上作上
たかひ同上作互
自相至次條ハ百十四字佐本脱〇相互狩本作あひたかひ
五四　私成敗盗人事
ひ狩本作へ
届同上作とゝくる〇にん同上作人〇の同上無〇是非同上作せひ
す佐本作さる也狩本作さるなり
五五　盗人成敗後格護事
せいはい佐本作成敗下同〇の以下五字同上作後件〇ともから同上作輩
相佐本狩本作あひ〇とも佐本作共〇なり同上作也

あやまりなきのよしちんはう[48](陳法)いたさは、則其身をからめ、からうもん(拷問)いたし、せひのさたあるへきなり、

一　いけくちをとるのとき、しあはせ(仕合)とゝのはて、なハにもをよはす、をいにかす事あらんに、かのいけくちのかれきたり、とりての人しゆかへつて山たち(立)ひつはき[49](引剝)なと申いつるうへ、とりていけくちにとるのよし申、さうろんにをよふ、たかひ(互)のしせう(支證)なくてけつしかたくハ、相互にいけくちをとり、まかりいて、あくたう(惡黨)おちつきのかた、せいはい(成敗)あるへきなり、

一　ぬす人をわたくしにせいはいする事、たとひまきれ(紛)なきぬす人たりとも、せいはいせしむるかたのをつとたるへし、たゝしそのしう人へ申届のうへ、しうにんのせいはいにつゐてハ、是非にをよはす、

一　ぬす人せいはい(成敗)をハつてのち、くたんのぬす人かくこいたし候ともから(輩)、とうさいたるへし、同せいはい(成敗)を申うけ、むて人うちは(内輪)にて相すます事、りやうはう(兩方)ともに、さいくわにしよすへきな

次狩本作つき○さるなり佐本作す候狩本作ざる也

五六 人勾引事

かへ佐本作返○ものゝ同上作者の○有佐本狩本作ある○時宜狩本作しき

五七 盗賊咎可懸親子否事

付狩本作つゐ○て佐本作而○ハ同上無○こ同上作子下同○とも同上作共○たんかう同上作談合○これ同上作是○おや同上作親○ひとつ同上作一○家狩本作いゑ○とうさい佐本作同罪○又下佐本狩本有ハ○きなり佐本作し

五八 地主名子咎互可懸否事

ぬし佐本作主下同○名子佐本狩本作なこ○ち同上作地○これ佐本作是

五九 科人財寶妻子以下許容事

せいはい佐本作成敗○とき同上作時○とう同上作同○うへ同上作上○の同上無○付佐本狩本作つゐ○有同上作ある○にん同上作人○たい佐本作躰○也狩本作なり

六〇 成敗之盗人討類人事

中佐本作なか○其類佐本狩本作そのるひ

り、次こぬす人さたなしに、あひすますへからさるなり、

一 人かとひ[50](勾引)の事、うけかへし候ものゝくちにまかせ、そのさた有へし、たゝし時宜によるへし、

一 たうそくに付て、おやこのとかの事、おやのとかハこにかけへし、たゝしこ(子)たりとも、とをきさかいたんかう(談合)なすへきやうなくハ、これをかけへからす、同このとかおやにかけへからす、たゝしひとつ家に候ハゝとうさい(同罪)たるへし、又・時宜によるへきなり、

一 地ぬし(主)のとかなこ(名子)にあひかゝるへし、名子のとかちぬし(地主)にこれをかけへからす、

一 とかにんせいはい(成敗)のとき、さいほう(財寶)、さいし(妻子)、けんそく(眷屬)とう、えんしや(縁者)、しんるい(親類)はしり入、きよよう(許容)いたし候ハゝとうさい(同罪)いたるへし、たゝしひろうのうへ、つミのかろきおもきに付てようしや(容赦)有へし、そのつミをなたむるともからにおゐてハ、かくこのにんたい(人躰)くるしかるへからさる也、

一 せいはいのぬす人とも、とうるい(同類)の中にて、其類人をうち、ま

なり佐本作也

六一
成敗之盗人致忠節事

つ下佐本狩本有を○なし佐本作成○とも
佐本狩本作共○ある狩本作有○ならひ佐
本作并
めし佐本無

さる也佐本作す候狩本作さるなり

六二
不屈於亭主捜盗人在所事

さいしよ佐本作在所○め下佐本狩本有入
恐是○其同上作その下同○ま以下六字佐
本作罷歸

事同上作こと○なり同上作也

よる同上作夜○あるひ同上作或下同

うしむま佐本作牛馬○在所狩本作さいし
よ下同○者佐本作物狩本作もの

とり佐本作取○物佐本作もの狩本作こと
の○かの佐本作彼

付佐本狩本作つゐ○さいくわ佐本作罪科

然狩本作しかる○物佐本狩本作もの○か
佐本作そ

支證佐本狩本作しせう○き下原有物據抹
消狩削

くち佐本作ロ○也狩本作なり

かりいて候ハヽ、ゆうめん(宥免)あるへきなり

一 たうそく(盗賊)としてせいはいのゝち、くたんのぬす人とも、いかやうのちうせつ(忠節)・なし候とも、つや〳〵ゆうめん(宥免)あるへからす、ならひにかのぬす人のしそん、ミたりにめしつかうへからす、又しなん有へからさる也、

一 たうそく人を[51]つかけ人のさいしよ(在所)[52]へとめ・はうしをうつとからして、もんかきをきり、其ていしゆ(亭主)へ申とゝけすしてまかりかへ(罷帰)り、ぬす人かくとのよし申かくる事、ひふん(非分)のさたなり、かくのことくのあくたう、ひるにてもよるにても、人かしら、あるひハうし、むま(牛馬)、あるひハておひなと、在所のうちにて、其者をさし、かとりいたすへきしせう(支證)あるの物ならは、ていしゆへ申とゝけ、かの在所をさかすへし、さかさせましきのよし申に付てハ、さいく(罪科)わたるへし、然にもしぬすミ物とさし、ぬす人とかうし、申つのるへき支證なき・ものならは、その在所へ申とゝくるにをよハす、いけくちをとり、ひろうすへき也、又人の在所をさかし、ぬす人

付同上作つゐ〇てハ佐本作而〇其狩本作その〇在佐本作さい〇と佐本作度なり同上作也

六三 盗人同罪事

いふとも佐本作云共下同〇ふ狩本作へ〇物原作者據佐本改狩本作もの〇付狩本作つゐ〇てハとう佐本作而同なり同上作也〇とり同上作取〇しゆ佐本作衆狩本作數〇俄佐本狩本作にわか〇かくこ狩本作覺悟ひき同上作引

の同上無

ゆへなり佐本作故也

六四 他國商人往復者被奪財寶事

たこく佐本作他國〇あき同上作商〇其佐本狩本作その下同〇外佐本作ほか〇あるい同上作或下同〇事狩本作こと〇とる佐本作取狩本作くる〇むら佐本作村〇かの同上作彼〇にん佐本狩本作人〇ん下狩本有の宜參看補註六七〇いつ佐本作出〇とか同上作過〇の以下七字同上作可遁也

六五 山中往復人被奪財寶事

中佐本作なか〇ゆ以下五字同上作行歸〇とる同上作取〇その同上作其〇し以下五字同上作然上〇いま同上作今〇のち同上作後

路次中狩本作ろしちう〇これ佐本作是

あらハれさるに付てハ、其在所のぬし、さかしてともに、をつと(越度)あるへからさるなり、

一　ぬす人とうさいの事、さうもつ(臓物)わけは[53]ふくの時、そのは(場)へいてすといふとも、ぬすむところの物をとるに付てハ、とうさいたるへきなり、又たらそく(盗賊)のとりたくミたんかう(談合)の人しゆ、俄にかくこをひきかへ、そのはへいてさる事ありといふとも、はくしやう(白状)にのするにいたつてハ、さいくわ(罪科)たるへし、ぬす人にくミするのゆへなり、

一　たこく(他国)のあき人、其外わうふく(往復)のはんミん(萬民)、あるいハ山たち、あるいハ事をさうによせ、人のさいほう(財宝)をうはひとる事、あとさきのかう(郷)むら(村)のをつとたるへし、たゝしかのとかにん・申いつるにおゐてハ、其とかをのかれへきなり、

一　山中ゆきかへりの人を、ぬす人、かり人となすらへ、人のさいほう(財宝)をうはいとる事、そのれいおほし、しかるうへハいまよりのち、かり人路次中より三りのほかにしてこれをなすへし、三りの

うちにてかりをいたし候ハヽ、ぬす人のさいくハたるへし、たヽしかり人しヽにめ(目)をかけ、をひきたらは、是非ヽをよハさるなり、又山人たき木をもとめに、ミやまへわけ入のとき、山たちかり人となすらへ、山人をとる、しかるに山人ふりよ(不慮)にのかれきたり、かり人を見しるのよし申いては、くたんのぬす人、たとひまことのかり人なりとも、山人のくちにまかせ、たうそくのさいくわにしよすへき也、

一 人のさいしよ(在所)のうちへ、かきをこえ入候者、ぬす人とうさいたるへきなり、

一 身うりの事、ぬす人のさいくわたるへし、然にかいてくたんの身うりゆらいなきのゆへににけぬすミの事、はんしやをたてヽかふのときに、かの身うりにけうするとき、はんしやの事ハ申にをよハす、やといたし候もの共に、さいくわたるへき也、

一 下人、其ほかうりかひのうせ物の事、其うりて相うせ候におゐてハ、[54]はさんのをつとたるへきなり、

め同上作目〇き同上作來〇是非佐本狩本作せひ〇さる原作す據同上改〇なり佐本狩本作也
き木佐本作木ヽ狩本作きヽ〇やま狩本作山〇の同上無〇とき佐本狩本作時
と以下五字佐本作取然
見同上作み〇よし同上作由〇の據佐本狩本補〇たとひ佐本作縦〇ひ狩本作へ
とも佐本作共

六六 越入他人在所垣内事
しよ狩本作所〇ち原作ら意改〇こえ入同上作越いり〇者佐本狩本作はヽ
なり佐本作也

六七 身賣事
然狩本作しかる
ゆへ佐本作故
とき佐本狩本作時下同
共同上作とも
也狩本作なり

六八 下人以下賣買失物事
其佐本狩本作その〇物狩本作もの〇の佐本作之〇其狩本作その〇相佐本無狩本作あひ〇なり佐本狩本作也

六九
逃走下人問答事
あるい佐本作或下同
ほんこく同上作本國
とき佐本狩本作時〇にん同上作人
しかる佐本作然
にん狩本作人〇かた同上作方
とる佐本作取〇ひく佐本作ひき狩本作引
に佐本無〇うへ同上作上〇けにん佐本狩本作下人
かさねて佐本作重而〇とき同上作時
相佐本狩本作あひ
し佐本作き也〇つ狩本無〇付同上作つい〇てハいま佐本作者今
ぬす同上作盗〇とうさい同上作同罪〇き也狩本作し

七〇
往來人盜取作毛店屋物事
あるい佐本作或下同〇とり同上作取
もの同上作物〇事同上作こと〇すなハち同上作則〇な下原有を據抹消符刪〇其佐本狩本作その
のゝち佐本作之後〇にん同上作人

一　ふたい(譜代)の下人、あるいはにけはしり、あるいハ人にかとはれ、うられものゆくまゝに、しせんほんこく(本國)にかいとめられ、人にめしつかハるゝのとき、ほんのしう人、かれハすてにとかにんたり、しかるにめしつかハるゝ事、ぬす人のよし申かくる、いまめしつかふところのしうにん、かのものハなにかしのかたより、しろくかいとるのよし、てつき(手繼)をひく、しろくろいまたさたまらす、とかくのもんたう(問答)に月日をうつすのうへ、かのけにん(下人)なすところのつミをおそれ、かさねてにけうするのとき、まへにてつきをひき候うりて、うらさるよしもんたう(問答)にをよふ、相たかいにしせう(支證)まかせたるへし、もししせうなく、さうろんけつしかたきに付てハ、いまかいとめぬる人のをつと(越度)たるへし、ぬす(盜)人とうさい(同罪)たるへき也、

一　ろし(路次)をとをるやから、あるいハさくもう(作毛)をとり、あるいはてん屋のもの(物)をぬすむ事あらは、すなハち其身をからめ、ひろう(披露)すへきのところに、すてに人をころしてのゝち、しにん(死人)のとかをひろ

いふとも同上作云共
なり同上作也○にん佐本狩本作人○き下
同上有の○ゆへなり佐本作故也

七一 拾物事

みち佐本作道○見同上作ミ
ものゝ同上作物の○を佐本狩本無
いて佐本作出○ともから佐本狩本作輩○
返狩本作かへ○しからハ佐本作然者○分
同上作ふん
とる佐本狩本作取○もし佐本作若○付狩
本作つけ
付同上作つゐ○てハ佐本作者

七二 下人小路隠事

下人佐本作けにん○とき佐本狩本作時
事佐本作こと○とう同上作同○也狩本作
なり
しさゐ佐本作子細狩本作したひ

七三 盗人逃走時隣人格護贓物時事

さいしよ佐本作在所○とき狩本作時○う
へ佐本作上○もつ狩本作物○に佐本作の
○いへ同上作家○家ぬし同上作いゑ主○
在所狩本作さいしよ下同○其同上作その
ぬし佐本作主○とか同上作罪○事あ狩本
作ことわ○もの佐本作者
ものとも同上作者共○さいくわ同上作罪
科○にん佐本狩本作人

うたすといふとも、りひ(理非)をたゝすにをよハす、せつかい(殺害)のちう
くわ(重科)にしよすへきなり、しにんのあやまりしせう(支證)なき・ゆへなり、

一 みち(道)のほとりにて見つけ候ひろいものゝ事、にし山のはしもと
にふた(札)をたて、かのおとしたるものゝいろしなを、まきれなく申
いて候ともからに、返しわたすへき也、しからハ十分一のれゐを
いたし、うけとるへき也、もし又見付候ものなかくかゝへをくこ
付てハ、さいくわたるへき也、

一 人の下人[55]こうちかくれの事、きよゝういたし候ともから、とき
日をうつしいたす事あらは、ぬす人とうさいたるへき也、たゝし
しさゐ(子細)によるへし、

一 ぬす人のさいしよ(在所)へおしかけ候とき、かのとか人あひはつる[56]ゝ
のうへ、ぬすむところのさうもつ(贓物)たつぬるところに、となりのい
へにあり、かの家ぬし(主)も又にけ、ならひの在所へはしり入、其在
所のぬしをたのミ、とかなきよし申事あり、はしり入候もの、か
くこいたし候もの、ともにさいくわ(罪科)たるへし、とかにんをたすけ

とうしん佐本作同心〇ゆへなり同上作故
也

七四
生口所指犯人死去時其子咎事
しに佐本作死下同〇候佐本狩本作たる〇
の佐本作之〇とき佐本狩本作時下同〇そ
の佐本作其〇年狩本作とし〇うち同上作
内〇才佐本狩本作さひ
の佐本作之〇おや狩本作親〇とうさい佐
本作同罪
とう同上作同

七五
火付事
家狩本作いゑ〇火佐本狩本作ひ〇付佐本
作つけ〇とう佐本作同

七六
百姓對地頭年貢無沙汰事
百佐本狩本作ひやく〇と狩本無〇あひた
佐本狩本作間〇ひくわん佐本作披官〇い
ふとも同上作云共〇うへ同上作上〇の同
上作之〇これ同上作是〇とき佐本狩本作
時
地佐本作ち〇にん同上作人〇なり佐本狩
本作也〇然狩本作しかる〇う佐本作い狩
本作ひ
を狩本作の〇在家同上作さいけ〇付同上
作つゐ〇てハ佐本作者
なり佐本狩本作也

七七
百姓年貢無沙汰上罷去於他領事
此條狩本缺〇う下佐本有を〇たりやう同
上作他領〇さいくハ同上作罪科〇かの同
上作彼
かた同上作方〇とつくる同上作届〇うへ
同上作上

んと、とうしん(同心)するゆへなり、

一 いけくちしに候ものをはたらくのとき、その年月をかんかへ、その子十よりうちの事ならは、おやのとかをかけへからす、十才よりうへのときの事ならは、しにたるおやとうさい(同罪)又むこもミ(名)やうたい(代)つき候ハヽ、とうさいたるへし、

一 人の家に火を付候事、ぬす人とうさいたるへし、

一 地とうと百しやうとのあひたの事、たい〳〵のひくわん(被官)たりといふとも、人のひやくしやうを[57]ふるのうへハ、ねんくしよたう(年貢所當)の事、あひさたまることくこれをはたらくへし、ふさた(無沙汰)のときハ、かの[58]地けん、よにんにあひわたすへきなり、然にゆうしよ(由緒)のよし申、けんもん(權門)を[59]ひきかち、かの在家にいらんいたすに付てハ、せいはいをくわふへきなり、

一 ひやくしやう、ちとうのねんくしよたう(年貢所當)・相つとめす、たりやう(他領)へまかりさる事、ぬす人のさいくハ(罪科)たるへし、仍かのひやくしやうきよようのかたへ、申とつくる(届)のうへ、せういん(承引)いたさす候

はゝ、かくこ候・やからとうさい（同罪）たるへきなり、

一 しよ〳〵の地とう、そうせいはい（惣成敗）、しゆこのつかい、ちけにん（地下人）にたいし、年貢もろ〳〵のくうし（公事）ふさたのよし、しちとりにをよふのとき、百しやうらはやくしちをわたすへし、然處に地下人このむねをそむき、もんたう（問答）にをよふのうへ、ときのしあはせにより百しやうをうつ事あらは、ひくわん（被官）たりといふとも、はつと（法度）にそむくのゆへ、うたれ候やからのふうんたるへし、如レ斯のしさいあらは、まつ〳〵しちを相わたし、しゆこつかい、・そうせいはい、ちとう申かくるところもしひふんたらは、其さた有へし、但其様躰によるへき也、

一 ちとう（地頭）りやうしゆ（領主）しさい（子細）あつて、さくもう（作毛）にふた（札）をたつるのとき、其百しやう事のよしを申わけすして、かのふたをぬきすて、さくもうをかりとる事、さいくわ（罪科）にしよすへき者也、

一 百しやうゆうしよ（由緒）のさいけ（在家）[60]をしさり、たりやう（他領）にして、いてつくり（出作）いたす事、かつてもつてきんせゐたるへし、此はつと（法度）をそむ

候下同上有之○とうさい同上作同罪○きなり同上作し

七八 地頭等與百姓質取問答事

此條狩本無○にん同上作人

年貢同上作ねんく

とき百同上作時ひやく○處同上作ところ○地下同上作ちげ

うへ同上作上

百同上作ひやく○うつ同上作打○いふとも同上作云共

ゆへ同上作故○如斯同上作かくのことくわたし同上作渡○い下同上有とうせひはひ

ち同上作地○もし同上作若○有同上作ある

但其樣躰同上作たゝしそのやうたひき也同上作し

七九 百姓拔棄地頭所立之札刈取作毛事

ち佐本狩本作地○しさい佐本作子細○たつ同上作立○の同上作之○とき其百佐本狩本作時そのひやく○事佐本作こと○さいくわ同上作罪科○者佐本無狩本作もの

八〇 百姓出作於他領事

百佐本狩本作ひやく○さいけ佐本作在家下同○たりやう同上作他領○して同上作候而○○いて同上作出○か以下六字同上作且以

かへ同上作歸〇いま同上作今〇ところ同上作所〇ち佐本狩本作地〇百佐本作ひやく〇とも同上作共〇もつて狩本無〇せいはい佐本作成敗〇なり佐本作也

八一 百姓對新地頭隱匿田地抑留年貢事

とう狩本作頭〇る以下六字佐本作り所帶之〇ち狩本作地〇か以下五字佐本作り彼在家〇ところ同上作所下同〇の狩本無〇ゆへ百佐本作故ひやく〇し以下五字狩本作姓田〇ち佐本狩本作地下同〇年貢同上作ねんく〇抑留同上作よくりう〇うへ佐本作上下同〇さいし狩本作妻子〇の佐本無をんな同上作女〇なり同上作也〇其名子佐本狩本作そのなこ

百佐本作ひやく

其者の佐本狩本作そのもの〻〇仍狩本作よつて〇地佐本作ち

在狩本作さい〇家佐本狩本作け〇を狩本無〇を下佐本有あひ狩本有あい

か佐本作也狩本作なり

八二 他領踏添事

在家佐本狩本作さいけ〇け狩本作くわ〇のうち佐本作之内〇さいけ同上作在家〇に同上無〇とも同上作共〇さいくわ同上作罪科〇ゆへなり同上作故也〇た佐本狩本作他〇りやう佐本作領〇候地同上作ハ〇百同上作ひやく下同〇ひやく狩本作百〇同心同上作とうしん〇之佐本狩本作の〇故狩本作ゆへ〇故下原有歟據抹消符削

き、ゆうしよのさいけ（在家）へかへ（歸）らすハ、いますむところのちとう、くたんの百しやうともにもつて、せいはい（成敗）をくわふへきなり、

一 地とうつりかゝるしよたい（所帶）の事、たうちとう（當地頭）かのさいけ（在家）のさかひ、てんはく（田畠）のありところしらさるのゆへ、百しやうてんち（田地）をふミかくし、年貢しよたう（所當）を抑留せしめは、ちうさい（重罪）たるのうへ、さいし（妻子）けんそく（眷屬）、なこ（名子）のもの以下、さいけ一けんのうちのおとこ、をんな、こと〳〵くちうくわ（重科）にしよすへきなり、たゝし其名子にても、百しやうのひくわん（被官）にても、かくすところのてんちを申あらはすにいたつてハ、其者のとかをゆるすへし、仍地とうにたいしてちうせつ（忠節）たるのうへハ、かの在家のゆうしよ（由緒）ふんをわたすへきか、

一 在家一けんのうちのてんはく（田畠）、ならひのさいけにふミそへ候事、ふミそへ候もの、ふミそへさせ候もの、ともにもつてさいくわ（罪科）たるへし、すてにたんかう（談合）せしめ、とうしん（同心）いたすのゆへなり、又たりやう（他領）ふミそへ候地、百しやうとひやくしやう同心之故、か

地狩本作ち○きた同上作來○也同上作な
り
いつハり佐本作僞○よし同上作由
付狩本作つゐ○○てハ佐本作者○其佐本狩本作その下同○○郷内狩本作かうない○こ
れ佐本狩本作是○尋同上作たつね
うへ佐本作上○是非佐本狩本作せひ○そ
の佐本作其○なり佐本狩本作也

八三 由緒問答事

の佐本作之○しかる同上作然
百佐本狩本作ひやく○にん同上作人○た
のミ佐本作憑
あるひ同上作或下同○ち佐本狩本作地○
かへ佐本作返
か以下六字同上作彼所帶○百同上作ひや
く
か以下五字同上作合力○共佐本狩本作と
も○さいくわ佐本作罪科
なり同上作也

八四 用水事

水佐本作すひ狩本作すい○の佐本作之○
然狩本作しかる○ミつ佐本作水○是狩本
作これ
可爲越度佐本作をつとたるへし狩本作お
つとたるへし○河佐本作川狩本作かは○
下佐本狩作本しも
川佐本作河○よし同上作由○も以下十字
佐本作問答ニおよふ時
相互狩本作あひたかひ○○支證佐本狩本作
しせう○うへ佐本作上○○理佐本狩本作り

の地ハせん〳〵よりなにかしもちきたるところ也、ふミそへ候事
いつハり(僞)のよし申、又さゝへ候ものと、もんたうけつしかたきに
付てハ、其郷内の百しやうともめしいたし、これを尋さくり、其
うへの是非により、そのさた有へきなり、

一 ゆうしよもんたう(由緒問答)の事、地とうまかせのよしさたおハりぬ、し
かるに百しやうしうにん(主人)をひきかち、又ハけんもん(權門)のちからをた
のミ、あるひハさくもう(作毛)をなき、あるひハてんち(田地)をうちかへし、
かのしよたいをあらし、いらんにをよふ事あらは、百しやうの事
ハ申にをよはす、かうりよく(合力)のやから、共にもつてさいくわ(罪科)にし
よすへきなり、

一 よう水の事、せんきまかせたるへし、然にせん〳〵さたまり候
せきくちをあらため、ミつかミの人、是をとをすましきのよし、
いらんにをよふ事、可レ爲二越度一、又河下の人せんきまかせにとを
すへきのよし申、川かミの人ハせんきよりとをさゝるよし申、もんたう(問答)
のきあらんに、相互に支證なきのうへ、理ひけつしかたき

萬民を同上作はんみんの〇彼用水佐本作かのようすひ狩本作かのようすい〇なり佐本狩本作也

八五 就溝堀退轉通用水於近隣在家内事

此條狩本無〇用水佐本作ようすひ〇て同上作而〇く下原有し據抹消符削〇とき佐本作時下同〇かハ同上作河に同上無〇たて同上作立〇水同上作すひなり同上作也

八六 堰場變改事

あるひ佐本作或下同〇淵佐本狩本作ふち〇なり佐本作成い下佐本有〱　恐非〇うへ佐本作上〇とき佐本狩本作時付佐本狩本作つゐ〇川佐本作河〇河下狩本作川しもかう佐本作郷も以下五字佐本作若他郷〇しさい同上作子細〇致佐本狩本作いたす其上狩本作そのうへ〇その佐本作其〇有佐本狩本作ある〇なり佐本作也

八七 飲用之河水事

河狩本作川〇かミ佐本作上〇物佐本狩本作もの〇ある佐本作有次狩本作つき〇其同上作その〇在所同上作さいしよ

にいたつてハ、萬民をはこ（孚）くむのゆへ、彼用水をとをすへきなり、

一　用水に付てせきをあけ、つゝミをつく・のとき、せん〱とをり候みそ（溝）、ほり（堀）、かハ（河）くつれ（崩）としてたいてんのとき、ならひの在家之内に江ほりをたて、よう水をとをすところに、くたんの地とうひやくしやういらんにをよふへからす、せきせんのありなしハ、せんれゐにまかせへきなり、

一　せん〱のせきは、あるひハふかき淵となり、あるひハくわう（荒）や（野）となり、しゆりたい[61]・とたるのうへ、たいてんのとき、ちきやう[62]（地形）のこしらへやすきたよりに付て、川かミにても、河下にても、せきはをあらたむる事、一かう（郷）のうちたらは、せひのいらんにをよふへからす、もしたかう（他郷）にいたつてハ、事のしさい（子細）をひろう致へし、其上をもつて、そのさた有へきなり、

一　はんにんののミ（飲）水として、なかれをくミ（汲）もちゆるのところに、河かミの人け（穢）からハしき物をなかし、ふしやう（不浄）をゝこなふ事あるへからす、次ニ一人のために、其人の在所へせき入なかれをとゝ

す同上作せ〇事以下五字佐本作こと罪科

八八 **依用水堤他領爲荒地事**

用水佐本作ようすひ狩本作ようすい下同〇〱下佐本有の〇水佐本狩本作みつ〇〇領分同上作りやうふん〇この佐本作此〇〇ゆへ同上作故〇仍狩本作よつて〇ぬし佐本作主〇その同上作其〇し以下六字同上作然者是〇あい同上作相〇なり同上作也下同

これ同上作是〇事同上作こと〇たミ狩本作民

也同上作なり〇ハ下原有あれ據抹消符削〇れ下佐本有〱或當作む

主佐本狩本作ぬし

八九 **依用水堤退轉爲荒野事**

とき佐本狩本作時〇しかるを佐本作然に

有狩本作ある〇ある佐本作有なり佐本狩本作也

九〇 **河畔所帶事**

河狩本作かハ〇し以下五字佐本作所帶之〇本狩本作ほん下同〇地佐本作ち〇付狩本作つく〇川佐本作河狩本作かは下同〇付次第佐本狩本作つけしたひ〇なり同上作也〇しかる佐本作然

め、のミ水にうへさする事、さいくわ(罪科)たるへし、

一 用水のためにつゝミをつくのところに、れん〱水まし、人の領分このつゝミゆへにあれ地となる、仍かの地ぬし(主)いらんにをよふ、そのいはれなきにあらす、しからはこれをあいやめへきなり、たゝし用水ハはんミんのたすけなり、一人のそんまう(損亡)によりこれをやめん事、すこふるたミをはこくむ(孚)たうり(道理)にかなハさるもの也、せんするところハ、あれ・つへきふんさいかんちやう(分際勘定)をとけ、さうたう(相當)のねんくを、くたんの地主へはたらかせ、こしらへかたむへきなり、

一 せん〱よりありきたるつゝミ、しゆりをなさすしてたいてん(退轉)のとき、くわうやとなる、しかるをそうりやうしき(惣領職)となすらへ、ほしひまゝにかうさくはとなす事有へからす、せいはいあるへきなり、

一 河のほとりのしよたい(所帶)の事、をしきりハ本地に付へし、川くつれハをし付次第たるへきなり、しかるに水よけをなす事あらは、

又下川佐本作河〇ぬし同上作主〇同狩本作とう
然佐本作前狩本作せん〇きなり佐本狩本作し

九一 水論事
ミつ佐本狩本作水〇の佐本作之〇用水佐本作ようすひ狩本作ようすい〇す佐本作せ〇然狩本作しかる〇是非佐本狩本作せひ〇其同上作その〇成敗有狩本作せいはいある〇者佐本狩本作もの〇也狩本作なり

九二 山川庶子分領事
川佐本作河狩本作かは〇そ下原有し據抹消狩削〇しかる佐本作然是狩本作これ〇む佐本作め〇さるなり狩本作す〇なり佐本作也

九三 所帯兩賣事
此條狩本無〇付佐本作つけ

九四 依代物無沙汰賣所帯於餘人事
しよたい佐本作所帯下同〇とき佐本狩本作時〇り下狩本有うり〇うへ佐本作上〇ぬし同上作主
有佐本狩本作ある〇付同上作つゐ〇たいもつ佐本作代物
の狩本無〇ゆへ佐本作故〇にん同上作人〇越度佐本作をつと狩本作おつと下同〇有狩本作ある

本川をなかるゝのやうに是をなすへし、又川むかいの地ぬしも同然たるへきなり、

一 ミつ(水)いさかいの事、用水のはうにまかすへし、然にもんたうにをよひ、人をちやうちやく(打擲)せしむるともからハをつとたるへし、人をころすにいたつてハ是非にをよはす、其成敗有へき者也、

一 山川そうりやうしき(惣領職)のよし、そ・のれいおほし、しかる(然)にそし(庶子)かたもちきたる地あり、せんきにまかせ、是をあらたむへからさるなり、

一 しよたいりやうり(所帯兩賣)の事、せんはん(先判)に付へし、うりてのとかの事ハ、時宜によるへし、

一 しよたい(所帯)うりかふのとき、せうもん(證文)をとり・わたすのうへ、かいてたいもつ(代物)をすまささるところに、うりぬし申ことくハ、よう〳〵有に付て、さうてんのしよたい(所帯)をうりわたすのところに、たいもつ(代物)ふさたのゆへ、よにん(餘人)にうるよし申、うりて越度有へからす、たゝしうりて、かいてなつとくせしめ、せうもんとりわたす

の佐本無
かへ狩本作返〇別佐本狩本作へち〇人狩
本作にん〇仍同上作よつて
先判佐本狩本作せんはん〇に狩本無〇後
判佐本狩本作ごはん〇かた佐本作方〇代
物狩本作たいもつ〇を同上無〇返佐本狩
本作かへす〇なり佐本作也

九五
以書入所帯賣餘人事
入狩本作いれ〇しよたい佐本作所帯〇餘
佐本狩本作よ〇人狩本作にん〇永代佐本
作ゐいたひ狩本作ゐいたい下同〇付狩本
作つゐ〇てハ佐本作者〇是非佐本狩本作
せひ〇若同上作もし〇かの佐本作彼〇所
帯狩本作しよたひ〇に佐本無〇付而佐本
狩本作つゐて〇よし佐本作由〇申佐本無
恐非〇問答佐本作もんたう狩本作もんと
う〇兩佐本狩本作りやう〇買佐本作うり
〇き也狩本作し

九六
以年紀賣所帯賣餘人事
所帯狩本作しよたい〇餘佐本狩本作よ〇
人狩本作にん〇年記佐本狩本作ねんき〇
買佐本狩本作うり〇者同上作ハ、〇の同
上無〇越度佐本作をつと狩本作おつと〇
ある佐本作有〇任證文佐本狩本作せうも
んまかせ

九七
年紀賣所帯依罪科闕所事
年記佐本狩本作ねんき〇所帯狩本作しよ
たい〇の佐本作之〇たかい同上作互〇證
文佐本狩本作せうもんと〇とり佐本作取〇
いふとも同上作云共〇と以下六字同上作
共罪科〇の同上作之〇とき佐本狩本作時
〇先例佐本作せんれひ狩本作せんれい

のところに、あたいのたかきやすきにより候て、せんはん（先判）をくゐ
かへし（悔返）、別人にうる事、うりての越度也、仍しよたい（所帯）におゐてハ、
先判につけ、後判のかたへハ、うけとるところの代物を返へきな
り、

一　しちにかき入候しよたい（所帯）、餘人にたんかう（談合）せしめ、永代うり、
かのしやくせん（借錢）をすまし候に付てハ、是非にをよハす、若又かの
所帯なかれ候に付而、一人ハしちにとりなかすのよし申、一人ハ
永代かいをくのよし申、問答あらハ、兩買のさたのことくたるへ
き也、

一　ねんきにうり候所帯を、餘人にたんかういたし、ゑいたひ（永代）うる
事、ねんきのうちたらは、りやううり（兩賣）のしゆんきよたるへし、た
ゝし年記のするゐを買候者、うりての越度あるへからさる也、ちき
やうの事ハ、任二證文一たるへし、

一　年記にうる所帯の事、たかいに（互）證文をとりわたすといふとも、
うりてにても、かいてたりとも、さいくわ（罪科）あるのときハ、先例に

まかせ、けつしよ(闕所)の地たるへきなり、

一 はいとく(買得)の所帯、書くたしをとり、ちきやうせしむるところに、くたんのしよたい(所帯)、よう〳〵有によつてうり地になす、しかるにうりぬしさいくわ(罪科)あるのとき成敗をくわへ、所帯等けつしよ(闕所)せしむ、とかにん(科人)のうり地たるにより、おなし(同)くけつしよになる、然處かいぬし、まへのしよたい(所帯)ぬし(主)にかきあたふるはんきやう(判形)を用て、書くたしの地なるよし、そせうをくハたつ、なんそとかにんにあたふる判形相立へけんや、かくのことく心のしきよく(私曲)をかまふるともから、いまよりのち相やむへきものなり、

一 書くたしをとらさるかい地の事、かのうりぬし(主)とかあるのゆへ、けつしよ(闕所)の地となる、しかるにうり(賣)て(手)めしいたすのうへ、ほんり(本)やう(領)のよし申、そせうのときかへしたぶに付てハ、いせんのかい(買)て(手)にかへし付らるへし、たとひうりてのしそんにあらすといふとも、其名代をあひつき候人躰ならは、うり(賣)けん(券)のせうもんにまかせ、これを付あたふへきなり、但別人のおん(恩)しやう(賞)として、あて(充)

なり佐本作也

九八

買得所帯依賣主罪科闕所事

所帯狩本作しよたい下同○書佐本狩本作かき下同○とり佐本作取しよたい佐本作所帯下同○有狩本作ある○しかる佐本作然ぬ以下八字同上作主罪科有○とき成敗狩本作時せひはゐ○等佐本狩本作とうとかにん佐本作罪人下同○より同上無恐非○おなしく同上作同○然狩本作しかる處佐本狩本作ところに○ぬし佐本作主下同○用佐本作もちい狩本作もちゐに佐本無○○判形佐本作はんきやう狩本作はんげう○○相立狩本作あいたつ○心佐本作こころ狩本作こゝろ相狩本作あい○なり佐本作也

九九

依賣主罪科被闕所買地賣主宥免時可返領事

書佐本狩本作かき○の佐本作之○かの同上作彼○ぬし同上作主○ゆへ同上作故○の狩本無○しかる佐本作然○うへ同上作上○とき狩本作時○たぶ同上作あたふる○付佐本狩本作つゐ○かへ狩本作返○付佐本狩本作つけ下同○ひ狩本作へ○いふとも佐本作云共○其佐本狩本作その○名代佐本作ミやうたひ狩本作めうたい○人佐本狩本作にん○躰佐本無狩本作たい○けん佐本作人○ま以下五字佐本作任是○なり但別佐本狩本作也たゝしへち○人狩本作にん

なり佐本作もの也

一〇〇
本錢返年紀賣地事
本佐本狩本作ほん下同〇かへ狩本作返〇たかひ佐本作互〇證文佐本狩本作せうもん下同〇はう佐本作方下同〇とき佐本狩本作時下同〇一狩本無
年記佐本狩本作ねんき下同〇相狩本作あい〇事佐本作こと〇なり佐本狩本作也〇然狩本作しかる
はかり佐本作計〇うへ同上作上
ハ同上無〇ひら佐本作平
の佐本作之〇にん同上作人〇もし同上作若〇證佐本狩本作せう
なり佐本作也〇以後狩本作いこ〇いた同上作出〇其佐本狩本作その
せ下佐本有て〇なり佐本狩本作也

一〇一
所給書下買地讓與事
の佐本作之〇名跡佐本作みやうせき狩本作めうせき〇こ佐本作子下同
事狩本作こと〇然同上作しかる
すゑの同上無〇おや佐本作親
其者佐本狩本作そのもの〇名同上作な〇判形佐本作はんきやう狩本作はんげう
ある佐本作有
さる佐本作す候

をこなふ(行)にいたつてハ、さたのかきりにあらさるなり、

一　本せんかへしねんき地の事、うりて、かいてたかひ(互)に證文とりわたし、一はう(方)のふミうするのときハ、一はう(方)の一せうもんをもつて、年記のかきりを相すます事ハ、はうれゐ(傍例)なり、然に一はう(方)のせうもんはかり(計)にてうるのとき、かの證文うするのうへ(上)、かいてハ本せんかへしのよし申、うりてハひら(平)年記のよし申、さうろんの時は、せう(證)にん(人)まかせたるへし、もし又證人もなくハ、かいてのそんたるへきなり、もし以後して、證文見いたし候ハゝ、其もんこんにまかせ、ちきやう(知行)をさたむへきなり、

一　かきくたしをとるかい地の事、名跡さうそく(相續)のこ(子)ちきやうせしむる事、せひにをよはす、然にそのおや、かのはんの地をかきわけいたし、すゑのこ(子)にゆつる事、おや(親)まかせたるへし、たゝしちやくし(嫡子)にても、はつし(末子)にても、其者の名を判形にかきのせ候ハゝ、かきくたしにのるともからのちきやうたるへし、おやのいろい(綺)あるへからさる也、

一　地下人かい地をいたし、書くたしに、そのしう人の名をのするのうへハ、其ひくわん(被官)たるのこ、ちきやうす(知行)へきのところに、よかたへほうこうの子に、かきわけをなしゆつる事、これ有へからさるなり、

一　又ひくわん(被官)のかい地、ちきに書くたしをなすのとき、しう人かのしよたい(所帶)にけいはうい(競望)たすへからす、かきのするところのしそん(子孫)のしんたい(進退)たるへき也、

一　によし(女子)ゆつりのしよたい(所帶)の事、そのおやのかきわけまかせたるへきなり、

一　そうりやう(惣領)とそし(庶子)の洞[63]より、たかいにしよたい(所帶)うりかふ(賣買)へからす、たとひおほくの年をふるといふとも、本代をたて、うけかへすへし、このむねそむくともからにおゐてハ、かのしよたいけつ(闕)しよ(所)たるへきなり、

一　そうりやう(惣領)より、そし(庶子)のふち(扶持)分として所帶をかす事、いまよりのちハ、たかいにせうもん(證文)をかきわたし、是をかすへし、

一〇二 地下人買地讓與事
地狩本作ぢ○下佐本狩本作げ○人狩本作にん○地佐本作ち○書佐本狩本作かき○名同上作な○のする佐本作載○うへ同上作上○其狩本作その子狩本作こ○これ有佐本作是あるなり同上作也

一〇三 又被官買地事
書佐本狩本作かき○とき狩本作時○人同上作にんしよたい佐本作所帶也狩本作なり

一〇四 女子讓之所帶事
し以下五字佐本作所帶之○そのおや同上作其親○わ狩本作つ○なり佐本作也

一〇五 惣領庶子互所帶賣買制禁事
洞佐本狩本作うつろ○たかい佐本作互ひ狩本作へ○年佐本狩本作とし○いふとも佐本作云共○本代同上作ほんしろし下佐本狩本有もし○か以下六字佐本作彼所帶しよ佐本作所○なり同上作也

一〇六 惣領貸所帶於庶子事
分佐本作ぶん狩本作ふん○所帶狩本作しよたひ○い以下六字佐本作自今後○たかい同上作互○わたし同上作たて○是狩本作これ

右ふちをえるのともから、かつうハしそく(子息)のことく、かつうハらうどうのことくたるへし、しかるにそうりやうにたいし、ふきを(不義)なす事、まへのふちのはうおんをわするゝににたり、仍きせつ(義絶)のミきり、くたんのしよたい(所帯)、本ぬし(主)のしそんとりかへすにいたつてハ、そうりやうの儀まかせたるへし、たゝしゆつりえるふちの分、各別のほうこうとして、もちきたるに付てハ、そうりやうのけいはう(競望)有へからさる也、

一　しちにかき入候所帯の事、むかハり(向變)月過候者、とりなかしたるへし、但其内もしやくじやう(借状)のもんこん(文言)まかせたるへきなり、つきにうけせん、すこしもあひかゝり候ハゝ、ふミをつくりかへへきなり、

一　月日をかきり、しちにをき候所帯なかるゝのとき、かのしよたいをねんきにうり、しやくせん(借錢)をすまし、しちのふミとりかへさす、しせんにすこしきたるところに、しろかし候にんたい(入躰)しきよ(死去)してのち、一人の子ハしちにとりなかすのふミをもつ、一人の子

の狩本無○かつうハ佐本作且下同○う狩本無下同
しかる佐本作然○ふき同上作不義
事佐本狩本作こと
しよたい佐本作所帯○本狩本作ほん○ぬし佐本作主○とり同上作取
儀佐本作義狩本作き
分各別狩本作ふんかくへつ○付同上作つゐ○てハ佐本作者
有佐本狩本作ある○さる佐本作す○也狩本作なり

一〇七 書入所帯約月馳過事
所帯狩本作しよたい○の佐本作之○過狩本すき○候佐本無○者佐本作は狩本作はゝ○但其佐本狩本たゝしその○内佐本作うち○なり佐本狩本作也○つきに佐本作次○すこし同上作少○あひ同上作相○ふミ佐本狩本作文○なり佐本作也

一〇八 質流所帯改年紀賣後買主子息等互以一方證文及相論事
所帯狩本作しよたひ○の同上無○とき同上作時○かの佐本無恐非○しよたい同上作所帯○を狩本無○ふミ同上作文
にん佐本作人下同
子狩本作こ

ハねんきのふミをもち、二人たか(互)ひにゆつりえたるのよし、もん(問)とう(答)にをよふ、しちのふミ、ねんきのふミ、さうろんけつしかたきに付てハ、せう(證)にん(人)まかせたるへし、せうにんなくハ、二のふミをひきあハせ、もんこん(文言)の是非により、其沙汰有へき也、

一 しよたい(所帯)しちの事、をきて(置手)うけかへすへきのよし申、代物をあひたて候ところに、とりて(取手)かのしよたい(所帯)にのぞミをかけ、とかくあひのふるにいたつてハ、とりてのとかたるへし、たゝしうけかへし候ハんよし申とゝくるのきしせうなくハ、をきてのをつとたるへきなり、

一 しち屋にてうせ物の事、くらかた(藏方)のおきてのことくたるへきなり、

一 しちや(質屋)にて、しちの物うせ候事、[64] 是ハ紛なくふさた(無沙汰)のしやうと見え候ハゝ不レ及二是非一候、たゝしふさたのしやうと見え候ハすハ、半分まよいたるへき也、[65]

一 さうたう(相當)せさるしちとりてのち、をきぬし(置主)のかたへとりて(取手)いら

ふミ佐本狩本作文○たかひ佐本作互○の同上無
ふミ佐本狩本作文○ふミ佐本作文下同
付狩本作つゐ○てハ佐本作者○に以下五字佐本作人任
を佐本狩本無○是非同上作せひ○其沙汰有同上作そのさたある○也狩本作なり

一〇九
所帯質請返事
しよたい佐本作所帯下同○の同上作之○代物狩本作たいもつ○あひ佐本作相下同○とり同上作取
かへ狩本作返
き同上無○せ原作や據佐本狩本改
なり佐本作也

一一〇
質屋失物事
物の佐本狩本作もの〻なり佐本作也

一一一
質屋失物事
此條原細書在一一〇條下、佐本狩本無、猶可參看解題

一一二
取不相當質及違亂事
此條狩本無○とり佐本作取下同○のちを同上作後お○ぬし同上作主○かた同上作方

及同上作およふ
有同上作ある

一一三 無質物之借錢無沙汰事
代佐本狩本作しろ〇さいくわ佐本作罪科なり同上作也

一一四 他人賣物代物不渡本主事
うり佐本無恐非〇候狩本無〇彼代物同上作かのたいもつ〇を佐本狩本無〇其狩本作その〇ぬし佐本作主〇あひ同上作相〇たいもつ同上作代物
其佐本狩本作その〇し佐本作所〇し下狩本有よ〇く佐本狩本作け〇なり佐本作也

一一五 借物口入事
相佐本狩本作あひ〇物狩本作もの〇是同上作これ〇を下佐本狩本有あひ〇なり同上作也

一一六 不辨濟負物逃走他領者格護事
を狩本無〇たりやう佐本作他領〇事いま同上作こと今
ち佐本狩本作地下同〇とき佐本作時
人下狩本有の〇しゆん同上作准
かの佐本作彼〇い下狩本有を

一一七 書入子息借錢輩死去時其子主人違亂事
たいもつ佐本作代物〇用佐本狩本作もちゆ〇きよ原作よき據原傍書改

んに及事有へからさる也、

一 しちなくしてかし候代ふさた候ハヽ、ぬす人のさいくわ（罪科）にひとしかるへきなり、

一 人のうりものをうけとり、うり候て、彼代物を其ぬし（主）へあひたてさる事、ぬす人たるへし、もしくたんのたいもつ（代物）しきりにさいそくのうへ、其身ちくてん（逐電）候ハヽ、かのさいし（妻子）にとかをかくへきなり、

一 くにう（口入）を相たて、物をかり候ところに、かりぬしふさた（無沙汰）にいたつてハ、くにうのわきまへ、是をすますへきなり、

一 人のおいもの（負物）をあひすまさすして、たりやう（他領）へにくる事、いますむところのちとう（地頭）へ申とヽくるのとき、是をすまさせ候ハて、なをかくこ候ハヽ、ぬす人かくこにしゆんし、せいはい（成敗）をくわふへき也、たヽしかのちとう、くたんのふさた（無沙汰）の人たい（躰）をいはらふ（追拂）にいたつてハ、をつとあるへからさる也、

一 人の子をしち（質）にかき入、たいもつ（代物）をかり用るともからしきよ（死去）の

後其狩本作のちその〇にん佐本作人
屆佐本狩本作と〻け〇もし佐本作若〇に
ん佐本狩本作人〇付佐本作をゐ狩本作つ
ゐ
也狩本作なり

一一八 書入娘借錢輩死去時其夫違亂事
の以下九字佐本作之時其親彼
のち同上作後
かた同上作方
ふミ佐本作文〇う へ同上作上〇をんな同上作女
あひ同上作相〇きなり 狩本作し〇なり佐本作也〇その同上無
の下原有越度據抹消符删〇あ以下五字佐本作相渡〇なり佐本狩本作也

一一九 預主死去時預物相論事
の以下五字佐本作之後其〇かの同上作後〇あひ同上作相〇よし同上作由〇事同上作こと〇とも佐本狩本作共〇なり同上作也

一二〇 賣主死去後其子與買主代物相論事
物の狩本作もの〻〇代佐本狩本作しろ〇〇ひさしく佐本作久敷〇處狩本作ところ〇〇處下佐本狩本有に〇ぬし佐本作主〇の同上作之
〻ち佐本狩本作後〇おや佐本作親〇代狩本作しろ〇とき死去佐本狩本作時しきよ

後、其子にさいそく(催促)せしむるところに、ふさた(無沙汰)ならは、しうにん(主人)へ申届へし、もしそのしうにんいらんにをよふに付てハ、ぬす人かくこにしゆんすへき也、

一 むすめをしちにかき入、てうもく(鳥目)をかるのとき、そのおや(親)かのしろ(代)ふさたいたし、しきよ(死去)してのち、しちのふミにまかせ、むすめのかたへさいそくのところに、とつくところのをつとかくいらんする事あり、おやのふミ(文)にのするうへハ、はやくかのをんな(女)をあひわたすへきなり、しからすハふさたするところのしろ、そのをつとわきまへあひすます(相済)へきなり、

一 人にさいほうをあつらへ、しきよのゝち、その子、かのあつらへものを、あひかへすへきのよし申ところに、しきよしたるおやに、これをえたるよし申、さうろんせしむ、しせう(支證)なくハ、たとひえたる事まきれなくとも、その子にかへすへきなり、

一 うり物の代、ひさしくふさた(無沙汰)せしめ候處、うりぬし(賣主)しきよ(死去)のゝち、その子、おや(親)の代をさいそくせしむるとき、死去のおやそ(存)

うち佐本作内〇相狩本無〇よし佐本作由〇し下同上有申
相狩本作あひ〇き也狩本作し〇もし佐本作若
つる狩本無〇不及是非佐本狩本作せひにおよふへからす

二二 改舊境致相論事

あるい佐本作或下同〇とも佐本狩本作共
さかひ佐本作境〇しよたい同上作所帶
これ佐本狩本作是〇とも佐本作共〇ゆへ同上作故
理佐本狩本作り
事佐本作こと〇いま同上作今下同〇後狩本作のち〇者佐本無狩本作は〇使佐本狩本作つかひ
本同上作ほん〇の佐本無〇いつ佐本狩本作出
を佐本作の、宜參看補註六七
しよ佐本作所〇のうち同上作之内
候狩本作の、或候脱歟〇かた佐本作方〇なり佐本狩本作也

二三 以入會山野爲作場事

入狩本作いり〇野の佐本狩本作の丶〇事佐本作こと

んめい(命)のうちに、相すましたるよし、もんたう(問答)にをよふ事あらは、しきよのおやのにつき(日記)にまかせ、相すますへき也、もし又なし候つるしせう(支證)あらは、不レ及二是非一、

一 ふるきさかひ(境)をあらため、さうろんいたす事、

右、あるいハいさゝかなりとも、むかしのさかひをこえ、あたらしきさかひをかまへ、ならひのしよたい(所帶)にさまたけをなし、あるいはちかきとしのれゐをかすめ(掠)、ふるきせうもん(證文)なとをもちいて、これをろんす、りうんをとけすといへとも、させるそんなきのゆへ、やゝもすれハ、ことをたくミ、そせう(訴訟)をくわたつ、理ひをたゝす事、わつらい(煩)なきにあらす、いまより後者、まことある使[66]をつかハし、本さかひのあとをたゝしあきらめ、いま申いつるかた、ひふん(非分)のそせうたらは、さかひをこえ、ろんをなすのふんさい(分際)をはからい、ひふんのかたのしよりやう(所領)のうちをさきわけ、りをもち候かたへ、つけそへられへきなり、

一 せん〳〵よりさかひなく、入あひにかり候山野の事、さくはに

付狩本作つゐ○て佐本作者○しからハ同上作然者
なり同上作也○此旨狩本作このむね
かた佐本作方○付佐本狩本作つけ○きなり狩本作し○なり佐本作也
一二三 境界不立山相論事
相佐本無狩本作あひ○の狩本無○の佐本作之
き同上作儀○相狩本作あひ下同○たかひ佐本作互下同
年記佐本狩本作ねんき○廿狩本作二十○ケ佐本狩本無○年狩本作ねん○過佐本狩本作すき○者同上作はゝ
しかる佐本作然○はう同上作方下同○年久狩本作としひさ○しく佐本作敷
申狩本無○年佐本狩本作とし下同○入同上作いれ
いへとも佐本作云共○ゆへ同上作故
旨狩本作むね
理佐本狩本作り○いせん佐本作以前○に狩本無
の同上作を○しよたひ佐本作所帶
かた佐本作方○付佐本狩本作つけ○なり佐本作也

いたし候ニ付て、もんたう（問答）あり、しからハ山ハ山、野ハ野、せんき（先規）のことく、さくはをあひやめへきなり、なを此旨をそむき、しゐてさくはになすともからあらは、くたんのさくはを、りうんのかた（方）へ付へきなり、

一　さかひ相たゝさるの山の事、せんき（先規）まかせたるへし、かくのことくの地、もしちきやう（知行）のき（儀）あるなきのもんとう（問答）、相たかひ（互）にちきやうの年記をかんかへ、たうしよむ（當所務）廿一ケ年過候者、さた（沙汰）をあらたむるにをよはす、しかるに一はう（方）ハ、年久しくしよむのよし申、一はう（方）ハ、ちかき年むりに手を入らるゝ、ひふん（非分）のよし、たひ〳〵もんたうにをよふといへとも、をしかすめらるゝのゆへ、年月をふる、さらにゆうしよ（由緒）なきにあらさるのよし、そせう（訴訟）をくハたつ、しかのことくともから、相たかひに申旨をたゝしさくり、理のをすかたへくたんのろんしよ（論所）をつけ、ならひに、いせん（以前）にのすることく、ひふんの[67]申いつるかたのしよたひ（所帯）のうちをさきわけ、かのろんしよほと、たうり（道理）のかたへ付へきなり、

一二四
名代問答事
の佐本作之
道佐本狩本作みち○道下佐本有を○年佐
本狩本作とし○久狩本作ひさ○しく佐本
作數
き同上作來○とも佐本狩本作共○あるひ
佐本作或下同
名跡佐本作ミやうせき狩本作めうせき○
別佐本狩本作へち
のよし佐本作之由○子狩本作こ○たかひ
佐本作互○尋佐本狩本作たつね
其同上作その○しき佐本作時宜○下知佐
本作げぢ狩本作けち○也狩本作なり○他
佐本作た
可以下六字佐本作同前たるへき也狩本作
同せんたるへきなり

一二五
細工人所帶沽却制禁事
しよたい佐本作所帶○とも同上作共○さ
いくわ同上作罪科○なり同上作也

一二六
細工屋失物事
あるひ佐本作或下同
かの同上作彼○の下狩本有ゝ恐非○是非
佐本狩本作せひ
にん狩本作人○物佐本狩本作もの下同
付同上作つけ○の狩本無
とき佐本狩本作時下同○なり佐本作也下
同○仍後日佐本作仍後に狩本作よつての
ちに

一　ミやうたいもんたう(名代問答)の事、おや(親)まかせたるへし、たゝしちやく(嫡
子)しかう／＼の道をこたらす、ほうこう(奉公)の事も、年久しくつとめ
きたるといへとも、あるひはいとけなき子をふかくいとをしミ、
あるひハまゝはゝ(継母)のさんけん(讒言)により、かの名跡を別人にわたすへ
きのよし申さは、おや子ふくわひ(不快)のおとりをあひたかひに尋さく
り、其子あやまりなくハ、しきに(時宜)より下知をくわふへき也、他人
の子をやしなひ、けいやく(契約)の事も、可レ為二同然一なり、
一　さいく人(細工人)のしよたい(所帶)、ミたりにうるへからす、かいてともに、
さいくわ(罪科)たるへきなり、
一　さいくやにおゐて、あるひハ火事、あるひハぬす人のためにう
する事、かのうせもの、しせう(支證)になるへきものハ、是非にをよは
す、うするところのもの、しせうになるましきを、うせたるよし
申さは、さいくにんのわきまへかへすへし、たゝしねのたかき物
ならは、ふきやうを付へし、れいしきの物ならは、さいくやへわ
たすのとき、そのあたひ(價)をさたむへきなり、仍後日うするのとき、

いせんさためのことく、わきまへへきなり、

一 たこく(他國)のしちをかゝへ候事、そのちとう(地頭)、しう人へたんかう(談合)の事ハ、申にをよはす、しゆこしき(守護職)へひろうせしめ、これをとるへし、しゆこのきをうけとるのうへ、そのところのちとう、いらんにをよふへからさる也、

一 おなしくに(國)の内にて、たかう(他鄉)のしちにをよふ事、そのちとう(地頭)、しうにん(主人)へ二度三度たんかう(談合)せしめ、これをとるへし、しかるにしうにん、ちとうふさた(無沙汰)により、たかう(他鄉)のちとう(地頭)へ申とゝけすハ、とりて(取手)ならひにちとう、ともにもつて越度たるへきなり、

一 おなし國のもの、たこく(他國)にてしちにかゝへられ候ハゝ、其根本のとかにん(科人)を尋さくり、せいはい(成敗)をくわふへきなり、たゝしくたんのとかにん、ふさたのものにあひあたるほと、いましちにとられ候かたへ、こと〳〵くわきまへすまし、わひこと(侘言)いたし候ハゝ、いせんのとかをゆるすへきなり、

一 人をきり、人をころし候へんほう(返報)として、おなし國の者、たこ(他)

一二七

拘他國質事

たこく佐本作他國○ち佐本狩本作地下同○人狩本作にん○へ同上無○の佐本作之○これ狩本作是

き佐本作義○うへ同上作上

さる同上作す

一二八

取他鄉質事

お以下五字佐本作同國○内同上作うち○ち佐本狩本作地○にん同上作人下同○へ狩本無○度佐本狩本作たひ下同○これ狩本作是○しかる佐本作然

ち狩本作地○たかう佐本作他鄉○ち同上作地

ち佐本狩本作地○越度佐本作をつと狩本作おつと○なり佐本作也

一二九

國人於他國被取質事

おなし佐本作同○國狩本作くに○も以下五字佐本作者他國○其佐本狩本作その○根本佐本作こんぽん狩本作こんほん○とかにん佐本作罪人○尋佐本狩本作たつね○なり佐本作也下同○にん同上作人

かた同上作方○こと佐本狩本作事

一三〇

他國人爲國人被殺害刄傷時返報事

國狩本作くに○者佐本狩本作もの○たこく佐本作他國

相狩本作あひ〇事佐本作こと〇根本佐本作こんぽん狩本作こんほん
尋佐本狩本作たつね〇せいはい佐本作成敗〇なり同上作也

一三一
國人爲他國人被殺害又傷時返報事
れ候狩本作るゝ〇返報佐本狩本作へんほう〇たこく佐本作他國〇もの佐本作者〇の下佐本有を〇有狩本作ある〇の狩本無〇とき佐本狩本作時
くに佐本作國〇所狩本無
然同上作しかる〇國に同上作くにゝ〇成敗同上作せいはい〇の同上無
國同上作くに
なり佐本狩本作也

一三二
合戰時同志討事
とう佐本狩本作同〇せん原作せう據佐本改狩本作前〇なり佐本狩本作也

一三三
指南問答事
の佐本作之〇餘佐本狩本作よ〇人狩本作にん〇あ以下五字佐本作相互〇しき同上作時宜〇也狩本作なり

一三四
謀書事
さふらい佐本作侍〇しよたい同上作所帶〇を狩本無〇しよ佐本作所〇所帶狩本作しよたひ〇たこく佐本作他國〇地下佐本作ぢげ狩本作ぢけ〇た狩本作な

くに(國)にて相かゝへられ、又ハうたるゝ事あらは、根本おかし候つミのやからを尋さくり、せいはい(成敗)をくわふへきなり、

一 人にきられ、人にころされ候返報として、たこく(他國)のもの・りをつくさすうつ事、これ有へからす、かくのことくのさたあるのときハ、てきのくに(國)の人をかゝへをき、しゆご(守護)所へひろういたすへし、然におかし候つミのともからを、てきの國にて、成敗のしせう(支證)まきれなくハ、かのかゝへをき候人を、いそきもとの國へあひかへすへきなり、

一 かつせんは(合戰場)にて、ミかたにうたれ候とも、うちしにとうせんたるへきなり、

一 しなんもんたう(指南問答)の事、しなんとたのむやから、させるうらミなく、餘人をたのむにいたつてハ、あひたかい(相互)のりひ(理非)をたゝしさくり、しき(時宜)によるへき也、

一 ぼうしよ(謀書)の事、さふらい(侍)たらは、しよたい(所帶)をけつしよ(闕所)すへし、所帶なくハ、たこく(他國)へくさせへし、地下のものたらは、そのおもてにや

とうさい佐本作同罪〇き也佐本作し
次狩本作つき〇所帯同上作しよたへ
これ佐本狩本作是〇いつ佐本作出〇とこ
ろ同上作處
なり佐本狩本作也

一三五
先祖處分問答事
の佐本作之〇いま同上作今〇廿狩本作二
十〇年過同上作ねんすき〇者同上作ハ、
〇なり佐本狩本作也〇但狩本作たゝし
いふとも佐本作云共狩本作も
かへ狩本作返〇付佐本狩本作つけ〇なり
同上作也

一三六
道橋修理事
分佐本作ぶん狩本作ふん〇其所佐本狩本
作そのところ〇ぬし佐本作主〇これ佐本
狩本作是〇かうむら佐本作郷村
ハ狩本無〇ち佐本狩本作地〇な狩本作た
也同上作なり

一三七
成道路於作場事
みち佐本作道〇事同上作こと
仍狩本作よつて〇ぬし佐本作主〇右左狩
本作みきひたり

きかねをあてへし、たのまれかき候ふてとり(筆取)、とうさい(同罪)たるへき
也、次にもんたう(問答)の所帯のせうもん(證文)をほうしよたるよし、おほく
これを申いつる、ひけん(披見)のところに、もしほうしよたらは、まへ
にのするとかにをこなふへし、又せうもんのあやまりなくハ、く
たんのろんしよ(論所)、けつしよたるへきなり、

一　せんそ(先祖)のはん(判)、もんたう(問答)の事、いまちきやう(知行)の人廿一年過候者、
あらため(改)さた(沙汰)にあたハさるなり、但によし(女子)ゆつりの地たらは、た
とひおほくのとしをふるといふとも、かきわけのもんこん(文言)にしさ(子)
い(細)なくハ、そうりやう(惣領)へかへし付へきなり、

一　みち(道)、はし(橋)のしゆりの事、せう分たらは、其所の地ぬし(主)、これ
をこしらへかたむへし、たいとにいたつてハ、そのかうむら(郷村)、又
いちとう(地頭)のやくたるへし、なを事ならすハ、くわんしん(勧進)をもつて、
是をなすへき也、

一　くかいのみち(道)をむさふりとり、さくはになす事、ぬす人のさい(罪)
くわ(科)たるへし、仍ミちはたの地ぬし(主)、右左ともにくろ(畔)をゆつり、

みち同上作道〇あら佐本作改〇也狩本作なり

一三八
路次往來人壊家垣事
ゆきゝ佐本作往來行き
家狩本作いゑ

一三九
不可召仕地下人又被官子事
又佐本狩本作また
しなん佐本作指南

一四〇
地下人出上於他所事
たしよ佐本作他所下同〇の同上作之下同
その同上作其〇ち佐本狩本作地〇ぬし佐本作主下同
いて同上作出下同〇なり同上作也下同
いふとも佐本作云共〇其佐本無狩本作その〇相佐本狩本作あひ〇ことハ佐本作理
〇他所狩本作たしよ
其佐本狩本作その〇外狩本作ほか〇とき佐本狩本作時〇そのむら佐本作其村〇中狩本作ちう
の據佐本狩本補〇相狩本作あひ〇候佐本作る
者佐本狩本作ハ、〇共佐本狩本作とも〇かうない佐本作郷内〇もの同上作者
も佐本作云共狩本作いふとも

せんき(先規)にまかせ、みちのひろさ一ちやう八しやくにあらたむへき也、

一　ろし(路次)をゆきゝの人、ミちのほとりの家かきをこほち、たえまつ(松明)になす事あるへからす、たうたうの事ハ、申にをよハさる也、

一　地下人、又ひくハん(被官)の子めしつかふへからす、しなん(指南)いたすへからす、

一　地下人たしよ(他所)へいてあかりの事、そのところをたのミ、すまゐをなし、たしよ(他所)へまかりこえ候ハゝ、そのちとう(地頭)、又ハ地ぬし(主)にいとまをこひ、まかりいて(罷出)へきなり、たとひおやといひ、子といひ、のこしをくといふとも、其地ぬし(主)しまんところへ相ことハらす、他所へにもつ、其外はこひをくるのとき、そのむら(村)中のものいて(出)あひ(合)、かのいつるところのもの相かゝへ候ともから、さらにひか事にあらす、仍いてむかひの人しゆ、いてあかりのものひきつれ候者、うちとめ候共、かうない(郷内)のものをつとあるへからす、うたれ候やからあまた候とも、ふうん(不運)たるへきなり、たゝしいてあかり

本佐本狩本作ほん〇人佐本作にん〇さいしよ同上作在所なり佐本狩本作也

一四一 下人走入事
下佐本作け〇をんな同上作女〇ほか同上作外〇の同上作之〇あひた同上作間〇也狩本作なり

一四二 下人子走入他所欲奉公事
あるひ佐本作或下同〇にん佐本狩本作人下同 一たひ狩本無
とも佐本作共〇にん同上作人
返佐本狩本作かへす〇なり佐本作也

一四三 下人男女子息事
をんな佐本作女〇にん同上作人〇け狩本作下〇にん佐本狩本作人〇こゝ佐本作子狩本作こ子〇男親佐本狩本作おとこおや〇かた佐本作方〇を以下五字佐本作女子を〇こ下佐本狩本有を〇はゝ狩本作母〇付佐本狩本作つけ

一四四 賣走入被官下人於別人事
とき佐本狩本作時〇にん同上作人〇より狩本無〇處佐本狩本作ところ〇相同上作あひ
然狩本作しかる〇にん佐本狩本作人
仍狩本作よつて〇にん佐本作人下同

の本人、かのさいしよ(在所)へかへりすミ候ハヽ、うちてのをつとたるへきなり、

一 下人のおとこ(男)、をんな(女)、そのほかはしり入の事、すこしのあひたもきよよう(許容)あるへからさる也、

一 下人の子よそへはしり入、あるひハしうにん(主人)のおとしたね(落胤)の子のよし申、あるひハしうにんに一たひいとまをえるのよし申、ほうこう(奉公)のむねをのそむとも、いそきほんしうにん、おやのかたへたゝし返へきなり、

一 おとこ、をんな、しうにんまち〳〵のけにん(下人)のうむところの子、おのこゝハ男親のかたへつけ、をんなこ(女子)ハはゝおやのかたへ付へきなり、

一 ひくわん、しもへ、よそへはしり入候とき、しうにんより申とゝけ候處に、相かへさすして、よかたへこれをうり候事、ぬす人たるへし、然にかのはしり入のもの、もとのしうにんのかたへにけかへる事あり、仍いまかいとめ候つるしうにん、なにかしのか

かたより據佐本狩本補、但かた狩本作方
○うへハ佐本作上
時宜狩本作しき
き也同上作し

一四五 走入娘嫁可返於親夫事
子細狩本作しさい○共同上作とも○其親
佐本狩本作そのおや○かへ狩本作返○な
り佐本作也

一四六 於他國買取逃走下人事
し以下六字佐本作下人他國○おなし同上
作同○くに佐本狩本作國○もの佐本作物
狩本作者○かへ佐本作歸○のとき同上作
之時○にん佐本作人○しかる佐本作然○
もと同上作本○にん佐本狩本作人下同○
よし佐本作由
かへ狩本作返○若同上作もし
とき佐本狩本作時○本同上作ほん○自な
至の廿一字佐本缺
にん狩本作人○かた佐本作方○へ下狩本
有ハ○別佐本狩本作へち○人狩本作にん
事佐本作こと○なり同上作也

一四七 下人立身代奉公別人事
をんな佐本作女
にん佐本狩本作人下同○うへ佐本作上下
同○いふとも佐本作云共
よし佐本作由

たよりかいをくのよし申、とかにん(科人)のかたよりかいをくのうへハ、とうさい(同罪)たるへし、たゝしかいてあやまりなきしせう(支證)あらは、時宜によるへき也、

一 人のむすめ、よめ、はしり入の事、いかやうの子細申候共、其親、おつとのかたへかへしをくへきなり、

一 にけはしりのしもへ、たこく(他國)にて、おなしくに(同國)のものかいとり、かへる(歸)のとき、もとのしうにんいらんにをよふへからす、しかるにもとのしうにんふたい(譜代)のものゝよし申、ほんしろ(本代)をたて、かいかへし候ハんよしのそミ候ハゝ、かゝへとゝむへからす、若又かの下人うりかいのとき、本しうにんのな(名)を申いつるのところに、かいてほんしうにんのかたへ・とゝけすして、をしかくし、別人にうる事、ぬす人とうさい(同罪)たるへきなり、

一 しもへのおとこ(男)、をんな(女)、身のしろをたつへきのよし申、しうにんなつとく(納得)せさるのうへ、身のしろたてたりといふとも、ひくハん(被官)にめしつかハれへきよし、ふかくのそミをなすによつて、し

とる佐本作取○然處狩本作しかるところ
○處下佐本狩本有に恐是○彼同上作かの
○事佐本作こと
かた佐本作方○也狩本作なり
かへす佐本作返○○へ狩本作ふ○とも佐本
作共狩本作こと○○は據佐本狩本補○す狩
本作し候
なり佐本作也

一四八 宮仕女房逃走事

付狩本作つゐ○て佐本作而○かへり同上
作歸○とき狩本作時○付佐本狩本作つけ
○返佐本作かへす○返下狩本有す
なり佐本狩本作也
此條狩本無○にん佐本作人下同
をんな同上作女
本同上作ほん○返同上作かへす

一四九 下人爲近習時其子奉公事

もの佐本作者
其同上作その○とも同上作共下同○なり
根本佐本狩本作也こんほん
り同上作理○まかせ同上作任て○本佐本
狩本作ほん○にん佐本作人
なり佐本狩本作也

一五〇 相傳下人逃走事

見佐本作ミ○合佐本狩本作あひ○○とる佐
本作取下同○其佐本狩本作その○○ある佐
本作有○そのかた同上作其方○これ佐本
狩本作是

うにん身のしろをとる、然處、彼下人よのしうをとる事あり、ほんしうにんのかたへいそきかへすへき也、又おつと(夫)の事ハ、ほんしう人にかへ(返)すといへとも、さいし(妻子)の事はかへすましきよし、ふかくかゝへとゝむ、そのいはれなきものなり、そのおつと、おやに付ていつるのうへハ、まかりかへりのときも、をつとに付返へきなり、

一 ミやつかゐのねうはう(女房)、そのしうにんにいとまをこハすして、いてはしる事、おとこ(男)をんな(女)のかゝり有へからす、おとこのほうこう(奉公)のことく、本しうにんのかたへ返へき也、

一 しさいあつて、下人をひきあけ、きんしゆ(近習)のものにめしつかふところに、其子ともまち〳〵のしうをとる、いはれなきものなり、根本のたうり(道理)にまかせ、あまたありとも、こと〳〵く本しうにんのまゝたるへきなり、

一 さうてん(相傳)の下人見合にとる事、其さまたけあるへからす、たゝしにんたい(人躰)めしつれ候ハゝ、そのかたへ申とゝけ、これをうけと

し以下六字佐本作然者今〇にん佐本狩本作人
かた佐本作方〇かへ狩本作返〇是非佐本狩本作せひ〇ある同上作有
ところ狩本作所
さいくわ佐本作罪科〇なり同上作也

一五一 科人財寳牛馬眷屬等事

にん佐本作人〇在所狩本作さいしよ〇とき佐本狩本作時〇〇むま同上作馬以下狩本作いけ〇たつ以下五字佐本作代官不以下五字佐本狩本作せひにおよはすその〇のち佐本作の後〇あ以下八字同上作相憑或あるひ同上作或とも佐本狩本作共〇其狩本作その〇頭佐本作たう狩本作とう〇付佐本狩本作つけ〇本た以下五字佐本作代官は佐本作も〇あるは同上作有〇頭佐本狩本作たう〇之同上作の〇儘同上作まゝ〇き也狩本作し

一五二 於館廻科人在所成敗事

と以下八字佐本作罪人成敗〇とき佐本狩本作時〇在同上作さい〇所狩本作しよ〇つ放火佐本狩本作はうくわ〇仍狩本作よつて〇四壁佐本狩本作しへき〇之佐本作の狩本無〇竹佐本狩本作たけさいくわ佐本作罪科〇なり同上作也〇にん同上作人とも同上作共〇う以下六字佐本作上罪科也狩本作なり

るへし、しからはいまめしつかふところのしうにん(主人)、ほんしう(本主)のかたへかへしをくへし、かのくちにより、是非のさたあるへきのところに、くたんの下人ふかくかゝへとゝむるにいたつては、ぬす人のさいくわ(罪科)たるへきなり、

一 とかにん(科人)の在所せいはい(成敗)のとき、さいほう(財寳)、うし(牛)、むま(馬)、けんそく(眷屬)以下、そのたとう[68]にて候ハゝ、たいくわん(代官)のものうはひとるとも、不レ及二是非一、其はをのかれてのち、人をあひたのミ(相憑)、あるひハはしり入と申、あるひハもとのしうにんにえたるよし申やから候とも、其地頭へかへし付へき也、さくもう(作毛)の事ハ、たいくわんしゆ一かうけいはう(競望)あるへからす、地頭之儘たるへき也、

一 たてめくりにて、とかにん(科人)せいはい(成敗)のとき、かの在所放火あるへからす、仍らんはうしゆ、その四壁之木竹をきりとり、いへかき(家垣)をやふる事、さいくわ(罪科)にしよすへきなり、とかにんのたすけにあらすといへとも、すてにはつと(法度)をそむくのうへ、さいくハ(罪科)かろからさる也、

一 わらハヘいさかひの事、おや、きやう弟、おとなしきものゝい
ろいあるへからさる也、

一 たか(鷹)見つけ候て、あひかへさす候ハヽ、ぬす人のさいくわ(罪科)にを
こなふへきなり、

一 はくち(博奕)の事、うちての人しゆハ申にをよハす、やと(宿)ならひにか
しいたし候ともから、とうさい(同罪)たるへき也、付すくろく、ふ[69]・ひ
き以下同、

一 むま(馬)、うし(牛)あひはなれ、さくもう(作毛)をくい候時、かのうし、むま
をつなきをき、ぬし(主)のかたへそんもう(損亡)のおほきすくなきにより、
とかせんをとるへし、しかるところに、ちくるい(畜類)をきり、又ハい
ころしなとする事、いはれなきものなり、うし、馬にきすを付候
者、其ぬし(主)のかたへ、かへつてくわせんをあひわたすへし、ころ
し候ハヽ、そのあたひをわきまへ返・へし、れうし(聊爾)いたし候とも
から、其すむいゑをとちこむへきなり、

一 いぬ(犬)うち候事、たか(鷹)のゑ(餌)に候者、をつと有へからさるなり、た

一五三 **童兒喧嘩事**
弟佐本作たひ狩本作だい
ある佐本作有○也狩本作なり

一五四 **拘持餘人鷹事**
見佐本作み○さいくわ佐本作罪科
なり同上作也

一五五 **博奕事**
やと佐本作宿
とうさい佐本作同罪○付狩本作附○ふ佐
本作わ○ふ下狩本有く

一五六 **放馬牛喰荒作毛事**
むまうし佐本作馬牛○むま佐本狩本作馬
ぬし佐本作主下同○かた同上作方下同○
き狩本作く
し以下六字佐本作然處○るい狩本作類○
ハ同上無
自い至付十七字佐本無○付狩本作つけ
者佐本狩本作ハ、○其狩本作その下同
返佐本作かへす○返下狩本有す
ハ佐本無○なり同上作也

一五七 **打殺犬事**
者佐本狩本作ハ、○有狩本作ある○さる
なり佐本作さる也狩本作す

ゝしにんたい(人躰)のもんのうちへをしこミ、うつ事あるへからす、

一 すくみち(直路)の事、あひとめ候ミち(道)をしやふり、とをる事、さふら(侍)ゐにいたつてハ、しゆつし(出仕)をやめられ、以下のものたらは、をいはらふへきなり、[70]

一 つかいそらことの事、さふらゐにおゐてハ、所帯をけつしよ(闕所)すへし、しよたいなくハ、他國させへきなり、以下のともからハ、其身をめしいましむへきなり、

一 在ミ所ミにてらうせき(狼藉)人之事、其しうにんに申届候ところに、そのいましめなくハ、しうにんの越度たるへし、ひくわん(被官)にいたつてハ、せいはい(成敗)をくハふへきなり、

一 [71] かりことゝいたし候ともから、めしつかふところのしうにん(人)、くたんのそんもつをわきまへわたすへし、たゝし其身そのはよりちくてん(逐電)候ハゝ、さた(沙汰)のかきりにあらさるなり、

一 人のめをひそか(密)にとつく事、おとこ(男)、をんな(女)、共にもつていましめころすへきなり、

うち佐本作内〇ある同上作有

一五八 直路事
ミち佐本作道〇し同上無〇ふ狩本作む
以下狩本作さいけ恐非〇もの佐本作者
た狩本作な
なり佐本作也

一五九 虚言事
此條佐本無〇所帯狩本作しよたひ
他國同上作たこく〇以下同上作いけ
其同上作その〇なり同上作也

一六〇 狼藉人事
在ミ佐本狩本作さい〱〇所ミ狩本作しよ〱〇之佐本狩本作の〇其狩本作その〇にん佐本作人〇届佐本狩本作とゝけ〇越度佐本作をつと狩本作おつと〇ひくわん佐本作被官〇せいはい同上作成敗〇なり佐本狩本作也

一六一 假言輩事
こと佐本狩本作事〇にん佐本作人
其狩本作その
なり佐本狩本作也

一六二 密懐事
をんな佐本作女〇共佐本狩本作とも〇もつて狩本無
きなり佐本作き也狩本作し

一六三 密懐仲媒宿事
やと狩本無〇これ同上無〇ある佐本作有
〇か以下六字佐本狩本作如此
とうさい佐本作同罪〇きなり佐本作き也
狩本作し

一六四 本夫打密懐男女事
の佐本作之〇とき佐本狩本作時〇をんな
佐本作女
とき女佐本狩本作時ねう〇て下佐本有の
〇有狩本作ある

一六五 奪取縁約治定女子事
とる佐本作取
さいくわ同上作罪科
し以下六字同上作衆同罪

一六六 縁約相論事
これ佐本狩本作是
付狩本作つゐ〇て佐本作而〇うへ同上作
上〇付佐本作つゐ狩本作つい
の狩本無〇理佐本狩本作り〇なり佐本作
也

一六七 夫妻喧嘩上及離別改嫁事
しかる佐本作然

一 ひつくわひ(密懐)[72]の事、をしてとつくも、たかいにやハらくも、なかたちやとなくしてこれあるへからす、かくのことくのともから、とうさい(同罪)いたるへきなり、

一 ひつくわい(密懐)のやから、ほんのをつと(夫)のかたより、しやうかい(生害)さするのとき、をんな(女)をたすくる事、はうにあらす、たゝしねやにおゐてうつのとき、女はう(房)うちはつし候ハゝ、うちて・をつと有へからさるなり、

一 えんやく(縁約)あひさたまる人のむすめ、よこあひにうは(奪)ひとる(取)事、ひつくわい(密懐)のさいくわ(罪科)におなし、仍かうりよく(合力)の人しゆ、とうさい(同罪)たるへき也、

一 えんやくさうろん(縁約相論)の事、一人ハちゝにつゐて、これをさたむ、一人ハはゝに付て、申さたむるのうへ、もんたう(問答)あり、ちゝに付て申さたむるかたの理うんたるへきなり、

一 めをつと(女夫)いさかひの事、そのめたけきにより、おつとをいゝた(追出)す、しかるにかのめ、おつとにいとまをえたるのよし申、あらた(改

そのおや佐本作其親○たい據佐本狩本補
め佐本無恐非○おつと原在む下據佐本狩本移、但狩本作夫○を據佐本狩本補○いま佐本作今
を以下五字佐本作女共○さいくわ佐本作罪科狩本作罪過
せひ狩本作是非○なり佐本狩本作也
しかる佐本作然○ハ狩本無○こ以下五字同上作後悔○いま同上作今
をつと同上作夫下同
さいくわ佐本作罪科○さ以下十一字狩本作難遁罪科

一六八
具長鑓靫等時事
しゆつし狩本作出仕
の同上作野○たしよ佐本狩本作他所○とき同上作時
つけ狩本作付○なりいま佐本狩本作也今
も同上作ハ○この佐本作此○掟佐本狩本作おきて○なり佐本作也

一六九
田畠山野屋敷等境相論事
ならひに狩本作并○とう同上作等○さかひ同上作境○然下同上有る○處同上作ところ○處下佐本狩本有に○とき同上作時
○本主佐本作ほんじゆ○ろん狩本作論

めとつかん（嫁）事をおもふ、そのおや（親）、きやうたい（兄弟）、もとのおつとのかたへとゝけにをよハすして、かのめおつとをあらたむ、いまとつくところのおつと、をんなともに、さいくわ（罪科）にをこなふへき也、たゝしりへつ（離別）まきれなきにいたつてハ、せひ（是非）にをよはさるなり、しかるにまへのをつと、なかはハこうくハひ（後悔）、なかはハいまさいあひのをつとにいこんあるにより、りへつせさるよしもんたう（問答）にをよふ、いとまをえたるしせう（支証）まきれなくハ、まへのおつと、さいくわ（罪科）にのかれかたし、

一　しゆつし（出仕）のともから、なかやり（長鑓）、うつほ（靫）つけ、めしつれへからす、しかうしてたかの（鷹野）、又ハたしよ（他所）へとものとき、その身うつほをつけす、もちたうくもたせさる事、いはれなきものなり、いまより後も、この掟にしたかふへきなり、

一　田畠、ならひに山野、屋しきとうのさかひの事、せんき（先規）まかせたるへし、然・處・ふるきさかひをあらため、わたくしにはうし（牓示）をたて、そせう（訴訟）をくハたつるのとき、本主ろんをなす事、ひきよ（非據）

たるにあらす、仍りやうはう（兩方）申旨、これをきうめいし、ひふん（非分）のかたに付へきなり、
そせうたらは、そせう人のりやう地のうちをさきわけ、論人のかたに付へきなり、

一　市町におゐて、ぬすミ物をかふのところに、本主、くたんのかいて（買手）をぬす人のよし申、しかるにかいて、うりぬし（賣主）をひき付候ハゝ、かいて・をつと有へからさる也、

一　とうそく（盜賊）人、ひとのかとのうちへおゐ入たるさたの事、是ハ其[73]ていうち候て出し候へき事、若又見え候ハすハ、ていよりおゐてを入、さかさせへし、むりにをしこミ候ハゝ、越度たるへき事、但町屋にてハ、數百人の中にて候間、やりこの事ハ、おしこミ候てもうち候へく候、

左京大夫稙宗（花押）

りやう同上作兩〇はう佐本狩本作方〇旨佐本作むね〇これ狩本作是〇きうめい同上作糺明〇ひふん同上作非分〇そせう同上作訴訟〇りやう同上作領〇うち佐本作内〇かた同上作方〇に狩本作へ〇付佐本作つけ〇なり同上作也

一七〇　**於市町買盜物時本主成論事**
市町佐本作いちまち〇しかる佐本狩本作然〇かい狩本作買〇ぬし佐本作主〇ひき狩本作引〇付佐本狩本作つけて下狩本有の〇有佐本狩本作ある〇さる也狩本作す

一七一　**逃入門內盜賊人事**
此條佐本狩本無

花押佐本無

斷下狩本有之
りひ狩本作理非○の同上無○分別佐本作
ふつへつ○別下同上有に○旨趣同上作し
いしゆ
さら狩本作更○心同上作こゝろ○そ以下
七字佐本狩本作其外或狩本作理○むね同
たう狩本作道○り佐本○ひふん同上作非
上作旨○しり狩本作知
分下同○よし佐本作由
あるひ佐本狩本作或○の佐本狩本作之○
せうせき狩本作證跡○かう同上作申○あ
るい佐本狩本作或
しさい同上作子細○せん狩本作善
あく佐本狩本作惡○これ同上作是○申さ
す狩本作不申○さうい佐本狩本作相違
に狩本無○ミたれ同上作亂○きた佐本作
來○ひ以下六字狩本作評定下同○あひた
佐本狩本作間○理佐本作り○ひ狩本作非
した狩本作親○有佐本狩本作ある
たうり同上作道理○の佐本作之○そ以下
八字狩本作存分傍輩
こと狩本作言○なり佐本狩本作也○せ以
下五字狩本作成敗之
たしか狩本作慥○た以下六字同上作縦道
理○いふとも佐本作云共
ふ狩本作へ下同
越度佐本狩本作をつと○いま同上作今○
のち同上作後○あひ佐本作相

敬白起請文　評定之間理非決斷・事

右もうまい（蒙昧）の身、りひ（理非）の分別・をよはさるによつて、旨趣あひちかいの事、さらに心のまかるところにあらす、そのほかあるいハ人のかたん（方人）とゝして、たうり（道理）のむねをしりなから、ひふん（非分）のよしを申かすめ、あるひハひふんの事せうせき（證跡）ありとかうし、あるいは人のをろかなる心をあらハささらんかために、しさい（子細）をしりなから、せんあく（善惡）につき、これを申さすハ、事と心とさうい（相違）し、後日にミたれ（亂）いてきたらんか、およそひやうちやう（評定）のあひた、理ひにおゐてハ、うとき（疎）もしたしきも有へからす、よしあしも有へからす、たうりのをすところ、心のそんふん、はうはい（傍輩）をはゝからす、けんもん（權門）をおそれす、ことはをいたすへきなり、せいはい（成敗）の事たしかに、でう〳〵（條々）たとひたうりにちかハすといふとも、一同のけんはう（憲法）也、あやまつてひきよ（非據）をおこなふといふとも、一同の越度也、いまよりのち、そせう（訴訟）の人ならひにえんしや（緣者）にあひむか

其佐本狩本作その下同〇たうり狩本作道理〇存佐本作そん〇す狩本無〇はうはい同上作傍翟〇こと狩本作事〇もつて佐本作以〇いらん狩本作違亂〇き佐本作義〇諸同上作しよ〇あさけり狩本作嘲〇兼狩本作かねては〇兼下佐本有而ハ〇道理佐本狩本作たうり〇とき佐本狩本作時下同〇しゆ同上作衆〇なか佐本狩本作中〇る佐本傍書り〇ミ以下五字狩本作皆以〇無道佐本作ふたう〇ひとり狩本作獨〇これ佐本狩本作是〇存佐本作そん〇する狩本無〇にたるか同上作似なり〇但佐本狩本作たゝし〇ぢきそう狩本作時宜相違〇しゆ狩本作衆〇かた同上無〇い佐本無

なし佐本無〇せう狩本作肖〇〇ともから同上作翟〇付佐本狩本作つゐ〇〇この狩本作此

この佐本狩本作此〇のむね佐本作之旨

にん佐本狩本作人

たう狩本作道

ことは同上作言

これ狩本作是〇かつうハ佐本作且狩本作且ハ下同

り佐本狩本作理〇に狩本作似〇でう〳〵狩本作條ゝ〇しさい佐本狩本作子細

し原作く據同上改〇うち佐本作内〇ふとも同上作へ共〇し原缺損據佐本狩本補

い、其身ハたうりを存すといへとも、はうはいのうち、其人のいふことをもつて、いさゝかいらん(違亂)のよし申きこえは、すてに一味のき(義)にあらす、ほとんと諸人のあさけり(嘲)をのこさんものか、兼又道理なきによつて、ひやうちやうのはにすてをかるゝともからをつそ(越訴)のとき、ひやうちやう(評定)しゆ(衆)のなかに、一筆をかきあたへは、自餘の人のはかる事、ミなもつて無道のよし、ひとりこれを存するにたるか、但、ぢきそうのとき、ひやうちやうしゆかたひいき(片贔屓)をなし、ふせう(不肖)のともから申ところ、おほひかくすに付てハ、このはうれい(法令)をやふるかことし、この時ハ一人たりとも、存知のむねを申、同心いたすへからす、又人のさいかく(才覺)により、むてにんを申しつめんとし、又ハもうまいのやから、たうりをもちなから、ことはにのふる事をえす、さかしき人のひふんと、をろかなる人のりうん(理運)と、これをれうけん(料簡)いたさすハ、かつうハふひんのいたり、かつうハけんはうのりをまぐるににたり、でう〳〵しさい(子細)、かくのことし、此うち一事たりといふとも、心のまかり、心にふし(節)

を存、違犯せしめは、
・ほ・ん・て・ん・た・い・し・や・く（梵天帝釋）、四大天わう（王）、・そ・う・し・て（惣而）日本國中の大小・神祇、別而・し・ほ・か・ま（鹽竈）の大明神、・た・う・し・や（當社）八幡大卄、・ま・り・し・そ・ん（摩利支尊）天、天滿大自在天神、・ふ・る・い・け・ん・そ・く（部類眷屬）、・し・ん・は・つ（神罰）、・ミ・や・う・は・つ（冥罰）、各・・ま・か・り・か・う・ふ（罷蒙）・る・へ・き也、仍・き・し・や・う・も・ん（起請文）・か・く・の・こ・と・し、

金澤
上總介宗朝

國分
・左衛門尉景廣（花押）

中野
上野介親時（花押）

・萬・年・齋
・沙・彌・長・悅

富塚
近江守仲綱（花押）

ほ以下九字狩本作梵天帝釋○わ以下六字佐本狩本作王惣而○の佐本作之○小下佐本狩本有之而下同上有者○しほかま同上作鹽竈○の佐本作之○たうしや佐本狩本作當社○卄狩本作菩薩○ま以下五字佐本狩本作摩利支尊○ふ以下十六字狩本作部類眷屬神罰冥罰○各下佐本有々○まかり同上作罷○ま以下廿三字狩本作可蒙罷也依起請文如件

左上佐本狩本有太郎
花押佐本狩本無

花押佐本狩本無

萬年齋沙彌長悅佐本狩本在富塚仲綱奥

花押佐本狩本無

天文五年丙申孟夏十四日

伊藤
大藏丞宗良

峯
駿河守重親

濱田
伊豆守宗景（花押）

牧野
紀伊守景仲（花押）

同
安藝守宗興（花押）

沙彌土木

中野
常陸介宗時

村田本 佐本 狩本

日付佐本在連署奥
孟以下五字原補筆
藤原補筆

濱田伊豆守宗景佐本在中野宗時奥

花押佐本狩本無

花押佐本狩本無

同佐本狩本作牧野

花押佐本狩本無

土佐本作出

一一三
藏方之掟事

「(端裏書)掟之事」

藏方之掟之事

一　絹布之類者、見當半分仁可レ取、何も十二つきをかきり、質之物なかすましきにおゐてハ、子錢可レ送之事、

一　武具金物之類者、見當三分一に可レ取、十二つきかきり、

一　鼠喰之事、置ぬしの損たるへし、

一　質之物借事、堅可レ爲ニ禁制一之事、

一　雨もりかゝらは、子錢不レ可レ取之事、

一　失物者、取代一はいにて、可レ致ニ返辨一事、

一　雖ニ偷物取一、咎になるましき事、

一　手札うせは、質不レ可レ爲レ請、但所におゐて口合之儀有レ之者、可ニ爲レ請申一事、

一　就ニ火事賊難一、藏主之損失爲ニ露顯一者、置主も可レ爲レ損、但損亡至ニ于無ニ支證一者、從ニ藏主之方一、以ニ本錢半分一、置手之方へ、可ニ辨償一之事、

一　つ[74]ゝもたせ之儀有レ之者、藏方之誤有間敷也、申かけたる輩を可レ有ニ御成敗一事、

一 日暮候而、質之取請不レ可レ有之事、

一 五ケ年過候者、藏役可レ被二相動一之事、

一 絹布者五文子、金物者可レ爲二六文子一之事、

右條々之旨、違犯之輩有レ之者、堅可レ被レ處二罪科一候、仍被レ定レ法如レ件、

天文貳稔三月十三日

金澤彈正左衞門尉

宗朝（花押）

牧野紀伊守

景仲（花押）

同安藝守

宗興（花押）

中野上野守

親時（花押）

濱田伊豆守

宗景（花押）

富塚近江守

守恐當作介

仲綱（花押）

坂内八郎右衛門尉殿

伊達家本　〔参考〕　狩本（但、本文ノミ）

七　甲州法度之次第

Ⅰ　甲州法度之次第（二十六箇條本）

甲州法度之次第

一　罪科跡事
國中之地頭人、不レ申二子細一而恣稱二罪科跡一、私令二沒收一之條、甚自由之至也、若犯科人爲二晴信被官一者、不レ可レ有二地頭綺一、田畠之事者加二下知一、可レ出二別人一、年貢諸役等地頭江速可二辨償一、至二于恩地一者、不レ及二書載一、次在家幷妻子資財之事者、如二定法一職江可レ渡レ之、

一　公事披露事
公事出二沙汰場一之以後、奉行人之外不レ可レ致二披露一、況於二于落着之儀一哉、若又未レ出二沙汰場一以前者、雖レ爲二奉行人之外一不レ苦、内々之披露成共、爲二一人一申事、一切不レ可レ有レ之、

一　他國遣音物書札事
爲レ不レ得二内儀一他國江音物書札以下遣之事、一向可レ令二停止一、但、信州在國之人爲二計儀一一國中通用者、無二是非一次第也、併境目之人就下于致二書狀之取替一來上

者、不レ能レ禁歟、

四　他國結緣事

一　他國江結二緣者一、或取二所領一、或出二被官一、種々契約之條、甚以爲二違犯基一歟、堅可レ禁レ之、若有下背二此旨一輩上者、可レ加二成敗一者也、

五　札狼藉田畠事

一　札狼藉田畠之事、於二于年貢地一者、可レ爲二地頭計一、至二于恩地一者、以二下知一可レ定レ之、但、就二于負物等之儀一者、隨二分限一可レ有二其沙汰一、

六　名田地無意趣取放事

一　名田地無二意趣一取放事、非法之至也、乍レ去至二于年貢等過分之無沙汰兩年一者、不レ及二是非一、

七　山野之地事

一　山野之地就二于打起一有二論レ境儀一者、糺二明本跡一可レ定レ之、若亦依二舊境一難レ知者、可レ爲二中分一、此上互有二菟角申族一者、可レ充二給別人一、

八　各恩地事
旱兩損原作損旱損據抹消符傍書改

一　各恩地之事、自然雖レ有二水旱兩損一、不レ可レ望二替地一、隨二其分量一、可レ致二奉公一、雖レ然於下于抽二忠勤一輩上者、似合地可レ充二行之一、

九　私領名田之外恩地領無左右令沽却事
有下原有自由、以抹消符削

一　私領之名田外、恩地領無二左右一令二沽却一事、停二止之一畢、雖レ如レ此制一、有二難レ去用所一者、言二上子細一、定二年記一、可レ令二賣買一、自今以後　有二・奸謀之輩一者、可レ處二罪科一、

一〇　親類被官其外之人等令誓約事

一　親類、被官、其外之人等爲レ不レ申二事由一、誓約之取替、可レ爲二逆心同前一、但於二

一一 舊被官他人召仕之時本主見合捕之事

一二 喧嘩事

一三 被官人之喧嘩幷盜賊等事

可相尋據傍書補
細下原有可相尋以抹
消符削

一四 無意趣而乖寄親事

乖原作卒意改
安下原有可以抹消符
削

一五 耽亂舞遊宴野牧川狩等不可忘武道事

于虎口上一、爲レ勵ニ忠節一、神水事者不レ苦、

一 舊被官他人召仕之時、本主見合捕レ之事、停止畢、斷ニ筋目一而可ニ請取一、兼又主人聞傳、相屆之處、當主納得之上、令ニ逐電一者、自餘者一人可レ辨レ之、奴婢雜人之事、任ニ式目一、無ニ其沙汰一過ニ十ケ年一者、不レ可レ改レ之、

一 喧嘩之事、不レ及ニ是非一、可レ加ニ成敗一、但雖ニ取懸一、於下于令ニ堪忍一輩上者、不レ可レ處ニ罪科一、然ニ以ニ贔屓偏頗一令ニ合力一者、不レ論ニ理非一、可レ爲ニ同罪一、若不慮之外ニ犯ニ殺害刃傷一者、妻子家内之事者、不レ可レ有ニ相違一、但、犯科人令ニ逐電一者、縦雖レ爲ニ不慮之儀一、先召ニ置妻子於當府一、可レ相ニ尋子細一、

一 被官人之喧嘩幷盜賊等之科、不レ可レ懸ニ主人一之事者勿論也、雖レ然欲レ糺ニ實否一之處、件主人無レ科之由頻陳申、相拘之間ニ令ニ逐電一者、主人之所帶三ケ一可ニ沒收一、無ニ所帶一者、可レ處ニ流罪一也、

一 無ニ意趣一而乖ニ寄親一事、可レ停ニ止之一、有ニ如レ然族一者、自今以後、理不盡之儀定出來歟、但、寄親非分無ニ際限一者、可下以ニ目安一・申上、

一 耽ニ亂舞、遊宴、野牧、川狩等一、不レ可レ忘ニ武道一、天下戰國之上者、抛ニ諸事一、武具用意可レ爲ニ肝要一、

一六 負物人或號遁世或號闕落分國令徘徊事

一 負物人或號二遁世一、或號二闕落一、分國ニ令二徘徊一事、罪科不レ輕、然者於三于令二許容一者、彼負物許容人可二辨濟一、但、賣身奴婢等之事者、可レ任二先例一、

一七 川流之木幷橋事

一 川流之木幷橋之事、於二于木一者、如二前々一可レ取レ之、至二于橋一者、本所江可二返置一、

一八 淨土宗與日蓮黨法論事（人原作者以抹消符削、據傍書補、ニ下原有犯科以抹消符削）

一 淨土宗與日蓮黨法論之事、於二于分國一不レ可レ致レ之、若有二取持・人一者、師檀共ニ・不レ可レ許レ之、

一九 持妻子出家事

一 持二妻子一出家不レ可レ供二養之一、若有下背二此法意一輩上者、師檀共ニ不レ可レ遁二其科一、但、後二悔先非一、永就二于捨レ妻置一者、強不レ及二禁制一、役等之事者、依二其擬（追16）一可レ被レ行レ之、

二〇 被官出仕座席事

一 被官出仕座席之事、一兩人定置之外者、更不レ可レ論レ之、惣別非二戰場一而諍二意趣一事、却而比興之次第也、

二一 相論半出手事（裁原作載意改）

一 於下于出二沙汰一輩上者、可レ相二待・裁許一之處、相論半出レ手事、非レ無二越度一、然間不レ及レ聞二理非一、可レ落二着之一、

二二 童兒口論事

一 童部之口論不レ可レ及二是非一、但、兩方之親可レ加二制止一之處、結句致二鬱憤一者、其父爲レ世不レ可レ有レ不レ誡、

二三
指置本奏者以別人申入事

二四
自面之訴訟直不可披露事
裁原作載意改

二五
分國諸法度事

二六
晴信行儀法度以下有旨趣相違者以目安可申事
賤右傍有抹消符恐非

一　指二置本奏者一、以二別人一申入事、幷他之寄子申請儀、可レ令二停止一之由、具以載二先條一畢、

一　自面之訴訟直ニ不レ可二披露一、但、寄子之訴可レ被レ致二奏者一事勿論也、併依二時宜一可レ有二遠慮一歟、是非以レ使可レ令二裁許一、沙汰之日之事者、如レ載二先條一、寄子、親類、縁家類之披露、可レ令二停止一、

一　分國諸法度之事、不レ可レ令二違犯一、雖レ為二細事之儀一、不レ致二披露一、恣有二行レ之事一者、早可レ令レ改二易彼職一、

一　晴信於二于行儀、其外之法度以下一、有二旨趣相違事一者、不レ撰二貴賤一、以二目安一可レ申、依二時宜一可レ成二其覺悟一、

天文拾六年丁未

六月朔日　（晴信）（花押）

保阪潤治氏本

Ⅱ　甲州法度之次第（五十五箇條本）

甲州法度之次第

一　國中・地頭人等不レ申二子細一、・恣稱二罪科・跡一、私令二沒收一・條、甚以自由之至也、若犯科人等爲二晴信被官一者、不レ可レ有二地頭・綺一、田畠之事者、加二下知一、可レ出二別人一、年貢諸役等・地頭江速可二辨償一、至二・恩地一者、不レ及二書載一、次在家幷妻子資財之事者、如二定法一、職仁可レ渡レ之、

一　出二公事於沙汰場一之後、奉行人之外、不レ可レ致二披露一、況於二・落着之儀一乎、若又未レ出二沙汰場一・者、雖レ爲二奉行人之外一、不レ及レ禁レ之歟、付、爲二壹人一申事、一切不レ可レ有レ之[75]、

一　不レ得二內儀一而、他國へ音物書札遣レ之事、一向・停二止之一畢、

法以下五字青本作新式目

一　罪科跡事
中下古本池本靜本松本保本有之〇等古本池本青本松本保本無〇細下池本青本松本有而〇科下古本池本靜本松本有之〇收下諸本有之〇以同上無〇等同上無〇頭下池本青本靜本保本有之〇等下池本青本松本有者〇江青本松本無〇至靜本作到〇至下池本有于〇之松本無〇仁古本池本青本松本保本無九本作へ

二　公事披露事
出諸本在事下〇於同上無〇之古本青本無池本靜本松本作江〇之青本無〇於下諸本有于〇之儀青本無〇乎諸本作哉〇又九本作亦〇未靜本作不〇場下古本池本青本松本保本有以前靜本有江以前〇之青本無〇及禁之歟付池本作苦內々之披露成共〇之靜本無〇歟青本松本無〇細註據古本補、宜參看補註〇壹池本作一

三　他國遣音物書札事
而靜本無〇へ青本松本無〇物靜本作信〇遣諸本在音上〇之古本青本靜本松本無〇向下古本青本靜本有令〇之諸本無

國下古本池本保本有之○人下保本有者○謀略松本保本作計儀○之青本松本無○來古本池本青本松本保本作比○通諸本在書上○能古本靜本松本保本作及青本作覃○之據諸本補○歟青本松本無

四　他國結緣嫁事

へ青本靜本松本無○嫁池本青本靜本作者○或下青本松本保本有者○執古本池本靜本松本保本作取○或下青本松本有者○官下松本保本有種々○太諸本作甚○歟松本保本作也○有據古本池本青本靜本補○誠下池本靜本松本保本有者

五　札狼藉田畠事

藉下保本有之○畠下古本池本靜本保本有之○者古本無○頭下靜本保本有之○至下古本池本有于○就九本作至于○就下青本有于○有原作及據諸本改○也同上無

六　百姓抑留年貢事

貢下池本靜本保本有之○於松本無○於下古本池本青本有于○地下九本有之事○頭下保本有之○非分原作罪科據諸本改○之儀青本松本保本無○之下保本有也

七　名田地無意趣取放事

趣下古本保本有而○取青本作執○放下池本靜本保本有之○但池本作乍去至于○但下古本松本保本有有○等松本保本無○等下靜本有有○之池本青本松本保本無

但信州在國・人、・爲二・謀・略一、一國中通用者、無二是非一次第也、若境目・之人、日・來書狀・通來者、不レ・能レ禁レ・之・歟、

一　他國へ・結二縁・嫁一、或・・執二所領一、或・出二被官一、・契約之條、・太以爲二違犯之基一・歟、堅可レ禁レ之、若・有下背二此旨一輩上者、可レ加二炳誡一・也、

一　札狼藉・田畠・事、於二年貢地一・者、可レ爲二地頭・計一、至二・恩地一者、以二下知一可レ定レ之、但、・就二・負物等之儀一者、隨二分限一、可レ・有二其沙汰一・也、

一　百姓抑二留年貢一・事、罪科不レ輕、・於二・百姓地一・者、任二地頭・覺悟一、可レ令二所務一、若有二・非・分之・儀一者、以二檢使一可レ改レ之、・

一　名田地無二意趣一・・取放・事、非法之至也、・但・年・貢等・過分之

無沙汰、剰至二兩年一者、不レ及二是非一、

一 山野之地就二・打起一、四至・傍爾・境・論・者、糺ヨ明本跡一、可レ定レ之、・若又依二舊境一、不レ及二分別一者、可レ爲二中分一、此上猶有二諍論之族一者、可レ附二于別人一、

一 有二地頭申旨一、下二田札一之處、無二其理一、至レ・捨二作毛一者、從二翌年一、彼田地可レ任二地頭・覺悟一、・乍レ去、雖レ不レ刈ヨ取作毛一、令レ辨二濟年貢一者、不レ可レ有二別條一、兼又於二地頭非分一者、知行・半分可レ召ヨ上之一也、

一 各恩地・事、自然雖レ有二水旱・兩損一、不レ可レ望二替・地一、隨二其分量一、可レ致二奉公一、雖レ然、於下抽二忠節一輩上者、・相當・地可レ充ヨ給之一、

剰至池本無〇非下青本松本保本有歟九本有也

八 山野之地事

之松本無〇就下池本有于〇四至傍爾松本
保本作有〇爾下池本青本有之〇境論古本
池本靜本作論境松本作論境儀保本作論境
之儀〇境下青本有爲〇論下同上有諍〇之
下池本有也〇又九本作亦〇舊松本作古〇
不及分別九本作難知〇及池本青本作覃松
本保本無〇別松本保作作明〇猶松本作於
九本作互〇諍論九本本兔角申〇之池本青
本靜本松本保本無〇作松本無〇附九本作
定給丶但定當作充〇族諸本無〇人下青本
保本有也九本有者也

九 點札事

申旨下九本作所言成〇旨池本作所〇田古
本池本青本靜本作點〇理靜本松本保本作
斷〇至下池本有于〇從青本作自〇可靜本
無〇任保本無〇頭下同上有之〇悟下靜本
有可相計保本有任也〇取青本作執〇辨濟
九本作沙汰〇又古本池本作亦〇於九本在
頭下〇行下池本青本靜本松本保本有之內
〇可古本無恐非〇之古本無池本以下作者
恐是〇也九本無

一〇 各恩地事

地下古本池本青本靜本保本有之〇旱下靜
本保本有之〇替下保本有之〇其同上無〇
量松本保本作限〇節諸本作勤〇輩九本作
之族〇者下古本保本有以〇相當九本作似
合之〇當下古本池本青本靜本保本有之〇
之古本池本無青本作也保本作者也

二 拘恩地人夫公事事

拘古本池本青本靜本在恩上〇十古本青本
作拾〇辛丑池本靜本在年下〇年古本青本
無〇以前九本作迄〇十青本保本作拾〇へ
保本無〇等松本保本無〇及松本作能〇及
池本作於于松本保本作於〇之古本青本靜
本無〇也古本池本青本靜本無

一 恩地拘人、天文十辛丑年以前十箇年、地頭へ夫公事等無レ勤者、不レ及レ改レ之、但、及二九年一者、隨二事之躰一、可レ加二下知一也、

二二 私領名田之外恩地領無左右令沽却事

領下池本靜本松本保本有之〇之青本松本
無〇領池本作等〇却下保本有之〇之古本
池本松本保本無〇訖諸本作畢〇無據松本
保本作有難去用所〇期同上作記〇買下古
本池本青本靜本有之〇事松本保本無九本
作自今已後有姧謀之輩者可處罪科者也

一 私領・名田之外、恩地領無二左右一、令二沽却一・事、停二止之一訖、雖二如レ此制一、無レ據者、書二上子細一、定二年期一、可レ令二賣買一・事、

二三 百姓出夫事

姓下古本有所〇出夫原作夫出據諸本改〇
之處古本池本無〇被松本作或者保本作或
〇殺下池本有害〇族松本作害或者逐電保
本作害或令逐電〇彼主池本松本保本無〇
箇諸本無〇日下池本青本靜本有者〇令池
本松本保本無〇而保本無〇々保本無〇之
青本無〇及下同上有是非〇之池本無〇次
下原有之據諸本削〇上下池本青本靜本松
本有爲〇人下古本有而〇雖同上無〇歟古
本青本松本無池本靜本作也〇注書松本保
本無〇指青本作差〇及池本無〇頭據古本
以下補〇十青本作拾〇之池本無〇右下古
本青本有之〇夫下青本有丸〇事青本作者
也靜本無

一 百姓・出レ夫之處、於二陣中一被レ殺・族者、彼主其砌三十箇日・可レ令二免許一、然而如二前々一可レ出レ夫、荷物失却之事者、不レ及レ・改レ之、次・夫逐電之上、・不レ屆二本主人一・令二許容一者、縦雖レ經二數年一、難レ免二罪科一歟、

付、夫無二指咎一、主人及二殺害一者、其地頭へ十ケ年之間、右・夫・不レ可レ勤之事、

一四　親類被官私令誓約事

類下松本有之〇私令松本保本作其外人等爲不申事之由〇約下古本池本靜本松本保本有之〇條松本保本作取替〇可爲青本無〇於下池本靜本有于〇戰場九本作虎口〇之上青本無〇勵同上作可抽〇致盟約松本作神水保本作神水之事〇者不苦據靜本補〇歟松本保本作也

一五　譜代被官他人召仕之時本主見合搦之事

譜代松本保本作舊代九本作舊〇代下池本靜本有之〇人下池本有江被〇仕青本作使〇主下池本松本保本有人〇合下青本有ニ〇搦諸本作捕〇旨靜本作意〇旨趣松本保本作筋目〇而古本池本青本松本保本無〇又池本作亦〇主下靜本松本保本有人〇領掌松本保本作納得〇以同上無〇餘下古本池本青本松本保本有之〇壹古本池本青本靜本松本作一九本作二〇壹人保本無〇者同上無〇十青本保本作拾〇任式目松本保本在無上〇之下青本有事九本有者也

一六　奴婢逐電事

之古本池本青本作以〇之下靜本松本保本有以〇頭古本松本作次〇合下九本有仁〇欲松本保本作爲〇人下池本有江保本有而〇私宅松本保本作在所〇事下同上有者〇法以下五字本松本作沙汰限併急寄親保本作沙汰之限併兼寄親〇ヘ下松本保本有先〇還諸本作返〇但下松本有覃暮日保本有及暮日九本有及日暮〇遙靜本松本保本作遠〇其理松本作難届保本作難届令九保本作届〇事下青本有者〇三類本作七〇不下靜本有可〇歟保本作哉松本無

一　親類・被官私令二誓約一・條、可レ爲二逆心同前一、但、於二・戰場之上一、爲レ勵二忠節一、致二盟約一者、不レ苦歟、

一　譜代・被官他人・召仕之時、本主・見合・搦之事、停二止之一畢、斷二旨趣一而可レ請二取之一[76]、兼又主人聞傳、相届之處、當主・領掌之上、令二逐電一者、以二自餘・者壹人一、可レ辨レ之、奴婢雜人之事者、無二其沙汰一過二十ケ年一者、任二式目一[77]、不レ可レ改レ之、

一　奴婢逐電之・後、自然於二路頭一見合、欲レ糺二當主人一、本主私宅へ召連之事、・非法之至也、先當主人之方へ・可二還置一、但、依二境遙一、其理遲延之事、・五三日迄者、不レ・苦歟、

一七　喧嘩事
嘩下古本池本静本松本保本有之〇事下九
本有者〇罩古本池本静本松本保本作及〇
非下静本有双方〇敗下九本有也〇取青本
作執〇於下池本青本有于〇令池本松本保
本無〇忍下池本静本松本保本有之〇科青
本作過〇而古本以下無松本作者〇族池本
松本保本無〇科諸本作罪〇慮下池本松本
保本作之外〇傷原作場據諸本改〇但原作
仍據池本青本静本松本保本改〇儀九本作
外〇置松本作連〇於池本作于〇相古本青
本松本保本無〇細下松本有者〇也池本静
本無

一八　被官之喧嘩并盗賊等事
官下古本池本青本静本保本有人〇之青本
無〇嘩下同上有事〇并池本無青本作同〇
事諸本作之科〇人下古本池本静本松本保
本有之〇事下古本池本青本静本松本有者
〇件下池本松本保本有之〇科青本作過〇
頻下池本有而〇之古本無〇半保本作之間
〇之青本保本無〇帯松本保本作領〇流罪
池本松本保本作罪科〇罪下古本静本保本
有者〇也松本無

一九　無意趣而嫌寄親事
而池本青本無〇嫌松本保本作卒、當作乖
〇自以下六字同上作可停止有〇之青本無
〇於下同上有于〇之古本青本静本松本保
本無

一　喧嘩・事・不レ・覃二是非一、・可レ加二成敗一、・但雖二・取懸一、於下・・令二堪忍一・輩上者、不レ可レ處二・罪科一、然・而以二贔[78]屓偏頗一、令二合力一・族者、不レ論二理非一、可レ爲二・同科一、若不慮・犯二殺害刄・傷一者、妻子家内之事者、不レ可レ有二相違一、・但、犯科人令二逐電一者、縱雖レ爲二不慮之・儀一、先召二・置妻子・於當府一、可レ・相二尋子細一・・也、

一　被官・・之喧嘩・・并盗賊等・事、不レ可レ懸二主人一・事・勿論也、雖レ然欲レ糺二實否一之處、件・主人無レ・科之由、頻・陳申、相拘・之・半令二逐電一者、主人・之所帶三ケ一可二沒收一、無二所・帶一者、可レ處二・流・罪一・・也、

一　無二意趣一・而・嫌二寄親一事、・自・由・之至・也、・於二・如レ然・之族一者、自今

儀定青本作沙汰〇解原作懈據古本以下改〇解狀青本靜本松本保本作目安〇訴訟松本作申之保本作申上也

二〇 耽亂舞遊宴野牧河狩等不可忘武道事

河古本作川〇者保本無〇事九本作儀〇之古本池本青本松本無〇要下青本保本有也九本有者也

二一 川流木幷橋事

川池本靜本保本作河〇流下古本池本靜本保本有之〇橋下古本池本靜本松本保本有之〇於下池本青本靜本有于〇取青本作執〇至靜本作到〇至下池本靜本有于〇置下池本青本靜本保本有也

二二 淨土宗與日蓮黨不可有法論事

宗下諸本有與〇於以下八字松本保本作法論之事於分國不可致之〇於下池本青本有于〇有池本作至于〇取青本作執〇且古本池本青本作檀〇ニ古本以下無九本〇仁可處本九本作不可許〇科青本作過〇科下保本九本有者也

二三 被官出仕座席事

仕下松本保本有之〇席下古本池本靜本松本保本有之〇人青本保本作輩〇上九本作外〇保本非戰場而〇松本保本作爲非戰場而原作者據古本以下改〇諍池本作論〇事古本青本靜本松本保本作之〇松本無〇次第也保本作至歟

已後、理不盡之儀、定出來歟、但、寄親非分無ニ際限一者、以ニ解狀一可ニ訴訟一、

一 耽ニ亂舞、遊宴、野牧、河狩等一、不レ可レ忘ニ武道一、天下戰國之上者、抛ニ諸事一、武具之用意可レ爲ニ肝要一、

一 川流・木幷橋・事、於レ・木者、如ニ前々一可レ取レ之、至レ・橋者、本所へ可ニ返置一、

一 淨土宗・日蓮黨、於ニ・分國一不レ可レ有ニ法論一、若有ニ取持人一者、師旦共ニ可レ處ニ罪科一、

一 被官出仕・座席・事、一兩人定置之上者、更不レ可レ論レ之、惣別非ニ戰場一而、諍ニ意趣一事、却而比興之次第也、

二四 相論半致狼藉事

於下池本青本靜本有于〇汰下九本有之〇可下保本有相〇論下同上有之〇半下九本有仁〇不以下八字松本保本作出手事〇藉下古本池本靜本有之〇者松本保本作而恐非〇及青本作覃〇善惡松本保本作鬪理非九本作理非〇附以下六字松本保本作落着者也〇人下青本有也

二五 童兒口論事

部下古本池本靜本松本保本有之〇可諸本無〇歟松本保本無〇但松本無恐非〇却而松本保本作結句〇誡下青本有也九本有事者也

二六 童兒誤殺害朋友等事

誤下松本保本有爲〇朋九本無〇等保本作之〇松本無〇者松本保本作事〇可青本松本無〇於松本作至〇於下池本有于〇十保本作拾〇三松本保本作五〇遁古本松本作免〇作咎青本作過九本作科〇咎下青本保本有也

二七 闇本奏者就別人企訴訟事

闇九本作指置〇就松本作以〇就下池本有于〇企以下五字松本作申入事幷〇子下古本池本靜本有之〇條以下十字松本作申請儀一切保本作申請之儀〇可下松本保本有令〇之池本作也〇之下池本青本靜本有此〇旨松本保本作由

二八 自分之訴訟直不可致披露事

一　於下・出ニ沙汰一・輩上者、可レ・待ニ裁許一之處、相論・半、・不レ・決ニ理非一、・致ニ狼藉一・條、・非レ無ニ越度一、然・者不レ・及ニ善惡一、可レ・附ニ論・所・於・敵・人一、・

一　童部・口論不レ可レ及ニ是非一歟、・但、兩方之親可レ加ニ制止一之處、・却而致ニ欝憤一者、其父爲レ世不レ可レ有レ不レ誡、・

一　童部誤・殺ニ害朋友等一者、不レ可レ及ニ成敗一、但、於ニ・十三已後之輩一者難レ遁ニ其咎一、・

一　・闇ニ本奏者一、・就ニ・別人一・企ニ訴訟一、・又望ニ他之寄子一・條、奸濫之至也、自今以後、可ニ・停止一之・旨、具以載ニ先條一畢、

一　・自分之訴訟直不レ可レ致ニ披露一、就ニ・寄子・訴一、・可レ・致ニ奏

自上青本有自今已後〇分松本保本作面〇
致保本無〇就松本保本作但〇就下池本有
于〇子下古本池本松本保本有之〇訴以下
五字青本作寄親可訴訟〇訴下池本靜本有
訟松本保本有訟者〇可下古本池本有被〇
事下九本有者〇雖然松本保本作併〇歟下
松本保本有是非以使可令裁許、但裁松本
保本作載〇者保本無〇縁下松本保本有嫁
〇類古本作嫁池本作者青本靜本作家〇等
以下五字松本保本作之披露〇禁遏松本作
停止保本作令停止〇也靜本松本無

二九 分國諸法度事
縱以下五字松本保本無〇事保本作趣九本
作儀〇者諸本無〇事下松本保本有之儀九
本有爲〇執松本保本作有〇行下松本有之
事〇者保本作事〇職下青本有也松本保本
有者也

三〇 近習輩事
習下古本池本靜本松本保本有之〇於下池
本靜本有于〇令靜本無〇之池本青本作也
九本作者也

三一 他人養子事
子下古本池本靜本有之〇達青本作對靜本
保本作就于松本作就〇者下靜本松本保本
有及披露〇遺跡印判古本池本靜本在請下
〇遺跡松本保本無〇跡下池本有之〇印判
松本保本在請下〇而下同上有以〇去九本

・者一事・勿論也、・雖レ・然依二時宜一、可レ有二遠慮一歟、・沙汰之日事・者、
如レ載二先條一、寄子親類縁・・類・等・申・趣、・一・切可二・禁・遏一・也

一 ・縱・雖レ・任二・其・職一、分國諸法度之・事・者、不レ可レ令二違犯一、雖レ爲二細
事一、・不レ致二披露一、恣・執行・・者、早可レ令レ改三易彼職一、・

一 近習・輩、於二・番所一、縱雖レ爲二留守一、世間之是非廾高聲、可
レ・令レ停三止・之一、

一 他人養子・事、・達二奏者一、・・遺・跡・・印・判可二申請一、然而・後父令二
死・去一者、縱・雖レ有二實子一、不レ能二敍用一、但、對二繼母一爲二不孝一者、
可レ悔三還・之一、次恩地・外、田畠、資財、雜具等・之・儀・者、可レ任二・亡

父・讓狀一、

一 棟別法度・事、既以二日記一、其郷中へ相渡之上者、雖レ爲二或・逐電・或・死去一、於二・其郷中一、速可レ致二辨償一、爲レ其不レ改二新屋一也、

一 他郷へ有二移レ屋人一者、追而可レ執二棟役錢一・事、

一 其身或・捨レ家、或・賣レ家、國中・徘徊・者、何方迄も・追而、可レ取二棟別錢一、雖レ然其身無二一錢・料簡一者、其屋敷・拘人可レ・濟レ之、但、屋敷於二・貳百疋之内一者、隨二其分量一、可レ有二其沙汰一、自餘者郷中令二一統一、可レ償レ之、縱雖レ爲二他人之屋敷同家一、屋敷就二相拘一者、不レ及二是非一歟、

作失〇雖古本池本無〇之諸本無〇地下同上有之〇之儀九本無〇者池本靜本無〇亡松本無九本作其〇父下九本有之〇狀下青本有也保本有者也

三二 棟別法度事

度下古本池本靜本松本保本有之〇既松本保本在記下〇雖池本在或下〇爲諸本無〇自或至於七字松本保本作死失候九本作死去候〇或下池本靜本有令〇電下青本有令〇或下靜本有爲〇去靜本作失〇於下池本青本有于〇速九本作ニ而〇致池本松本保本無〇償古本池本青本靜本松本保本作濟〇不以下五字松本保本作無新屋之改之事

三三 移屋於他郷人事

有移屋松本保本作移屋敷有越九本作移屋有越〇屋池本青本靜本作家〇可以下六字松本作棟別役可取之〇執古本保本作取〇棟役錢保本作之〇役青本作別〇錢下古本池本有之〇事青本作也九本無

三四 捨家賣家而國中徘徊者棟別錢事

或捨家據古本以下補〇或下青本松本保本有者下同〇中下保本有令〇徊下同上有之〇も池本無〇取青本作執〇棟別錢松本保本作之〇無一錢料池本青〇松本保本作一錢之無了靜本作一錢之無料〇錢下九本有之〇數下青本有相〇可下松本有相〇屋數池本無〇於池本作至于自青本作於于松本作至從保本作至于從〇於貳百靜本作役仕十〇於下青本有于〇貳池本作仁〇百松本作十〇之諸本無〇其青本無〇量古本無池

本以下作限〇自餘池本靜本松本保本作其
外〇令一統池本松本保本無〇償池本保本
作打合松本作爲打合〇之松本保本無〇之
同上作其〇同池本松本保本無〇屋數同上
作共青本無〇就池本青本靜本保本作付而
松本作付丶並在拘下〇及池本作覃〇歟池
本靜本作事青本作之事九本作也松本無

三五 棟別侘言事
訖諸本作畢〇但池本青本靜本作併松本保
本無〇或下青本松本有者下同〇去下池本
靜本有之〇者松本保本無〇及青本靜本在
錢下〇錢松本保本無〇糺下池本有明〇隨
其分限松本保本無〇許下青本保本有也

三六 悪黨成敗家事
者青本無〇及同上作覃〇事靜本松本保本
無〇但以下據靜本補〇惣而松本作相別〇
別同上作役〇事保本作之者也九本無

三七 河流家事
河古本池本青本靜本松本作川〇流下保本
有之〇屋池本作家下同〇自鄕至也廿一字
松本作可爲鄕中打合但家十間計茂流者可
引丶保本有小異宜參看補註〇流下池本有
之〇于古本青本靜本無〇十池本青本作拾

一　棟別侘言一向停止・訖、・但或・逐電、或・死去・者就レ有二數多一、
・及二棟別・錢一倍一者、可二披露一、糺二・實否一、以二寛宥之儀一、・隨二・其・分
・限一、可レ令二免許一、・

一　悪黨成敗家之事者、不レ・及二是非一・事、・但其一鄕有二新屋一者、以二
奉行一改レ之、爲二其代一可レ取レ之、若無二新屋一者、可レ爲レ引、・惣・而
・棟別不レ可レ懸二田地一・事、

一　・河流・家之事、以二新・屋一可レ致二其償一、無二新屋一者、・鄕[79]中令二同
心一、可レ辨二濟之一、若流・事、至二・于十・間一者、不レ・及レ改也、
・付、・死去・跡・事者、可レ准レ右、・

〇間靜本作軒〇及青本作覃〇也古本作之〇付松本保本無〇死以下同上大書爲本文〇去同上作失〇去下古本松本保本有之〇跡松本保本無跡下古本池本青本靜本有之〇者松本保本無〇右下青本有也

三八　借錢法度事

事下松本保本有代物〇從青本松本作自〇諸方松本保本作方々〇之青本松本無〇以下六字松本保本作可爲先札次第〇借狀同上在至下〇至池本作別〇其方松本在着下〇へ同上無〇事松本作也保本作者也

三九　田畠等書入借狀先後事

畠青本松本保本作畑〇等九本無〇方々原作之方據除古本諸本改〇へ古本松本保本無〇へ下九本有致〇書入松本保本在狀下〇事上古本靜本保本有之〇可用先狀松本作先狀可爲本〇科青本作過〇科下青本有也保本有者也松本有付〇自負至事十三字據池本補〇事下靜本松本有者〇狀下松本有之〇事靜本松本無

四〇　親子負物互可懸否事

可保本無〇之方へ同上無〇狀下九本有仁〇又青本作亦松本保本作子〇就下池本靜本保本有于〇拘松本保本無〇其古本無〇遺松本保本無〇跡下同上有持〇子之九本無〇之事松本保本無九本作者也

一　借錢法度之事、無沙汰人之田地、從二諸方一相押之事、以二先札一可レ用レ之、但、借狀至レ無レ紛者、其方へ可二落着一事、

一　同田畠等、方々へ書ヨ入借狀一事、可レ用二先狀一、雖レ然至二謀書謀判一者、可レ處二罪科一、負主之事、彼借狀方江可レ渡レ之事、

一　親之負物、其子可二相濟一事勿論也、子之負物、親之方へ不レ可レ懸レ之、但、親借狀加筆者、可レ有二其沙汰一、若又就二早世一、親至レ拘二其遺跡一者、雖レ爲二逆儀一、子之負物可二相濟一之事、

四一 負物人號遁世逐電分國令徘徊事
或下青本松本保本有者下同〇逐電池本松
本保本作闕落〇事青本作者〇科同上作過
〇於下池本靜本有于〇之諸本無〇族青本
作人〇物下松本有許容人〇之諸本無〇之
池本無〇事池本保本無〇例下青本有也松
本保本有者也

四二 惡錢事
錢下古本池本靜本松本保本有之〇事下池
本青本靜本有者〇立以下十一字松本作如
立置判錢可除之保本作如市中別錢可除之
〇置青本靜本無〇市原作方據古本以下改
〇者古本青本靜本無〇之下池本有也青本
有事

四三 載恩地於借狀事
載諸本在地下〇於諸本無〇事下松本保本
有爲〇無同上作不〇露下古本有而〇之諸
本無下同〇出松本保本作以〇令九本無〇
逐電松本保本作死去九本作死失〇者古本
無〇之古本池本青本靜本松本無〇期松本
保本作記〇可據池本松本保本補〇擧先判
若松本保本作上之但〇依松本保本無九本
作就〇就出置松本保本作付而有出置事九
本作有出置事〇就下池本靜本有于〇等松
本保本無〇之青本靜本無〇之事松本保本
作者也

四四 逐電人之田地事
之青本松本保本無〇取青本作執松本保本
在錢下〇之古本青本無〇方松本無〇へ池
本無〇速九本無〇濟下池本靜本有之〇事
靜本松本保本無〇但以下十五字據靜本補
〇頭下松本保本有至〇事松本無保本作之

一 負物人或號二遁世一、或號二逐電一、分國令二徘徊一事、罪科不レ輕、
然者、於二許容之族一者、彼負物可レ辨二濟之一、但賣レ身奴婢等之
事者、可レ任二先例一、

一 惡錢事、立二置市中一之外者、不レ可レ撰レ之[80]、

一 載二恩地於借狀一事、無二披露一不レ可レ請二取之一、其上出二印判一、
可レ相二定之一、若彼所領主令二逐電一者、隨二事之躰一可レ有二其沙汰一、
過二年期一者、可レ擧二先判一、若依二侘言一就二出置一者、恩役等可二相
勤一之事、

一 逐電人之田地、取二借錢之方一者、年貢夫公事以下、地頭へ速可二
辨濟一事、但、地頭負物相濟者、彼田地可二相渡一事、

四五　穀米地負物不可懸之事
雖保本無〇年池本青本作歳〇科青本作過〇科下古本有之〇事青本松本保本作也九本作者也

四六　負物人死去事
去靜本松本作失〇去下靜本松本保本有事〇正松本保本作改〇口上池本松本保本有致〇入下池本靜本有之〇人池本青本靜本松本保本作者〇之古本池本青本靜本無〇之青本無〇之事松本作也九本無〇事保本作也

四七　以連判致借錢事
判就松本保本作文書〇就古本無〇就下靜本有于〇錢青本作狀〇錢下青本靜本有者〇若松本保本作之時九本作等之時〇數古本靜本作衆〇數下諸本有之〇逐電死去松本保本無沙汰〇死去池本青本靜本〇償池本青本靜本保本作濟〇之松本保本無宜參看補註

四八　質物事
之青本松本無〇若九本無〇分下松本保本有鳥目〇取青本作執〇雖以下五字松本保作切之月日相過共保本作切之月日雖相過九本作雖切之月日相過〇約下古本池本靜本有之〇爾松本無〇之青本無〇至靜本作到于〇至下池本保本有于〇三下松本保本有ケ〇上下古本池本靜本有猶青本有於于〇之下池本青本靜本有也九本有者也

一　穀米地負物不㆑可㆑懸㆑之、但、作人構㆓虚言㆒者、縱・雖㆑經㆓・年月㆒、
可㆑處㆓・罪科㆒・事、

一　負物人有㆓・死去㆒・者、・正㆓・口入・・人之名判㆒、其方ヘ可㆓催促㆒
・之事、

一　以㆓連・判㆒・就㆑・致㆓借錢㆒、・・若彼人數・內令㆓・逐電・死去㆒者、縱雖
㆑為㆓一人㆒、可㆑辨㆔・償之㆒、[81]

一　相當之質物之儀者、如㆑定、・若過分之質物、以㆓少分㆒・取㆑之者、
縱・雖㆑過㆓・兼約・期㆒、聊爾不㆑可㆓沽却㆒、利潤・之勘定至㆑・無㆓損亡㆒
者、五三・月相待、頻加㆓催促㆒、其上・令㆓無沙汰㆒者、以㆓證人㆒可
㆑賣㆑之、・

四九 田畠年紀賣并沽却事

期松本保本作記〇畠松本作畑〇又以下十
字松本保本作并〇之池本青本靜本無〇令
古本無松本保本作有〇却下保本有年貢前
事〇賣以下五字松本保本作錢主同借人〇
并池本無青本在買人下〇主人青本無〇へ
松本保本無〇之青本靜本無〇上下松本保
本有負物人〇或下青本松本有者〇取青本
作執〇之松本無〇或下青本保本有者〇買
人松本保本作錢主〇帶同上無〇之古本池
本青本無〇之下松本保本有以〇狀下同上
有申〇用下池本有歟青本保本有也

一　負物之分定ニ年期一、渡ニ田畠一、又者書ヨ加ニ土貢之分量一、欲レ令ニ沽却一・者、賣人并買人、其地頭主人へ可ニ相屆一、無ニ其儀一之上、・或・依ニ折檻一主人取ヨ放之一、或・有ニ子細一地頭改レ之時、縱買人雖レ帶ニ負物人之・借狀一、・不レ能ニ信用一、[82]・

五〇 米錢借用事

用下古本池本靜本保本有之〇促下松本有
但〇其池本青本無〇怠下保本有也〇然下
松本保本有借〇等下靜本保本有之〇借松
本保本作米〇處青本作所〇輕以下六字青
本無〇不肖靜本作下翟松本保本作無力、
宜參看補註〇又靜本作亦〇前下九本有歟

一　米錢借用・事、至ニ一倍一者、頻可レ加ニ催促一、・此上猶令ニ難澁一者、可レ有ニ其過怠一、・自然・地下人等・借錢之處、輕不肖負物人[83]令ニ無沙汰一者、可ニ披露一、是又右同前、・

五一 藏主逐電事

就下池本青本靜本保本有于〇者池本無下
同〇記下青本有可〇調下青本有之松本有
代物保本有代〇至下池本靜本有于〇錢松
本保本無九本在足下〇取青本作執〇之池
本青本無〇期松本保本作記〇等松本無〇
者下池本青本靜本松本保本有當〇へ松本
無〇速松本保本無〇之池本青本靜本無〇
事池本松本保本無〇細註古本無〇付下池
本有負物之人之青本有負物之人靜本有負

一　藏主就ニ・逐電一者、以ニ日記一・相調、・至ニ・錢不足一者、其田地屋敷可ニ取上一、但、永代之借狀於ニ二傳一者、不レ可レ懸レ之、年期地之事者、可レ有ニ其沙汰一、年貢夫公事等者、・地頭へ速可レ勤レ之事、

付、・借錢經ニ年期一者、負物不レ可レ懸レ之、・

物人之○錢諸本作狀○年期池本松本保本作一作○○之下青本有也

五二 禰宜山伏等事

宜下諸本有并○伏九本作臥○等下諸本有之○事下池本青本靜本松本保本有者○憑古本池本靜本作賴松本保本作取○國下保本有之○可下同上有令○保之池本靜本保本作也松本無○下之下青本有者也

五三 譜代被官出子於他人被官事

本條松本保本無○屆下古本池本靜本有而○人下靜本有之○之諸本無○訖古本靜本作畢青本作歟○但下靜本有就○餘下池本青本靜本有之○子下古本池本靜本有之○事青本無○者靜本無○也池本青本靜本作歟

五四 百姓年貢夫公事以下無沙汰事

本條松本保本無○取池本青本靜本作執○斷古本池本靜本作理○散下池本靜本有之○月青本作期○及池本作覃青本作可○止下青本有之

五五 晴信形儀法度以下有旨趣相違者以目安可申事

於古本以下在信下青本無○形上池本有于○形池本青本靜本九本作行○儀青本作義○旨古本作意○之靜本九本無○之事青本松本無○可池本青本無○者也九本無註書靜本無○右以下七字九本作于時○十保本作拾○年古本以下無九本在于支下○置池本青本無○之古本池本松本保本無○畢青本無○追加以下九本在五七條後○加池本青本保本作而松本作ケ○二青本作貳○者松本無○年古本池本青本松本保本無

一 禰宜・山伏等・事、不レ可レ憑ニ主人一、若背ニ此旨一者、分國・徘徊可レ・停ヨ止之一、

一 譜代被官不レ屆ニ・主人一、募ニ權威一、出ニ子於他人・被官一、剩田畠悉讓與事、自今以後、令レ停ヨ止之一訖、但、・出ニ嫡子於本主人一者、自餘・子・事者、不レ能ニ禁制一也、

一 百姓年貢夫公事以下無沙汰之時、取ニ質物一、無ニ其斷一令ニ分散一・條、非據之至也、然而定ニ年月一、過ニ其期一者、不レ及ニ禁止一、

一 於ニ晴信・形儀其外之法度以下一、有ニ旨趣相違之事一者、不レ選ニ貴賤一、以ニ目安一可レ申、依ニ時宜一、可レ成ニ其覺悟一者也、

右五十五箇條者、天文十六年丁未六月定ヨ置之一畢、

追加二箇條者、天文廿三年甲寅五月・定レ之、

〇月下九本有六日〇之池本作畢九本作之畢

追一
年期賣田畠事
期松本保本作記下同〇之池本青本無〇十池本青本保本作拾下同〇ヶ池本青本松本保本無下同〇錢下靜本有可〇合松本保本作令〇主據諸本補〇於原作出據古本以下改池本作至〇於下靜本有于〇加保本無〇人下松本有之〇餘下古本靜本保本有之〇右下青本有也

追二
百姓隱田事
者下青本有縱〇十池本青本九本無〇之池本松本無〇申下松本保本有上〇旨下古本以下有者保本有付而〇猶以松本保本無〇者下九本有一日〇遣保本作以、但在使下〇有古本松本保本作爲〇怠下古本靜本有矣青本保本有者也松本有也

五六
不足錢事
者保本無〇仁同上作ニ〇充同上無〇之同上作償也

一　定二年期一之田畠、限二十ケ年一、以二敷錢一[84]合二請取一、彼主依二貧困一、於レ無二資用一者、猶加二十ケ年一、可二相待一、過二其期一者、可レ任二買人心一、自餘年期之積者、可レ准レ右、

一　百姓有二隱田一者、雖レ經二數十年一、任二地頭之見聞一、可レ改レ之、然而百姓有二申旨一、及二對決一、猶以不二分明一者、遣二實檢使一可レ定レ之、若地頭有二非分一者、可レ有二其過怠一、

東大本　古本　池本　青本　靜本　松本　保本　〔參考〕甲本　類本　九本

一　不足錢之事者、一錢仁五錢充、可レ取二過怠一、此上就二不足一者、調人可レ辨レ之、

九本三四　保本三四

五七 火難賊難死失事
失九本作去候〇失下保本有之〇露下保本有之事九本有者也

一　縦雖レ有二火難賊難死失・者一、不レ可レ致二披露一、

松本四九　保本五一　九本五一

五八 持妻子出家事
付下保本有而強同上無儀同上作事

一　持二妻子一出家、不レ可レ供二養之一、若有下背二此法意一輩上者、師旦共不レ可レ遁二其科一、但、後二悔先非一、永捨レ妻置付・者、強不レ及二禁制一、役等之儀者、依二其擬一可レ被レ行レ之、

松本五二　保本五三

Ⅲ 甲州式目(松平文庫本)

(外題)「甲州式目」

一 國中之地頭人、不申子細而、恣稱罪科之跡、私令沒收之條、甚自余之至也、若犯科人爲晴信披官者、不可有地頭綺、田畠之事者、加下知、可出別人、年貢諸役等者、地頭速可辨償、至恩地者、不及書載、次在家幷妻子資財事者、如定法、職可渡之、

一 公事出沙汰場江後、奉行人之外、不可致披露、況於落着之儀哉、若又未出沙汰場以前者、雖爲奉行人之外、不及禁之、

一 不得內儀而、他國遣音物書札事、一向停止畢、但、信州在國人、爲計儀一國中通用者、無是非次第也、若境目人、日比通書狀來者、不及禁之、

一 他國結緣嫁、或者取所領、或者出披官、種〻契約之條、甚以爲違犯基也、堅可禁之、若背此旨輩者、可加炳誡者也、

一 札狠藉田畠事者、於年貢地者、可爲地頭計、至恩地者、以下知可定之、但、就

負物等之儀者、隨分限可有其沙汰、

一　百姓抑留年貢事、罪科不輕、百姓地者、任地頭覺語、可令所務、若有非分者、以檢使可改之、

一　名田地無意趣取放事、非法至也、但、有年貢過分無沙汰、剰至兩年者、不及是非歟、

一　山野地就打起、有論境儀者、糺明本所、可定是、若又依古境不分明者、可爲中分、此上於有諍論者、可付別人、

一　在地頭申旨、下田札之處、無其斷、至捨作毛者、從翌年彼田地可任地頭覺語、乍去雖不苅取作毛、令辨濟年貢者、不可有別條、兼又於地頭非分者、知行之內半分可召上者也、

一　各恩地事、自然雖有水旱兩損、不可望替地、隨其分限可至奉公、雖然於抽忠勤輩者、以相當地可宛給之、

一　恩地拘人、天文十辛丑以前十ヶ年、地頭ヘ夫公事無勤者、不能改之、但、於九年者、隨事之躰、可加下知也、

一　私領之名田外、恩地領無左右令沽却事、停止畢、雖如此制、有難去用所者、言

上子細、定年記可令賣買、自今以後、於奸謀之輩者、可處罪科、

一　百姓出夫之處、於陣中、或者殺害、或者逐電者、其砌卅日可免許、然而如前ゝ可出夫、荷物失却之事者、不及改之、次夫逐電之上、爲不屆本主人令許容者、縱雖經數年、難免罪科、

一　親類之被官其外人等、爲不申事之由、誓句之取替、可爲逆心同前、但、於戰場之上、爲勵忠節、神水者不苦之、

一　舊代被官他人召仕時、本主人見合捕之事、停止畢、斷筋目可請取、兼又主人聞傳相屆之處、當主人納德之上、令逐電者、自餘之者一人可辨之、奴婢雜人之事者、任式目、無其沙汰過拾ヶ年者、可改之、

一　奴婢逐電之以後、自然於路次見合、爲糺當主人、本主在所召連事者、非沙汰限、併急寄親當主人方得先可返置、但、覃暮日、依境遠難屆、遲延之事、五三日迄者不苦、

一　喧嘩之事、不及是非、可加成敗、但、雖取懸、於堪忍之輩者、不可處罪科、然者以贔屓偏頗令合力者、不論理非、可爲同罪、若不慮之外、犯殺害刄傷者、妻子家內之事者、不可有相違、但、犯科人令逐電者、縱雖爲不慮之儀、先召連妻子當

府、可尋子細者也、

一　披官之喧嘩并盜賊等之科、不可懸主人之事者勿論也、雖然欲糺實否之處、件之主人無科之由頻陳申、相拘耳令逐電者、主人之所帶三ヶ一可沒收、無所領者、可處罪科、

一　無意趣而、卒寄親事、可停止、有如然族者、自今以後、理不盡之儀、定出來歟、但、寄親非分無際限者、以目安可申之、

一　就亂舞、遊宴、野牧、河狩等、不可忘武道、天下戰國之上者、抛諸事、武具用意可爲肝要、

一　川流木并橋之事、於木者、如前〻可取之、至橋者、本所へ可返置、

一　淨土宗與日連黨法論之事、於分國不可致之、若有取持人者、師旦共可處罪科、

一　被官出仕之座席之事、一兩人定置上者、更不可論之、惣別爲非戰場、諍意趣者、却而比興次第也、

一　於出沙汰輩者、可相待載許之處、相論半出手事、非無越度、然而不及聞理非、可落着者也、

一　童部之口論、不及是非、兩方之親可加制止之處、結句致鬱憤者、其父爲世不可

有不誠、

一 闇本奏者、以別人申入事、幷他之寄子申請儀、一切可令停止之由、具以載先條畢、

一 自面之訴訟、直不可致披露、但寄子之訴訟者、可致奏者事勿論也、併依時宜可有遠慮、是非以使可令載許、沙汰之日事者、如載先條、寄子、親類、緣嫁類之披露、可停止、

一 分國諸法度之事、不可令違犯、雖爲細子事之儀、不致披露、恣有行之事者、早可令改易彼職者也、

一 童部誤爲殺害朋友事、不及成敗、但、至十五以後輩者、難免其咎、

一 借錢法度之事、代物無沙汰人之田地、自方〻相押事、可爲先札次第、但、至借狀無紛者、可落着其方也、

一 同田畑等方々借狀書入事、先狀可爲本、雖然至謀書謀判者、可處罪科、付、負主之事者、彼借狀之方、可相渡之、

一 親之負物、其子可相濟事勿論也、子之負物、親之方へ不可懸、但、親借狀加筆者、可有其沙汰、若子就早世、親至其跡持者、雖爲逆儀、子之子之負物可相濟、

一　惡錢之事、如市中立置、判錢可除之、

一　米錢借用事、至一倍者、頻可加催促、但、此上猶令難澁者、可有其過怠、自然借地下人等事米錢之處、經無力負物人無沙汰者、可披露、是又右同前、

一　藏主就逐電者、以日記相調、代物至不足者、其田地屋敷可取上、但、永代之借狀於二傳者、不可懸之、年記之事者、可有其沙汰、年貢夫公事者、當地頭可勤之、付、借狀經一作者、負物不可懸之、

一　恩地載借狀事、爲不披露、不可請取、其上以印判可相定、若彼所領主令死去者、隨事躰、可有其沙汰、過年記者、可上之、但侘言付而、有出置事者、恩役可相勤者也、

一　逐電人田地借錢取之者、年具夫公事以下、地頭速可辨濟、但、地頭至負物相濟者、彼田地可相渡之、

一　穀米地負物不可懸之、但、非分構虚言者、縦雖經年月、可處罪科也、

一　負物人有死失事者、改致口入者之名判、其方へ可催促也、

一　近習之輩、於番所、縦雖爲留守、世間是非幷高聲、可令停止之、

一　他人養子事、就奏者及披露、可申請印判、然而以後父令死去者、縦雖有實子、

不能敍用、但對繼母爲不孝者、可悔還、次恩地之外、田畑資財雜具等之儀者、可任父讓狀事、

一 棟別法度之事、以日記、旣其鄕中へ相渡上者、雖死失候、其鄕中速可辨濟、爲其無新屋之改之事、

一 他鄕へ移屋敷、有越人者、追而棟別役可取之、

一 其身或者捨家、或者賣家、國中徘徊者、何方迄茂追而可取之、雖然其身一錢之無了簡者、其屋敷拘人、可相濟之、但、屋敷至從貳十疋內者、隨其分限、可有其沙汰、其外者、鄕中可爲打合、縱雖爲他人、其屋敷家共相拘付者、不及是非、

一 棟別侘言一向停止畢、或者逐電、或者死去、就數多有、及棟別一倍者、可披露、糺實否、以寬宥之儀、可令免許、

一 惡黨成敗家事者、不及是非、但其一鄕有新屋者、以奉行改之、爲其代可取之、若無新屋者、可爲引、相別棟役不可懸田地事、

一 川流家之事、以新屋、可致其償、無新屋者、可爲鄕中打合、但家十間計茂流者、可引、死失之事、可准右、

一 以連文書致借錢之時、彼人數之內、令無沙汰者、喩雖爲一人、可辨償、逐電死

去之事者、不及書載者也、

一　縦雖有火難、賊難、死失者、不可致披露、

一　相當質物之儀者如定、若過分之質物、以少分鳥目取之者、縦切之月日相過共、聊不可沽却、利潤之勘定至無損毛者、五三ヶ月相待、頻加催促、其上令無沙汰者、以證人可賣之、

一　負物人或者號遁世、或者號闕落、分國令徘徊事、罪科不輕、然者於許容族者、彼負物許容人可辨濟、但賣身奴婢等之事者、可任先例者也、

一　持妻子出家不可供養之、若有背此法意輩者、師旦共、不可遁其科、但後悔先非、永捨妻置付者、强不及禁制、役等之儀者、依其擬可被行之、

一　禰宜幷山伏等之事者、不可取主人、若背此旨者、分國徘徊可停止、

一　晴信於形儀其外法度以下、有趣相違者、不撰貴賤、以目安可申、依時宜、可成其覺悟者也、

一　負物之外仁定年記、渡田畑幷有沽却者、年貢前之事者、錢主同借人、其地頭主人可相屆、無其儀之上、負物人或者依折檻主人取放、或有子細地頭改之時、縦錢主雖負物人之以借狀申、不能信用、

右五十五ヶ條者、天文十六丁未六月定置畢、追ヶ二箇條、天文廿三甲刁五月定之、

一定年記之田畑、限十年、以敷錢令請取、彼主依貧困、於無資用者、猶加十年可相待、過其期者、可任買人之心、自餘年記之積者、可准右、

一百姓有隱田者、雖經數十年、任地頭見聞可改之、然而百姓有申上旨者、及對決、不分明者、遣實檢使、可定之、若地頭爲非分者、可有其過怠也、

甲州御法度之次第　（花押）

惣都合五十七ヶ條

天正貳年甲戌初春吉日書畢、

松本

八　結城氏新法度

各如レ被レ存年之上仁大□[及]?五年、一日モ心易躰無レ之候、人□氣候遊山活計[85]さへすかぬ身上、殊六ヶ敷こさた(御沙汰)以下更以□□□へ候、[我][等]不養生命之つまる義にて候、其上當方□老□□□時は、道理非[86]をさゝやき候□あるいハわか(我)身上之義歟、縁者親□(類?)[の][さ][た]□(の?)時、驚をからす(烏)こ言たて、縁者親類又しなん(指南)其外こたのもしかられへきかくこ(覺悟)にて候哉、とても死得間敷こ、目つくり、刀つきにて、無理を言たて、おほからぬはうはい(傍輩)間にて、にあハぬ(似合)さん[87]とうの刷[88]、わけ候モなつきお[89]□候、然間私法度をあけ候、各可レ被二心得一候、此新法度□をしをかれ候さた、又身かまへく(前々)[90]仕來候刷□[以]後此法度に不レ用、すいこ(隨意)物申へき人□[さ]らふ歟、當名字こ不忠をかまへ□[事]取くつし、ゑしよ[91]を取へき刷歟、法度そむかれ候御人躰、たれ人ハ不レ可レ入候、をしよせこすき[92]可レ申候、無二何事一時、各心得のため、條目こあらハし候、於二後代一モ可レ爲二此法度一候、

一　博奕之禁

一　はくち(博打)はやり候へは、けんくわ(喧嘩)ぬすミ(盗)、結句つまり候へは、はからぬたくミなし候間、第一かなふへからす、はくちしゆくろく(双六)かたくきんせい(禁制)申へく候、[93]はつてい|た|□(さ?)れへきにて候ハヽ、きヽ(聞)つけ(付)候ハヽ、ろう人親類宿老たれも不レ可レ入、□(を?)し|よ|せ、□[94]ん□をかけ申へく候、ヒ[95]もはくちしゆくろくのや|と|(宿?)|其|□(身ハ不?)|及|是|非、とかなき(咎)となり(隣)□間をしたて、別人こ|そ|□□(たい?)や(屋)し|き|(敷)ともこ可レ刷候、はくちのやと行する(末)の名字迄たやす(絶)へく候、ヒに人の下人かせきもの(悴者)又|宿|人さと(里)のもの、はくちうち候と聞候ハヽ、其しう(主)のかたへも不レ屈、うたせへき也、其しう佗言こいたつてハ、しう心へ候て、なさせ候義たるへく候間、しうこ面目うしなハせへく候、但、うけと|り|(請取)、|く|ひ(頸)をはね可レ渡ならは、尤こ候、それをもさたせ候以前こは□(つ?)れ候なとヽて、そら寺入いたすへきこ候ハヽ、不レ可レ叶候、そうしつ□ともこ、

□

二　人商事

一　於ニ當方一、人あきなひ(商)候かせ(悴)□□(もの?)(者?)□此法度あけ候以後、人うり(賣)のさたと□|面|目うしなハせへく候、自然其身のめしつかひ(召仕)候下女下人、は(放)なすへきこ候ハヽ、能ヽ子細を披露候て、印判を取、うりはなすへし、他所よりたのまれ候とても、人あきなひいたすもの候ハヽ、聞たヽし、うちひしくへし、

可レ被ニ心得一候、

三　徒黨之禁

一　かりそめ(假初)のけんくわ(喧嘩)[96]くうろん(口論)なに事成共、ゐんしや(緣者)しんるい(親類)をかたらひ、一所候てとたう(徒黨)たてのともから(輩)、理非をさしをき、先とたふたてのかたへ、とかめ(咎)□(をな?)すへ□(く候?)、可レ被ニ心得一、

四　喧嘩口論等加擔之禁

一　けんくわ(喧嘩)くうろん(口論)其外のさたこいん〔きうかた〕(引汲?)(加擔?)んのもの〔の〕本人よりも一類けつり候へく候、可レ被ニ心得一候、

五　喧嘩事

一　けんくわ(喧嘩)[97]しかけられ候て、よりところなくいたしたるものをは、其身一人かいゐき(改易)、其外こた〔ゝ〕〔り〕なす事あるへからす、はうはい(傍輩)[98]其外手をよる歟、まハす歟、をとりかけろうせき(狼藉)もの、其身の事ハ不レ及ニ是非一、一類かいゐき、所帶やしき(屋敷)たちまちはき(剝)取、別人こあつ〔か〕〔ふ〕へく候、

六　取懸慮外沙汰事

一　なにと人とりかけ(取懸)、慮外な□(し?)候共、せいし(制)候て、そうしや(奏者)を取、如レ此くわしかけられ候へ共、法度□[99]〔て〕□(と?)〔り〕あハす候よし、申上候もの候ハゝ、其身こハ懇をくハへ(加)、慮□(外?)□人かいゐき(改易)、所帶やしき(屋敷)うはいとり(奪取)、他人こ可レ刷候、

七　賴傍輩緣者討人科事

一　はうはい(傍輩)ゐんしや(緣者)やたのミ候とて、ともはうはい(友傍輩)をうち候歟、又はうはいの下人かせもの(悴者)、又遠國他國のものうちころす(討殺)事、本人よりもたのまれ候もの共、くせ(曲)

事たるへく候、聞たゝし、一類けつり候へく候、可二心得一候、

八 於神事市町やりこ押買以下科事

一 此方神事又市町にて、やりこをしかい(押買)、其外慮外之義ニ、下人かせもの(悴者)しなん(指南)の者うたれ候ハん□(ものハ不及?)[是]非、當洞中、其外小山近邊の諸士、此方□[100]□祭禮市町ニ、此方之者やりこ其外ぬすミ又[慮]外之義なし候て、うたれ候共、たれにても不レ可二侘言一、

九 立山立野盗伐盗刈被討者事

一 人のたて候たて(立)山たて野、ぬすミきりかり(伐刈)候て、うたれ候下人かせもの侘言すへからす、

一〇 作毛盗刈被討者事

一 人の作かり(刈)又よる(夜)人の作場にてうたれ候事、とか(咎)なきと申へからす候、何たる用たるへく候哉、

一一 盗沙汰陳法事

一 ぬすミさた(盗沙汰)[101]もつちりしうこ(證據)ま[き]れなく候を、ちんはう(陳法)し候ハんハ、ぬす人よりも申出もの大ぬす人□(た)るへく候、それハなにとたれ人たのミ候とも、これ□[102]

一二 無證據事可任神慮事

一 しうこ(證據)のなき事ハ神慮ニ□□んくわのさたをなし、はなすかきる歟たるへく候、

一三 無證據不可披露事

一 しうこ(證據)なき事、いかにありさうなる事成共、申上へからす、たゝし、うつろ(洞)をやふるへきさうい(造意)なとのやうなる事をは、しうこハ候ハね共、如レ此申廻候、心へ(得)

候へと、密ゝこ披露なすへし、其外之義ハ、しうこを以申上へく候、

一四 他人之下女下人悴者不可召仕事

一 此以後はうはい（傍輩）其外の下女下人かせ□（も）のつかふへからす、たとへそのをやおゝ（親）くもち候子を□（くれ候共その?）下人のしう（主）のかたへ、如レ此彼者くれ候間、めしつかふ（召仕）へく候とゝけ（届）候て、つかふへし、

一五 下人下女等男女子息事

一 他人と他人の女のおとこ（男）の出合、め□（を）つとになり、子を可レ持候、むかしよりつたへ聞候、女子ハ女こつき、おのこゝ（男子）ハおとここつき候とハ候へとも、女のしう（主）のやしき（屋敷）にても、又おとこのしうのやしきにても、一方へ女にても、おとこにてもかよひ（通）候て、持たる子共、一方之しうはくゝミ（孚）、十十五こそたてあけ候こゝ、ふち（扶持）もをんも（恩）せすして、それハわか（我）つかふへき申出候事ハ、ふかく無理の申分にて候、女子ハ女こつき、おのこゝハおとこにつく義な□（らは、子をもち?）たる時分より其届をなし、おんふちま□（き?）□（れなくは?）□つかふへし、それなくハすまぬ義たるへく候、さて又女もおとこも、其しうのやしきにてなく、両方なから他人のやしきをかり候て、もちたる事ハ、古法のとく、幾人□（にて?）もおとこ女のわけを以、其さたなす（沙汰）へき事也、

一六 追懸殺害人紏断事

一 をいかけ（追懸）、いつくの所いつくのさと（里）にて、うつろ（洞）のものハ不レ及二是非一、あんき（行）やわうらい（脚往來）なにゝても、はりとりころし候ハゝ、其所へ五日ハまち（待）候て、しらへ

一七 市町祭禮奉行事

一八 佛事以下見物之時狼藉者事

一九 依他人頼猥不可披露事

二〇 夜中入於他人屋敷被討者事

と下恐に脱

させ［　　］(へく候?)ひ候ハヽ、郷中へくわたい(過怠)[103]をまふほとかけへく候、□［郷］(両?)のさか(境)いにてうち候ハヽ、両郷へくわりう(過料)をかけへく候、そしう(訴訟)のそうしや(奏者)いたし候ものゝ候ハヽ、其身郷中よりれい(禮)義を取歟、又をいかけしりたる歟、そうしやし候ものゝかたへ、一たゝりなすへく候、

一 市町又神事祭禮のは(場)、これよりふきやう(奉行)をおくへく候、なにたる慮外もの成共、ふきやうのもの其さた(沙汰)いたし候へく候、言付られ［ぬ］ものわき(脇)□(よ)りきりはき候ハヽ、とか(咎)にをとすへく候、可レ被［心］［　］(得)

一 佛事法事なにたる見物事［の］［は］［に］(場?)て、慮外ろうせき(狼藉)のともから、さふらい(侍)下人をきらハす、とりつゝミ、はうち(棒打)こなすへし、とかく言候ハヽ、うちころすへく候、

一 人のたのミ候とて、むり(無理)ときゝなし候事、又しうもん(證文)しうこ(證據)のなき事、披露すへからす、

一 夜中ニ人のやしき(屋敷)へきと(木戸)かき(垣)たち候所をのりこえ、きりあけ候て、はいり、うたれ候もの、侘言すへからす、ぬすミ(盗)か又なにたるぶふるまい(不振舞)歟、如何様一［た］□(ゝ?)［り］(?)事にて候間、死そん(損)たるへし、と・町ゝのきと門の［　］[104]□(う?)たれ候もの、善悪不レ可レ入、悪盗悪逆人たるへし、是非之義不レ可レ言候、

二一 致不辨侘言輩事

一　水そん(損)風そん(損)日てり(旱)ハ、人間のわさ(業)こなき物にて候間、不如意ふへん(不辨)[105]もよきな(餘儀)く候、各ふさた(無沙汰)いたし、せきほり(堰堀)ゆたん(油断)いたし、もちたる所あれ(荒)候、不作なと〻、ふへんの侘なすへからす、これハふへんを面白おもふものか、當地こたいくつ(退屈)[106]のものかたるへく候、

二二 不忠者事

一　此以後不忠し候ハんものをは、其一類と〱くたやし、名字をけつり、其一跡他[人][107]□、其名字をなのらせ(名乗)候へは、つ〻(續)くやうにて候間、名□(字?)迄たやすへく候、可ㇾ被二心得一候、

二三 自由縁組事

一　他家之事は不ㇾ及二是非一、洞なりと□(も?)此方うけかハぬ所へ、此以後縁くむへからす、自然之時をの〱可二劬労一事、不ㇾ可ㇾ然候、

二四 敵地敵境之下人悴者不可召仕事

一　敵地てき(敵)境より來候下人かせきもの(悴者)つかふへからす、

二五 軍陣奉公缺怠事

一　かたのとくも所帯手作持なか□(ら?)□[馬]之勤こも一度かけ(缺)候ハ〻、速所帯かり可ㇾ申候、此□ぬもの共あまた見及候へ共、法度をあけて可二申付一存、こらへ候、

二六 一騎駈之禁

一　何方へも、たれ〱と言付候外こ、一き(騎)□(ま?)[か]るへからす、又言付候ものけたい(懈怠)すへからす、無ㇾ據隙又煩□(候ハ?)〻、代官可ㇾ出候也、

二七 近臣等致草夜業科事

一　草夜[108]わさ、かやう之義ハ、あくとう(悪黨)其外走たつもの一筋ある物にて候、それこ

事言付候處、わかき近臣之者共、おもて（表）むき（向）ハすゝときふりをたて、内ゝ[ハ]?[敵][ ]
[ ]上も女之一人も可レ取候ハんはう（方）心かけて、いゝつけられぬこ、何方へもまか
り、なにゝなり候ても、其跡をけつり候へく候、其時言候へは、われ〱ひいき（最屓）
〱こ、これも忠信なとゝ、となへたてへく候間、かねてしらせ候、

二八 慮外人不嗜不奉公不忠者事

一 いかに忠信のあと（跡）なりとも、其身[慮][外]人又ふたしな（不嗜）ミ不奉公にて候ハゝ、けつるへく候、けりやう（假令）以二他人一其前之忠信之筋目たてへき迄こ候、殊い[　　]（かに忠?）[信]（之?）[ ]筋成とも、不忠之人衆にて候者、不レ可二何ヶモ入一候、是又可レ被二心得一候、

二九 間濟沙汰事

一 以レ間、何たるさた（沙汰）にてもすミたる義、又別之六ヶ敷事こ間すミの義引かけ（懸）こ、公界へ申出へからす、此以後まへの事迄ひかせ間敷と書付候、いわんや間之義ゆめ〱不レ可レ叶候、

三〇 公界寺事

一 諸寺諸庵諸房共こ公界寺、わ[ ]（れ?）[〱]たて候[氏]寺のヿく、あるいハ子を置、兄弟を置[　　][綺]109たち候ハん義、誠腹筋いたき事こ候、寺〱之[義][　　]寺ふき（奉行）やう之外、是へ何事モ不レ可二披露一、但、寺ふきやう慮外なし候ハん義は、以二別人一モ可二披露一候、

三一 指南事

一 近臣𪜈に在郷之者共、まへ〱より指南を持へく候、いかに當時これに身ちか

く走廻候とて、人之指南こたのまれ候とて、何事も不レ可ニ申上一、又人之指南別人をたのミ、さた以下ぢそ(自訴)[110]以下不レ可ニ申上一、なすへき義なりとも可レ拂候、但しなんをやかた虜外□義は、其ものことりつき侘言ハなるましく候□モ可ニ申上一候、

三二　宿々木戸門橋等修理懈怠事

一　宿、にし(西)の宮、三橋、あふやせ(大八瀬)、玉岡、ひとて(入手)何方之町きと(木戸)門はしや(橋)ふれ候を、あいめつかいこしらへす候者、さふらい下人寺門前ハいるましく候、やくせん(役銭)をかけ、其義にて門橋可ニ再興一候、それも六ヶ敷候、其町に(×の)居たるさふらいとも引たち〳〵くふれ、無ニ油断一門橋再興可レ然候、にしたて(西館)中城同前たるへく候、其中こなんちう(難澁)之者共かさらす可□(申上候これハ?)城内をねらい候か、敵地へ内通之者たるへく候間、やしき(屋敷)所□(帯?)走廻ものこ可レ刷候、其時これハしんるい(親類)ゑ(縁)□□(んし?)(者)や、これハ指南こ候とて、れい(例)のよこ(横)道理御すきにて、みな〳〵□(×引)つけ、これへ不レ可ニ侘言一、侘言之者本人よりも一とかめ可レ申候、可レ被ニ心得一候、

三三　要害普請懈怠事

一　ゆふかい(要害)ふしん(普請)、ほりかへ(堀壁)何事にてもけたい(懈怠)のものハ當地なんき(難義)の時かけをち(駈落)へきかまへたるへく候□(か?)、如レ此之躰之者、所帯やしきかり可レ申候、人にすくれてふしん以下いたし候ものハ、ふかく忠信を心かけたるもの□間一入可レ加レ懇

候、可レ被二心得一候、

三四 盗犯時番衆咎事

一 やしき（屋敷）のうちのぬすミ（盗）以下ハ、番衆し□（ら）さるのミにて候、さて町門き（木戸）とあけ、橋かけ、人馬引出［　］（何にて?）も取候ハヽ、其夜番衆ぬす人こくミ候か、ふさたか（無沙汰）、其夜の番衆へ此とかめなすへく候、中城にしたて（西館）同前、

三五 神事祭禮市町日不可質取事

義下恐當有成、猶三一條類句可參看

一 其所之さかりを何方モ願義にて候、當地之神事祭禮市町之日、たとへいかやう之義・共、何方□□□（もしち?）（質）取不レ可レ然候、取候ハヽ、理非なしこ其さたやふるへ［　］（く候）

三六 無披露不可質取事

一 洞中又何方へも不レ致二披露一してしち（質）取不レ可レ然候、此上無二披露一こ取候者、其さたやふるへく候、

三七 殺害人飛入時不可引汲事

敗原作就意改

一 人をあやまり候歟、又あくとう（惡黨）なときりはたされ候て、各之所へ飛入子細あるへく候、をし入うち□□□と思候者、すミやかにうちより致二成敗一、其くひ（頸）わ□（た）すへく候、飛入候とて引汲のもの、たれ成共ならへてかいゑ（改易）□（き）たるへく候、

三八 殺害逃亡者歸參不可叶事

一 人をあやまり、はつれ（迦）候もの、二度とかへすへからす、たれも侘言不レ可レ叶、死たるものふた（再）ゝひいきす候間、せめてあいて（相手）なかくかいゑき（改易）なさせへく候、乍レ去人のひはん（批判）もなきほとの忠信いたし、其ころされたる一類も、けにも此忠信にてハ、かへりたるも無二餘義一思、閉口するほとの義ならは、自然二度とめし返理

も可レ有レ之候歟、

三九 負物沙汰事

一 ふもつ(負物)のさた、人の代をかり(借)、なす［　　］(ましきと?)申ハ以外悪逆人たるへく候、とに代かり[り]［　　］□(あ?)り〳〵と書わたし、けまきれ候義者、ぬすミ□(た?)る同前ニ候、さて又人ニ代かし候とて、慮外非分のかんちやう(勘定)りかん(利勘)をかんかへ、ろうせき(狼藉)に事なし候義者、是又以外之悪逆人にて候、たゝかして(貸手)のそん(損)なくハすむ義にて候、

四〇 賣地請返事

一 持たる所人のかたへうりきり(賣切)の状わ□□(たし?)、其身ふけん(分限)出來候て、うけ(請)返へきと申［　　］義にて候、但、其状之文言ニ、何時にても又□□(うけ?)返へきと、てかたく(手堅)定候てハ、返間敷と申もの、曲事たるへく候、

四一 藏方質入地事

一 持たる所ふへん(不辨)のまゝ、くらかた(藏方)にしち(質)にをき候、有時分うけ(請)返ニ、くらかたより、久をき候、なかれ候なとゝて、うけさせぬ、くらかたのあやまりにて候、なんねん(何年)過候とも、しちならは、うけすしてかなハぬ[も]［　　］(のにて候?)、とかく(兎角)申へからす、同人女おとこ代かし［　　］□[前](同?)たるへく候、

四二 忠信者跡負物沙汰事

一 忠信のあと(跡)不如意ニ候ハゝ、われ人［　　］(ともに?)公界之義にて候、くらかた(藏方)より三ケ一もとも(本)子分[を]もゆるすへし、忠信之間一向なすましきと申事ハ、あまり無理ニ候、よく〳〵兩方此分別可レ入義にて候、

四三 負物沙汰可依證文事

一 しうこ(證據)状なともなく、無手ニ人ニ代かし(貸)候なとゝ言かゝり候ハんハ、さいけん(際限)なき事にて候、又状いれて□□ぬと申も言語道斷之ぬす人にて候、よく〳〵□(可被心得?)候

四四 貸金質取地等他人讓與事

一 錢持死候ハん時、子共兄弟親類のか□(た?)へたれ〳〵(誰々)ニ代かし候、これをわけ〳〵てわたすと書たてをなし、わたし候事ハ世のならひ(習)にて候、不レ及ニ是非一候、自然人ミ他人ニ、たれニ代をかし候、これを進とも、屋敷所帯しち(質)ニ取候を進なとゝ言をき状書わたし、これをわたすへく候、他人ならは其首尾たつ間敷候歟、又たつへく候哉、同心ニ此さた一方へ有ニ落居一、可レ被レ申候、可レ加レ書候、各へ尋候へは、他人たりとも、状をうけ取ならは、其状さきとしてうけ取へき也、状しう(證)もん(文)なくハ、いかにあり〳〵と事申候共、すむましきよし、同心ニ被レ申候、けにも無ニ餘義一候、於ニ後ミ一モ此分、

四五 親負物可懸養子事

一 をや(親)のふもつ(負物)、其父子をもたす、他人を子をこい候て、名代ニなし候ハゝ、其父之ふもつかゝるへく候、養子すますへく候、

四六 以他人令相續罪科人名跡時不可懸先主負物事

よ恐當作も

一 たれ(誰)人の跡、其身あやまりをよつ□(て)けつり、こなたより以ニ他人一其名跡たて候ハゝ、まへのふもつ(負物)不レ可レ入、悉取返、其跡かゝ(拘)へへく候、これハまへの筋目よ

しミなき義にて候、

四七　人勾引事

一　人かとい(勾引)のさた、しうこ(證據)候ハゝ、とかくちんはう(兎角)(陳法)すへからす、又人にたのまれ候とて、人かとい候あいて(相手)になり、うせ候ものをくり候事ハ、本人よりもきつきあやまりにて候、たのまれ候と申とて、ゆるすへからす、其さた[　](やふるへ?)く候、

四八　悪黨殺害人等内通隠匿事

一　於二此方一あくとう(悪黨)、又人あやまりたる[もの][　]にちかひたるもの、こなたへかくし内通、結句こなたの目をしのひ(忍)、各以二心得一たちまハらさせ、又里其外ニ以二心得一かくしをき(隠置)候、聞付候者、日本大小神祇、御指南のかたたれ(誰)人なり共、物のためしニハ、七尺と申候、九尺一丈けつり可レ申候、其時又たれなりとも、そはより侘言めされ候ハゝ、ならへけつり可レ仕候、此義前長ニ申をき候、[111]

四九　自訴直奏之禁

一　たれ(誰)成共、其身のぢそぢきそう(自訴)(直奏)不レ可レ叶、直ニ申出候者、道理成共なすへからす、そうしや(奏者)を以可レ被レ申候、

五〇　里在郷宿人等申分披露事

一　里在郷宿人之小人とも、目のまへゝ引つれ、此身如レ此と申と披露、誠ふんくわい(分外)なる事にて候、其身のやと(宿)にをき、一人罷出、可レ致二披露一候、但里其外之者共、をんミつ(隠密)の世上之義を聞付、可二申上一筋目[　][112]りよびよせ、目の前にて子細を申上[　](へく候?)

五一 親子相論事

一 おや(親)こ(子)いさかい、たゝ子の無理たるへく候、何もの成とも、子あしかれとまふものあるましく候、乍レ去、おやとふたつのあやまりあるへく候、かしら(頭)(追19)をふむ子をそはめ、わきの子を引たてへきかくこと(覚悟)、其身不忠しなから、子をもならへて共しう(主)ニ不忠し候へといさむ(諫)る義、おやのひふん(非分)たるへし、於ニ後ゝ一も子の道理ニ可レ付、

五二 名代譲與事

一 いかにかしら(頭)をふまゆる子成共、無道□た(さ?・)□(の?・)かきり、名代やふるへきと見及候者、かねて其成をありのまゝ致ニ披露一、何の子成共、名代持とをす(通)へきこゆつる(譲)へし、

五三 忠信者名代相續事

一 二親在世之内、幾度も其子共用ニたち、うち死するのミにて候、それハおや(親)の綺あるへからす、こなた(此方)より名代はからい候へく候、其死候もの男子を持ならは不レ及ニ是非一、女子にて候共、其死候ものゝ子を本躰として、□□□つ(い?・)れの子成共申合候而、其跡つかせへし、子共多もち候とて、其跡をけつり、殘之兄弟共たて候ハん義、以外之曲事たるへし、又其死候もの、男子女子にてもなくハ不レ及レ力、親のみはからい(見計)ニ可ニ相任一候、此義たれもあやまられへからす、

五四 放馬拘惜事

一 味方中のはなれ(放)馬、又洞之はなれ馬うせ候、下女下人みつけ、かへすましきと

中、代を取候ハんと言事、ぬす（盗）人をひかけ（追懸）可レ為ニ同前一、所望のかた候ハヽ□（かへす？）へく候、

五五 放馬喰荒作毛事

一 人の作を、乗馬にても、雑馬にても、はなれ候□（て？）くふ事有、それを作人馬の尾をきりたヽきころすなとする事、第一のとか（咎）にて候、其とかめなすへく候、さて又如レ此計言たて候ハヽ、ねん（念）のわるきもの、しらぬふりにて馬うし（牛）はなし、人の作をそんさすものあるへく候間、馬ぬし（主）のふしやう（不請）[113]たるへく候、其馬のそんさし候ほと、作人のかたへ□候へく候、

五六 火付罪科事

一 おなしぬす（盗）人の中に、火付ハ一段悪□候、幾度もはつけたるへし、火付とらへ候て、りうち（聊爾）こきる（斬）事あるへからす、

五七 養子不可離別妻事

一 たれ人成共、男子をもたす、女子計もち候て、人の子を所望、又わか親類成共、取たて養子こなし、名代をつかするに、其女きにいらす候とて、のきさり、別の女をゝき、其名字名のり候ハん事、一向□ひふん（非分）之義たるへく候、女き（氣）にいらす候ハヽ、養父之名字其跡をすめり（滑）[114]候て、女をのきさり、別の女をむか（迎）へ候ハん義は、一理すミたる義にて候、可レ被ニ心得一候、

五八 境相論事

一 さかひ（境）論之さた（沙汰）、如ニ推量一者、まへ〳〵より持来候所、田畠なんだん（何段）と云所こ、

論者あるましく候、其所帯のそはニ候ハん原かや(野)か山か、なにゝても候を、自ニ両方ニひらき(開)詰、これハとなたのうちと論すへきと見及候、それハしうこ(證據)もはうち(榜爾)もなき事にて候間、しらへたて候て、十たんの所ならは、両方へ五たんつゝつけ候歟、それをもとかく(兎角)ならは、てもとにさしをき、別人ニ可レ刷候、此両條たるへく候、

五九 荒所令滿作時本分限事

一 境目あれたる所うけ取、後まんさく(滿作)成候ても、まへのあれたる時をほんふけん(本分限)ひき候ハん事、更ゝ曲事之至候、まんさくの時をほんふけんニなすへし、可レ被ニ□(心)得ニ□(候?)、

六〇 川瀬相論事

一 川之瀬之論、わか所帯と人の所帯ならひ(並)たる所あるへく候、まへわか所帯のうちにある瀬かハり、人の所帯との間ニあるへく候、もとわかうち(我内)にて候とて、此瀬ニいろふ(綺)へく候、又人ハわかうちと可レ申候、両方之境ならは、上十五日川上、下十五日川下とわけ、うほ(魚)を取へき歟、又両方より出合、二十とれ候ハゝ、十つゝわけへく候歟、いくつとれ候共、此かんかへにて取へく候、此両條□(之?)外あるましく候、六ヶ敷申理へからす、

六一 傍輩間雜言可愼事

一 おほからぬはうはい(傍輩)間とニ見候へは、何モ縁者親類之中にて、道理候とて、た(互)

かいにさうこん（雑言）ましりさた、さらに〳〵見にくきしわさ（仕業）にて候、たゝいま迄刀つきとまひ候へは、又よりあい（寄合）いゝわん（飯椀）ニ酒ひかへつれ候事、[115]さらに〳〵無躰千萬ニ候、たゝ何たる細事をも腹たゝす、しんるい間成共、いんきん（慇懃）ニ其理のへられへく候、さ［　］（らにくさうこ?）んましり、見たふもなき所行にて候、

六二　朝夕寄合酒肴之制

一あまりこまかなる事をかきのせ（書載）候と、諸人可レ被レ存候、乍レ去、[116]きさたてにて、とに下ゝにてハさためかねへく候間申出候、朝夕の縁者親類其外はうはい（傍輩）間にて、とに〳〵しく酒を支度、さかな（肴）を支度し、ほんそう（奔走）、更にもつたい（勿躰）なき義にて候、とにのミあまし、おもてのかき［な］［　］［　］（とこ?）［ふ］き候ほと酒のミ候てハ、なにのきとくたるへく候哉、てい（亭）のあハれとて、もつたいなきとまひなから、あびせ候ハんほとものませたかる物にて候、朝夕のよりあい（寄合）の法度をき候、後ゝ各ふけん（分限）あかられ候共、於ニ此度一そむかれ間敷候、くいよきやうにこしらへ、さい三、汁一、酒ハ上戸へハいゝわんニ十分ニ一はい、此分より外不レ可レ然候、もし［　］（夏?）［中］ニ鳥けたもの（獣）ゝしやうちん（精進）あるへく候間、ひき汁一ハ自然可レ有レ之候歟、明日ニも愚を何方へもよび、ほんそう候共、此分之外ニさい一も過候者、神も御しうらん（照覧）候へ、座をまかりたつへく候、これハ、はうはい親類當洞之一家らう人へハ、此分たるへく候、さて

此或當作法

へ意補

客原作若意改、下同

候意補

六三 衣服之制

六四 戯眞似戯衣裝之禁

六五 他人悪名批判傍輩蔭言制禁事

六六 武具之制

又他家他所之客人ならは、それハいかやうことりなし候ハんも、ていのすい(随意)たるへく候、金銀を以かさり、百番目迄なされ候共、・又一汁さんさい(三菜)にても、酒ハあ[117](天)まの(野)、ほたいせん(菩提山)、江川をほんそうも、又にこりも(濁酒)、ていの心任たるへく候、のミやうハ、・客人上戸な[ら]□(は?)、其あいて(相手)しやうはん(相伴)衆、われ〳〵□さをのミ、・客人のミあまし候ほとしい(強)候ハん事、尤可レ然義也、それハ法度の外の義たるへく候、

一 よろつ存旨共候、第一くわんたい(緩怠)之□□(た?)[れ][成]共、朝夕かハはかま(皮袴)にて出仕すへからす、何時も布はかま、不レ然者もめんはかま可レ然候、又見候へは、もめんかたきぬ(肩衣)めされ候、なか〳〵見わるく候、やめられへく候、

一 朝夕めしつかハるゝもの共、あるいハ他所の足軽其外、をとけたるまね、をとけたるいしやう(衣裳)、更ゝもつたい(勿躰)なく候、みな〳〵わかきもの共ニ可レ被ニ申付一候、

一 雑談ハたくさん(澤山)ニある物ニ候處、これのゐんにて、洞中又ハ他所、あくミやう[118](悪名)ひはん(批判)必ゝ無用ニ候、とにはうはい(傍輩)間之うしろと、是又更ゝ不レ可レ叶候、又ひいきに(贔屓)候とて、[119]つきなくほめ候ハんも、と〳〵しき事ニ候、たゝ(唯)世上之弓馬たかれ(鷹)(連んか(歌)其外あるへき物語可レ然候、於ニ後ゝ一モ此分尤候、

一 五貫の手作持ならは、くそく(具足)かふり物もち、くそく馬をはかすへく候、十貫の

所帯ならは、一疋一りやう(領)にて被レ出へく候、十五貫よりうへハ陣参いたすへく候、各可レ被二申付一候、於二後ゝ一モ此分、

六七 實城貝立之制

一 み城にかいたち候へは、せひなし(是非無)にめつたとかけ出候事、更すまぬ事ニ候、[120]かいたち候ハゝ、町〳〵へうち出、一人かせものにても下人にても、み城へはしらせ、いつかた(何方)へかけ申へきと様躰尋候て、かけへく候、み城におほきなるかいたち候ハゝ、外之事とおもひ候へく候、ちいさきかいたち候ハゝ、てもと(手許)に事あると心へ、其用意いたすへく候、於二後ゝ一モ此分、

六八 素肌一騎駈之禁

一 何たる急之事成共、すはた(素肌)にてかけへからす、すゝときふりたてゝ、一きかけ(騎駈)こまかるへからす、まちそろへ〳〵かけへく候、

六九 自由物見之禁

一 いゝつけ(言付)候ハぬに物見とハ、人のやうにて候、見物に手をぬきんて、なにゝ成共、忠信にあるましく候、

七〇 軍陣進退事

一 のけはにきさたてし、あとに殘、よせはにぬきんて候ハゝ、たれ成共すて候へく候、さやう(左様)のものをとめをさへ候とて、惣凶事出來する物にて候、又其躰のものハ、とハミのときハまいり候、去夏之一戰にもおほえ(覚)たる事候、

七一 不可入交於他所他衆事

一 他所の衆ハ不レ及二是非一、洞之衆にくわゝり候てモ、何たる事したり共、取あけ

へからす、可レ失二面目一候、馬廻ハ十き二十き(騎)にても一所ニ申合、他之衆へましる(交)へからす、

七二 私之企事制禁事

一 身かためニよき事にても、身にしらせす、われ／＼間にて、くハたち事すへからす、何と心ニハよき事を、各談合とハおもふへく候共、つきやふるへく候、其故者、一度下ミにてわれ／＼談合を納得し候ハヽ、此以後は、わかき者共ぬしもなき所にて事たくミ候とく、よき事をもあしき事をも、披露なしニ致二談合一、わか(我)まヽ(儘)ニ事をなすへく候間、何ヶ度も下ミ談合之事をは、吉事をもつきやふるへく候、於二後ミ一モ此分、可レ被二心得一候、何ヶ度も内ミ致二披露一、於二其上一其調尤候、

七三 荷留事(一)

一 にとめ(荷留)のさた、他所之もの、又他所より披露なしことをる荷物、たとへ此方にてもとめ判なしことをり候共、他所のものと出家山ふし(伏)ならは、にもつ計とめ、付ぬし又馬ニてさすへからす、にもつ計をさへへく候、

七四 荷留事(二)

一 山川、下たて(館)、下妻、惣別此方成敗、中くん(郡)、をくり(小栗)其外之ものならは、にもつニ馬をならへてをさへ、つけ候ものヽこし(腰)刀其外ニてさすへからす、にもつ馬計をさへへし、

七五 荷留事(三)

一 てもとの郷中より、はつと(法度)をそむき、とをるもの、にもつ、馬、こし刀とも／＼

くとるへく候、

七六 荷留之時侘言事

一　法度をおき、にとめ候時、これハ無レ據候、とをされへきと、たれも侘言すへからす、それほと侘言すへきならは、兼而印判を所望し候て、心易とをし候へく候、御出頭ふりにて法度おすへからす、心より言付て返す共、侘言之者共候ハヽ不レ可レ返、前長ニ可レ被ニ心得一、

七七 神事祭禮之場喧嘩事

一　たかはし(高橋)のまつり、其外神事祭禮之場之けんくわ(喧嘩)、何と聞候も理非なしの酒くるい(狂)也、然者無躰無性之義、何と可ニ侘言一候哉、死候ハヽ死そん(損)、きられ候ハヽきられそん、たれも道理不レ可ニ申立一、指南之者、縁者親類、又かせもの下人にて候とて、かたんし(荷擔)引汲し、理をとり付、不レ可ニ披露一、いきほして[121]御入可レ然候、

七八 酒醉者披露之禁

一　酒によい(醉)候て、人ものたのミ候とて、目の前へ罷出、かりそめ之義をも不レ可レ申、よくさけをさまし、本心の時被ニ罷出一、何事をも可ニ披露一、可レ被ニ心得一候、

七九 敵境音信之禁

一　かりそめにも敵境へ音信すへからす、萬一無レ據子細候者、致ニ披露一可ニ申届一候、わきよりきこゑ候ハヽ、[御]?□□□[ふ]なく存候、

八〇 不可馳向喧嘩之場事

一　いつかた(何方)にけんくわ候て、とく〳〵しくいヽ來候とも、たれもかけ(馳)へからす、如レ此法度をき候所へ、かけきたり、かたん(荷擔)をすへく候哉、又わきより人をあやまる

へく候哉、あいて(追20)くミこ定候間、おや子親類ゑんしや成共、其場へまかるへからす、

八一 販事之禁

一 なにゝても、ひさいいたし候ハん事、無用とふれさせ候處、あるいハ指南之者、又ハかせもの下人等、又われ〳〵やしきにをき、殿をたてられ、われ〳〵やしきにてなに事いたし候共たがろう(狼)せき(藉)すへく・哉、たゝ(唯)内ミいたし候へとなとゝて、法度をおすよし堅聞及候、是者不レ可レ然候、明日こも、なにゝてもいたし候ハん事、無用と言付候こ、いたし候ハゝ、下人共はなしたて、たかやしきへもをしこ(押込)ミ、きつくをし可レ散候、心得のためこ、前長こ申をき候、

く下恐脱候[122]

八二 門番夜番次第事

一 町ミ、中城、西城共こ、門番夜番之次第三ヶ條、何よく存候哉、各同心こ可レ被二申上一候、其分こ永代可二落着一、一其町之人かすを書立、可二言付一候歟、一せはくもひろくも、もとより屋敷一間つゝ之所へ、一間こ一番つゝ、可二言付一候歟、一屋敷もたす候共、手作持候ものこハ、屋敷もちこ一番つゝ可二言付一候歟、又屋敷一間成共、ふたかまへ(二構)こすまい、口二あらは、二番と可二言付一候歟、大切之番を辛労いたミ、あなたこなたとねり廻候、何各同心可二相定一候、これへかき可レ付候、各へ尋候へは、其町のやしき一間、又やしきもたす共、所帯持ハ、いた

すへきよし、各被レ申候、無二餘義一候、於二後ゝ一モ此分、

八三
撰銭事

一　銭ゑり候てよく存候哉、萬事是者不自由にて候、永樂かた一銭をつかふへきよし、ふれを可レ廻候、又ゑりたち之事不レ可レ然由、各被レ思候者、悪銭之侘言被レ申間敷候、此義同心可レ被二申上一候、かきつけへく候、各ゝ尋候へは、永樂一かたハなるましく候、悪銭のかたをゑりてつかふへからす候よし被レ申候、やく人あくせんゑり候て、せいさつ(制札)判こうちつけへし、

八四
所帯屋敷充行次第事

一　所帯にてもやしきにても、別ゝのそうしや(奏者)を取、五六人も又いかほとも、此所を御おんこ(恩)可レ給由申者共多候、これこ可レ刷様兩條候、所望之者たれにても候へ、又そうしやもたれにても候へ、せんさき(先々)[123]次第こ可レ刷候、又一ケ條ハ、五人も六人も一やうこ申中こ、奉公之様躰、みな〳〵こさしのびて可二走廻一由申者候ハヽ、又をそく申出候共可レ刷、此兩條之外不レ可レ有レ之候、たれこ刷候共、殘之者共われ〳〵も申候へ共、無二納得一なとヽ、すまぬしゆつくわい(述懐)[124]なされましく候、於二後ゝ一モ此分、前長申をき候也、

八五
荷留ニ付侘言事

一　にとめ(荷留)の義も、各留候て可レ然よし被レ申候間、洞之爲をまひ、とめさせ候處、印判とらすとをし候荷物、人の取候を、又人にたのまれてハ、これをはかへし、

此荷物とをすへきと、又各被レ申候事、誠老若これほとすい(随意)ニ無躰なる御人躰たちにて候、とめ候とて、身かくつるきもならす、とをし候とて、身かつまりにもならす候、これへ各侘言被レ申候へは、其分ニなし候、明日ニも印判なしことをり候荷物取候ニ、たれも侘言いたされへからす、

八六 私荷留停止事

一 荷留内ニ披露いたし、とめへく候、無ニ披露一われ〳〵はからいニ罷出、留候者、と〳〵く言付、可レ返候、此よし可レ被ニ申付一候、

八七 公界寺住持事

一 久洞中ためまハし見候處、公界寺ニ子共兄弟をおき候てハ、無能さたのかきりにても、其寺もたせ度御躰と、ふかく見及候、誠各あやまられたる義にて候、出家のめ(妻)もたす、魚鳥くハす候て、心經の一巻もかなくりはなしニおほえ候へは、たしなミもの(嗜者)きとく(奇特)とうときなとゝ、めんひ[125]にてとなへたて候、誠腹すち(筋)いたく、淺間敷次第ニ候、われ〳〵のやうなる大俗も、二親の日卯[126]未又夏しやうちん(精進)なとゝて仕候、まとも後生もしらす、五言の句をも不レ及ニ分別一躰之者、結句たんな(檀那)ニかたうち[追23]なる出家、更何之用たるへく候、一類を以公界寺住寺望ニ候者、専ニ能を被レ付、公界僧之成ニ可レ被ニ取成一候第一候、人のしんこう(信仰)なき間、寺〳〵のすたれやう、つもられへく候、

八八　堂宮立木伐採之禁

一　宿町〻之義者不レ及ニ是非一、里〱いかに成敗之内成共、われ〱自分之用ニ、堂宮之大木めつたと不レ可レ切、第一其身共之神慮違、又洞之不繁昌之基候、明日こも堂宮之有用きり候ハヽ、如レ此之子細と爲ニ披露一、きられへく候、各可レ被ニ心得一候、

八九　制札違背事

一　何事成共、こなたより申付候こよつて、やく人せい[さ]つ(制札)[候]へく候、其義をしてすい(随意)なるものをは、きつくおこなふへく候、其時たれ成共侘すへからす、やく人こ言付、きつくあつかいせへく候、前長こ可レ被ニ心得一候、

九〇　屋敷所帯以下無判不可拘置事

一　やしき所帯山たて(立)野何事成共、判取候ハて、給置候と申者、非分之至候、此間静こ物をため候、わか親類縁[者][其]外指南之者なと絶候其やしきに、なにともなしこ、人をおき候こ、こなたよりさくり候ハて、はる〱(追24)しらぬかほにて、かゝへ候而、これ□(ハ?)わたくしのやしきなとゝ言たて候、なにとかつへき(合壁)の所帯やしき成共、こなたより不レ刷やしき所帯、わか所とまふへからす、判を取、其刷こ可レ及候、判無レ之義不ニ申出一候、とに館、中城、西館、宿其外之屋敷、ひろくもせはくも、まへ別人かゝへたる所をは、それほと可レ分候、以ニ判形一理すまし候へく候、

九一　兵粮賣買時枡目事

一　兵粮うりかふ様躰聞候こ、はかり候もの共すいこ(随意)ますめ(枡目)なし候と聞及候、言語

道斷曲事ニ候、御出頭之人之めし候共、あんきや(行脚)、わうらい(往來)、はちひらき(鉢開)[127]かい候共、たて候ますめ少も不レ違樣ニ、やく人可ニ申付一候、それを不レ用候者、やく人不レ用方へくわりう(過料)をかけへく候、たかものなり共、わきより侘言すへからす、

九二 酒賣人枡目非法事

一 へいち(瓶子)たる(樽)ハ、むかしより[128]ぶんき定たる物にて候處、酒うりともすくなくつぎ候、誠あまりのぬす人にて候、やく人しらへたて、さやう(左樣)の者ふたゝ(再)ひ酒つくらせへからす、つくり候ハヽ、其とかめなすへく候、一さいのひさいすいニいたすものゝ、やく人聞たゝし、くわりう(過料)をかけへく候、わきより侘言すへからす、

九三 下人下女走入事

候意補

一 當方下ゝにてめしつかい候下人下女、其しう(主)少のせつかん(折檻)にも、寺多候へは、寺房、とうちやう(道場)、びくに(比丘尼)所へ走入事、さいけん(際限)なく候、然ニ其しう所望申候處、かへ(返)すましきと寺ゝより被レ言候事、誠沙門のあやまり、無道さたのかきり之事ニ候、所望申候ハヽ、被レ抛ニ是非一、急度被レ返可レ然由、寺〳〵のそうしや(奏者)かねて寺家中へ可ニ申置一候、

九四 孝顯之日公界寄合停止事

れ原作し意改

一 これハ申出候事思慮ニ候へとも申出候、一月ハ三十日あるへく候ニ見候へは、孝顯[129]の日十三日ニよりあい、うほ(魚)鳥のくわつけい(活計)、返ゝ不レ可レ然候、かた〳〵くかい(公界)のくわつけい候とて、それゆへ孝顯地獄へをちられへき事にてもなく候、又

客原作若意改

九五　棒打之禁

事恐當作方

九六　自陣中無斷歸宅停止事

九七　町々要害普請夫役事

九八　侍下人以下無披露不可出向事

しやうちん(精進)候とて、成佛あるへきにてもあらす候、於二他所一結城ひさ(膝)の下の老若ハ、是ほとすいこ(隨意)候とはかられへき事、何かにつけて不レ可レ然候、十三日ハ公界よりあい不レ可レ然候、さて又他所之客人客來ハ、身をはしめて、何かも不レ入義こ候、朝夕平生之心持たるへく候、うち〳〵にてハ、夜のへ遊山も魚鳥も御すいたるへく候、それ迄ハ綺たち申間敷候、

一　町ゝ其外さとむら(里村)まて、末世之故こ候歟、又當方悪逆人等下ゝ迄そろい候哉、七月の大狂[130]之末、其外端午之日、棒うち近年おこり候、誠[131]不大事候、よく〳〵可レ被二申付一候、それを不レ用、大狂之末棒うちし候ハゝ、死たるハ死そん(損)、其上さふらい(侍)も下人も不レ入、其町へくわりう(過料)をかけ、きつく取、其義にて堂宮の建立なさせへく候、前長こ可レ被二心得一候、同者無二何事一義可レ然候、

一　何方へ之陣こ、いとまこ(暇乞)ハずこ歸候もの、此以後聞たゝし、可レ失二面目一候、

一　町ゝのふしん(普請)、ゆふかい(要害)の堀ついち(築地)かへ(壁)ふ□(し?)んこ、人かす(數)を以言付候こ、をの〳〵の下人、寺門前之ものなりとも不レ出候者、きつくいゝつけ(言付)させへく候、其町侘言すへからす、前長こ下ゝへ可レ被二申付一候、

一　當方の下人さふらい(侍)さと(里)の者迄、外より[ひ]き候とて、ねらい夜盗、朝かけ、草、

け原追書

にとめ(荷留)、人のむかい、何にても無二披露一に出候もの候ハヽ、すミやかにけつるへく候、よく〳〵可レ被二申付一候、

九九 外之悪黨之宿幷請取不可致事

一 外のあくたう(悪黨)のやと(宿)うけ(請)取いたすもの、洞之悪逆人にて候間、しらへ候て、うちころすへく候、可レ被二心得一候、

一〇〇 立山立野不可綺事

一 人のたて山、たて野、其山廻、野廻、其所走廻候一類の外、野山にて人をあやしめ候ハん事不レ可レ叶、惜山み候なとヽかつけ、野山にひき籠、はくち(博打)かをいかけ(追懸)いたすへく候間、別人野山こいろふへからす、

一〇一 夏年貢取様事

一 郷中より年く(貢)の取やう、夏ねんくハ五月端午の日より六月晦日にたてきるへし、中のねんく六月の一日たてへし、各可レ被二申付一候、

一〇二 秋年貢取様事

一 秋のねんくハ、七月十五日たてはしめ、中ねんく八月十五日、九月一日、そのすゑ十月十五日、霜月晦日こたておさむへし、郷中へ可レ被二申付一候、

一〇三 兵粮價直幷枡目私立置里々事

一 町の兵粮のね(値)、又ますめ(枡目)、やく人たて候こ、於二里々一われ〳〵はからいこ、ねをもますめをもたて候、曲事こ候、かやうの里聞たヽし、やく人やくせん(役銭)をかけへく候、

一〇四 膝下之下人悴者於他所不可質取事

一 此方ひさ(膝)の下のもの共、下人かせきもの、或洞中又者近邊の他所こあつて、て

もとのしう（主）こつかハるゝものあるへし、自然其所之さたにて候とて、ひさの下こつかふものゝしち（質）取へからす、但、其ひさの下のしうのかたへのしちならは、他所こ候共、其ものゝしち取事、すむ理たるへし、但其下人にて、かせものにて、又他所にてもしうを取、兩方またぎ候て居たるものをは、其所のしちにて候とて取候義、ひさの下のしう侘言すへからす、一へん（遍）こひさの下のしうを守義ならは、其所のしちこ取事可レ爲ニ非分一、可レ被ニ心得一候、

弘治二年丙辰十一月廿五日　新法度書レ之　政勝（花押）

追一 公方領之者不可買事

一 公方領のもの、代かしにも、とにうせてきたるもの、又たとへあなたこうりて候共、かい候てめしつかふへからす、女おとこわらハへ同前、自然公方領のものとしらでかい候共、きゝたゝし候て、人うりのかたへ返し、代を可レ取、少ゝ公方領のものこなく候ともめしつかふへからす、

追二 年始之肴以下新儀望申輩事

一 此方家風元來なき事を、あるいハとし入と云たて、又忠信を言たて、年始のさかなこ可レ預由申者候へく候、致ニ入道一以ニ衣躰一令ニ侘言一候者、家之義こ無レ之之

間、忠信又代〻の奉公をかんして、尤ゆるすへし、其子共、親如レ此〻候とて、さかな其外之義不レ可ニ申出一、但其子共モ如レ親子〻名字をゆつり、以ニ衣躰一申立候者、尤可レ任ニ其義一候、各心得尤候、是者衣躰をしつする故〻候、

家中連署請文

郎下原有殿據抹消符劃

御掟之とをり、いつれもそむきたてまつるへからす候、たとへおや子しんるい下人なりとも、御耳へ入候て、うたせられ候とも、とかくわ（侘）ひ事申へからす候、

玉岡八郎・　政廣（花押）
比樂源三郎　勝廣（花押）
武井十郎　勝傳（花押）
片見ひ（彦）こ一郎政行（花押）
や（簗）なすわ（周）う（防）　勝重（花押）
大木將監　勝家（花押）
小塙小五郎（花押）
大た又五郎　勝英（花押）
厚木彌三郎

やな(簗)又七　貞秀（花押）
田嶋六郎二郎政經（花押）
たかやゆき(多賀谷)　政廣（花押）
同　あき(安藝)　朝重（花押）
同　きの守(紀伊)　光親（花押）
岩上新二郎　判

御使
よこくら(横倉)民部少輔
山田しやうけん(將監)
太田左京亮
ほし(星)右京亮
せき(關)將監
やな(簗)大くら(藏)
木代右京亮

追三
作毛刈捨事

さくかりとりすて候事、御耳へ入候ハゝ、その郷之事ハ不レ及レ申、近邊の二三ケ所の郷へ、くわりう（過料）をかけさせられへく候、

晴朝（花押）

結城氏新法度

九　六角氏式目

當國一亂已後、不レ任二公私意一、猥輩爲二御成敗一條々、

一　於二神社佛寺之訴訟一者、早被二聞召入一、祭禮修理興隆幷社領寺務等、速可レ被二仰付一事、

一　山門領事、先年日蓮衆御退治・時、山國被二議定一之旨、今以不レ可レ有二相違一事、

一　諸知行之地、幷寺庵與力被官人等・事、去永祿六年十月朔日已前當知行分、不レ可レ有二相違一、然處、或押領、或代官以下難澁之儀被レ退レ之、如レ元可レ有二知行一事、

一　他人之知行、押領抑留之輩、前代未聞濫吹不レ可レ過レ之、早對二本領主一可レ相二渡之一、於二難澁一者、可レ被二催促一、猶以・不レ致二承引一者、可レ被レ加二御退治一・旨、可レ被二仰聞一、各一味同心仕可二相働一、然上者、押妨・輩縦雖レ爲下緣者親類其外難二默止一族上、聊以不レ可レ致二荷擔一、幷對二本領主一、雖レ有二宿意鬱憤一、打二捨其遺恨一、惡行人御追罰之可レ致二粉骨一事、

一　年貢米錢諸成物、年々渡來領主江可レ相二渡之一、萬一對二別人一相二渡之一者、辨出

一　神社佛寺訴訟事

二　山門領事　衆原作宗據布本阿本改　治下阿本和本有之　議原作儀據同上改

三　諸知行地幷寺庵與力被官人等事　等下諸本有之

四　知行押領抑留事　之阿本和本無○被原作致據諸本改○以下諸本有於○治下阿本和本有之○仕同上無○妨下同上有之○縦同上無○親類同上無○對據諸本補○捨阿本和本作棄○追原作退據諸本改

五　年貢米錢諸成物事　々原作之據諸本改○江和本作ニ○辨原作幷據諸本改

儀原作義據阿本和本改○縱雖阿本作雖縱○之阿本和本無

物可レ爲二二重成一、新儀之輩縱雖二催促一、拘置可レ致レ注二進之一事、

六 御先祖山荘祈願所寺領事

山據諸本補○止阿本作退○領阿本和本作庵○或據諸本補

一 御先祖御山荘、幷御進止之御祈願所寺領已下、或坊主、或看坊爲二所行一、與奪讓沽却等之儀、雖レ爲二何時一、可レ被二棄破一事、

七 私力定置寺院幷寺領事

依據布本補阿本和本作寄○定置諸本作建立○有據同上補○禮下同上有同○儀阿本和本作錢○令同上作致○付下阿本有之

一 雖レ號二御祈願所一、不レ依二師檀一、以二私之勵一令二定置一寺院幷寺領等、以二私之功力一於二仕付輩一者、與奪讓沽却等可レ被レ任二其意一、爲レ上不レ可レ有二御拘惜一、但、恆例之御禮・役儀等者、不レ可レ令二退轉一、若可レ及二懈怠一者、被レ成二御尋一、堅可レ被二仰付一事、

八 檀那進退寺庵領事

寺領阿本和本作領主

一 爲二檀那方一、令二進退一諸寺庵領、坊主看坊爲二所行一、與奪讓沽却等、可レ被二棄破一、但、雖レ爲二坊主一、雖レ爲二看坊一、本寺領之外、於二私之買得之地一者、可レ爲二各別一事、

九 寺奉行執次非分申懸事

申懸原作懸申據諸本改

一 諸寺庵方、爲二寺奉行幷執次一、非分之儀雖二申懸一、不レ可レ有二承引一事、

132

一〇 沽却地勘落次第事

之阿本和本無、下同　落原作洛據諸本改　券原作眷據布本阿本改、下同　於被阿本和本作被出　之添同上作副、下同　領同上作物恐非　相同上無　奉書同上無　狀同上無

一 諸沽却之地、可レ被二勘落一次第、給恩之地幷相二隱本領主一、代官等爲二所行一、於二放券之地一者、可レ被二棄破一、於二私領、我物一者、一切不レ可レ被二勘落一、猶以雖レ爲二給恩之地一、公儀有二御存知一、御書奉書於下被二相添一放券狀上者、不レ可レ爲二棄破一、但、本領主在レ之地、代官等爲二私領、我物一之由僞レ之、於レ令二沽却一者、雖レ被レ相二添御書・奉書一、放券狀謀略爲二必定一者、可レ被二勘落一事、

一一　賣買田畠買手人數相論次第事　襲阿本和本作熟〇手　下諸本有之〇之布本　阿本無〇書下阿本和　本有之〇及布本作依　阿本和本作寄〇若和　本無〇年諸本作書〇　於阿本和本在之下〇　券原作眷據布本阿本　改〇手阿本和本作主　〇手下原有主據布本　削

一二　喧嘩鬪諍打擲双傷殺害事　縱雖阿本和本作雖縱　而同上作者　背下和本有之　合原作今據諸本改　之據諸本補

一三　野山井水事　交名原作文各據諸本　改〇被阿本和本無〇　咎和本作科

一四　損免事　名主阿本和本無　相和本作合　令據諸本補　之阿本和本無　刈原作則據諸本改　執阿本和本作取　有據布本補　令同上作被

一　賣[133]買田畠等買手・人數相論次第之事、買得同前令ニ改作一、於ニ當知行一者、文書・年號不レ及ニ前後一、無ニ相違一知行可レ爲ニ理運一、若依ニ庄例等一、不レ及ニ改作沙汰一、買手共任ニ證文一知行仕來於ニ下地一者、隨ニ年號月日付之遠近一、先年次第仁可レ致ニ知行一、然者於ニ不知行之買手一者、任ニ御法幷放劵狀旨一、相㆑懸賣手・子孫一、本錢可レ執レ之事、

一　喧嘩鬪諍打擲双傷殺害事、縱雖ニ討レ父討レ子、謹而令ニ勘忍一、可レ致ニ注進一、隨ニ其科一、早速可レ被レ加ニ御成敗一、然而不レ能ニ其儀一、或令ニ[134]相當一、或帶ニ兵具一寄懸、於下背ニ御法一族上者、却而其身可レ爲ニ曲事一、同合力被ニ停止一畢、於ニ違背・族一者、合力之働隨ニ淺深一、可レ被ニ相計一事、

一　野事、山事、井水事、可レ准ニ先條一、但、一庄一鄕打起、於レ及ニ鉾楯一者、科人指ニ交名一雖レ申レ之、不レ可レ被ニ聞召入一、一庄一鄕江、可レ被ニ相㆑懸其咎一事、

一　損免事、雖レ有ニ庄例鄕例一、先々次第被ニ棄破一畢、於ニ自今以後一者、所務人地主名主作人等立相令ニ内檢一、應ニ立毛一乞レ之可レ有ニ下㆑行之一、若立毛不レ見レ之刈執、損免申族雖レ在レ之、限有年貢不ニ減少一、悉可レ有ニ納所一、公方年貢米錢等、先々免不レ行下地者、於ニ向後一不レ可レ有ニ損免沙汰一、就中、以ニ禮儀一損免乞取儀令ニ停止一畢

錢阿本作儀和本作義

一五 請切請詁切米定斗代事
之和本無
在阿本和本作有

一六 代官職等改替事
取諸本作執
之據布本補
未進阿本和本無
然下諸本有者
濟下阿本和本有之

一七 年貢取様事
太以阿本和本無
年諸本作々
訖阿本和本作畢
流原作添據諸本改
縦雖阿本和本作雖縦
諸阿本和本作跡恐非
取諸本作執

一八 年貢所當等請取事
成阿本和本作職恐非
從同上作自

一九 諸職下地等辭退事
裁原作載據布本和本改〇田阿本作因〇諸阿本和本作跡恐非〇取諸本作執〇之據諸本補

二〇 代官請米請切等無沙汰事
百姓前阿本和本在有

然上者、禮錢出輩執輩、共以可レ爲二曲事一事、

一 請切請詁切米定斗代等、不レ可レ有二損免之沙汰一、縦先例雖レ在レ之、於二自今以後一者、損免不レ可レ行、任二員數一可レ令二辨償一事、

一 代官職其外諸職改替事、爲二領主所務人一、於二取上一者、未進可レ爲二棄破一、爲二代官作人一於レ上レ之者、未進不レ可レ爲二棄破一、然・則其子細致二言上一、彼職別人仁申付、雖レ經二年序一、至二未進一者、先代官先作人辨濟・儀、可レ被二仰付一事、

一 少分之年貢、過分組立執レ之事、太以不レ可レ然、其年々仁悉可レ有二納所一、然而不二乞取一經二年年一者、三ケ年之外者被二棄破一訖、猶以雖レ令二催促一、不二出向一者、任二庄例一、或彼職改二替之一、或彼下地可レ流二執之一、幷不レ踏二下地一辨來年貢等之事、於二無沙汰一者、縦雖レ經二年序一、元利件無沙汰人相二懸諸職一可レ取レ之事、

一 年貢所當諸成物等、令二辨出一者、從二先々一如二有來一、請取可レ出レ之、若請取於二拘惜一者、早可レ致二注進一、則請取催促可レ被二仰付一事、

一 不レ知二其裁判一諸職家督等之代官幷不レ知二根田一下地等可レ上之由雖レ申、不レ可二請取一、相下懸從二先々一拘來輩諸職上、可レ取レ之事、[135]

一 百姓前號レ有二未進一、領主前請米請切等、於二無沙汰一者、爲二代官一、未進之百姓前

下〇之同上無
納所同上作請取
前同上無
依諸本作寄
不肖原作輩據諸本改
譴原作鑓據阿本和本改
責下和本有之

二一 號守護使不入年貢等無沙汰事
自承至其二十字據諸本補

二二 年貢諸成物無沙汰在所事
譴原作鑓據阿本和本改
諸據諸本補
之據阿本和本補
條原作等據諸本改

二三 年貢所當無沙汰百姓隱住事
譴原作鑓據阿本和本改下同
屋和本作家
畠同上作畑
令阿本和本無

二四 百姓作職辭退事
畠和本作畑
加、出、盛並據諸本補

書立、同納所員數注文、無㆓虚説㆒旨相ヨ添靈社起請文㆒出㆑之、於㆓納所分㆒者、對㆓領主㆒速可㆓辨出㆒、於㆓難澁百姓前㆒者、不㆑依㆓仁不肖㆒、早可㆑被㆑入㆓譴責・使㆒、催促一途之間者、請米殘分遲速、可㆑相ヨ待之㆒事、

一 號㆓守護使不入在所㆒、年貢諸成物令㆓無沙汰㆒、催促不㆑能㆓承引㆒輩、對㆓其庄其郷領主㆒、相ヨ屆旨趣㆒、可㆑入㆓譴責使㆒、其屆不㆑能㆓返答㆒事、過㆓三ケ度㆒者、可㆑令㆓言上㆒、御中間可㆑被㆑遣之事、

一 年貢諸成物令㆓無沙汰㆒、爲㆑不㆑可㆑請㆓譴責使㆒、諸口切塞、不㆓出合㆒在々所々、太以狼藉之條、所行於㆓必定㆒者、或被㆑加㆓御退治㆒、或可㆑被㆑相ヨ懸過料㆒、不㆑限㆓一庄一郷之働㆒、名主百姓等閉㆓門戶㆒者、堅可㆑被㆑加㆓御成敗㆒事、

一 年貢所當無沙汰之百姓、爲㆑不㆑可㆑請㆓譴責使㆒、明㆓己屋㆒他人仁令㆓借屋㆒、田畠立毛刈入輩、雖㆑爲㆓何方㆒、令㆓隱居㆒屋內江可㆑有㆓譴責㆒、并道路往反之時、見相仁所持之道具雜物年貢相當分、雖㆑爲㆓何ケ度㆒可㆑執㆑之、但、對㆓件百姓召遣主并拘置亭主㆒、譴責以前、一往可㆑有㆓其屆㆒事、

一 年貢所當令㆓無沙汰㆒、下地可㆑上之由申百姓前作職之事、一庄一郷申合、田畠可㆑荒之造意、惡行之至、早可㆑被㆑加㆓御成敗㆒、然而從㆓先々㆒辨出來年貢所當外、或

被原作致據布本改

盛ヨ増斗代一、或相ヨ懸新儀之課役一旨、百姓等致ニ言上一者、實否被ニ聞召分一、可レ・被レ停ヨ止濫務一之事、

二五 諸被官人末子出家輩事

之阿本和本無
縱雖同上作雖縱
遣原作仕據同上改
院布本作庵

一　諸被官人末子、相ヨ屆其主一、於下令ニ出家一・之輩上者、不レ及ニ沙汰一、・縱・雖レ不レ相ヨ屆之一、令ニ出家一經ニ年序一者、爲ニ其主一可ニ召・遣一之儀、不便之題目也、但、寺庵共以爲ニ進退一者、可レ爲レ如ニ召遣來一、或預ニ他人之寺・院一、或至ニ山寺法師等一者、歷レ年之後、爲レ主不レ可レ召ヨ返之一事、

二六 押之奉書可遣次第事

類阿本和本作等
篇原作等據諸本改

一　御押之奉書可レ被レ遣之次第、或喧嘩鬪諍、或刈ヨ取立毛一、壞ヨ取屋內一、持ヨ取雜物一・類、火急之子細、急度被レ差ニ日限一、御押可レ被レ遣レ之、然而所務・篇、山林境目相論等、非ニ火急之儀一於ニ題目一者、双方申所被ニ聞召一、於ニ其上一可レ被ニ相押一、不レ被レ及ニ一往之御尋一、被ニ押置一・儀、不レ可レ在レ之事、

置下阿本和本有之
儀據諸本補

二七 中間狼藉事

働原作動據阿本和本改

一　被レ成ニ御押奉書一處、不レ能ニ承引一、致ニ中間狼藉一旨、令ニ注進一者、其實否被レ遂ニ御糺明一、緩怠之・働於ニ事實一者、不レ被レ及ニ元來之子細一、可レ被レ付ニ論所於敵人一、然而訴人申所、巧事虛說爲ニ顯然一者、同論所可レ被レ付ニ論人方一事、

二八 所押置年貢米錢等他人望申事

一　依ニ御押一積置年貢米錢山林竹木等、爲ニ御扶持一雖レ有ニ望申輩一、一切不レ可レ被レ宛ヨ行他人一事、

二九 召文違背事 所據布本補 遣下阿本和本有之

一 被レ成二召文一輩、奉書及二三ケ度一不レ遂二參決一者、所レ被二差遣一・任二日限一、或被レ付二論所敵人一、或可レ被レ處二咎實犯一事、

三〇 山賊海賊以下幷返忠訴人事 縱雖爲阿本作雖爲縱

一 山賊海賊夜討强盜幷道路追剝等、自今以後、堅可レ被レ加二御成敗一條、縱雖レ爲二盜人中一、致二返忠一者、被レ免二其咎一、惡黨跡職、訴人爲二御褒美物一可レ給レ之、同於二御嫌疑一者、被レ任二先々御成敗之旨一、惡行在所被レ糺二遠近一、可レ被レ仰三付之一事、

三一 犯科人事 被原作之據布本改 遠近布本作輕重

一 犯科人依二其過淺深一、罪科被レ糺二輕重一、可レ被二仰付一事、

三二 父子夫妻緣坐事 哉據布本和本傍書補 否據諸本補

一 依二重科一可レ被レ相三懸父子夫妻其咎一哉否事、被レ任二式目御法一、可レ被レ加二御成敗一事、

三三 諸公事役免除地事

一 諸公事役御免除之地、古今共以不レ可レ被二棄破一事、

三四 在所庄例法度事

一 在々所々庄例法度、不レ可レ被二棄破一事、

三五 新儀諸役夫役事 此條布本缺

一 從二先規一不二仕付一諸役夫役等、新儀不レ可レ被二仰付一事、

三六 諸役夫役違背事

一 從二先規一仕來諸役同夫役等、無レ謂致二違背一令二中絶一者、被レ任二先例一、堅可レ被二仰付一事、

三七 一方向御判幷奉書事 成和本和一本傍書作遊

一 不レ被レ遂二御糺明一、一方向不レ可レ被レ成二御判幷奉書一事、

三八 代々御判奉書等不可棄破事 判下布本有御〇者據諸本補〇破同上作捐或是

一 御代々於二御判・奉書等之證文一者、不レ可レ被レ棄三破之一、幷江雲寺殿(六角定頼)御成敗不レ可

三九 御庄段錢幷臨時役儀事
以其次諸本作其外

四〇 竹木御用事
伐和本作剪〇召布本作取〇注原作記阿本和本作住意改

四一 謀書罪科事
之阿本和本無

四二 訴訟人證文之寫與實書相違事
實原作密據布本阿本和本改
被書同上無恐衍
故阿本和本作古
成據同上補
古布本作故

四三 贓物事
贓原作雜據阿本和本改、下同
質下諸本有物
所據同上補
之阿本和本無
主之據同上補

㆑被㆑改㆑之、但爲㆓非據儀㆒、不㆑可㆑被㆑引㆓‐用後例㆒事、

一　御庄段錢、於㆓向後㆒者、如㆓先規㆒可㆑被㆑仰㆓‐付之㆒、以㆓其次㆒國中臨時之役儀、土民百姓等以㆓御憐愍之上㆒、可㆑被㆑相㆓‐叶御用㆒事、

一　竹木爲㆓御用㆒被㆓伐召㆒之時、至㆓彼在所㆒、不㆑可㆑被㆑相㆓‐懸非分失墜[136]㆒、同不㆑立㆓御用㆒竹木、爲㆓奉行㆒注置、以㆓禮儀㆒閣㆑之族、可㆑被㆑加㆓御成敗㆒事、

一　謀書罪科事、可㆑被㆑處㆓死罪流罪㆒、然而無㆓文書紕繆㆒者、謀略訴人罪科同前之事、

一　捧㆓文書之寫㆒訴訟輩、實書被書被㆓召出㆒被㆓引合㆒處、令㆓相違㆒者、可㆑爲㆓反故㆒、但、不㆑立㆑事落字彌[137]書等之相違者、自然筆者之誤可㆑在㆑之歟、然者、證文不㆑可㆑被㆑成㆓反古㆒、又訴訟之子細仁付而、肝要之文字幷落字等爲㆓相違㆒者、巧事造意併可㆑爲㆓謀書同前㆒、隨㆓其文體㆒、以㆓御分別㆒、可㆑被㆑加㆓御成敗㆒事、

一　盜物贓物事、或置㆑質・或令㆑賣之間、公文所市町等仁在㆑之時、彼主其所江預置旨相屆段、可㆑爲㆓勿論㆒、雖㆑然、盜人搦㆓‐捕之㆒、不㆑渡㆑之者、諸色物不㆑可㆑返㆓‐遣之㆒、然而件盜人尋搜處、雖㆑令㆓逐電㆒、於㆓盜物㆒者可㆑返㆓‐付之㆒、於㆓贓物返付上㆒者、其代錢買主損失、可㆑爲㆓勿論㆒、又盜人者雖㆘不㆑知㆓其者㆒、不モ知㆓其行末㆒、爲㆓贓物所持之主㆖之旨無㆑隱、證據爲㆓分明㆒者、同可㆓返付㆒事、

四四 博奕停止事
物諸本無
返阿本和本作歸
忠下同上有之
畠布本和本作畑
聊下阿本和本有以

四五 主從訴論事
後阿本和本作來
能據諸本補、和一本傍書作成

四六 親子師弟訴論事
能據諸本補
其師原作息弟據諸本改
之者據諸本補
因以下十一字阿本和本無

四七 與奪狀讓狀次第事
在和本作有
據原作趣據諸本改
被阿本和本無恐非

一 博奕堅被二停止一畢、若於二違犯輩一者、可レ被レ處二死罪流罪一、於二跡職一者、犯過人致二注進一訴人仁、爲二御褒美物一可レ給レ之、雖レ爲二縱張行人數中一、返忠・輩被レ免二其咎一、同可レ有二御褒美一、幷宿仕族、張行人同前可レ被レ處二罪科一、就中、咎人跡職雖レ被レ仰二付訴人一、於二給恩之地一者、不レ可レ被レ相二加之一、於二私領一者、田畠山林屋內雜物等、一圓訴人可レ爲二知行一、或爲二其主一、或爲二地頭沙汰人等一、聊・不レ可レ致二拘惜一事、

一 主與レ從之訴論、於二自今以後一、爲二僕從一者言上、一切不レ可レ被レ能二御許容一事、

一 親與レ子、師與二弟子一及二訴論一儀、爲二子息一者、爲二弟子一者申事、大綱不レ可レ被レ能二御許容一、但、其親其師之所行、與奪筋目、幷讓二文書一之次第等、背二道理一恣相二究之一者、不レ拘二制止一者歟、因レ茲雖レ及二言上一、忠孝之差別、被レ加二御思慮御分別一、可レ有二御成敗一事、

一 與奪狀幷讓狀之次第、雖レ有二式目之旨一、於二自今以後一者、可レ被レ用二先判一、但、於二嫡子一者可レ爲二各別一、然而得二讓狀一輩、不レ恐二後判一、故對二父母師匠等一不儀之働、可レ爲二曲事一、付寺院方累代相續筋目在レ之處、或坊主或檀那之輩爲二所行一、妨二先蹤一於二非據之讓狀一者、不レ可レ被レ及二先判後判沙汰一、速從二往昔一任二相續仕來旨一、嚴重可レ被レ遂二御裁斷一事、

四八 粧田幷敷錢事（諸原作略據諸本改下同）

一 粧田之事、可レ爲レ如二約諸文書一、無二文書一者、彼妻一期後者、可レ返二付女之生家一、[138]幷敷錢同可レ爲レ如二約諸文書一、無二文書一者、女生家江返付儀不レ可レ在レ之事、

四九 妻敵事

一 妻敵之事、件女密夫一同仁可レ討事、

五〇 借物返辨事

一 諸借物且返辨之時、且請取可レ出レ之、皆濟之時者、可レ返二付借書一、若借書於二拘惜之輩一者、致二注進一可レ及二催促一事、

五一 連署借事（一布本作壹）（譴原作讉據阿本和本改）（中據諸本補）（一布本作壹）

一 連署借之事、相二懸其中一人一、雖レ令二催促一、不レ及二兎角之儀一、任二借書旨一可レ有二其辨一、然者請二譴責之使一輩、於二其失墜同返辨物一者、相二懸連署人數中一、可レ執之段、可レ爲二勿論一、猶以連署人數悉雖レ令二逐電一、一人相殘者、爲二其一人一、借物元利可二相辨一事、

五二 借物請人事（事行原作行事據諸本改）（在布本作有）

一 諸借物請人仁相立題目對二難澁之本人一、先可レ致二催促一、於下其上不二事行一時上者、縱本人不レ及二死去逐電一、現存雖レ在レ之、對二請人一可レ令二催促一、請人者可レ相二懸本人一事、

五三 對捍御中間事（之據阿本和本補）（加據諸本補）

一 不レ限二催促奉行等之儀一、御中間被二差遣一處、動在々所々不レ致二承引一、結句狼藉仕立、太以緩怠之條、從二先規一被レ任二御法之旨一、堅可レ被レ加二御成敗一事、

五四 以御中間催促事

一 以二御中間一催促之事、子細被レ遂二御糺明一、被二仰付一於二催促一者、立符儀不レ可

五五 年貢借與物等催促事
譴原作鑓據阿本和本改
被據和本補

五六 立符事
譴原作鑓據阿本和本改
目據諸本補
在阿本作有
仁據阿本和本補
儀原作義據諸本改
被據阿本和本補

五七 訴論懸隔事
時下阿本和本有者

五八 與力寺庵訴訟事
輩原作奉據布本和本改
可原作公據諸本改
分原作方據諸本改
別下諸本有之
躰下阿本有之

五九 與力寺庵跡職事
電下諸本有之

レ被二仰出一事、

一　諸年貢并借與物其外催促事、任二申請旨一御中間被二相付一之處、論人申旨、子細可レ在之樣、被二聞召一者、其段訴人仁被二仰聞一、以二日限一可レ被二相立一、則日限中仁、論人一途之子細、不レ致二言上一者、重而御中間被レ遣レ之、可レ有二譴責一、至二其時一者、立符不レ可レ被レ遣レ之事、

一　以二御中間一被二譴責一處、立符申上輩、子細一筋目在レ之樣仁被二聞召一儀、雖レ不レ被レ遂二淵底一、以二日限一立符可レ被レ遣次第、書二-載先條一申訖、然而子細是非不レ能二言上一、先可レ被レ相二-立催促一旨申族、併可二申上一道理無レ之者歟、一切立符不レ可レ被レ遣レ之事、

一　訴論申旨懸隔之時・、左右方被レ召二-寄之一、被レ遂二對決一、速可レ被レ加二御成敗一事、

一　與力寺庵等、不レ帶二賴親吹擧狀一、猥致二訴訟一儀、不レ可レ被二聞召入一、但、不レ出二吹擧狀一者、其旨趣與力寺庵輩可レ令二言上一、然者對二其賴親等一、爲レ上可レ有二御尋一、其付而存分可二申上一、但、於二御前近習之與力一者、可レ爲二各別・樣躰一・事、

一　爲二給人一立置與力寺庵等逐電・時、彼跡職爲二賴親一可レ致二進退一、非二給人與力一於二跡職一者、一切不レ可レ致二競望一、爲レ上可レ被二仰付一、但、爲二賴親一令二配當一分在

レ之者、可レ被二返付一事、

六〇 闕所次第事（次 自阿本和本作從）

一 諸闕所之次第、在々所々自二先規一可レ爲レ如二有來一事、

六一 逐電輩跡職事

一 依二貧無力一逐電輩、爲二地頭一不レ可レ有二闕所一、失人爲レ主可二相計一事、

六二 妻殺害人跡職事

一 爲レ夫害レ妻咎、不レ可レ成二地頭闕所一、爲二其主一可二相計一事、

六三 訴訟錢事（添 阿本和本作副 江 原作へ據布本阿本改 決 阿本和本作明 曲下和本有之 自可至者十九字據諸本補、但、文阿本無之據諸本補）

一 訴論致二言上一者、爲二訴訟錢一一貫貳百文宛、訴人論人共以相二添目安狀一、奉行所江可レ相二渡之一、有二御紏決一、理非治定之時、奸曲・者之出錢於二壹貫文一者、可レ被レ付二寺社修理料一、道理之輩出錢於二壹貫文一者、封儘如レ元可レ被二返付一、二百文宛之事者、奉行人可レ執レ之事、

六四 訴訟錢用捨事（等下諸本有之恐是于阿本和本無 江原作へ據布本阿本改）

一 喧嘩口論等注進幷催促、御中間申請儀、同立符等・言上者、訴訟錢不レ可レ出レ之、但、訴陳之是非、至下于被レ及二御紏明一刻上者、訴訟錢壹貫貳百文宛、如二先條一奉行所江可レ相二渡之一事、

六五 御沙汰奏者事（之諸本無）

一 御沙汰奏者之事、今度致二誓印一之面々、可二申上一儀勿論之事、

六六 御前若衆奏者用捨事（中據阿本和本補 沙汰據諸本補 在布本作有）

一 御前若衆中、今度起請文連判仕衆、御沙汰奏者可二申上一儀、可レ爲二勿論一、連判外別人不レ可レ被レ加レ之、但、若衆中被二仰聞一、御請於二申上一者、可レ被レ入レ之、然者、餘人各別仁誓紙被二仰付一、御沙汰之奏者被レ仕儀、不レ可レ在レ之事、

六七
餘人奏者停止事

執　阿本和本作取、下同
聞召入　原作入聞召、據同上改
事下　阿本和本有之
自當至急十五字　據諸本補、但、以阿本和本無、恐非
所　諸本作被、或是
議　原作儀、據阿本和本改
拾　同上作十

一　右兩條仁被ニ書載一之外、御沙汰訴論之奏者被ニ申上一儀、一切可レ被ニ停止一、同御内儀御執合申輩、不レ可レ被ニ聞召入一、然者、御沙汰訴論仁付而、御執合申族、可レ爲ニ曲事一・事、

右條々、短才之間、了簡蒙昧而已歟、併當國之外可レ被レ憚ニ他見一、猶以依ニ忩劇一急所ニ相定一、不レ及ニ靜案一之條、可レ有ニ御追加一題目可ニ出來一、然者、各被ニ仰聞一、可レ被ニ議定一者也、仍所レ被ニ定置一如レ件、

永祿拾年四月十八日

家臣起請文前書

敬白天罰靈社上卷起請文前書事

一
政道法度不可致相違事

趣　諸本無
處　阿本和本無
來下　同上有候

一　御政道法度之事、得ニ御諚一、愚暗旨趣書立、備ニ上覽一處、被レ成ニ御許容一、則有ニ御誓紙一、被ニ定置一儀、忝次第候、然上者、條々永不レ可レ致ニ相違一、猶以此外可レ被ニ書入一題目出來・者、各被ニ仰聞一、可レ有ニ御追加一事、

二
就訴論沙汰不可有述懷儀事

論　阿本和本作訟
敗下　諸本有之
所及　據諸本補
意下　布本阿本有之

一　訴論被レ及ニ御沙汰一、爲ニ非據一輩被ニ棄置一處、或乍レ知ニ道理之旨一、號ニ無理之御成敗一、或申ニ立連々忠節奉公之功一、述懷申儀、聊以不レ可レ在レ之、就中、御成敗・是非爲ニ御談合一、各被ニ仰聞一者、所レ及ニ愚意一、・不レ恐ニ權勢一、不レ顧ニ緣者親類等一、如ニ

順路ニ可ニ申上一事、

一　數日被レ遂ニ御糺明之淵底一、題目於ニ御批判一者、被ニ定置一以ニ條目之旨一、可レ爲ニ御順路一、然而愚慮之輩、非儀之御裁斷與令ニ覺悟一、不レ相ヨ捨訴訟一者、可レ爲レ所レ致ニ蒙昧一、然者、既被レ成ニ奉書一處、相ヨ語親類一族一、於ニ拘申一者、併相ヨ背御成敗一者也、被レ成ニ御下知一以後、不レ可ニ相拘申一事、

一　不レ限ニ親類他人之訴論一、乍レ知ニ非據一執次申儀、不レ可レ在レ之、諸篇爲ニ御國御家一、不レ可レ然儀、不レ可ニ執申一、隨分嗜ニ正意一、可レ願ニ御世長久一事、

一　就ニ南北都鄙鉾楯一、各隨分可レ奉レ抽ニ忠節一、聊不レ可レ致ニ油斷一、然者、萬人無ニ御差別一、戰功武略共以粉骨輩、被レ糺ニ其淺深一、可レ被レ與ニ御恩賞一旨忝存事、

右條々、若致ニ僞相違一者、靈社上卷起請文御罰、深厚可ニ罷蒙一者也、仍前書如レ件、

永祿拾年四月十八日

圖次第

三上越後守　恆安　判

三　訴訟輩背御下知不可拘申事

遂、以並據諸本補　慮原傍書意　與原大書據阿本和本改　一族同上作等　於同上無　成據諸本補

四　諸訴論乍知非據不可執次事

論阿本和本作訟

五　可抽忠節事

御布本無　共下諸本有仁　以下諸本有致

拾阿本和本作十

圖次第阿本和本在行上、布本無　連署布本二段書、阿本在行上、並非原形　判布本無　判上阿本有在

高安諸本無　自三井治秀至馬淵建綱十八名實名下阿本有在判　眞光寺肩原有池田、但異筆　周揚原作圓陽據諸本改

池田景雄阿本和本在進藤賢盛後

三雲成持蒲生賢秀布本缺

後藤喜三郎　・高・安

三井新五郎　治秀・

眞光寺　・周・揚・

蒲生下野入道　定秀・

青地入道　道徹・

青地駿河守　茂綱・

永田備中入道　賢弘・

池田孫次郎　景雄・

平井加賀守　定武・

馬淵山城入道　宗綱・

三雲對馬守　定持・

永田刑部少輔　景弘・

進藤山城守　賢盛・

三雲新左衛門尉　成持・

蒲生左兵衛大夫　賢秀・

楢崎賢道　諸本在離相庵將鶴後
尉　據同上補
狛　原作伯據阿本改

六角氏起請文前書　之阿本和本無

一　國中法度不可相違事
可　原作一據諸本改
被　諸本作有

二　御沙汰不可有贔屓偏頗事
御　諸本作諸
就親近　諸本作依奏公
致　諸本作令
在　阿本和本作有

三　賞祿不可有贔屓偏頗事
共下　諸本有仁
上　阿本和本無
計　諸本作謝

平井彌太郎　高明・
楢崎太郎左衛門尉　賢道・
離相庵　將鶴・
馬淵兵部少輔　建綱・

布施淡路入道（公雄）殿
狛丹後守殿

敬白天罰靈社上卷起請文前書之事

一　國中法度今度定置旨、永不レ可レ有二相違一、此外可二書入一條數在レ之者、重而各以二相談一可レ被二追加一事、

一　御沙汰可レ爲二憲法一上者、於下及二訴論一子細上者、或就二親近之淺深一令二贔屓一、或依二奏者之好惡一致二偏頗一儀、不レ可レ在レ之、任二道理之旨一、對二萬民一如二順路一可レ加二成敗一事、

一　南北鉾楯爲二最中一上者、雖レ不レ及レ申、戰功武略共・可レ被レ竭二忠節一儀肝要候、然上者、賞祿不レ可レ有二贔屓偏頗一、於二大功大忠一者、及レ力限可レ計レ之、猶以糺二輕

重ヽ可ㇾ加ニ褒美一間、粉骨之輩勞功、永不ㇾ可ㇾ失之條、諸卒之慟、聊不ㇾ被ㇾ僞、廉直仁可ㇾ被ニ告知一事、

右條々、僞在ㇾ之者、此靈祉上卷起請文可ㇾ蒙ニ天罰一者也、仍前書如ㇾ件、

永祿拾年四月十八日

承禎 御判

義治 御判

各中

大谷本　布本　阿本　和本　〔參考〕和一本

慟原作動據同上改
僞下諸本有之
廉諸本作正
仁阿本和本無
日付據諸本補、但拾阿本和本作十
承禎御判阿本和一本無
治原作弼據布本阿本改

定

一　就ニ錯亂一、諸侍士民等可ㇾ爲ニ難堪一被ニ思召一條、德政御法被ニ仰付一事、

一　□□訴訟輩人民可ㇾ爲ニ御憐愍一被ニ仰付一間、德□□□(政御法?)聊不ㇾ可ㇾ被ニ相懸一、然上者、或郡司或地頭、號ニ段錢禮錢一雖ニ申懸一、一切不ㇾ可ㇾ致ニ承引一事、

一　南北鉾楯爲ニ最中一條、彼是以ニ哀惠一如ㇾ此之間、不ㇾ限ニ何表一、御敵於ニ相慟一者、馳ニ向之一、可ㇾ致ニ粉骨一、猶以、於ニ諸侍一者不ㇾ及ニ是非一、致ニ老若僧俗百性等一迄、可ㇾ奉ニ戰功忠節一事、

追一 德政事

追二 段錢禮錢不可出事

追三 可勵戰功忠節事
致當作至

右條々、可レ守ニ此式目一者也、仍下知如レ件、

永祿拾丁卯五月四日

大谷本

追而被ニ仰出一條々

就ニ御沙汰御法被ニ定置一、目安狀幷訴訟錢、奉行被ニ仰付一條々、

一　訴人目安狀上つゝミ(包)仕、そくい(續飯)付ニ封レ之、奏者名字官名乘書ニ載之一、判形仕、奉行江可レ相ニ渡之一、幷論人交名訴訟之旨趣、同以ニ折紙一書付、可レ付ニ渡之一、然者、爲ニ奉行一論人方江可ニ相屆一事、付、御沙汰每仁、目安狀二被レ出レ之、一者上江可レ有ニ進上一、一者奉行江可レ被レ置事、

一　一度之目安狀、取替度旨申族、見申度之由申族、雖レ在レ之、奉行一切不レ可レ致ニ同心一事、

一　若衆中、誓紙內仁不レ致ニ判形一輩、萬一目安狀幷訴訟錢、可ニ相渡一之由、雖レ有ニ申族一、奉行不レ可ニ請取一事、

阿本　和本　〔參考〕　和一本

追以下七字據和本補

追四　目安狀仕立樣事
つゝミ和本作包

江和本作仁

追五　目安狀取替等停止事

追六　誓紙連判外若衆不可交御沙汰事
此條和一本缺

一〇　新加制式

一 可崇神社敬寺塔事

通原作道意改

倍原作陪意改

二 固可有禁止賄賂事

一　可下崇二神社一敬中寺塔上事

右、神者天先成、地後定、然後化生二其中一、故曰二神國一、欽明御宇佛法東漸、上宮太子内敎弘通、自レ爾以來、寺社崇敬、是同、就レ中有封社不レ致二陵夷一、而可下加二修造一專中祭祀上、恆例神事之時、神役公人等依レ令レ懈二怠下行物一、延二引式日一、神慮尤有レ恐、自今以後、其日勿二闕怠一、於二彼公人一者、後日以二此科一可レ令レ出二一倍過錢一、將又佛寺等事、先不退之勤行可レ專レ之、近代僧徒、法衣之上帶二刀兵一、捨二經敎一而專二歌舞一、若爲二一寺住侶供僧一者、可レ被レ停二廢彼職一也、次寺社領、私令二沽却一、太以零落之基乎、尋二究之一、速可レ被レ召二放件地一、又林木以二私曲一有二伐取之族一者、可レ糺二其趣一矣、

一　固可レ有レ禁二止賄賂一事

右、憲法云、得レ利爲レ常、見レ賄聽レ訟云々、建武式目殊立二于此一篇一、古今制禁不レ可二勝計一、凡公事、雖レ受二一禮一、當二可レ取之道一、爲二千顆一可レ顯二取之一、於二不

三 改舊境致相論事

四 中間狼藉咎事

五 雖給三ケ度召文不參上科事

參原作不意改

日原作目意改

レ可レ取之義一、雖二寸珠一亦不レ可レ取レ之、若訴論人密及二眦之沙汰一者、評定衆互遂二白狀一、可レ有二其計一、潔二自他之心一、各可レ被レ歷二計議一乎、

一　改二舊境一致二相論一事

右、如二式目一者、割二分訴人領地之內一、被レ付二論人一云々、當時不二合期一、然則隨二成レ論之分限一、令レ出二過錢一、可レ被レ付二神社佛寺之修理一、若不レ出二過錢一者、可レ被レ召二放割分所領一、

一　中間狼藉咎事

右、理非之趣、被レ遂二淵底一之處、其中間致二狼藉一之條、太以濫吹也、於二論所一者、可レ被レ付二訴人一、但訴人無理者、可レ有二別御計一者乎、

一　雖レ給二三ヶ度召文一、不二參上一科事

右、式目之趣既顯著也、但、其人或受二重病一、或在二不自由儀一者、至二評定衆中一而可レ申二子細一、雖レ爲二重病急用一、經二三ヶ月一者、件論所、暫可レ被二押置一、將又論人召文三ヶ度之終日、適雖レ令二參決一、[139]不レ對二合裁許一、所行之企尤非二道理一乎、速可レ被レ付二訴人一、次又訴人乍レ申二請召文一、公事式日不二參上一者、百ヶ日可レ被レ押二糺明一、

六　相論之時出證人事

无原作元意改

一　相論之時出ニ證人一事

右、双方共令ニ領解一出ニ證人一、既糺明之處、无理之一方、重而可レ出ニ別之證人一旨、雖レ謝ニ申之一、不レ可レ有ニ擧用一、將又件證人以ニ贔屓一掠申之段顯著者、隨ニ其咎一或被レ沒ニ收所領一、或可レ被レ行ニ死罪一、

七　企謀訴輩可被懸贖銅事

有恐當作出

償原作價意改

一　雖レ无ニ道理一、無ニ指損一之故、企ニ謀訴一之輩、可レ被レ懸ニ贖銅一事

右、式目之趣炳焉也、但、或不レ致ニ奉公一、或无ニ忠節一之輩、割ニ分件所領一可レ預ニ新恩一之段、非レ無ニ其詮一乎、自今以後、於下企ニ謀訴一之輩上者、可レ有ニ贖銅一、（假令田畠一段可レ爲ニ錢一貫一、但、家財牛馬車船等、可レ爲ニ件之直半分一、若其主令ニ逐電一者、以ニ其道具一可レ致ニ其償一、）則可レ被レ付ニ寺社之修理一、

八　强竊二盜罪科并與黨同類事

宥原作有意改

一　强竊二盜罪科、并與黨同類事

右、先條之所レ載、罪科殊重、但、（三好義賢）實休時遁來之族者、縡已違期之上、以ニ寛宥之儀一、今更不レ及ニ糺明一、

九　失物隨見出可返本主事

者原作云云意改
之或當作々
倍原作陪意改

一　失物隨ニ見出一、可レ返ニ本主一事

右、件失物、爲ニ本主一至レ令ニ取返一者、有ニ何妨一乎、先可レ尋ニ究出所一、若其人或令ニ死去一、或令ニ他出一者、縱雖レ爲ニ不レ知レ身之過一、聊盜類難レ遁之條、相ニ計賣之員數一、可レ出ニ一倍贖銅一、若於ニ遠國他境土倉等一、買得之段分明者、可レ有ニ差別一乎、但、

難レ及二盗賊之沙汰一、於二其人躰一者、非二制之限一、

一　號二咎人一、不レ究二事由一、而令二殺害一事

右、於レ咎者、對二其主一令二一決一而可二誅戮一、只令二自專一者、敢非二正義一、但、咎人於二其庭一致二勇血之働一、不レ及レ力而於レ令二殺害一者、聊可レ有二差別一乎、

一　被官人罪科、懸二主人一否事

右、被官人重科之時、猶於二拘惜一者、主人可レ懸レ咎、仍三ヶ年可レ被レ沒二收所領半分一、但、爲レ決二實否一、暫相二拘其人一者、非二主人之過一、然者犯科治定之時、隨二咎之輕重一、爲二主人一可レ加二成敗一、若及二其期一、咎人逃脱之旨雖レ申レ之、主人可レ懸二其咎一也、

一　譜代相傳被官人事

右、無二證跡證人一者、何以決二實否一乎、但、及二十ヶ年一致二奉公一者、可レ准二譜代一乎、

一　一季奉公輩事

右、經二歷諸方一、而致二奉公一之輩、當二其月一乞レ暇常習也、然不レ遂二其月一、而猥令二退出一者、自由之至也、尤當季之主可レ任レ意、不レ可レ有二他人妨一、

難　恐當作雖

一〇　號咎人不究事由令殺害事

於　原作及意改

140

一一　被官人罪科懸主人否事

猶　恐衍

一二　譜代相傳被官人事

一三　一季奉公輩事

歷　原作曆意改

遂　恐當作過

一四 爲地頭百姓田畠等押置事
依當作寄

一五 對地頭不遂事由名主職賣買事

一六 恆例年貢恣令加增事
儀原作義意改

一七 讓與所領於子孫事

一 爲二地頭一、百姓田畠等押置事

右、爲二地頭一、百姓年貢以下難澁之時、押二置所當田畠一者常習也、然地頭依二事於左右一、件百姓資財雜具田畠以下、及二莫太違亂一之段、甚背二其義一者乎、堅可レ被レ停二止之一、

一 對二地頭一不レ遂二事由一、猥名主職賣買事

右、名主職沽却之時、爲レ得二尫弱之利潤一、減二少本所之年貢一、而書二載沽券狀一、恣賣買之段、猛惡之所行也、慥令二決定一、如二在來一土貢可二收納一、若賣人有二私曲一者、遂二勘定一而可レ辨二償之一、凡賣買之時、件田地々頭分等相二糺之一、云二賣人一云二買人一、共以不レ可レ有二後之妨一乎、

一 百姓恆例年貢恣令二加增一事

右、所當年貢、廿ヶ年以來治定之處、或求二往古之帳一、或構二新儀之案一、恣申懸之條、不便次第也、自今以後可レ停二止之一、但、新開地、河成田等、年々成二熟地一之上各別也、將又件本主不慮令二不知行一、新給人領二知之一、不レ知二土貢之分際一、而經二年序一者、縱雖レ爲二數十ヶ年一、可レ任二先規之土貢一、

一 讓二與所領於子孫一事

令原作无意改
傺原作際意改

一八 雖爲父祖讓狀可有用捨事

人或當作文

一九 以恩地入質物事

述當作術
計原作許意改

二〇 結黨類互令盟誓事

二一 號咎人追來時令出合殺害事

右、以二私領一令レ讓三與子孫一者、可レ任二父祖之意一、父祖相傳之地、依レ令レ支三配數多之子孫一、其嫡家令二侘傺一、然則三代附屬之領知者、一切不レ可レ讓二庶子一、至二新地一者、可レ任二父祖之意一、猶讓與之時、究二淵底一可レ有二其定一乎、

一 雖レ爲二父祖之讓狀一、依レ事可レ有二用捨一事

右、或及二末期一、或受二重病一、无二本性一之時讓狀者、更不レ足二信用一、但、雖レ爲二末期并重病一、在二手繼之證人一者、可レ有二擧用一乎、

一 以二御恩地一入二質物一事

右、要用之時、以二給地一入二質物一事、雖レ爲二制禁一、无力之族失二述計一之條、以二憐愍之儀一、限二三ヶ年一而可レ有二宥恕一哉、然者借用人錢主人、過二此年紀一而互於二申合一者、可レ被レ召三放彼所領一、次其主三ヶ年中不レ慮令二斷絶一者、可レ爲二錢主之費一、但、最前對二其主人一遂二案內一者、可レ爲二錢主之計一、

一 結二黨類一互令二盟誓一事

右、令二群集一、結二黨類一者、違三背上一、[141]强三張下一之謂也、不レ可レ不レ誡、若有二結黨盟誓之儀一、沒三收面面之所領一、可レ被レ追三却分國一、

一 號二咎人一追來之時、自二他方一令二出合殺害一事

右、號二咎人一、以二刀兵一追來之時、近所之人民等令二出向一、不日令二殺害一云云、其公事者、追來人可レ爲二所行一、至二出向之人一者、不レ可レ有二別子細一、

二三 被官人攻戰之咎懸主人否事

一 被官人及二攻戰一、其咎懸二主人一否事

右、件被官人遂二糺明一、令二成敗一者、主人不レ可レ懸二其科一、但、无レ咎之旨、主從同心陳申之處、犯科露顯者、主人可レ懸二其科一也、仍三ヶ年中可レ被レ沒二收所領半分一、就中、被官人之科、內々雖レ令二糺明一、依レ不二一決一、暫雖レ申二其旨一、主人无二私曲一之段分明者、難レ謂二同科一乎、然者主人果而彼被官行二重科一、以二一禮一可レ散二其憤一、

井上本

一一　長宗我部氏掟書

一 諸社神事祭禮等事（物下蠹本有等者神本無）
二 諸寺勤行事
三 公儀事（固下蠹本類本有ニ）
四 菊桐之御紋事（共ニ蠹本神本類本作ニよらす）
五 御上使幷御下代下國之時馳走事（入念山本蠹本類本作念を入　餘下類本有仁）

掟

一　諸社神事祭禮等、從二先年一如二相定一、不レ可レ有二退轉一事、付、以二其社領寄進物一・可レ成程者、可レ加二修理一、若及二大破一、不レ叶時者、奉行人迄可二相理一者也、右、於二無沙汰一者、神主、社家可レ爲二曲事一事、

一　諸寺勤行事等、如二有來一、不レ可レ有二懈怠一、幷寺家造營、以二其寺領一可二修補一事、

一　公儀事、諸事申付否堅固・可二相勤一、自然於二緩仕一者、速可二成敗一事、

一　菊桐之御紋、上下共ニ付事、乍二勿論一停止之事、

一　御上使幷御下代御下國之時、馳走之儀、可レ竭二精魂一、御振舞、送馬其外入レ念令二奔走一、於レ抽レ餘・者、可レ加二褒美一、付、其時案

機蠹本神本類本作氣

六 君臣僧俗貴賤上下仁義禮不可有猥事
禮下類本有智信
有蠹本類本無

七 軍役武具等不斷可相嗜事
一下諸本有鐵炮
馬下同上有事

八 諸事隨分限可相嗜事
幷蠹本無
心懸神本作懸心

九 諸宗其道々專可被相嗜事
宗蠹本作家〇自神本無〇爲同上作任〇次第同上無

一〇 出家形儀之事
ハ神本作者

一一 奉行申付儀諸事不可覃異儀事
之神本無〇儀山本蠹本類本作義〇覃諸本作及〇々下蠹本類本有ニ〇上據諸本補〇聊山本蠹本類本作毛頭

內者、相添者申次第、萬可ニ機遣一事、

一 君臣、僧俗、貴賤、上下、仁義禮・聊不レ可レ有レ猥、專可レ存之事、

一 軍役武具等不斷可ニ相嗜一事、可レ爲ニ本道一、一稜抽ニ餘仁一者、可ニ加增一、第一・弓馬・可ニ心懸一事、軍法別紙在レ之、[142]

一 諸事隨ニ分限一可ニ相嗜一事、付、奉公之透を以、第一書學幷藝能可ニ心懸一事、

一 諸宗其道々專可レ被ニ相嗜一事、學文以下、於レ被レ抽ニ自餘一者、隨ニ其功一、不レ寄ニ出世寺家一、可レ爲ニ望次第一事、

一 出家形儀之事、一ニハ不レ遂ニ上聞一落墮於レ仕者、忽可レ行ニ死罪一、一ニハ不レ叶子細無レ之者、夜中出行停止、一ニハ亂行之輩聞立於ニ申上一者、一稜可ニ褒美一、右條々於レ猥者、依ニ其輕重一、可レ爲ニ流罪死罪一事、

一 國中七郡之內、三人奉行相定上者、彼奉行申付儀、諸事不レ可レ覃ニ異儀一事、付、在々所々・庄屋相定置上者、萬事觸渡處、聊不

一二 寄親物頭等申儀不可及異儀事
其外蠹本無〇之山本蠹本類本無〇仕者蠹本類本無〇之山本蠹本神本無

一三 國中諸公事事
者山本無蠹本神本類本作ハ
陣神本作役
守蠹本類本作主
者蠹本無
不依同上無
依神本作寄

一四 公事奏者事
之諸本無
を神本無

一五 公事邊女房衆取次事
此條山本在三三條次
之神本無

一六 裁許相濟後申殘儀重而言上事

一七 知行役堅固可相勤事
ニ諸本無
賄原作賂據山本蠹本類本改

一八 走者事
迄蠹本類本作まで

可レ存レ緩事、

一 寄親、其外物之頭仕者之申儀、毎事大切存、毛頭不レ可レ及二異儀一事、

一 國中諸公事之儀、寄親江相理、以二其上一可二言上一、寄親無レ之者者、奉行迄可二申屆一、軍陣、在京留守中者沙汰停二止之一、但、指當事者、可レ爲二各別一、付、可二沙汰一日之事、十日、廿日、晦日、一ケ月三度也、當用之儀者、不レ依二何時一可二言上一事、

一 公事奏者之事、双方令二內談一上を以可二言上一、如二先例一老中者、可レ有二遠慮一事、

一 公事邊、女房衆取次、堅停止之事、

一 裁許相濟後、申殘儀在レ之付、重而言上、堅停止之事、

一 知行役、乍二勿論一不レ寄二大小事一ニ、堅固可二相勤一、若材木出、普請等於二遲參仕一者、日數一倍可レ爲二科役一、幷賄以下無沙汰候者、是又一倍にて可レ有二運上一事、

一 走者之事、其身者不レ及二是非一、類親迄も可二成敗一、可レ走者仕舞、

兼々可ニ相知一之間、其在所之者、又者傍輩聞立、於ニ言上仕一者、一稜可ニ褒美一、若乍レ存不ニ申上一者、可レ為ニ同罪一、付、普請、材木出等之時罷出、奉行江不ニ相届一帰候者、知行可ニ召放一、直他國江走候者、親類共可ニ成敗一、同被官共走候者、其主人三増倍・可レ懸レ科事、

一若給役過上者、奉行中江相理、以ニ其上一有様ニ可レ引、御急用之時者、本軍役之外にも、人數あひかさミ可レ勤、奉行江重而遂レ理公役ニ可レ引事、いかやうの事候共、一人を二人ニ引事、停止之事、

一給役免許之者、分明判形在レ之外、如何様理申候共、其用捨不レ仕、堅可ニ申付一・事、

一方々江使幷奉行人遣時、公役免許・事、他國江ハ五人前、幡多、安喜江ハ三人前、於ニ中五郡一者二人・也、少分限者、不レ及ニ是非一事、

一知行上表仕者、無力於ニ歴然一者可ニ・召上一、若自由之以ニ覺悟一上表仕者、可レ行ニ曲事一、不レ及ニ了簡一・者、其年之十二月迄奉公相勤、以ニ其上一可ニ上表一事、

一他國江上下共・出入之事、奉行人、年寄中判形無レ之者、浦々山

兼々神本作かね〱
者同上作ハ

江神本蠹本無

倍下山本蠹本類本有之

一九 給役過上事
若山本類本無〇者山本無〇以其上神本作其上を以〇ニ蠹本神本類本無〇者蠹本作ハ〇あひ諸本作相〇江蠹本神本無〇ニ本神本類本無〇〇事同上無〇い以下五字諸本作如何様之〇〇一神本作壹〇二山本神本作貳〇ニ蠹本類本無

二〇 給役免許事
之蠹本神本類本無
付蠹本作計恐非
付下神本有之

二一 遣使者奉行人時公役免許事
人山本神本類本無〇許下神本有之〇ハ山本蠹本類本作者〇幡多蠹本類本作畑〇ハ山本神本作者〇人下山本類本有前

二二 知行上表事
可下蠹本類本有被〇以覺悟山本神本作覺悟を以〇者神本作ハ〇簡下蠹本有候〇之諸本無

二三 他國上下共出入之事
共下神本有ニ〇寄山本類本作老

々蠹本作山
ハ山本作者
候神本作仕
即同上作則
ニ蠹本類本無
せ山本神本無
迄山本作まて

二四 馬所持分限事
之神本無○形下同上有之○従山本作自○者同上作ハ○の諸本作之

二五 喧嘩口論堅停止事
於神本在方下
様下諸本有之

二六 盗賊事
之神本無○かた諸本作方○於神本無○猥下同上有ニ

二七 刄傷事

二八 無故殺害科事
科下蠹本神本有之

々一切不レ可レ通、山々者其所庄屋、浦々ハ刀禰定置上者、若緩申付、猥出入候者、即時右之者可ニ成敗一、無ニ證據一船こ乗せ候者、其船頭迄も可レ行ニ罪科一事、

一　馬之事、三町分限迄者、鞍皆具如レ形・仕合可ニ所持一、従レ是分限者者、可ニ相嗜一儀勿論也、三町より下の者も於ニ相嗜一者、可レ加ニ褒美一事、

一　喧嘩口論堅停止之事、善悪手初謹而可ニ堪忍一、背ニ此旨一互及ニ勝負一者、不レ寄ニ理非一、双方可ニ成敗一、若一方手出於レ仕者、雖レ為ニ如何様・理一、其者可レ行ニ罪科一事、

一　盗賊之事、即時搦捕、奉行かた迄申届、於ニ歴然一者、可レ斬レ頸事勿論也、若搦捕事於レ難レ成者、則可ニ相果一、右此旨猥・申付候者、在所庄屋可レ為ニ曲事一事、

一　刄傷之事、雖レ為ニ如何様之子細一、為ニ傍輩一打擲於レ仕者、可ニ成敗一、但、奉行人可レ為ニ各別一事、

一　無レ故人を害科・事、猶糺明之上を以、則可レ行ニ死罪一、品可レ有ニ

二九 刄傷逃走科事
かけ山本作懸
之同上無
者蠹本類本作もの
卽蠹本神本類本作則
逃諸本作にけ
ぬ神本作の
類下諸本有之
處山本蠹本類本作所
在同上作有
科同上作過
哉下同上有之

三〇 於狩山普請場等無躰討人科事
討諸本作射○科下蠹本有之○儀山本無○
者蠹本類本無○親類山本作類親

三一 山賊海賊事
之山本無○例同上作年○在蠹本類本無○
可懸在所山本作在所へ可懸

三二 大酒禁制事
之神本無下同
類下同上有候

三三 犯他人女事
之蠹本類本無○ヲをかす山本蠹本類本作
ぬすむ○事下蠹本類本有事

輕重ニ事、付、類親成敗之儀者、時之以ニ聞合一、分明可ニ沙汰一事、

一 人を斬走科事、則はつつけにかけへし、其在所爲ニ地頭、庄屋、近所之者一、卽時追懸搦捕、可ニ言上一、搦捕儀不レ叶者、卽可ニ相果一、若逃ぬかし候者、在所可レ懸レ科、彼親類・儀、始末毛頭も於レ存者、可レ爲ニ同罪一、不レ存處於ニ分明一者、可レ有ニ其沙汰一、幷同座ニ在レ之者、不レ及ニ其氣遣一者、可レ處ニ罪科一事、付、親類者、可レ寄ニ遠近一哉・事、

一 狩山、普請場於ニ其外一、無躰人を討科・事、卽時可ニ成敗一、若意趣遺恨於ニ在レ之儀一者、其身行ニ死罪一、親類迄可レ懸レ科事、

一 山賊海賊之事、如ニ先例一、其所近き在所江相懸、本人糺可レ出、若於レ不ニ糺付一者、可レ懸ニ在所科一事、

一 諸奉行儀者不レ及レ言、上下共大酒禁制之事、付、醉狂人之事、輕者科錢三貫、重者可ニ成敗一、人を害打擲仕類・者、可レ斬レ頸事、

一 他人之女ヲをかす事、縱雖レ爲ニ歷然一、男女共同前不ニ相果一者、可レ行ニ死罪一、付、親類令ニ同心一討事、非道之上、可レ爲ニ曲事一、・

若其男ふかいなく、又ハ留守之時、外聞相洩於二猥族一者、爲二在所
中一可二相果一事、付、虚名之女契約停止之事、

一 男留守之時、其家江座頭、商人、舞々、猿樂、猿遣、諸勸進此
類、或雖レ爲二親類一、男一切立入停止也、若相煩時者、其親類令二同
心一、白晝可二見廻一、雖レ爲二奉行人一、門外にて可レ遂レ理事、但、親子
兄弟可レ爲二各別一事、

一 同留守之時、佛神物詣見物一切停止之事、付、年忌、月忌寺に
て可レ勤事、

一 同留守之時、第一出家出入、曾以禁制也、付、祈禱之時者、
可レ爲二各別一事、

一 譜代者定事、男女共主從十ヶ年召遣、其中無レ理者、可レ爲二譜
代一、同子者、有儘可レ爲二譜代一、男子者、父方江付、女子者、母方
へ可レ付、縦雖レ令二折檻一、相放ト云證據無レ之者、他主不レ可レ取、
若背二此旨一、主取於レ仕者、一往相届、以二憲法一取戻、又可二召遣一
歟、可レ行二死罪一歟、其段勿論本主次第也、若令二逐電一、行方不レ知

ハ山本神本類本作者〇爲蠹本神本類本作
として、在中下〇果下蠹本類本有候〇〇付
山本作并〇付下山本蠹本類本有一先〇〇之
山本類本無

三四 男留守家江男一切立入停止事
守類本作主
相神本無
廻山本神本作舞
て神本作而

三五 同留守時物詣見物停止事
同神本作男〇之同上無〇て蠹本類本作而
〇勤下山本蠹本類本有之

三六 同留守時出家出入禁制事
以下神本有可〇也同上無〇之同上無

三七 譜代者定事
代下山本有之
遣神本作仕
中山本神本作内
者神本作共ハ
者同上作ハ
ト蠹本神本類本作與

者、雖レ爲ニ何ヶ年一、付屆之上を以、可ニ取返一事、付、隣所隣郷ニ在レ之をしりなから、十ヶ年過迄不ニ相理一者、重而不レ可レ及ニ沙汰一事、幷知行・相付譜代之事、一度其地頭遂ニ他國一、雖レ令ニ歸參一、本知於レ無ニ知行一者、譜代不レ可ニ相立一事、

一 借米如ニ有様一計可レ渡、若不足之俵子、其儘於ニ相渡一者、可レ爲ニ曲事一事、

一 借物幷預ヶ物、又直之八木預・候物、火事、盗人にあひ候・時、・其預・ての我物迄・失候者、不レ可ニ立替一、若預・候物計失候者、可ニ立替一事、付、又借停止之事、

一 國中又被官出擧を取事、主人不レ知上、給分迄上表仕、住屋を捨、其主人江於ニ相懸一者、出擧催促停止之事、

一 質物之事、盗人或・火事露顯之上にて於レ失者、借錢可ニ相捨一事、

一 出擧未進之事、催促之上、令ニ難澁一者、奉行中迄相理、堅可レ取、但、年々無ニ催促一者、本分迄にて可レ成・事、

一 公領名田訴訟停止之事、付、買地判・前德政、右同前、判形無

之神本無
返蠹本類本作歸
隣所山本類本無
しり蠹本類本作知
し以下五字神本作乍知
相山本作遂
行下蠹本神本類本有ニ
立神本作定

三八 借米事

三九 借物幷預ケ物等火難賊難事
本條山本類本爲四〇條〇預ケ山本作あつけ〇直神本作上〇八木蠹本神本類本作米〇預下諸本有リ下同〇候下山本有之〇時下山本有者蠹本類本有ハ〇ての神本作手之〇迄下山本神本有も〇預下蠹本類本有ケ〇借同上作かし堅神本作かし〇之蠹本無

四〇 國中又被官取出擧事
本條山本類本爲三九條〇を山本無〇屋同上作家〇於蠹本無

四一 質物事
之山本無〇或下蠹本類本有者〇にて山本無〇者類本作ハ〇錢山本類本作物

四二 出擧未進事
之蠹本神本類本無〇之神本無〇迄山本作まて〇堅神本無〇迄山本無〇にて神本作ニ而〇成下山本有之

四三 公領名田訴訟停止事
判下山本類本有形

之下諸本有地
可依同上在奉上

四四
一田爲畠屋敷事
ニ諸本無○候山本神本無○者蠹本類本作
ハ○者同上無

四五
買地事
之神本無
俵下山本有ニ
ニ神本無
段山本蠹本類本作反
江蠹本類本作ニ
相蠹本類本無
返諸本作相
幷蠹本無
共下山本神本有ニ
直ニ蠹本神本無
ニ山本類本無

四六
村々名分散田荒田事
料神本作了

四七
國中知行方事
之神本無下同

レ之・者、奉公之可レ依レ忠事、

一　於ニ所々一、田を畠屋敷ニ仕候事、曲事也、然上者、所務者、水田同前可ニ召上一事、

一　買地之事、雖レ爲ニ永代證文一、本米十俵・不ニ相當一者、可レ爲ニ本物一、又歷然雖レ爲ニ永地一、證文無レ之者、可レ爲ニ本物一、雖レ爲ニ本物一、證文無レ之者、可レ爲ニ年毛一、右者、從ニ先規一相定也、壹俵分ニ壹段之借狀仕候共、三年三作過候者、本米不レ及ニ返辨一、本主江可ニ返付一、又永地、又本物共、買主相絕候者、本主江可ニ返付一、十ヶ年より內、召直候者、買主ニ右買地可レ返、十ヶ年過候者、不レ及ニ沙汰一、賣主可ニ知行一事、幷借物以下も、可レ爲ニ同前一也、又賣主相絕候者、永地、本物、年毛共、悉判前之外者、直ニ可ニ召上一事、

一　國中村々名分散田荒田之事、在所之庄屋不レ荒樣可ニ申付一、但、無ニ料簡一者、奉行中迄相理、可レ加ニ修理一、右旨油斷仕、於レ荒者、其在所爲ニ庄屋一、作人之貢物可ニ立替一事、

一　國中知行方之儀、以ニ毛見之上一、三分二地頭、三分一者百姓可

姓下諸本有共
地神本作畠
様下山本有ニ
ハ山本神本作者嚢本類本無

四八
新林年荒開新開幷鹽田事
田下諸本有之〇以下知神本作下知を以〇
堅山本神本無〇〇之同上無〇則神本無山本
作卽ヽ在者下〇〇之嚢本類本〇無〇様下嚢本
神本類本有之〇貢山本作公〇直山本神本
類本作公

四九
給人荒地事
地山本作田

五〇
給田論所田畠屋敷之事
檢地山本作地檢

五一
井普請事
様神本無
にて同上作ニ而
時山本無

五二
隱田事
者嚢本作ハ、

レ取レ之、此旨百姓・及ニ異儀一者、地頭可レ任レ心、兎角田地不レ荒様、・可ニ申付一事、　付、作職之事ハ、近年如ニ相改一、順逆地頭可レ任ニ自由一事、

一　新林年荒開新開幷鹽田・事、遂ニ上聞一、以ニ下知一可レ開レ之、為ニ内々一開、隱置事、堅停止之事、　付、段米者、其年より、則可ニ運上一、又次之年より、有様・貢物可ニ運上一、何も直領也、143

一　給人荒地之事、檢地以後之荒者、不レ可レ立事、

一　檢地之時、給田論所田畠屋敷之事、無ニ落着一間者、在所庄屋、分明貢物納可ニ運上一事、

一　井普請之事、在所井奉行幷為ニ庄屋一、無ニ退轉一様、堅可ニ申付一、若及ニ大破一、其井懸者にて不レ叶時者、奉行中迄遂レ理、在所中相催、可ニ申付一事、

一　不レ寄ニ給人、百姓一、隱田仕者聞立、於レ遂ニ言上一者、一稜可ニ褒美一、其上を以奉行中相談仕、檢地帳を以令ニ沙汰一、歷然地頭隱置候者、太以可レ處ニ罪科一、若百姓相隱候者、檢地以來之遂ニ算用一、以ニ利

にて神本作ニ而

五三 堺論事 樣下神本有ニ○ニ同上無○之蠹本神本類本無○之蠹本類本無○にハ神本無○五下山本類本有百○直諸本無

五四 直分事 堅山本神本無

五五 年貢事 之神本無 ニ同上無 ニ蠹本神本類本無

五六 升事 之神本無○片諸本作篇○但山本無○げ蠹本神本類本作け○げ諸本作け○ニ蠹本類本無

五七 段米事

五八 所々十分一事

五九 俵事

六〇 可孚百姓事 姓下山本有事神本有之儀○として諸本作爲、在屋下○可相孚蠹本類本作あひはくゝむへし若

倍ニ取、皆濟上にて可ニ追失一、若令ニ難澁一者、可レ斬レ頸事、

一 堺論之事、如何樣も検地帳次第たるへし、双方共ニ遂ニ言上一、沙汰分明之上、非分之者にハ、爲ニ過怠一五貫文可レ出レ之、但、双方申分於レ不ニ聞分一者、論所之地、直可ニ召上一事、

一 國中直分毎秋年貢皆濟相定日限より内者、出擧其外賣買、一粒も他所江不レ可レ出、於レ背ニ此旨一者、庄屋共百姓、堅可レ處ニ罪科一事、

一 年貢之事、惣別可レ爲レ摺、[144]太吉者、地面可レ爲ニ立毛次第一、但、吉地ニ太を作事、堅可ニ停止一、若背ニ此旨一、吉地ニ太を於レ作者、貢物者、吉を可ニ取上一事、

一 升之事、國中京升一片可ニ相定一事、但、計樣者、年貢借物者あげ、賣買者さげニ可レ計事、

一 國中段米、毎年如ニ相定一、可ニ運上一事、

一 所々十分一、如ニ有來一堅可ニ運上一事、

一 摺糀共、俵者五斗入可レ仕事、

一 國中諸百姓、地頭、庄屋、奉行人として、随分可ニ相孚一、相定

之臺本神本類本無○臨時臺本類本作りんし○之山本無臺本類本作の○申神本在懸下○者臺本類本作ハ○直分臺本無○者臺本類本無○罪諸本作科

六一 爲奉行人名田散田作仕停止事
仕神本無○候諸本無○之山本無

六二 奉行人贔屓偏頗事
頗下山本有之
之臺本神本類本無
甚臺本類本作太
之臺本無

六三 國中諸奉行并庄屋贔屓偏頗事
家諸本作屋
具神本無
猶下臺本神本類本有以
之同上無

六四 諸奉行人不遂言上置目等申付事

六五 對奉行等馬人夫以下馳走事
にて神本作ニ而

六六 國中馬出於他國事
押臺本作隱

成物以下之外、臨時之用所、不レ可二申懸一事、勿論、毎年相定年貢堅可二運上一、毛頭於二未濟一者、直分者、庄屋名主中忽可レ行二重罪一事、

一　爲二奉行人一、名田、散田作仕候事、堅停止之事、

一　在々所々遣二奉行人一申聞外、猥族申扱、贔屓偏頗・於レ在レ之者、如何様之雖レ爲二下人一、有様之通於二申上一者、甚以可レ加二褒美一、聞付次第糺明之上、彼奉行人深可二成敗一事、

一　國中諸奉行并庄家、何篇毛頭贔屓偏頗非道之儀、於二申扱一者、其在所中其外何之者こよらす聞立、爲二内々一具於二言上仕一者、可レ加二褒美一、猶・糺明之上、可二成敗一事、

一　諸奉行人、雖レ爲二一在所一、不レ遂二言上一、置目等申付事、停止之事、

一　於二國中一奉行等使、路次にて馬人夫以下、擧状次第可二馳走一、無二擧状一者、聊不レ可二氣遣一事、

一　國中馬他國江出賣買一切停止、若押而出候者、其馬可二召上一、其

堺神本作境

六七 諸職人事 其山本無○申付儀山本神本類本在事下○聊類本作いさゝか

六八 大工以下諸職人賃事 壁塗〔蠹〕本類本作かへぬり○疊山本作たゝみ○差山本作さし〔蠹〕本類本作指神本作刺○諸神本無○ニ諸本無下同○籾上南本有太下同○ハ諸本作者○之神本無○者同上作ハ○者下諸本有其○人下山本有へ○ニ〔蠹〕本神本類本無○籾山本在為下○一諸本作壹

六九 布木綿寸尺事 金神本作曲尺○四南本作五○五寸同上無○七以下六字山本作可爲七尋○ハ山本神本作者

七〇 諸廻船之事 之神本無下同○國下同上有ニ○住居山本神本作居住

七一 定飛脚事 事下諸本有其○家同上作屋○以〔蠹〕本類本無○用下〔蠹〕本神本類本有之○時下〔蠹〕本類本有者

七二 本道事 貳山本〔蠹〕本類本作二○之諸本無○家同上作屋下同○者〔蠹〕本作ハ○過〔蠹〕本類本作科○貳諸本作壹○文〔蠹〕本類本無

上堺目番堅可ニ相留一事、

一 諸職人、其奉行、其職人頭申付儀令ニ信用一、諸事聊不レ可レ及ニ異儀一事、

一 大工、大鋸引、檜物師、鍛冶、銀屋、硎、塗師、紺搔、革細工、瓦師、檜皮師、壁塗、疊差、具足細工等、右、諸職人賃、一日こ上手者、京升こ・籾七升、中ハ京升こ・籾五升、下手者、京升・籾三升、職人上中下之事者、奉行人・可ニ相尋一事、付、船番匠之賃者、京升こ・籾可レ為ニ一斗一事、

一 布木綿者、善悪によらす、大工金に四尺五寸を尋にして、七尋たるへし、太布ハ可レ為ニ六尋一事、

一 諸廻船之事、随分賣買仕、當國・住居之覺悟肝要之事、

一 定飛脚事、在所之庄家、以ニ遠近一可ニ召遣一、急用・時、聊遅々仕候者、忽可レ斬レ頸事、

一 本道六尺五寸間可レ為ニ貳間一、同道之事、在々山里浦々共、庄家堅可ニ申付一、若道悪時者、其地頭百姓より、過錢貳貫文、為ニ庄家一

取集、奉行中江可ニ相渡一事、

一 尺杖之事、城普請、其外何にようす、本間六尺五寸間たるへし、

付、田地者、可レ為ニ各別一事、

一 横道堅停止之事、押而通者於レ在レ之者、過銭可レ為ニ壹貫文一事、

一 かつら銭、如ニ先例一たるへき事、[145]

一 竹木、杉、檜、楠、松、其外萬木、公儀御用木のため、付ニ記置一者、不レ及ニ是非ニ可ニ立用一、竹木我領知之内雖レ在レ之、奉行中迄不ニ申届一者、剪事堅停止也、在々山々浦々、竹木成立候之様こ、才覺肝要之事、

一 竹子折事、堅停止、若於ニ相背一者、壹貫文可レ為ニ過怠一事、見付申上者、右壹貫文、為ニ褒美一可レ遣事、

一 牛馬四季共放事可ニ停止一、此上猥於レ在レ之者、過銭百文、若立毛於レ損者、作主にも、百文可レ出之事、[146]

一 [147]あたり地に家を作、罷退時者、其年之年貢於ニ相澄一者、板屋萱屋共、家主ニ可レ付、但、家主令ニ成敗一時者、財寳家共主人可

七三 尺杖事 六以下九字山本作可為六尺五寸事神本作可為六尺五寸間事○し蠹本類本作き事

七四 横道停止事 之山本無○者蠹本類本作もの○在類本作有○過蠹本類本作科○文山本蠹本類本無

七五 かつら錢事

七六 竹木等事 の山本作之○置下神本有候○立蠹本類本在用下○之神本無○中類本無○迄山本作まて○届同上作理○届下神本有候○者山本無○剪諸本作伐○山々山本在浦々下○之諸本無○ニ神本類本無○之神本無

七七 竹子折事 文蠹本類本無○過神本作科○右下同上有之○文諸本無

七八 放牛馬事 馬下山本類本有者○於蠹本類本無○過同上作科○に同上作へ○之諸本無

七九 あたり地之家事 之山本蠹本類本無○年山本類本作々○共下神本有ニ○ニ山本無○但下諸本有彼○者蠹本作ハ○家山本無○共下山本神本有に蠹本類本有其

レ取、貢物ニ付而申事あらは、其被官之主人より、地頭江年貢可ニ相立一、間人成敗之時者、其家財寳共ニ可レ被ニ召上一、若年貢在レ之時者、貢物者、上より領主へ可レ被レ下事、

一　父子中一人違ニ御意一時、依ニ其科共・動一、親子各別可レ為ニ成敗一、但、可レ依ニ題目一事、

一　國中寺家讓様之事、以ニ心當一遂ニ上聞一、其上隨ニ沙汰ニ可レ被ニ相讓一、縦雖レ為ニ一弟子一、勿論可レ為ニ其器用次第一事、

一　人々讓之事、實子たりといふとも、遂ニ上聞一、可レ為ニ下知次第一、私讓堅停止之事、付、幼少名代、是又可レ遂ニ上聞一事、

一　不レ得ニ上意一、二跡目一人して持候者、聞付次第可ニ成敗一事、

一　忠節名字跡目名代之事、其身以ニ仕違一、成敗在レ之時、・科輕者、名字へハ不レ可レ懸、於ニ重科一者、名字迄・可ニ成敗一事、

一　侍分縁邊之事、百石限者、不レ得ニ上聞一申合儀、堅停止、付、上下縁者之儀、不レ寄ニ何時一、双方納得於レ無レ之者、前後之論不レ可レ在レ之事、

ニ 蠹本神本類本無
申以下五字神本作有申事者
之同上無下同
ニ山本蠹本無
者類本作ハ

八〇 違御意時父子科各別事
其下蠹本類本有時之
動類本作勤

八一 國中寺家讓様之事
縦神本無

八二 人々私讓停止事
た以下七字神本作雖爲、在事下
とも山本蠹本類本作共
之山本無

八三 爲一人持二跡目事

八四 忠節名字跡目名代事
之山本無〇時下山本類本有者蠹本有ハ〇
迄蠹本類本作まて〇迄下神本有茂

八五 侍分縁邊事
之神本無〇可山本無〇在蠹本類本作有

八六 私契約停止事　之神本無

八七 爲國家惡事申扱者事　者下山本有於〇覃諸本作及〇ニ山本神本無〇有諸本作在

八八 雜說落書事

八九 諸牢人事

九〇 又若黨又小者事　堅山本作かたく

九一 田畠相判事　判下山本臺本類本有之〇任臺本類本作爲〇後下同上有次第

九二 惡口咎事　爲神本無〇輕山本作重〇過臺本類本作科〇文同上作之〇文下山本神本有之

九三 下馬事　代下山本有等

九四 諸人申上儀可取次事　人神本作事〇習下同上有之〇ニ同上無〇直下山本臺本類本有ニ〇寄神本作依〇有諸本作在

一　私契約之儀、曾以停止之事、

一　爲ニ國家一、不レ寄ニ大小事一、惡事申扱者・在レ之者、其身不レ覃ニ是非一、同座ニ有レ之者も、可レ行ニ同罪一事、

一　雜說之事、申出者、卽時はたものニ可レ懸事、幷落書有無不レ可ニ正儀一、書手於ニ露顯一者、可レ行ニ死罪一事、

一　諸牢人、不レ遂ニ上聞一者、許容堅停止之事、

一　又若黨又小者之事、付、直之者內外共相交候事、堅停止之事、

一　田畠相判・事、年號日付可レ任ニ前後一・事、

一　惡口咎之事、依ニ題目輕重一、可レ爲ニ成敗一、題目輕者、過錢三貫文・事、

一　下馬不レ寄ニ上下一可ニ停止一、但、從ニ上國一御上使御下代・御通之時者、可レ有ニ其敬一事、

一　不レ寄ニ大小事善惡一、上下共諸人申上儀、不レ依ニ何時一、近習・者可ニ取次一、若急用之儀ニ、奏者無レ之者、直・可レ捧ニ書物一、不レ寄レ何、不ニ取次一者於レ有レ之者、忽可ニ成敗一事、

一 人々内存望之儀、不レ寄二上下一、心中之通可二申上一、胸中相含、
惡心相構候者、太以可レ爲二成敗一事、

一 人々上下共、判形替候事、停止之事、

一 人々名字、官途、受領、實名不レ可レ替、但、假名官法樣一度之
儀者、遂二言上一、可レ換事、

一 火事、常々火用心専一也、類火於レ在レ之者、火本者、其身ニ應
して過錢あるへし、火本迄之火事者、可二逐電一、幷つけ火者、付
手爲二歷然一者、親類迄も、堅可二成敗一事、

一 於二當國中一、上下之者、遠路江往來仕候時、宿をかし候事、聊不
レ可レ及二異儀一、其宿之遣道具を、下々の者ぬすミ、或損失候者、
則可二返辨一、付、宿へ挨拶、互心次第之事、

一 親類中へ之わけ分之事、其父ニハ分限十分一、母ニは貳十分一、
但、父母一所ニ有レ之者、父へ之わけ分を以、相ともに可レ令二堪
忍一、隱居分給役等之事者、堅固可二相勤一、雖レ然、親子納得之上
者、可レ爲二各別一、或兄弟、或おぢをい、或同名類へ之事ハ、

九五 〔人々内存望事〕 之蠹本類本無○含同上作殘○含下山本有却而神本有還○爲山本作被

九六 〔人々判形替候事〕 候神本無

九七 〔人々名字官途受領實名不可替事〕 替蠹本作換 言上同上作上聞

九八 〔火事事〕 ニ蠹本神本類本無○て諸本無○過蠹本類本作科○あ神本作た○者山本作は蠹本類本作ハ○電下蠹本神本類本有事○つけ神本作付○者山本作は類本作ハ○付手蠹本類本作つけて○爲神本作於

九九 〔遠路往來時借宿事〕 當山本無○之神本無○仕候蠹本無類本作之○かし神本作借○儀下蠹本神本類本有也○々神本無○の山本無神本作之○者蠹本類本作もの○ぬすミ神本作盗○或下蠹本類本有ハ○へ神本作江之○之山本無

一〇〇 〔分讓父母以下親類事〕 本條底本無據諸本補以山本爲底本、尙宜參看解題○わけ蠹本類本作別○ハ蠹本無○貳十諸本作廿○ニ神本無○有諸本作在○之神本作の○わ以下六字蠹本類本作以別分あい○ともに神本作共○分同上無○等蠹本類本無○固下類本有ニ○或下蠹本類本有ハ下同○おぢをい神本作伯父甥○或同上無○類蠹本類本無○へ蠹本作人○ハ神本作者

後書前行山本有以上

仍山本作依而

日付下諸本有署名、尙年次及署所宜參看補註

其始末依₂筋目₁、可₂沙汰₁事、

右條々、於₂國中₁、自今以往可ᴸ爲₂龜鑑₁之條、貴賤共令₂信用₁、全可₂相守₁、若一言於₂相背₁者、忽可ᴸ處₂嚴科₁者也、•仍所ᴸ定如ᴸ件、

文祿五年十一月十五日•148

明大本 山本 蠹本 神本 類本 〔參考〕南本

一一三

近習之輩可勤存條々

凡近習之輩可二勤存一條々

一　君臣之禮儀、從二往古一雖レ爲二相定事一、彌其敬全家中之可レ守二古法一事、

一　國家之老衆中幷對二諸傍輩一、其仁人隨二高下一、可レ致二慇懃一事、

一　窺二奉公之隙一、手習學文專一可二相嗜一、古人云、一日一字習三百六十字與云事、深可レ挿二心中一、幷酌かよひ躾等可レ嗜事、付、諸藝可レ任レ心事、

一　鐵炮、弓馬之稽古幷其嗜、武具之類、不レ應二分限一、於レ抽二諸人一者、可レ與二恩賞一事、

一　僧俗共出仕之輩幷從二諸方一飛脚、其外告來事之言上相憑時、不レ延二其時一、速可二申次一事、

一　客來對面之坐、幷集會評定、其外公界事、於二人前一私雜談、さゝやきこと、曾以禁制事、

一　小性頭仕一兩人者、自餘之者形儀進退等、普可二相糺一、若不レ隨二其助言一者、以二聞合一、可レ充ヨ行曲事一事、付、不レ存二親疎一、可レ令二許容一事、

一　他家之御近習相交候時、上下共、いかにも慇懃可レ仕事、

私恐當作和

重科原作科重意改

褻原作藝意改
祿原作錄意改

一 諸事々下知事、慥令ニ得心一、不レ殘不レ添、其理具可ニ申渡一、猶不レ移ニ其時一、可ニ相勤一事、

一 於ニ目前一者不レ及レ云、於レ影之奉公、上下共ニ、彌可レ存ニ忠儀一事、付、堪忍精專一事、

一 追從、虛言、讒言、私讒、中言人事、不レ問事を氣色不レ計云出、每事自慢仕、狂言、綺語、異形之出立、此外異相之取沙汰、悉以制止之事、

一 於ニ貴人前一者不レ及レ云、惣而於ニ人前一、乍レ立物を云、ぬきいれ(拔入)手、高聲、かすはき、いねふり、戶障子ならし、わけなく笑、高鼻ひる事、如レ此類、皆以堅禁止事、

一 假ニ主君之權威一、萬事ニ付、構ニ非例奸曲一、上下共令ニ糺明一、忽可レ處ニ重科一事、

一 當番之內、公儀之外ニ、無用之ありき、堅停止事、付、番替如ニ定日一、可ニ相替一事、

一 衣裝、刀脇指等、褻晴に應し、分限に超過して、於ニ相嗜一者、可レ與ニ恩祿一事、付、肩衣、袴着事、可レ存ニ其時宜一事、

一 おきふしの儀、朝暮共、傍輩次下々まで可レ仕事、付、出行之時者、可レ爲ニ各別一事、

一　岸超强力とをくミちはやわさ、其外得手〳〵の達者ふり、可二心懸一事、
一　大酒、醉狂、喧嘩、口論、曾以制止事、若於二相背一者、双方可二成敗一事、
一　又若黨、又小者等、小性相交居事、堅停止之事、
一　中間小者、無禮隨意之儀、堅可レ令二糺明一、若不二相隨一者、有樣二可二言上一事、
一　尋常者見物、可レ令二用捨一、自然罷出共、自他國共、高聲口論、殊其場を相論儀、
堅可二禁遏一事、
一　博奕者不レ及レ云、双六等賭二打事、一切可二相止一事、
一　我妻女之外、猥婬亂、堅禁斷事、
以上
右條員、於二當家中一、小性之輩令二奉公一定之條、各全可レ守二此旨一、若於レ構二曲節一
者、忽可レ處二重科一、仍執達如レ件、
文祿五年十一月十五日　　盛親
明大本

重科原作科重意改

一一九　中間小者可相守條々

凡中間小者可二相守一條々

一　對ニ出家侍一者不レ及レ云、又若黨、又小者等ニ至迄、大へいの振舞仕者、忽可レ行ニ重科一事、

一　上儀之權をかり、御内并於ニ所々一、奸曲之取沙汰、聊以於レ仕者、及ニ從類一、深重可レ行ニ死罪一事、

一　中間奉行并諸近習中申付儀、聊不レ令ニ信用一者、卽時可ニ成敗一事、

一　伴之時、遲參之者者、太以可レ爲ニ曲事一事、

一　普請等强力ハさ(業)堪忍精可レ抽ニ傍輩一、若不屈事於レ仕者、則給分可ニ召放一事、

一　不レ入事ニ、高聲、雜談、さゝやき、わらひ、ぬき入手、たかはな、かすはき、うたひ、此外下人ニ不ニ似相一事、悉停止事、

一　所々江使として指越時、於ニ其所一、隨意所行於レ仕者、類親共可レ行ニ重科一事、

一　大酒、醉狂、喧嘩、狂言、綺語、此外異相之所作、堅禁制事、

一　侍かたの取持を見及、不相應之立振舞、聊以不レ可レ仕事、

已上

右條々、僕從以下奉公可レ仕定也、全可レ守ニ此旨一、聊於レ令ニ違背一者、忽可レ行ニ刑罰一者也、仍如レ件、

文祿五年十一月十五日　　　　盛親

明大本

掟

一　與力科事

一　家中ニ預置與力者、如何樣罪科有レ之共、不レ遂ニ上聞一、改易其外科申付事、令ニ停止一、自然相背輩於レ有レ之、聞屆、双方改易可ニ申付一事、併知行高者、組頭外聞之爲にて候儘、高へ結ひ可レ申事也、公用之儀、小馬廻同前に可ニ申付一、附、加增褒美、是以同前可レ爲事也、但、與力知行、其主絕たる時、指上可レ申事、

二　足輕同心科事
（た原作さ據南本改　指諸本作差）

一　足輕、同心之事、組頭可レ任レ心、併科之輕重により、又ハ品により、遂ニ上聞一可レ申事、

三　博奕カルタ諸勝負事

一　博奕、カルタ、諸勝負令ニ停止一、附、其外不作法、令ニ禁制一事、

四　侍踊相撲見物事

一　侍共躍、相撲致ニ見物一事、令ニ停止一事、

五　酒宴事

一　酒宴上下共に令ニ禁制一、併四五返迄ハ不レ苦事、但、振舞、佛事共ニ同前也、
（返南本作邊　舞同上作廻）

六　鷹持候事

一　家老より外ハ、鷹持候事、令ニ禁制一事、
（持諸本作狩）

七　侍屋敷事

一　侍中家居、身上相應之家作仕、表向塀長屋見苦敷無レ之樣ニ仕、并掃除等能可

レ仕、分限に過て結構成作事、堅停止事、

八 學問軍法事

一 爲レ侍者書學文幷軍法專一仕、君臣節、父母孝行可レ爲二肝要一事、

九 爲侍者相互可致時宜事

一 爲レ侍者、雖レ爲二身上上下一、相互ニ時宜に可レ致事、

一〇 敵打事

事下南本有者

一 敵打之事、親之敵を子、兄之敵を弟打可レ申、弟之敵を兄打ハ逆也、叔父甥之敵打事、・可レ爲二無用一事、

一一 采配事

一 サイハイハ、四十より內ハ、免し申間敷事、併其者奉公忠節、又ハ武道筋目等にも可レ寄事、

一二 一番鑓以下高名手柄事

一南本作壹
或下同上有ハ

一 一番鑓高名、太刀打、鑓下、長刀打高名、右之外手柄、其時節見合を以、加增、或・褒美可二申付一事、軍法別紙在レ之也、祕傳他人不レ可レ爲レ見也、

一三 知行割事

一 知行割之事、五ツ八歩平等にして、相渡可レ申事、但、城持、又者一兩具足、可レ爲二各別一事、

一四 侍役事

壹叢本作一
一南本作壹
二同上作貳
拂同上作役

一 諸侍之役之事、銀役ニ定、但、物成米五十石ニ付而壹人役也、一人ニ付銀二分五厘充、正月十六日ゟ六月限迄、附拂之儀者、米にても、銀にても、勝手次第可レ爲事、

一五 遣他國使者等事

一 軍陣又ハ使者、其外用事ニ付、他國へ遣申時者、役令二赦免一事、其上賄銀遣し

十南本作拾

可ㇾ申事、但、休之事、前後三十五日可ㇾ爲事、

一六 侍於番所普請場振舞事
番原作當據南本改
舞同上作廻

一 侍共、番所普請場にて振舞ハ、不ㇾ及ㇾ申、折、重箱、酒、菓子等ニ至迄、持參停止之事、

一七 婚嫁入目事

一 侍共娘婦入拵、上下共に、儉約に可ㇾ仕事、右之外、祝言入目、双方共に、惣而輕少可ㇾ爲事、

一八 葬禮事

一 葬禮之事、爲ニ身上上下一共、龕停止、可ㇾ爲ニ桶箱一候、其外儉約に可ㇾ仕事、附、葬禮場江、緣者親類可ニ罷出一、其外罷出事停止、乍ㇾ去、親類無ㇾ之者ハ、知音可ニ罷出一事、

一九 碁將棊雙六賭事
碁原作基據南本叢本改
掛當作賭

一 上下共に碁、將棊、雙六掛ニ打事、堅可ㇾ爲ニ停止一候、相背者於ㇾ有ㇾ之者、樣子聞屆、急度可ニ申付一事、

二〇 音信振舞事
舞南本作廻
の原作着意改
牢叢本作浪

一 音信振舞の類、右者先年相定通、堅可ニ相守一事、附、侍共遊山振廻、可ㇾ爲ニ無用一、祝言、藝能稽古、諸談合、他國牢人客人、老人之親類、品により不ㇾ苦也、

二一 歌道寄合事

一 爲ㇾ侍者、歌道之寄合不ㇾ苦事、

二二 侍共簡略申付候樣之事

一 侍共簡略申付候樣之事、過分之借銀にて、奉公役不ㇾ勤者にハ、知行高百石に何程と、借可ㇾ申、乍ㇾ去二三年之簡略にて不ㇾ成者、可ㇾ遂ニ上聞一、其者知行物成米、

養育人、奉公之品、彼是見合を以、年數無利ニ可ニ申付一事、如何程借銀有レ之候而も、品こより可レ令ニ赦免一事、

右之條數、堅可ニ相守一、此外從ニ先規一相定數ケ條、今以不レ可レ有ニ相違一者也、

慶長貳丁酉年三月朔日　元親

續群書類從本　南本　叢本　〔參考〕土佐國群書類從

年次原在次行據叢本移

貳南本作二

一二　吉川氏法度

「自前々年寄共申渡候ケ條」(外題)

覺

一　城番事
一　城番、晝夜油斷在間敷候、火用心幷風雨なと之時、別而心を可レ付候、他所之者、登城見物禁制之事、

二　年頭歳暮禮儀錫鹽硝事
一　年頭歳暮之禮儀錫鹽硝之事、別紙ニ在レ之、寺社同前之事、

三　軍役事
一　軍役之儀、精別紙ニ有レ之事、

四　三分役事
一　三分役之人數人を擇、扶持候而、普請道具已下、無ニ油斷一貯置、役儀堅可ニ相勤一之事、

五　他所者不可召置事
一　他所之者召置間敷候、但人によるへき事、

六　可嗜武具馬弓鐵放事
一　武具馬弓鐵放之儀者、常々如ニ申候一、此儀第一に可ニ相嗜一之事、

七　組頭可相談事
一　萬事組頭可ニ相談一事、

八　寄親寄子間事
一　寄親寄子半之儀、前方以ニ神文一如レ申、可ニ相心得一事、

九 可敬萩衆事

一 萩衆別而可レ敬之事、

一〇 可嗜公界行跡事

一 公界人前之行跡にて、萬其主人ノ上ヲ他所之者計物ニ候間、常々可レ嗜候、又家中年寄中可ニ相敬一之事、

一一 使者心得事

一 使ニ罷出候時、口上能々聞届、可ニ申分一儀ハ不レ及ニ沙汰一、於ニ先々一人之可レ申所迄、兼而狭量候て、可ニ罷越一候、勿論返答懇ニ聞レ之候之様ニ可レ申之事、

狭當作校

一二 衣服事

一 内々衣服、布子紙子布帷なと可レ然候、公界之衣裝刀已下、別而用意仕可レ置之事、

一三 集會談合事

一 何事も可ニ相談一題目到來候者、不レ移レ時、各集會候て、早速事行候之様ニ、可ニ申究一事、

一四 他所使者來着時事

一 從ニ他所一之使、早々聞届、懇ニ可レ仕候、徒ニ待せ、迷惑不レ仕之様ニ可レ仕之事、

一五 走者以下不可貸宿事

一 走者其外不審ニ可レ存ものに、宿不レ可レ借之事、

一六 人沙汰事

一 人沙汰之事、公儀如ニ御掟一可レ仕候、他所へ申越儀候者、前方能々令ニ分別一、各談合候て、可ニ申遣一事、

一七 山賊海賊人賣買博奕事

博原作轉意改

一 山賊海賊人うりかひ博奕等仕候もの、可ニ成敗一候、告知せ候ものに、可ニ褒美一之事、

一八 喧嘩助力事

一 喧嘩理非を糺可ニ沙汰一候、閣ニ本人一脇ゟ助力仕候者、先其ものを可レ行ニ罪科一候、主儀又ハ本人之爲を可レ存之者ハ、無事之調儀、可ニ才覺一之事、

一九 喧嘩事

一 喧嘩仕初候もの、[149]相手むかひ二人之[150]儀當之返報仕、可ニ相治一候、非分之儀申亂候者、子孫共ニ可ニ相果一候、又其身不レ違候共、相手ニ成、果候者之跡職之儀ハ、領地半分其子ニ可レ遣之事、

二〇 火事事

一 火事之儀、其家主之可レ爲ニ由斷一、殊更火起候座敷所之番之者、可レ爲ニ曲事一之間、其時之様躰令ニ撰作一、追放誅伐之間を相計、可ニ申付一之事、

撰作當作穿鑿

二一 火事時集來事

一 同時集來候もの、火消調儀仕候事、不レ混ニ自餘一可レ令ニ褒美一候、若燒亡忩劇之紛ニ、家財諸道具可ニ盜執一覺悟仕候ハヽ、當座も已來も露顯次第、曲事可ニ申付一之事、

二二 讒言事

一 人之上ニ讒言以申事出來候ハヽ、其事申出候所之亭主之仕わさたるへく候、又過たる題目及ニ沙汰一間敷候、若申候ハて不レ叶子細候者、先申出所之傳々可レ糺候、一方ハ不レ申由を申、一方ハ聢與其口より承候由を申結ひ候者、其時如何様ニも可ニ相決一候、又世上之沙汰を申たる物ニて社候へ、其人とさして難レ申與申もの候ハヽ、其者より出たるニ可ニ相定一事、

二三 隱居領事

一 隱居領之事、有樣之外者、父子談合次第ニ候、申題目於レ在レ之者、任レ理可二落着一之事、

二四 末々子息事

一 末々之子共、家中を不レ離之樣ニ可レ仕候、其內、弓鐵放共能仕候もの於レ有レ之者、僅之扶持かたにても可二抱置一之事、

二五 小身者事

一 小身者、手前堪忍仕切候者、傍輩共、心よせ次第扶助仕、奉公仕候樣ニ、互ニ才覺可レ仕之事、

二六 煩者事

一 煩候もの、つね〳〵不二付合一半ニ候共、隣家ニ在レ之者ハ寄合、心を可レ付候、殊更用ニ立候者之儀、取分懇に養育可レ仕之事、

二七 酒振舞事 尺當作釋

一 酒幷振舞之儀、如二書物一可二相心得一、惣別振舞會尺何篇ニ付ても、數寄之心持肝要哉之事、

二八 批判他人事

一 切々付合振舞[151]夜放人之上之事、一言も申間敷事、

二九 客來時女房不可出合事

一 內々心安雖レ爲二客來一、女共出合候儀、不レ可レ然候、但、親類異二于他一半ニ候者、不レ及二沙汰一候、亦至二下々一ニ、召仕候下女共にも、みたりに無レ之樣ニ、可二申付一之事、

三〇 知音契約制禁事

一 人與知音と號、事新申合儀、可二停止一候、殊誓紙なと取替、入魂之儀、太不レ可

レ然候、惣別我人之中能も悪も仕間敷候、若道同前之事、

三一 賄賂事

一 諸事以二賄賂一可二仕成一者之儀、縦年月隔候共、聞付、罪科可二申付一候、又其財許容仕候もの、勿論可レ為二同過一候、又脇より右之私曲聞立、訟候ハヽ、其ものに以二財寶一可二褒美一之事、

三二 失物事

一 物を失候ハヽ、先隠密候て、證據相究、露顯之刻、可レ及二沙汰一之事、

三三 盗人事

一 盗人懸落仕候ハヽ、随分可二相尋一、自然他所之者成共、盗人之證據明白にて、於二搦來一者、贓物之内三分一、其搦來者ニ可二充行一、殘分損失之主ニ可レ返レ之、若又主一人以二才覺一からめ候ハヽ、贓物無レ殘主ニ可二相渡一、然ハ贓物之内、盗人令二沽却一歟、預ケ置かの段、遂二撰作一、預候者勿論損之主ニ可レ返之、致二沽却一ハ、其賣候代半分、損主より出候而可二買戻一、此段無益と存せハ、可レ任二主之心一、同贓物借物之質ニ遣置候者、質之代半分主より出レ之、可二請取一、是又主之心次第之事、

撰作當作穿鑿

三四 借物事

一 借物者、互之手判次第、可二返辨一之事、

三五 可憐町人事

一 町人可レ加二憐愍一之事、

三六 城米事

一 城米念を入可二納置一候、自然其者之受用ニも可二申付一之事、

三七 年貢事

一 百姓年貢爲レ定外、一塵も非分之所務仕間敷事、

三八 下代申懸理不盡土貢事

一 時々下代共、理不盡之土貢申懸候者、百姓罷出、直訴可レ仕候、其節理次第可二沙汰一之事、

三九 百姓盗年貢走去事

一 年貢盗取、走候百姓ハ、討二果之一、女子則可二搦取一之事、

四〇 殺害百姓事

一 百姓を殺候儀、不レ可レ然候、乍レ去果候ハて不レ叶題目候者、各へ申届、以二合點之上一、可二成敗一之事、

四一 百姓盗田畠事

一 田畠盗候百姓、子孫共可二相果一候、其田地一倍を、田盗候方之給主ニ出させ、可二直務一之事、

四二 被盗田地給主事

一 給主緩ニ候て、他之百姓ニ田地被レ盗候者、其領地ハ可レ為二倉入一、盗候者之儀、勿論可二成敗一候、殊更地頭之田地被レ盗候事、其百姓不レ存事ハ有間敷候間、是又曲事ニ可二申付一候、此外自他之仕成にて、申掠子細候者、至二其時一可レ有二法度一之事、

四三 隱置田地事

一 倉入之百姓、給人之田地隱置候者、相究、給主ニ返遣、盗候ものハ可二成敗一之事、

四四 論事所

一 論所之儀、検地已來之以二沙汰一可二落着一候、但、兩方申分不レ果儀ニ候者、可レ為二直領一之事、

四五 令荒田地事

一 田地不レ荒之様可ニ申付一候、毎年所々爲ニ下代一可ニ相究一候、地主無調法故、年々荒候者、過料可ニ申付一之事、

四六 旱水損在所事

一 田地旱水損在所者、下代肝煎早々罷出、見計、爲ニ其地頭一可ニ申付一候、左候て不レ成儀候者、近鄕を可ニ相催一候、其人役之儀者、追而郡役之割ニ可引方之事、[152]

四七 放牛馬事

一 田畠作毛へ牛馬放シ入事、其主可レ爲ニ越度一、牛馬作主方へ牽取、作毛損失之分限、牛馬主より令ニ返濟一、牛馬可ニ引戻一、以ニ此理一相澄事候之間、牛馬打擲不レ可レ然、此外少分之儀候者、可ニ追退一事、

四八 寺社路橋渡船等修補事

一 寺社路橋渡船幷手堤等損候者、其下代肝煎罷出、可ニ調儀一候、不レ覃ニ了簡一候者、可ニ相伺一之事、

四九 請遣方算用事

一 請遣方算用、手判次第、年中二度可ニ相究一事、

五〇 主從間事

一 主從間之儀、最萬事不レ背レ掟令ニ尊敬一、可レ抽ニ奉公之忠節一之覺悟者、有來儀候間、不レ及ニ沙汰一候、專無二之行跡可ニ相嗜一事肝要ニ候、即從好惡之次第、以ニ相當之心得一、可レ加ニ憐愍一儀、忘却無レ之事、

五一 親子間事

一 親子間之儀、專ニ孝行一可レ敬之儀者不レ及レ申、縱親重々不儀申候共、如ニ他人一敵對候之段不レ可レ然、此上相背候者、曲事ニ可ニ申付一候間、爲ニ一類一加ニ折檻一、行跡

相嗜候之樣、扱可レ沙汰一之事、

五二 僧俗師弟間事

一 僧俗師弟間之儀、尊敬可レ仕儀、可レ爲二專用一、從レ師對二弟子一も、其道相傳之儀者、不レ及二沙汰一、內外之行跡可レ嗜之段、可レ加二異見一之事、

五三 夫婦間事

一 夫婦間之儀、大分於二三ケ條之罪科一者、死罪離別之段、可レ任二咎之輕重一、女房嫁入之節、金銀諸財持來と云共、以レ咎令二離別一者、其財少も女こ不レ可レ遣、若又女久年遂二辛勞一、令二堪忍一候處、男企二他犯一歟、不レ謂儀申懸、於二離別一者、女持來之財寶ハ不レ及レ申、家內諸財已下何程も、女納得次第こ持運、可二退出一候、次こ女房無レ子內こ死去候者、女所持之諸財、悉親所へ可レ返レ之、無二父母一者、親類所へ可二返遣一之事、

五四 養子事

一 養子之事、前方以二誓紙一堅申定、已來無二相違一可二分別一、但、題目在レ之者、理非聞屆、可二落着一候、次こ、繼父繼母こ孝行之事專一也、令二撫育一繼父母ハ、眞之父母より別而可レ致二孝養一、背二此旨一於二諍論不儀一者、曲事こ可二申付一之間、兼而其心得肝要之事、

五五 緣邊事

一 緣邊之儀、馬乘已上之者、可二相伺一之段ハ、此已前如二申付一候、馬上已下之者共、其組頭迄可二申理一候、此外百姓町人も、或ハ庄屋年寄程之者も、從二他所一緣

邊可ニ申合一與存候ハヽ、郷中ハ代官、町中ハ以ニ町奉行一、可ニ相伺一事、

五六 山林野川相論事
傍尓當作榜示

一 山林野原河等、堺目幷入相ニ切取、隣郷與申沙汰仕候事、往古之四至傍尓之書物、亦ハ廿ケ年已來之分ニ可ニ相定一、對論無レ之隣郷之者ニ、無ニ依怙一之様ニ申させ、其上以ニ撿使一見屆、可ニ申付一候、双方給主之山林も、申分仕候者召上、於ニ他所一替之地可レ遣之事、

付、制禁之山林も、制札無レ之所ハ、分別可レ在之事、

五七 町屋堺相論事
澄當作濟下同

一 町屋堺目相論之儀、其所之年寄共、出合見屆、可ニ相澄一、其上不レ澄ハ、以ニ撿使一見屆、屋敷横之分面之間數程裏之間數打定、兩脇之長さ町並可レ在レ之、若又入角在レ之屋敷ハ、新古之躰見計、可レ申ニ付之一候、年貢在レ之屋敷ハ、再撿にて、土貢之増減、無ニ依怙一之様ニ可ニ申定一、其上非分之輩ハ、曲事可ニ申付一候、邊土所々田畠屋敷堺目も、以ニ此狹量一可ニ相定一事、

狹當作挍

五八 謀判事

撰作當作穿鑿

一 謀判之事、判形ハ似安と可レ申歟之間、手跡を可レ令ニ穿鑿一、依ニ無筆一々者憑由候者、其筆者致ニ撰作一、詭申方可レ及ニ殺害一、筆者與書物誂候もの於ニ知音一者、可レ為ニ同罪一、若互ニ未聞不見之もの、初而雇候而書せ候ハヽ、筆者ニ不レ可レ懸ニ其咎一、堅糺明候者、速ニ可レ申歟之事、

五九 密懐事

一 人之女密懐之儀、何方にても不レ去二寝所一、可レ討二果之一、大形浮世之取沙汰計こて、無二證據一儀ハ、法度も如何、是又男之分別肝要、且ハ可レ依二其時之沙汰一事、

六〇 出家亂行事
形當作行

一 出家亂形之事、以二僧中相談一、如レ形可レ行二法度一、無縁所ハ旦那中令二沙汰一、法儀相立候之様こ、可二相計一事、

六一 前判後判事

一 萬端一事兩様之仕成にて、文書こ前判後判出入可レ在レ之、先諸商賣借物、其外交易之儀ハ、前判可レ爲二道理一、師匠父母讓狀等ハ、可レ用二後判一歟、其子細者、一度雖二申定一、[155]不レ厲心中儀候て、於二悔返一者、前判所持候ても、對二師匠父母一こ、申分難レ成事歟、

六二 相論和談事
澄當作濟

一 依二論事一指二上訟狀一、已雖レ及二對決一、爲レ間和平之扱にて、於二相澄一者不レ及二沙汰一、可レ然事也、雖レ然、大分三ケ條之罪科、於二露顯一者、不レ及レ扱、如二法度一尋明、可二申付一之事、

六三 親子咎互可懸哉事

一 親之咎可レ懸二其子一、子之咎不レ可レ懸レ親こ、子細者、親惡黨之子孫者、向後可レ挾二野心害意一、親ハ又子之咎こ可レ成事をハ、申聞間敷候間、子之咎不レ可レ懸レ親之事、

付云々一行原押紙

付、依二題目一、一類悉可二討果一子細も可レ在候間、可レ随二時宜一事、

六四 敵討事

一 討ニ親之敵一事、至極道理於レ在レ之者、勿論可ニ討果一、以ニ自分遺恨一、號ニ親之敵一、不日令ニ殺害一者、辻切强黨之作法相究、同類共ニ可レ行ニ死罪一之事、

黨當作盗

六五 毒害事

一 毒害之儀、毒味賣人と云、買人と云、共ニ以令ニ露顯一、無レ紛證據分明之時、其身之儀者不レ及レ申、妻子類親無レ殘、別而爲レ替ニ自餘一、成敗可ニ申付一候、毒喰候もの縦雖レ令ニ存命一、毒之調儀、證據正敷候者、是又成敗可ニ申付一候、又無實を申懸候者、撰作之上にて、非分之輩、曲事ニ可ニ申付一之事、

撰作當作穿鑿

六六 贔屓偏頗賄賂制禁事

一 就ニ萬端一、贔屓偏頗之取扱不レ可レ然、殊更耽ニ賄賂一者、可レ行レ咎之事、

六七 諂者事

一 始ニ主儀一對ニ傍輩一候て、事ニ諂、身上可レ立と覺悟之者、已來可レ行ニ惡逆一瑞相ニ候間、如レ此候儔侶、前廉分別可レ在之事、

156

六八 奉行物頭申付儀當座不可申理非事

一 外様へ罷出候時、一所ニ召加、或ハ相當之使者飛脚、又ハ於下于レ時役儀申懸候上者、其奉行物頭申付候儀、縦非分之子細ニ候共、一旦任ニ其意一可ニ相勤一候、追而申旨於レ在レ之者、直ニ可レ申ヨ達之一、懇ニ聞屆、理非次第ニ可ニ申付一之事、

六九 馬飼事

一 六十石より百石迄、馬乘飼料遣之趣、別紙ニ在レ之事、

七〇 使者心得事

一 何方使仕候共、口上速ニ埒をあけ、又書狀をも可ニ書分一之儀、連々心懸肝要之事、

七一 他所客來時事

一 他所客來、宿へ參候ハて不レ叶者之儀者、不レ及ニ沙汰一候、其外者、伺候て可レ參候、左候て、家中他所之儀、一言も雑談申出間敷事、

七二 鍛冶番匠作料事

一 鍛冶番匠作料、時々如レ定可ニ召仕一之事、

七三―七六 年頭歳暮禮儀鹽硝錫事

年頭歳暮禮儀鹽硝錫之事

一 百石ニ　鹽硝百目充、年頭歳暮共ニ、付、卅石迄ハ右同前、秤目分際次第、

一 寺社　右同前

一 廿石以下ハ、錫十石ニ拾五匁充、年頭歳暮共ニ、

一 百姓町人、錫百石ニ百目充、年頭歳暮共ニ、

七七―八六 軍役三分定

軍役三分定

一 百石ニ三人内　鐵放一丁　馬取二人

一 二百石ニ六人内　鐵放二丁　馬取二人　鑓一本　手明一人

一 三百石ニ九人内　鐵放二丁　馬取二人　弓一張　手明三人　鑓一本

八七―九三

馬飼扶持方定

賄原作貯意改

一　四百石ニ十二人内　鐵炮四丁のほり一本　弓一張馬取二人　鑓一本手明三人
一　五百石ニ十五人内　鐵炮五丁のほり一本　弓二張馬取二人　鑓二本手明三人
一　六百石ニ十八人内　鐵放七丁のほり一本　弓二張馬取二人　鑓三本手明三人
一　七百石ニ廿一人内　鐵放八丁のほり一本　弓四張馬取二人　鑓三本手明三人
一　八百石ニ廿四人内　鐵放九丁のほり二本　弓四張馬取二人　鑓四本手明三人
一　九百石ニ廿七人内　鐵放十丁のほり二本　弓五張馬取二人　鑓五本手明三人
一　千　石ニ三十人内　鐵炮十丁のほり二本　弓五張手明三人　鑓五本馬乗一人　馬取二人口取共三人
一　六十石ヨリ乗馬之事
付、飼料一日路之外より遣レ之事、
一　百石之乗馬、遠國役儀之時、飼料遣レ之事、
一　廿八石以上、自賄之事、
一　廿七石已下十八石迄、役儀之時、扶持かた日別五合充遣レ之事、
一　拾七石以下、役儀之時、ふちかた日別七合五勺充遣レ之事、
一　扶持方未進、月を越候者、不レ可レ渡之事、
一　各一所ニ付置候者共、普請供使共、寄親ニ付、役儀可ニ相勤一之事、

付、小者扶持かた不レ遣レ之事、

九四 使者供人々數事

使之時人召連候事

一百石ニ五人、二百石ニ八人、三百石ニ十人、

九五―九七 供使休日事

供使之時休之事

一江戸駿河　前後四十日

一京大坂堺　前後十五日

一九州萩四國雲伯石　前後四日

九八―一一三 普請事

普請之事

一普請究、朝夕鐘かきり、無ニ由斷一可ニ申付一之事、

付、日張月別ニ可レ究之事、

一石つき引候之時ハ、自身可レ仕之事、

一不參月を越候ハヽ、一人を二人にて可ニ返勤一之事、

一代人究之事

張當作帳

一雨之日者、天氣計、奉行可ニ申付一之事、

一　口論之儀者、前かた書出ニ在レ之間、堅可ニ申付一之事、

一　普請仕様ハ、奉行次第之事、

一　至ニ下々一にも、別而辛労仕候者、可レ加レ詞之事、

一　石普請[157]度持、道之つもり、一日ニ十里ふミ、

但、所により、八里ふミ、人役ハ石見かけ次第之事、

一　栗石一荷三斗目にかけて、度持右同前、

一　地引堀普請ハ、土捨所遠近次第、坪定事、

一　材木持候事、大小軽重により、人役定事、

普請之時年中休日之事

一　正月ハ十日ヨリ休二月ハ朔日三月ハ朔日三日四月ハ朔日五月ハ朔日五日六月ハ朔日七月ハ朔日十四日十五日八月ハ朔日九月ハ朔日九日十月ハ朔日十一月ハ朔日十二月ハ十五日ヨリ休

合日数四十日之休ミ

一　弓鐵放之者、鍛冶番匠小人ハ、右之外ニ、三月四月五月八月九月十月、合而六ケ月、々別四日充休、

一　卅石持ハ、自賄にて、一ケ月ニ廿七日、役儀仕之事、

賄原作貯意改下同

一　鍛冶番匠日別作料之事
上七分中六分下五分、外ニ一日三度賄申付之事、

一二四―一二七
番之事

番之事

一　番替、晩之鐘なり候共、番頭ニ相理、可ニ罷歸一之事、
一　毎日當番之者、小者こはうき持候而、門外迄掃地可ニ申付一之事、
一　當番之時、私之暇申間敷事、
一　朝食之時分、番衆無ニ闕如一之樣可レ仕之事、
一　朝起可レ仕候、又晝寢禁制之事、
一　圍爐裡燈、其間〳〵之番衆、火本用心可ニ申付一候、火出候者、當番衆罪科堅可ニ申付一之事、
一　手前〳〵之番所ニ、しかと可レ在レ之事、付、替前ニ座中之道具以下、可ニ引渡一之事、
一　常ニ番之日、一人充引可レ申之事、
一　定詰之者ハ、不斷一人引之事、
一　番究申次、不レ可レ有ニ由斷一之事、

一　門番可二相究一候、他所之使見合、番所へ可二申屆一之事、

付、使者飛脚共ニ、懇ニ可レ仕之事、

一　又小者之掟、門番之者ニ申付候間、其主ニ可二其心得一之事、

一　商賣人門ニ入間敷事、

一　武具持損候者、過料可レ仕候、道具奉行よく計候て、非分無レ之様ニ、可二申付一之事、

一二八―一三四
振舞事

翟原作背意改

振舞之事

汁一、菜二、引さい二番、酒二三返、盃末中、

一　木具、一廉之時者可レ仕候、つね〳〵ハ無用之事、

一　鴈鮭等之肴、[158]短息無用之事、

但、有合候者、可レ出レ之事、付、傍輩中ハ、此内如何様ニも可レ略事、

一　[159]後段無用之事

一　かつてニ亭主不レ呼者、無用之事、

一　物により、座中ニて料理之事、

一　酒者何にても不レ苦之事、

一三五—一三九 酒法度神文條々

酒法度神文之案

一 公界にて御酒被レ下間敷事、

一 御酒如二御定一、中一末一之外、一滴も被レ下間敷之事、

一 振舞仕候外、傍輩寄相候刻、不時之酒出間敷事、

一 御前にて被レ下候御酒ハ、盃大小并數以下、隨二御意一之儀候間、内儀にて之引付、曾而不二存寄一之事、

一 右之御掟、相背候者、見付言上次第、其者へ過代可レ被レ下之由、承屆申候、以來對二其仁一遣恨在レ之間敷之事、

右於二僞申一者、日本國中六十餘州大小神祇、愛宕白山摩利支尊天、嚴嶋兩大明神、氏八幡大𦬇可レ罷二蒙御罰一者也、仍神文如レ件、

𦬇原作菲意改

一四〇—一四二 寄子神文條々

寄子神文之案

一 何かし殿へ被二付置一之候ニ付而、惣別上下役不レ存、役儀方之事不レ及レ申、用之所無レ緩心懸仕之事、

一諸事ニ付而、傍輩中内々申事共、無二御座一之様ニ、氣遣可レ仕之事、
一自然、寄親被レ背レ上意一儀候共、勿論不レ可レ致二同意一之事、
右、於二僞申上一者、梵天帝釋四大天王、惣而日本國中六十餘州大小神祇、氏八幡
大井、可レ罷二蒙御罸一者也、仍神文如レ件、

井原作井意改

一四三一一五六
町中掟

町中掟

一銀子、公儀如二御定一、取遣可レ仕之事、
付、秤ハ京後藤判寫を以、此方印申付之事、
一蘇錢[160]取遣可レ仕之事、
付、前々惡錢停止之事、
一酒うりかひ之儀、酒壹升を米貳升替ニ可二相定一事、
付、升ハ京盤[161]、酒升可レ爲二同前一事、
付、他所之酒不レ可レ入之事、

盤當作判

一豆腐うりね、大豆惣庭次第ニ候、但、かた定在レ之事、
一他所より之使者飛脚候者、先内へ呼入、町奉行へ可二申届一之事、

博原作轉意改

付、走者幷無㆓證據㆒者ニ、町奉行へ不㆑屆、宿かすへからさる事、
付、給人下々者、町ニ宿かし候者、町奉行へ屆候而可㆑置之事、
一 喧嘩仕出候者、理非を糺、其沙汰可㆓申付㆒之事、
一 ・博奕停止之事、
付、見出候ものに、其者之財寶可㆑遣之事、
一 酒叨ニ呑候之儀、前かた如㆑定、見出候ものに、過料可㆑遣之事、
一 かぶき山伏、其外占かた(方)仕候もの禁制之事、
一 火用心番、町中之者可㆓相勤㆒之事、
付、火事之時、水其外火消道具可㆓持寄㆒事、
付、火本隣二三間こほち候之事、
付、火本者可㆓追放㆒之事、
一 手前〻〻掃地、無㆑緩可㆓申付㆒之事、
一 町之家屋敷うりかひ、町奉行へ可㆑屆之事、
一 渡守、夜白(追33)無㆓由斷㆒舟可㆑渡之事、
付、乘者無躰之儀を申懸候者、町奉行へ引合、可㆓相糺㆒事、

一　相撲、前かた如レ定、一切停止之事、
　　但、客來會•尺なとこハ、とらすへき事、

尺當作釋

一五七一一七七
諸方飛脚使路料定

諸方飛脚使路料定事

一　江戸　上下四十日　日別銀三分充、但、逗留理こより外、
一　駿河　上下三十二日　日別三分充、理右同前、
一　加賀、越前なと　上下廿四日　右同前
一　伊勢　上下廿四日　日別右同前
一　京、伏見　上下十六日　日別二分充
一　大坂、堺　上下十四日　日別二分充
一　•博多　上下十二日　日別二分充
一　雲伯　上下十二日　日別二分充但、富田へハ上下十日
一　下關　上下八日　日別二分充
一　萩　上下六日　日別二分充
一　須左　上下八日　日別二分充

博原作轉意改

一　山口　上下四日　日別二分充
一　上關、矢代　上下二日　日別二分充
但、御舟こて被レ遣候時ハ、日別米五合充、
一　廣嶋、宮嶋　上下二日　日別二分充
但、御舟こて被レ遣候時ハ、日別米五合充、
大坂
一　水夫　飯米　日別米九合　鹽薪共
同
一　船頭　飯米　日別米壹升　同
一　柳井、與田、新庄　上下二日　日別米五合充
一　本郷、(伊賀地)いかち、中山　上下二日　日別米五合充
一　由宇、通津　日かへり　日別米五合
一　今津、中須、御庄、柱野　日別米二合五勺
一　河內、山代　日別米二合五勺

一七八―一八二
過料定

過料定事

一　自身普請幷番之時、一日之不參、卅石以上之者、過料銀子五匁之事、

一　三十石已下之者、一日不參、二人役可ㇾ相勤ㇾ之事、

一　於ㇾ于時ㇾ物頭不ㇾ任ㇾ下知ㇾ者之過銀、十匁可ㇾ出之事、

一　又小者爲ㇾ下知ㇾ小人付置候之間、背ㇾ下知ㇾ者候ハヽ、打擲可ㇾ申付ㇾ候、主之否あるましき事、

一　道具持損候者、相究、過料可ㇾ申付ㇾ之事、

一八三―一八七　小姓組役儀之定

小姓組役儀之定

一　供之時、二番にして半役引而、殘半分他國役可ㇾ仕之事、

付、半役者、横山普請之事、

付、出銀、其年之あたり半分、可ㇾ相調ㇾ事、

付、惣樣他國役無ㇾ之時、供番之者半役にて、可ㇾ相勤ㇾ之事、

一　使番之者、普請方出銀定引之事、

付、萩使番者、横山こて半役可ㇾ仕之事、

付、番者可ㇾ仕之事、

一　人遣二人半役幷出銀半分引而一人充、供可ㇾ仕之事、

付、半役ハ、横山普請之事、
付、殘二人内一人ハ他國役、一人ハ人役半分引而、出銀者丸こ可レ出之事、
一江戸御歳暮年頭、中老之者遣レ之候、其年之出銀半分可レ調之事、
一大番衆役儀、横山こて、一ケ月之中廿日、普請可レ仕之事、
付、出銀半分可レ調之事、

元和三年卯月廿六日　廣家（花押）
吉川佐介（廣正）殿
吉見彦次郎（就頼）殿　參

自前々年寄共申渡候箇條

附錄一　朝倉孝景條々

I　朝倉英林壁書

朝倉英林壁書

一 於朝倉家不可定宿老事（定據白石本補　高當作宿、宜參看同上）	一 於二朝倉之家一不レ可レ定二高老一、其身之器用可レ從二忠節一事、
二 團扇幷奉行職事（て下恐脱字）	一 代々持來なとゝて・團扇幷奉行職預らるましき事、
三 可置目付於遠近國々事	一 天下雖レ爲二靜謐一、遠近之國々に目付を置、所々之行跡を被レ聞候ハん儀、專一之事、
四 不可好名作之刀事	一 名作之刀さのミ被レ好ましく候、其故ハ萬疋之太刀を爲レ持共、百疋之鑓百挺にハ勝るましく候、百疋之鑓百挺求、百人に爲レ持候ハヽ、一方ハ可レ禦事、
五 猿樂事	一 四座之猿樂切々呼下、見物被レ好間鋪候、以二其價一、國之申樂之器用ならんを爲二上洛一、仕舞を習はせ候者、後代迄可レ然歟、其上城內にをゐて、夜能被レ好ましき事、

六 馬鷹事

一 侍之役なりとて、伊達白川江立ニ使者一候て、よき馬鷹被レ求問鋪候、自然他所より到來候者尤候、其も三ケ年過ハ、他家江可レ被レ送、永持仕候得者、必後悔出來候事、

七 年始出仕裝束事

一 朝倉名字之中を始、年始之出仕之上着、可レ爲ニ布子一、并各同名定紋を可レ被レ爲レ付、分限有レ之とて、衣裝を結構せられ候者、國端在庄之侍ハ花麗に恐、貧乏之姿にて出惡なとゝて、構ニ虚病一、一年不レ出、二年三年出仕不レ仕者、後々者、朝倉か前へ祗候之輩可レ少事、

八 召仕者容儀事

一 其身之成見惡候共、氣なけたらん者にハ可レ有レ情、又臆病なれとも、用義押立よきハ、供使之用に立候、兩方闕たらんハ、所領之費歟、

九 奉公者與無奉公族扱事

一 奉公之者と無奉公之族、同事に會尺はれ候者、忠節之牛漢いかて可レ有候哉、

一〇 右筆事

一 さのミ事闕候ハすハ、他國牢人なとに、右筆させられましき事、

一一 有藝能者事

一 僧俗共に、一手に藝能あらん者、他國江被レ越間鋪候、但、其身之能を慢し、無奉公之輩ハ、可レ無レ曲事、

一二 不可撰吉日方角事

一 可レ勝合戰、可レ執城責等之時、撰ニ吉日一、調ニ方角一、遁ニ時日一事口惜候、如何樣之吉日なりとも、大風に船を出し、猛勢に無人にて向ハ、其曲有ましく候、雖レ爲ニ

惡日惡方ニ見合、諸神殊にハ八幡摩利支天に、別而致ニ精誠一、勵ニ軍功一候ハヽ、勝利可ㇾ爲ニ案中一事、

一三 國內巡檢事

一 爲ニ器用正路一輩に申付、年中三ケ度計、爲ㇾ遵ニ行領分一、士民百姓之唱を聞、可ㇾ被ㇾ改ニ其沙汰一、自然少々ハ形を引替[候]て、自身も可ㇾ然候事、

一四 朝倉館外不可構城郭事

鄕原作江意改、宜參看白石本當該條

一 朝倉[か]?館之外、國內□城郭を爲ㇾ構ましく候、惣別分限あらん者、一乘谷へ引越、鄕村には代官計可ㇾ被ㇾ置事、

一五 伽藍佛閣幷町屋等巡檢事

藍原作監據白石本改

一 伽藍佛閣幷町屋等巡檢之時ハ、少々馬を留、見惡をは見にくきと云、善をハ吉といはれ候者、不ㇾ到者も、御詞に掛たるなとゝて、あしきをハ直し、よきをハ彌可ㇾ嗜候、造作も不ㇾ入、國を見事ニ持成も、國主の心つかひに寄へく候事、

一六 諸沙汰直奏時不可枉理非事

噯原缺字意補、宜參看白石本當該條

魔原作を以抹消符刪、傍書

一 諸沙汰直奏之時、理非少も被ㇾ枉ましく候、若役人致ニ私曲一之由被ニ聞及一、在狀分明ならハ、負方可ㇾ爲ニ同科一候、諸事內輪を懃厚に沙汰いたし候得ハ、他國之惡黨等、如何樣に噯たり共不ㇾ苦候、贔屓偏頗在ㇾ之、猥敷掟行義と被ニ風聞一候ハヽ、從ニ他國一手を入者にて候、ある高僧之物語せられ候ハ、主人ハ不動愛染之ことくなるへし、不動之劒をひつさけ、愛染の弓を帶したる事、全衡にあらす、射にあらす、惡魔降伏之相にして、內心慈悲深重也、如ㇾ其侍之頭をする身ハ、先我行跡

を正して、士卒忠臣には與レ賞、不忠反逆輩をハ退治し、理非善惡糺決するを、し(慈悲)ひ之賞罰とは申候ハん、たとひ賢人聖人之語を覺り、諸文を學したり共、心偏屈・にしてハ不レ可レ然、語に君子不レ重則不レ威なとゝあるをみて、偏に重計と心得てハあしかるへく候、重もかろきも、時宜時節に寄て、其振舞可レ爲ニ肝要一事、

右條々、忽緒に思はれ候てハ無益候、入道一孤半身より、盡ニ粉骨一不思義に國を執しより以來、晝夜不レ緤レ目令ニ工夫一、名人之語を耳に挾、諸卒を下知し、國家無レ恙候、於ニ子々孫々一、守ニ此旨一候ハゝ、日吉八幡之御敎と混しく思はれ、國をたもち候ハゝ、朝倉名字可ニ相續一、末葉にをゐて、吾まゝに振舞れ候者、後悔先立ましき者也、

朝倉彈正左衞門尉日下氏

孝景入道英林

黑川本　〔參考〕白石本　始本

屈原作喎據始本改

Ⅱ 朝倉英林入道子孫へ一書

朝倉英林入道子孫へ一書

一 於二朝倉之家一不レ可レ定二宿老一、其身之器用忠言に可レ寄候事、

一 代々持來候なとゝて、無器用之仁に團幷・奉行職被レ預間敷候事、[162]

一 雖レ爲二天下靜謐一、遠近之國・目付を置き、其國之爲レ躰を被レ聞候はん事、專一候事、

一 名作之刀・さのミ被レ好間敷候、其故は、・萬疋の太刀・を持たりとも、百本の鑓、百張の弓にハ勝れ間敷候、・萬疋を以て百本の鑓を・求め、百人に爲レ持候ハゝ、可レ塞二一方一候事、

一 從二京都一四座の猿樂・細々呼下、見物被レ好間敷候、其價を以、國の猿樂の內、器用ならん・を上せ、仕舞をも被レ爲レ習候ハゝ、後代迄可レ然歟之事、

一 於二城內一、夜能叶間敷事、

一 侍の役たるとて、伊達白川へ使者を立、能馬鷹・被レ求間敷候、

首題類本作朝倉敏景十七箇條

一 於朝倉家不可定宿老事　不以下五字始本作宿老ヲ不可定〇言以下五字同上作節ニヨリ可申付之

二 不可預團幷奉行職於無器用者事　仁始本作人〇幷下同上有ニ〇候同上無

三 可置目付於遠近國々事　雖爲始本在下下〇國下同上有ニ〇自目至候廿字同上作置目付常可被爲窺其風儀

四 不可好名作之刀事　刀下始本有脇指等〇は下同上有假令〇刀下同上有刀〇とも同上作共〇本同上作疋下同〇張同上作丁〇の弓同上無〇候下同上有然レハ〇を下同上有百丁〇爲同上作被〇可以下五字同上作一方ハ可相防

五 猿樂事　樂下始本有等〇細同上作切〇〇以據同上補〇ん下同上有者〇せ同上無〇〇ハ以下五字同上作者末々マテ〇然歟之同上作爲嘉樂

六 於城內夜能事　叶間敷始本作可爲無用

七 馬鷹事　た始本作な〇鷹下同上有ナト

り下同上有ノ〇候ハ、尤同上作ハ各別
候同上無〇さ同上作ス〇は下同上有必

八 年始出仕裝束事
始始本作初〇各同上無〇の同上無〇上同上作表〇よ以下八字同上作可爲布子〇名原作者據同上改〇文始本作紋〇ある同上作有〇裝同上作裳〇好下同上有ミ〇そ類甲本ハヽ同上作者〇好下同上有ミ〇そ類甲本作つ
て下始本有ハ〇と同上作なとゝ〇虛病を構同上作構虛病

九 召仕者容儀事
か同上無〇前下同上有ニ〇候同上作公〇少以下六字同上作可被少
本條始本作一家中諸奉公人ノ內假令不器量無朝榜ニ候トモ一心健固ノ輩ニハ別シテ可被加愛憐候但儒弱ノ族タリト云トモ容儀押立出群ノ者ハ尤可然供使之用候之條是亦被空捨間敷候双方不足ノ輩ハ介抱甚可爲無益事

一〇 無奉公者與奉公族扱事
族下始本有ト〇あひしら同上作響益〇ハ以下五字同上作イカテカ勇〇之同上無

一一 右筆事
かけ始本作闕〇れ同上作ル〇候同上無

一二 有能藝者事
とも始本作共〇國同上作家〇但下同上有シ

自然他所より到來候ハヽ尤に候、それも三ケ年過は、他家へ可
レ被レ遣候、長持されは、後悔出來候事、

一 朝倉名字中を始、各年の始之出仕の上着、よき布子なるへく候、
并各同名定文を付させらるへく候、分限あるとて、衣裝を結構せ
られ候ハヽ、國の端々の侍色を好、[163]ふきそゝきたる所へ、此躰に
て出にくきとて、虛病を構、一年不レ出、二年出仕不レ致ハ、後
々ハ、朝倉か前伺候の者、少なかるへく候事、

一 其身の躰醜[164]く候とも、けなげならむ者ハ、情可レ有レ之候、又臆
病なれとも、容儀をし立よきハ、供使の用に立候、兩方闕たらむ
ハ、所領たうなに[165]候歟之事、

一 無奉公の者と、奉公の族、同あひしらはれ候ては、奉公の人ハ、
いさミ不レ可レ有之事、

一 さのミ事かけ候ハすは、他國の浪人なとに、右筆させられ間敷
候事、

一 僧俗ともに、能藝一手あらん者、他國へ被レ越間敷候、但身の

能をのミ本として、無奉公ならん輩ハ、無レ曲候事、

一　可レ勝合戰、可レ取城攻等之時、吉日を撰、方角をしらへ、時日をのかす事口惜候、いかに吉日なりとも、大風に舟を出し、大勢に獨向ハ、不レ可レ有ニ其曲一候、惡日惡方たりとも、見合により、諸神諸佛八幡摩利支天に、別て精誠を致し、信心を以て戰はれ候ハヽ、必可レ被レ得ニ勝利一候事、

一　年中に三ケ度計、器用ならん者に申付、國々を爲レ順、土民百姓の唱を聞、其沙汰を可レ被レ改候、少々形を引替、自身も可レ然候事、

一　朝倉館の外、國の中に、城郭を構へさせ間敷候、惣別分限あらん者、一乘谷へ被レ越、其鄕其村には、代官百姓等計可レ被レ置候事、

一　伽藍佛閣幷町屋等を通られん時は、少々馬を駐め、見惡をは見苦きと云、能をは能しと云はれ候ハヽ、いたらぬ者なとハ、御言葉を懸りたるなとて、惡きをは直し、能をは猶可レ嗜候、造

一三　不可撰吉日方角事　撰下始本有ヒ○しらへ同上作考テ○のか同上作如何○○吉同上作能○り同上作ル○も同上作テ○ハ下同上有ヽ○曲同上作甲斐○自惡至ヽ四十二字同上作假令難所惡日タリ共細カニ虛實ヲ察シテ密々ニ奇正ヲ整ヘ臨機應變シテ謀ヲ本トセハ○候同上無

一四　國內巡檢事　用下始本有正直○々同上無○爲順土同上作廻ラセ四○百姓同上作諸口○唱下同上有ヘ○を同上無○改同上作致○替下同上有テ○身下同上有巡檢

一五　朝倉館外不可構城郭事　朝倉始本作當家壘○外下同上有必ス○の同上無○へ同上無○せ下同上有ラル○惣以下八字同上作總シテ大身ノ輩ヲハ悉ク○乘下同上有ノ○被同上作引○越下同上有シメテ○は下同上有只○百姓等計同上作下司ノミヲ○被下同上有居○候同上無

一六　伽藍佛閣幷町屋等巡檢事　伽藍始本作神社○駐同上作留○見惡をは據黑川本補○自見至は十三字始本作テ奇麗ナルヲハ聊稱美シ破損セルヲハ稍惠憐ノ詞ヲモ加ヘラ○いた同上作至○なと同上作共○言葉同上作詞○て下同上有歡抃ニ堪スシテ○直し同上作早ク改メ○○を同上無○猶同上作彌○可下同上有相○候下同上有乎然レハ

作を入れす、國を見事に持なすは、心一つに可レ依候事、

一　諸沙汰直奏之時、理非少もまげられ間敷候、若役人・私を致すの由、被レ及レ聞候ハヽ、同罪に堅く可レ被ニ申付一候、諸事うつろをきんこうに沙汰致し候へは、他國の惡黨等、いかやうにあつかひたるも不レ苦候、猥敷所と被レ知候へは、從ニ他家一手を入るゝ者にて候、ある高僧の物語せられ候ハ、人の主人ハ不動愛染の如くたるへく候、其故は、不動の劍を提、愛染の弓箭を持れたる事、全く突にあらす、射にあらす、惡魔降伏の爲にして、内には慈悲・深重也、人の主も、能をは勸め、惡をは退治し、理非善惡を正しく別へき者也、是をそ慈悲の殺生とは申候ハんすれ、縦ひ賢人聖人之語を學ひ、諸文を學したりとも、心偏屈にては、不レ可レ然候、論語に君子不レ重則不レ威なとゝあるを見て、偏に重きハかりと心得てハ惡かるへく候、可レ重も、可レ輕も、時宜時剋によつて、其振舞肝要に候、

此條々、大形に思はれてハ無益候、入道一孤半身にて、不思儀に

を入れす同上作不入シテ〇な以下九字始本作成事モ專可依主君之一心

一七 諸沙汰直奏時不可曲理非事

まげられ始本作被曲〇人下同上有等〇由同上作旨〇及同上在聞下〇同以下十字同上作堅ク可被處同罪事右之條々能々服膺シ晝夜相勤メテ永ク子孫ニ貽厥セラルヘク候〇うつろ同上作内方〇きんこう同上作謹厚〇致同上無〇自等至候十六字同上作ハ邪魔セヌモノナリ平生類乙本作出ぬものなり〇數始本作シキ〇被知同上作知ラレ〇は下同上有必〇從他家同上作他家ヨリ〇ゝ者同上作モノ〇あ原作有據黑川本改〇ある高始本作或〇候同上作シ〇人同上作君〇た同上作な〇く候同上作シ〇提下同上有ケ〇箭同上無〇持以下五字同上作携フルヤ〇突同上作切〇あら同上作非〇射にあらす據黑川本補始本作射ニ非ス偏ニ〇爲下始本有ノミ〇悲下同上有專〇も下同上有如此能政ヲ本ト同刑罰ヲ末トシテ扱〇能下同上有者〇め同上無〇惡下同上有上〇退治し同上作懲シメ〇自善至也十一字同上作曲直ヲ平ニシテ一殺多生ノ法ヲ行ヘシ〇を同上作コ〇自申至り廿四字同上作云ヘケレト也誠ナルカナ人主タル者假令聖賢ノ書ヲ口ニ諳シ多少ノ藝ヲ身ニ熟スト云〇も下同上有一〇屈據同上補〇に下同上有し〇は下同上有萬事〇語下同上有ナト〇なとゝ同上作ト〇ハかり同上作計〇ハ下同上有甚〇も同上無〇宜時剋同上作節事宜〇よつ同上作依〇に候同上作也

形始本作方〇儀同上作議

る始本無類乙本作りし○目以下六字始本
作怠ラス○は下同上有境內ノ宗匠ヲ集メ
或時ハ○集め同上作招テ○挾ミ于今同上
作ヲサメ其事ヲ心ニ味ヘテ今ニ○此下同
上有ニ○於子孫同上作子々孫々ニ至ルマ
テ○草同上作條○守以下六字同上作克提
任テ八幡氏ノ神ノ御敎ト被思候者○れ下
類乙本有摩利支天八幡の御敎と被思○ゝ
下始本有輕クモ○可下同上有令○候以下
八字同上作乎於末末諸事吾○ハ、慥に同
上作者必○末尾同上作事仍如件

國を取るより以來、晝夜目をつなかす工夫致し、或時は諸國の名人を集め、其語を耳に挾ミ、于レ今如レ此候、相構て、於ニ子孫一此草書を守られ候ハヽ、朝倉之名字可ニ相續一候、末々にゐて、我儘に被ニ振舞一候ハヽ、慥に後悔可レ有レ之候也、

新井白石本　始本　〔參考〕黑川本　類甲本　類乙本

附錄二　早雲寺殿廿一箇條

早雲寺殿廿一箇條

一　第一、佛神を信し申へき事、

一　朝ハいかにもはやく起へし、遲く起ぬれハ、召仕ふ者まて油斷し、つかハれす、公私の用をかくなり、はたしてハ、必主君にミかきられ申へしと、ふかくつゝしむへし、

一　ゆふへには、五ツ以前に寢しつまるへし、夜盗ハ必子丑の剋に忍ひ入者也、宵に無用の長雑談、子丑にねいり、家財をとられ損亡す、外聞しかるへからす、宵にいたつらに燒すつる薪灯をとりをき、寅の剋に起、行水拜ミし、身の形儀をとゝのへ、其日の用所妻子家來の者共に申付、扨六ツ以前に出仕申へし、古語にハ、子にふし寅に起よと候得とも、それハ人により候、すへて寅に起て得分有へし、辰巳の剋迄臥てハ、主君の出仕奉公もならす、

一　早修本作宗○首題靜本作北條早雲廿一ケ條往本作北條氏茂入道早雲條目

一　可信佛神事　佛神往本作神佛○を諸本無○し靜本作心

二　朝早可起事　油原作由據靜本往本改

と靜本往本無

三　夕早可寢事　ツ靜本作時　忍ひ同上無○忍ひ入往本作可忍入○談下靜本有して　い以下六字同上作至て焚○灯同上作燈火　起下往本有て○行靜本作手○形靜本往本作行　所靜本作事下同○の者共同上無○共に往本作江○扨靜本無○ツ下同上有時○ハ靜本往本無　寅靜本作卯　得分有同上作とゝなふる○君下同上有へ

を同上無○か往本無○日同上無○果下修本有して
四 手水事 を往本無○庭下往本有前○外同上作前り修本作る○た〻靜本往本作多く修本北本作おほく○ぬ靜本作さる○蹋靜本作く〻まり○蹋下往本有り○蹐靜本作ぬき足
五 拜事 直に往本無○直下靜本有に○ハ靜本往本無下同○慮靜本作加○も同上無○ひ同上作へ○から靜本作ちかひな○はな同上作見放○申さ往本無○と同上無
六 刀衣裳事 裳下靜本有ハ○に往本無○も以下五字靜本作求○な同上無○り下往本有と

又自分の用所をもかく、何の謂かあらむ、日果・むなしかるへし、

一 手水をつかはぬさきに、厠より厩庭・門外迄見めくり、先掃除すへき所を、にあひの者にいひ付、手水をはやくつかふへし、水ハありものなれハとて、たゝうかひし捨へからす、家のうちなれハとて、たかく聲はらひする事、人にはゝからぬ躰にて聞にくし、ひそかにつかふへし、天に蹋、地に蹐すといふ事あり、

一 拜ミをする事、身のおこなひ也、只こゝろを直にやハらかに持、正直・憲法にして、上たるをハ敬ひ、下たるをハあハれミ、あるをハあるとし、なきをハなきとし、ありのまゝなる心持、佛意冥慮にもかなふと見えたり、たとひいのらすとも、此心持あらハ、神明の加護有レ之へし、いのるとも心まからハ、天道にはなされ申さんとつゝしむへし、

一 刀衣裳・人のことく結構に有へしと思ふへからす、見くるしくなくはと心得て、なき物をかりもとめ、無力かさなりなハ、他人のあさけり・成へし、

一　出仕の時ハ申に及す、或は少・き煩・所用在レ之、今日ハ宿所にあるへしとおもふとも、髮をハはやくゆふへし、はふけたる躰にて人々にミゆる事慮外、又つたなきこゝろ也、我身に油斷かちなれは、召仕ふ者まても、其振舞・程に嗜むへし、同・たけの人の尋來るにも、とゝつきまハりて見くるしき事也、

一　出仕の時御前へ・參るへからす、御次に祇候して、諸傍輩の躰・見つくろひ、さて御とをりへ罷出へし、左樣になけれハ、むなつく事有へきなり、

一　仰出さるゝ事あらハ、遠くに祇候申たり共、先はやくあつと御返事を申、・頓而御前へ參、・御側へはひ〳〵より、いかにも謹而承へし、扨いそき罷出、御用を申調、・御返事ハ有のまゝに申上へし、私の宏才を申へからす、但又事により、此御返事は何と申候ハんと、・口味ある人の內儀を請て申上へし、我とする事なかれといふことゝなり、

一　御・通りにて物語抔する人のあたりに居・へからす、傍へよる

七 結髮事　或は往本無○少下靜本有し○煩下同上有ひ○在之靜本作ありて往本北本作有て　々に靜本作にま恐是○こゝろ修本作心へ○に靜本作の修本無○油原作由據靜本往本改　ふ修本北本無○舞下靜本有ある○同下同上有しく　る往本無○ゝ靜本作ば

八 出仕事　へ下靜本有直に　躰下同上有を　とをり同上作目通　に靜本往本無　きなり靜本修本作し

九 受上意時事　に靜本無　申靜本往本作し　申下靜本有上　參下同上有り　はひ〳〵同上作這　申靜本無　調下同上有へ　と下同上有思はゝ　請同上作受　い以下六字往本作也

一〇 不可爲雜談虛笑事　御下靜本有目○り靜本無○居下往本有る

況下靜本往本有や○虚靜本作もし○笑下同上有ひ
心以下六字往本無○れ靜本修本作る○く候也靜本作し

一一 諸事可任人事
多下靜本有に
事諸本無

一二 讀書事
少下靜本有し○をミ靜本往本北本無修本作見○懐下靜本有中○ミ下靜本修本往本有る
書以下六字靜本無

一三 宿老祇候時禮義事
緣靜本作側○々同上作し
し下靜本有て○事以下五字同上無○之北本無
いつれ修本往本北本何れに○き下靜本有事

一四 不可申虚言事
にて靜本無○を往本無
くせ靜本往本作曲○て靜本無
人に往本在而下○申靜本無

一五 可學歌道事
手靜本作下○言往本作會

へし、況我身雜談虚笑抔してハ、上々の事は不レ及レ申、傍輩にも心ある人にハみかきられへく候也、

一 數多ましハりて事なかれといふことあり、何事も人にまかすへき事也、

一 少の隙あらハ、物の本をミ、文字のある物を懐に入、常に人目を忍ひミへし、寝てもさめても手馴されハ、文字忘るゝなり、書こと叉同事、

一 宿老の方々御緣に祇候の時、腰を少々折て、手をつき通るへし、はゝからぬ躰にて、あたりをふミならし通る事、以之外の慮外也、諸侍いつれも慇懃にいたすへき也、

一 上下萬民に對し、一言半句にても虚言を申へからす、かりそめにも有のまゝたるへし、そらこと言つくれハくせになりて、せゝらるゝ也、人に頓而みかきらるへし、人に糺され申てハ、一期の恥と心得へきなり、

一 歌道なき人ハ、無手に賤き事なり、學ふへし、常の出言に愼ミ

者修本無

一六 乘馬事
て往本無

一七 可撰朋友事
め修本作む○へき靜本作よと○惡下靜本有數往本有鋪
は往本無○な靜本作あ○を下同上有ハ
惡下往本有ハ○る下靜本有へし○行下靜本有ふ往本有く○時下靜本修本往本有ハ
り下靜本有とは○者往本作惡○撰下靜本有ん○ふ同上作ひ

一八 可修理四壁垣牆事
歸靜本作居○面靜本作表往本無○り下靜本有其往本有表
り修本作る○もの諸本無
燒靜本作焚

一九 門事
ゆ以下三字諸本作夕に○ッ靜本往本無○に靜本無○の出入往本無○に同上無○末尾靜本作るへし

有へし、一言にても人の胸中しらるゝ者也、

一 奉公のすきにハ、馬を乗ならふへし、下地を達者に乗ならひて、用のたつな以下ハ稽古すへき也、

一 よき友をもとめへきは、手習學文の友也、惡友をのそくへきハ、碁、將棊、笛、尺八の友也、是ハしらすとも恥にはならす、習てもあしき事にはならす、但、いたつらに光陰を送らむよりハと也、人の善惡ミな友によるといふこと也、三人行時、かならすわか師あり、其善者を撰て、是にしたかふ、其よからさる者をハ、是をあらたむへし、

一 すきありて宿に歸らハ、厩面よりうらへまハり、四壁、垣ね、犬のくゝり所をふさき拵さすへし、下女つたなきものハ、軒を抜て燒、當座の事をあかなひ、後の事をしらす、萬事かくのごとく有へきと、深く心得へし、

一 ゆふへは六ツ時に門をはたとたて、人の出入によりあけさすへし、左様になくしてハ、未斷に有て、かならす惡事出來すへき

也、

一 ゆふへにハ、臺所、中居の火の廻り、我とみまハり、かたく申付、其外類火の用心をくせになして、毎夜申付へし、女房ハ高きも賎も左様の心持なく、家財衣裳を取ちらし、油斷多きこと也、人を召仕候共、萬事を人に計申付へきとおもハす、我と手つからして様躰をしり、後にハ人にさするもよきと心得へき也、

一 文武弓馬の道ハ常なり、記すに及ハす、文を左にし、武を右にするハ古の法、兼て備へすんハ有へからす、

類本　靜本　修本　往本　北本

二〇 火用心事 り下往本有て　其外同上無○を修本無○くせにな靜本作委く或是○な修本無　賎下靜本修本有しき往本有き○油原作由據靜本往本修本改○き修本無○こと靜本作もの　き修本作し

人に據諸本補

二一 文武弓馬道事 し下靜本有て　て修本無

補註

引用書略名表（五十音順）

易林本　易林本節用集（日本古典全集）
下學集　元和版下學集（岩波文庫）
覺兼日記　上井覺兼日記（大日本古記錄、上・中・下三册。天正二―十四年。上井覺兼は薩摩の島津氏の重臣。）
上方語辭典　前田勇著『近世上方語辭典』（東京堂）
狂言辭典　古川久編『狂言辭典語彙編』（東京堂）
古典大系　日本古典文學大系（岩波書店）
重清日記　大和田重清日記（小葉田淳校刊。大和田重清は常陸の佐竹氏の臣。）
雜事記　大乘院寺社雜事記（十二册、太洋社）
天正十八本　天正十八年本節用集（貴重圖書影本刊行會）
日ポ　日葡辭書（岩波書店）
肥後方言　倉岡幸吉著『肥後方言集』
常陸方言　國語學大系卷二十「常陸方言」（もと、中山信名『新編常陸國誌』卷五十六、方言）
方言辭典　東條操編『全国方言辭典』（東京堂）
政景日記　梅津政景日記（大日本古記錄、既刊八册、慶長十七―寛永九年。梅津政景は佐竹氏の臣。本日記は佐竹氏が常陸から出羽秋田に移封された後のものであるけれど、常陸の方言、語法を豐富に含んでいると考えられる。）
松井、國語辭典　上田萬年・松井簡治編『大日本國語辭典』（冨山房。）
饅本　饅頭屋本節用集（珍書保存會）
宮城方言　『宮城縣史』20「方言民俗語彙」（凡例によれば、舊仙臺領卽ち現在の宮城縣と岩手縣南の東磐井・西磐井・江刺・氣仙・膽澤の五郡にかつて行われたもの、及び現在行われているものを集錄）
明應本　明應本節用集（東京大學文學部國語學研究室所藏の寫眞による。）
ロドリゲス　ロドリゲス『日本大文典』（土井忠生譯註、三省堂）

＊（追1）、（追2）……の略號は追加補註の番號を示す。

1　**賞**　『中世法制史料集』第二巻二九六頁、補註13で紹介したように、石井良助氏「中世知行考」(『中田先生還暦祝賀法制史論集』所收、四九頁)、同『日本不動産占有論』(八四頁)によれば、中世の法律語として「效力を認める」の意に用いられる。いま用例を付加すれば、師守記、貞治二年二月廿九日條に「所詮智惠光院帶二建治元年後狀一之上、永仁以後至二曆應一、度々勅裁被レ賞二後狀一歟」、康曆二年八月日清雅法印雜掌重訴狀に「凡賞二文書一者古、賞レ器者新、是先賢之詞也」(妙心寺文書三)などがある。戰國時代には「賞翫」の語が用いられたようである。「Xǒquan 甚ダシク歡待スル、或ハ甚ダシク尊重スル」(日ポ)。なお、吉田澄夫氏『天草版金句集の研究』一五四頁參照。

2　「事候歟」の三字は誤寫の疑いがある。「候」を用いるのは、この式條全體の文章の中では甚だ異樣であって、同じ意味を表わすには「事有之歟」とあるべきところ。まず「候」は誤りと見てよいと思うが、唯この一字を、相互に誤りやすい他の文字(例えば「之」「ミ」)に改めても文意は通じない。今、「事候歟」の三字と、近似した字形及び前後の文意を勘考して、私案を示せば「承之猶」の誤りではあるまいか。なお、館本にこの三字なく空格になっているのは、或いはその祖本において、すでに文意のとり難い文字になっていたためかもしれない。

3　**迎買**(ムカエカイ)　建長六年十月十七日幕府追加法に「炭薪萱藁糠事……如レ元可レ被レ免二交易一、但至二押買幷迎買一者、可レ令二停止一也、以二此旨一可レ被レ相二觸相模國如レ然之物交易所一也」(『中世法制史料集』第一巻、追加法三〇二條)、弘長元年二月卅日の同追加法に「可レ停二止鎌倉中迎買一事」(同上、三九〇條)、弘安九年三月二日の同追加法に「押買迎買沽酒以下事禁制條々」(同上、五九三條)、滿濟准后日記、應永卅一年六月十四日條に「今日巳刻自二八幡社務方一注進、昨夕戌刻當所四鄉□□人等閇二籠護國寺一、……、□(訴?)訟條目三ケ條由申、一ニハ……、二ニハ蔓草風情雜雜物八幡之內新座ト號シテ、迎買ト申事仕、於二八幡一又高々賣條、所ノツマリ候、可レ被二停止一事」、雜事記(十、四二九頁)に「兩座衆乙木ヱ向買ニ罷向處、六方ヘ被二披露一向買事御停止之間、簾無レ之」、永正十五年十二月廿一日近江國得珍保諸商定書に「一山越之向買者堅停止候」(今堀日吉神社文書――金本正之氏採訪記による)とあり、又遙か後年に屬するが、寶永四年十月十一日出羽米澤町米家督歲代記に「寶永四丁亥年、米小賣挾賣迎買端々亂ニ罷成……向後米家督六町之内ゟ郷々迎買、堅法度ニ可レ仕候事」(『秋田縣史』資料篇、近世下八〇二號)、享保五年五月晦日上肴町丁代覺に「一惣して肴之迎かひ停止ニ申渡候、……附タリ、肴町之外御町迎かひ在レ之由……、一湊濱迄せりうり迎買ハ唯今之通不レ可レ苦事、……一御肴屋ニハ御用之儀候間、迎買御用肴分者不レ苦候」(同上、七九九號)とあるのは、迎買の意味を最もよく説明する史料ではなかろうか。指定された交易所(市場の如き)に搬送される賣荷を中途に擁して買取るのが本義であろうが、生産地迄出向いて買取る、いわゆる入買の意にも用いられたようである。

4 **買免**(カイメン) 二條にもあり。天授五年三月廿四日聖璨・實信連署請文に「肥後國守山庄用水井れうの事、小河の□田地貳町わたし進候、……今年件田地等一年かひめんにかひ候て進候あひた、くハしき事ハ申さためす候」(阿蘇文書之一、阿蘇家文書一九七號)とある「かひめん」に當り、買戻しの意であろう。なお、肥後の方言に「アテギャアメン」あり、「賣買取引の際、代金支拂價格の內渡金で强引に決濟をすること」であるという(肥後方言)。同地方で買物をキャアモン、酒(氣ちがい水)をキチギャァミヅ、段ちがいをケタチギャアというより推して、アテギャアメンはアテガイメン(免)であろう。然りとすれば「免」はもと「償」(ツグノウ)の意であって、東北地方の「まやう」「まよう」、中部・近畿地方の「まどう」に當る語ではあるまいか。(なお、註65參照)

5 **過** 死去の意であろう。天文十七年五月日黑石申狀に「伯父にて候醍醐宗音去天文十一年田舍へまかり下候、……其後程なく宗音田舍において罷過候條、讓狀の旨にまかせ相續仕候處、」(醍醐寺文書之四、七三八號)。追1參照。

6 **無文**(ムモン?) 未考。

7 **字大鳥**(ジオオトリ?) 悪錢の一種であろうが、その形狀・性質は明らかでない。ただ、(文龜二年)五月廿一日(興福寺)沙汰衆等書狀案に「一、今般奈良中悪錢增倍以外次第候間、官符邊申合、如レ此成敗候、於二永樂供(洪)武錢之儀一者可レ用レ之、大鳥居、打平等之事、自今以後堅可レ致二停止一之由加二下知一候、可レ被レ得二其心一之由評定候也」(史料蒐集目錄二九七、春日神社所藏文龜二年記)とある「大鳥居」なる悪錢と何らか關係がありはすまいか。

8 **愀**(アツカイ) 「あつかひ」を異本「愀」に作る。天文五年十一月廿二日肥後の沙彌洞然(相良長國)長狀寫に「殊數年於二七夕一御文書等取愀候」(相良家文書之一、三五八頁)、(天文廿四年)三月二日同國菊池則朝書狀に「右之愀無二御存知一之旨」(同上、五二

二頁)、年未詳五月廿日頼實・種崇連署狀に「外聞實儀可レ然之様於二御悃一者、重而可レ得二貴意一候」(相良家文書之二、七四頁)、年未詳三月廿五日肥後の隈部親氏書狀に「御寺領慮外之惣雖二迷惑候一」(『熊本縣史料』中世一、正觀寺文書)

9　走入の規定については、塵芥集一九條、結城氏新法度九三條にもみえ、田中久夫氏の研究がある(『歴史地理』七六巻二號、「戰國時代に於ける科人及び下人の社寺への走入」)。

10　**早晩**(イツ)　「いつ」を異本は「早晩」に作る。「早晩イツカ」(溫故知新書・明應本・易林本・伊京集)、「早晩イツカ不定之義也」(下學集)、「早晩いつも」(村岡典嗣『吉利支丹文學抄』巻末附錄「吉利支丹文學字集」)、天文五年十一月廿二日肥後の沙彌洞然(相良長國)長狀寫に「如二早晩一御對面候」(相良家文書之一、三七五頁)、年未詳五月廿三日同國の村山惟貞書狀に「依二公用一乍二早晩一無沙汰、所存之外候」(阿蘇文書之一、三六一頁)、薩摩の例では「如二早晩一出仕申候」(覺兼日記上、二頁)

11　**あつて**　相手の意か。熊本の方言に、「そのアッテの所へ行く」の如く、相手の意に用いる(熊本大學教授、森田誠一氏教示による)。

12　**四入**(ヨツイリ)　寶月圭吾氏『中世量制史の研究』(二五八頁)はこの條文を引いて「相良家領內でも、賣買の際の基準枡は、四升で一斗となる一斗枡が採用されていたと思われる」と解している。なお、同書に擧げられた類似の表現には「御下用貳ツ入」(天正十四年伯耆八幡庄安國寺領)、「彼土貢可レ爲二壹石升五入一」(永正頃豐後柞原八幡宮領)、「きもつハ七合升四計いり」(天正七年能登の例)、「四はい入之升」(天正十八年安房國吉濱村の指出)などがある。

13　**きとく**　豐年の意か。「Qitocu 田畑ヤ山野カラ集メラレル収穫ガ多イコト。例、Conneua rei yorimo qitocuna. 今年ハ例年ヨリ豐饒デアッタ。」(日ポ)。熊本の方言で豐年の意に用いる(補註11と同じく森田氏教示)。

14　**格護**(カクゴ)　二七・三〇條にも見え、塵芥集一一・一八・一九・五五・一一六・一一七の諸條にも見える。「Cacugo 支エルコト(第一義)、生計ノ維持。例、fitouo cacugo suru人ニ保護(マタハ扶持)ヲ與エル。」(日ポ、補遺)とあり、「扶持」とほゞ同義に解されている。「彼女、臨江庵へ走入候、御懸引共被レ成候へ共、堅申取、寺へ格護申候」(覺兼日記上、一三七頁)、「然と質人格護被レ成」(同上、上二七九頁)、天正十七年二月廿一日伊達政宗覺書に「小野ニ牢人衆到二于今一格護事」(伊達家文書之一、五三七頁)などの例は、右の解釋で不可ないようであり、(永正三年)十月十六日肥後の山北邦續・內田重國連署狀に「豐州衆少々、去月廿二至二小國境一取二付陣一、今月二日隈部近所於二木庭一寄陣候、然者山鹿南郡遠所之條、隈本隈庄爲レ可レ被レ加二格護一、去三日於二內空閑城一屋形被二罷籠一候」(相良家文書之一、三一一頁)とあるのは援護の意に解せられるから、右の解釋に近いと言えようが、(天正九年)十月十五日豐後の朽網宗歷書狀に「秋月格護之一城笠木岳取破」(鹿子木文書)、(天正八年)九月九日大友圓齋(義鎭)書狀に「昨日八日城井・長野以下之悪黨赤尾三河入道宅所江取懸、村中令二放火一、於二切寄一雖二詰寄候一、以二堅固之格護一、敵數多仕付、分捕高名之段案中存候」(佐田文書)とあるのは守備と解しても不可なく、天文五年十一月廿二日肥後の沙彌洞然(相良長國)長狀寫に「於二豐前國奈利恆之庄一上毛下毛御格護候」(相良家文書之一、三五九頁)、(天正十一年)八月九日肥前の龍造寺政家安堵狀に「御親父伊勢守殿御一跡之事、被レ成二格護一訖」(小代文書)、天正十年五月十日肥後の合志親爲寄進狀寫に「御神領合志郡之內……申付候、全格護專一に候也」(嚴照寺文書)、享祿五年卯月二日阿蘇權大宮司能憲外二名連署證狀に「山野之事……水落之谷を堺、北之方可レ爲二御格護一候」(阿蘇文書之一、八九三頁)、「淸色より外に四ケ名格護申候」(覺兼日記上、七頁)などとあるのは、領知の意に解される如くである。原義と擴張轉用の過程を明らかにするには、猶豐富な擧例を必要とするが、以上の用例を綜合すれば、當時の「拘」「拘持」に近く、人や物(動產・不動產)に對する事實的支配を意味し、他からの妨害侵奪に對する抵抗(離すまいとする)意思を含めた語のようである。

15 **點合**(テンアイ)　承諾する意。四一條に「主人にあひ、てんあひ」とあるに同じ。「Tenmai, nŏ, ŏta. 人ノ言ウコトヤ願イヲ聞キ入レル。下(九州地方の方言)」(日ポ、補遺)。「てんなう　①許しを受ける。『それは誰にテンノウて持って來たのか』佐賀。②(略、上引日ポ)」(方言辭典)。(寬永頃?)二月二日鍋島勝茂書狀に「先様者、家中より差上セ候女子之儀も、一職諸岡彥右衞門尉點合にて、差上セ候様ニ可レ被二申渡一候、彥右衞門尉點合無レ之候ハヽ、板倉周防殿御切手取候儀、相扣候様ニと、島八郎右衞門へハ今度申渡候條、其心得可レ被レ申候」(『佐賀縣史料集成』八、多久家文書二七頁)、(寬永十六年?)九月九日鍋島勝茂書狀に「八月四日若狹ゟ之書狀幷長崎ゟ八月六日美作ゟ之書狀何も相届、披見、得二其意一候、銘ゝ點合可二申遣一候へ共、別條無レ之故、無二其儀一候」(同上、多久家文書一八三頁)、七月十日鍋島勝茂覺書に「一、至二鄕內一今度改候趣、代官共より庄屋百姓共へ、とくと點合候様ニ、銘ゝ申渡可レ然事」(同上、多久家文書二八二頁)。但し、城島正祥氏「慶安承應前後の佐賀藩財政(上)」(『日本歷史』二〇三號三五頁)には、「この(佐賀—編者註）地方の用語で贊否の意見を付すること。……近世史料では反對意見を付しても點合と言っている。」と解說あり。

16　**かつす**　布施秀治「古文書記錄に見えたる語辭の一般考察」（下）（『帝國學士院記事』二巻二號、二五二頁）は「かつす（カヅス）　萬葉にも見えてをり、カドフ、カドハカスと近緣の語で、小兒、婦女などを誘拐する意であることは明かであるが、戰國時代のものにも同じ意味で用ひてある點が珍しい」と述べて、相良家法度のこの部分を引用している。右の萬葉云々は、「かづす　古語。かどふ。かどはかす。萬十四『あしがりのわをかけ山のかづの木のわを可豆佐(カヅサ)ねも可豆佐(カヅサ)かずとも』」（松井、國語辭典）とある解釋をいうのであるが、最近の解釋では、右の「かづさね」を、誘う意のカヅスと同じ意味とする根據はないという（古典大系『萬葉集』第三巻、四二七頁頭註）。又、萬葉集の「かつさね」が誘う意であるとしても、この條で「女房とかつし」とある「と」は、右解釋の適用上差支えないのであろうか。普通のテニハで言えば「を」とあるべきではなかろうか。追2參照。

17　遙か後代の史料であるが、文政元年前後と推定される相良藩士田代善右衞門意見書の一條に、缺落人が親・近親を賴って先非を悔い歸參を願う場合は宥免ありたし、と述べて、「晴廣公御代被二仰出一候條々之內、逃者歸來候節、錢上納被二仰付一候儀、相見申候へば、右之古例に被レ准、歸參願出候はゞ、其身又は親共より錢一貫文科料として上納申付、被レ成二御免一可レ然哉とも奉レ存候」と、この條を引用している（『熊本縣史料集成』第一四巻、一九〇頁、相良家史料一六巻）。

18　**物しり**　後世の史料であるが、寬永貳拾年極月六日讃岐住吉村五右衞門等法度請狀に「一、はかせ・みこ・乞食」（史料蒐集目錄二八六、德島縣板野郡板東町山田保次郞氏所藏文書）、寶曆八年肥後藩の御百姓愼方之儀申渡印形取帳に「一、烏亂者並生所仁躰不二慥成一者共不レ及レ申、慥に相見候旅人、且又坊主山伏醫者はかせ小商人等之樣成者迄も、すべて相對之宿一宿も借申間敷候」（『熊本縣史料集成』第一一巻、一三六頁）とある「はかせ」は、この「物しり」に當るかと思われる。

19　享保十年七月の相良氏禁制の中に「一、出家社人山伏の家にあらずして、佛神に祈誓の取次並禱呪等の事」なる一條あり、事書あとの本文に「右法度之條々當家代々の法制に准じ、此度相改る所なり」とある（『熊本縣史料集成』第一四巻、一七五頁、人吉市齋藤嘉七氏所藏諸法令留帳）。三七條とほゞ同趣旨というにとどまらず、直接にか間接にか三七條を參照しているかと推せられる。

20　**なしか**（成箇？）　「Naxica 野原ヤ耕地ノ收穫物カラ毎年支拂ハレル貢租」（日ポ、補遺）とあり、年貢・公事の意。三九條では商業税もしくは市場税の意であろう。熊本の方言に貢租の意に用いる（補註11と同じく森田氏教示）。

21　**ふるのいくゐとひ**　「いくゐ」に井杭、「とひ」に樋をあてるべきかと推せられるが、「ふるの」は未考。追4参照。

22　「かたく」は、頭註に示す如く、底本には「有て」に作り前本・毛本・永本・多本にはない。「有て」では前後通じないから、衍字と見られないこともないが、系統を異にする底本にある點を重視して、字形の類似する「りさく」の誤寫と見る。

23　四五條發布につき正任記、文明十年十月四日條に左の記事あり。

一尾州（陶弘護）出仕候、條々言上之（中略）

一當國（筑前）中一亂已前質劵沽却負物事、無爲之樣可德政之由被仰出了

24　**くりはかり**　布施本には「くわはかり」とあるが、寶月圭吾氏の「これは斗概に指を深くかけ、密かに計量物をえぐるようにして掻きだし、枡目を減少させる非法をいうのであろう。」（『中世量制史の研究』三〇八頁）との解釋に従って、「くりはかり」を採る。

25　一六六條は形式的に見れば法令ではなく、在京中の義興から在國老臣陶興房に法令發布の意を傳えたものであるが、布施本に採錄されているので、姑らくそれに従って採取した。年代は正確に比定できないけれど、義興在洛中（永正五年十月—同十五年八月）であること疑いなく、奉者（弘賴・道輔）の名に鑑みれば、遲くも永正十年頃までのものであろう。

26　**けつぼく（闕乏）**　「闕乏ケツボク」（溫故知新書・伊京集・易林本・饅本・明應本）、「Qetbocu. Caquru, toboxij. 例、Fiŏrŏga qetbocu xita.」（日ポ）。

27　駿遠地方の文書を檢すると、年貢の增分（ぞうぶん）を理由に名主職・百姓職を競望する事實が可成り頻繁にみられる。天文十年五月五日見付府町人百姓充今川家朱印狀は、遠江國見付府の町人百姓が本年貢百貫文に、五拾貫文の增分をもって百姓職を望んだので、從來の代官を止め、一圓領掌させるから、每年百五拾貫文を納入すべきことを命じたものである（大久保文書、『靜岡縣史料』五所收）。ところで次に掲げる文書は、本條を引用している點、及び義元の假名目錄追加制定直後という點で、興味あるものといえる。

富士上方當知行百姓內德之事

右、不レ知ニ于地頭一、爲ニ給恩一望出輩、乍レ帶ニ判形一、不レ及ニ是非之沙汰一、經ニ年月一、求ニ自然之便一出レ之、企ニ訴訟一者、一切不レ可ニ許容一、若自今以後、令ニ失念一雖レ出ニ判形一、不レ可レ相ニ立之一、并丙午、庚戌年兩度令ニ檢地一已後、本田之內荒地、其外芝原切發所之事、當秋以ニ奉行一相改、可レ令ニ所務一、其上以ニ増分一、新百姓令ニ競望一者、如ニ法度一、本百姓爾相届、於レ不ニ請納一者、新百姓可ニ申付一者也、仍如レ件、

天文廿二年
三月廿四日　治部大輔（花押）

富士又八郎殿　〔富士文書〕

28　黒川本は末尾に「此條各何訴訟、以ニ追加一定とする所也」の割註が付いている。これは本條が假名目錄追加で改訂された旨の註記である。追加一三條參看。從って註記は天文二十二年、或はそれよりも後の付記となろう。

29　黒川本は末尾に「此條評論之上、以ニ追加一爲レ定也」の割註を記しているが、後記である。追加一四條參看。

30　**しは**　九條にも見え、底本は「しは」、黒川本は「しはゐ」に作る。「しばゐ　芝居　軍陣の語。敵味方對陣して相闘ふ所。北條五代記『仕場居(シバヰ)の近隣に、或ひはくぼみの地あり』」(松井、國語辭典)。左の用例に徴するに、「しは」「しばゐ」とも同義にして、軍陣に限らず、ある事柄の行なわれた場所、現場の意であろう。「〇武蔭叢話云、……謙信旗下を破らるゝといへとも、終に芝居をとり返す、〇雜兵物語云、旦那は一場て芝居をこらひて、二度の高名をしなさつた」(武家名目抄軍陣部八、五八九頁)。「彌七郎うちころし候由、其しばにてハ死不レ申、……又彌七郎をころし、其しばゟのけ候者共」(政景日記八、一三三二頁)。

31　末尾、黒川本「各々異儀に不レ及也」の八字がある。ところで次條駿府中不入事は同本に缺けているのであるが、底本末尾には「各不レ可レ及ニ異儀一」の句が見られる。このような句は兩條共存して不思議ではないが、いずれがより適切な存在位置かといえば、むしろ二三條ではないかと思われる。とすると、黒川本が本條に載する句は、或いは本來は次條の末尾にあったものが、次條を誤脱した際(解題四一九頁參看)に、本條末尾に竄入したものではあるまいか。

32　底本「棧敷」を黒川本は「座敷」に作っているのは、この部分が本來、或いは兩本に別れる以前は假名書きであったのではな

いかとの推測を生ずる。尙、假名書きの問題について補註36參看。

33　黑川本は「以上卅ケ條」に作り、日下にあるが、實は三一ヵ條ある。從って現在の同本の體裁上は「卅一ケ條」の「一」が落ちたものとみなければならないが、解題に述べた如く、同本は恐らく、少くとも一條を脫落したものとみられるから、或は祖本は「卅二ケ條」に作っていたのかも知れない。又その他の種々の場合も想像できるが、根據を提示できない。

34　底本「さしかさる」を黑川本は「つゝかさる」に作る。「つゝ」を「𛀽ゝ」と書くと、字體は「𛀽し」(さし)と相似するので、底本は「𛀽ゝ」を「さし」と誤寫したのであろう。

35　底本は「祈」に、黑川本「誓」に作る。誓願寺なる寺院は安倍郡にあるが、本條では、そうした固有名詞ではなく、今川家との特殊な關係にあるが故に、一般の寺院よりも、同家の支配をより强く受けている寺院をさしている。とすれば祈願寺なる名稱が適當する。祈願寺は龍津寺文書その他にみえ、また祈願所とも稱されていること觀音寺文書等にみえる。しかしこの種の寺を誓願寺と稱した例をみない。

36　「返す」は假名書きにすると「かへす」となり、「へ」と「く」は時により判別し難いほど相似た字體となる。「返す」よりも、「かくす」として、隱匿知行分の十分一と解する方が、前後の文意よりしても適切ではあるまいか。「かくす」を「かへす」と誤讀した上、「返す」と書寫したものとすると、黑川本の祖本のこの部分は假名書きであったものを、黑川本までの轉寫の過程で漢字に改めたということになる。

37　底本には「いまゐよりみちハ」とある。この「ゐ」は竄入と考えられるが、その竄入經路は、九八條を參照すれば、ほゞこれを推定できる。卽ち九八條「いまよりのち」の「いま」を佐藤本は「こ」に作るが、これは「今」の草體が「こ」と酷似するために、誤寫した結果に相違ない。この例に照らせば、底本の「ゐ」の竄入は、もと「いま」に傍書してあった「今」を、「こ」と誤讀して、「いま」の下に補い書寫した結果であると考えられる。

38　**ともん**　未考。「ん」或は「人」の誤りで、供人ではあるまいか。追7參照。

39　**かけむかい**　「かけむかひ　掛向　さしむかひ(差向)に同じ。大磯虎稚物語『妾が夫は小柴の郡司とて浪人者、夫婦掛向ひ、田畑を作り候が』」(松井、國語辭典)、「かけむかい…〔掛向〕①他人を交えず、ただ二人さし向かって居ること。さしむかい。②夫婦二人きり。元祿十五年・大磯虎稚物語二『(上引)』安永初年・輕口大黑柱四『夫婦かけむかひに暮す者あり』」(上方語辭典)、「かけむかい(廢)　さしむかい。眞山・風流比翼鳥『……夫婦かけむかひとなり……』、柳樽『かけむかひ尻をまくつて產の世話』」(宮城方言)、「かけむかいのいとこ　さしむかいのいとこ。伊具郡」(同上)とあり、「籠破り逃候者貳人之內壹人ハかけむかいにて見つけ、とらいからめ」(政景日記七、二五八頁)の用例あるによれば、第三者を交えず、二人だけ相對することの意であろう。相對、相手むかひ(吉川氏法度一九條)、相手くみ(結城氏新法度八〇條)などと同義。なお註149、追20參照。

40　**其則**(ソノトキ)　布施秀治「古文書記錄に見えたる語辭の一般考察」(下)(『帝國學士院記事』二卷二號二七一頁)が、則をトキと訓み、時の字と同義に用いた例として、書紀(神代上)の一例と、享德三年四月廿八日越後の和田房資記錄(『越佐史料』三)『仍少シ年貢取納入候所ニ、其則茂資死去之間、就二于遺跡一、子共兄弟相論シ、依二忩劇一相違シ畢」を擧げ、後者は「ソノ時」と讀むべきであると說いているのに從う。なお、次の二例を付加えておく。「彼淺右衞門かけおち申儀ハ九月之事ニて御座候、其上淺右衞門かざい妻子次ニ其則ニ御缺所と被二仰出一候ハヽ、いか樣ニも右之銀返辨可レ申所ニ」(政景日記二、一六五頁)、「只今我等所へ目安ヲ書ほとならハ、去年其卽申出候ハヽ、尤ほうひも可レ出候へ共」(同上四、二八三頁)

41　**人躰**(ニンタイ)　九九條にも見え、二三・五九・一〇八・一五〇・一五七條には「にんたい」、一一六條には「人たい」とあり、結城氏新法度の前文・八五條に「人躰」とある。「じんたい〔人體〕(人躰・仁體・仁躰とも書く)『じんてい』と讀むは非。①人の丁寧語。お人。御仁(ごじん)。延寶七年・牛若千人斬五『近比粗相のじんたいや』②人柄・人物・……③身分ある人。それ相當のお方。寶永三年・心中二枚繪草紙中『御仁體共おぼえませぬ』」(上方語辭典)。塵芥集、結城氏新法度の用例は、上方語辭典の解①②の何れかに當ると見てよい(例えば、塵芥集一〇八・一一六條は①、一五〇・一五七條は②)。次に②の用例を示す。年未詳(江戶初期)六月廿五日近藤安道書狀に、越國(越後?)の金鑿衆篠子と仙北境にて山落(註44參照)を爲すについて「御紕明候て御成敗をも被レ成候上、山形へ人躰たる方を以、御樣子被二仰上一可レ然と申され候」(秋田藩採集文書三十)。

42　底本「をハつてのゝちはいりやう中へ」を、佐藤本は「おゑつての後ゑい゜領中へ」に作る。佐藤本を複刻した大日本古文書は、圏點の一字を「御」と讀んでいるが、佐藤本を見るに、「御」とは讀めない。

43 **むてにん**　五五條及び起請文にもあり。「むて人」で、むてな人の意であろう。結城氏新法度四三條「無手」はこの「むて」であろう。「Mutenna fito 分ラナイコトバカリ言ウ人。Mutenna cotouo yŭ. l, suru. 分ラナイコトヲ言ウ、又ハ、スル」(日ポ Mutěna の項)「むて、むてか、むてぽ……いずれも無理、無謀、……濱補『むてに強くといふ事、又甚しき心にも』濱『むてな もぎとうに手のなき也。あらっぽい』仙方『ムデニ澤山あるをムデニアルと云。又つよくあらきことにも用ゆ。ムデニサワル(アラクアタル)。ムデナコトヲ云(キツイコトヲ云)など云類』」(宮城方言)とあり(なお『歴史地理』二七ノ六號、木島誠三氏「塵芥集について」參照)、當時の用例も多く、結城氏新法度の「無手」は右の解で文意通ずるが、塵芥集の「むてにん」は、單なる無理・無體・亂暴をはたらく者の意ではなく、なお特殊な意味が付加されているようである。

44 **やまおとし**(山落)　山賊の意。「一、去年平澤正左衛門子共彌七郎、……院内ゟ金山へ罷出候とうげにて、おいかけ(註51參照)ニ合、ころされ申候、其おいかけの同類彥三と申者此度……搦候」(政景日記三、一四〇頁)とある事件が「一、去年五月おかちとうげ(雄勝峠)ニおいて、平澤正左衛門子共、山落に合申候、其同類之由訴人御座候而、彥三と申者搦取參候」(同上、一五一頁)、「おかち山盜賊人之內、久藏ハ缺落申候由」(同上、一五九頁)、「一、雄勝山落出入不レ濟ニ付」(同上、一六一頁)、「平澤正左衛門子共彌七去年雄勝山ニ而おとしニ相候」(同上、一六六頁)などと記されており、山落の何たるかを理解することができる。同じ近世初頭の佐竹藩士近藤安道書狀に「越國之金鑿衆篠子と仙北境にて山落つかまつり、十二三人討捨申由被二仰下一候、……去々年ニ御さ候が、湯殿どうしやを山落つかまつり候」(秋田藩採集文書三十)の例もある。なお、「於二初泊一國師(司?)方荷物落レ之、提披官人所爲云々、自二初泊一問答之間、無爲出レ之云々」(雜事記十、四二頁)、「去月廿日安富兄弟自二江州一歸京、於二路次一荷共五六十荷被レ落レ之、名字者共少々生害云々」(同上十、二一七頁)、「細川方へ罷上四國船雜物、紀州海賊落二取之一、畠山下知云々、仍海上不通也、」(同上十、三六九頁)などによれば、「落」を奪取の意に用いている。「山落」はこれから出來た語であろう。また沙汰未練書の檢斷沙汰の條(『中世法制史料集』第二卷、三五七頁)、武政軌範の檢斷條目の條(同上、三八七頁)に列擧された犯罪の中に見える「追落」も同樣であろう。

45 **いけくち**(生口)　四九・五〇・五一・五二・五三條にもあり。嘉元三年十一月日丹波國宮田庄雜掌圓道訴狀案に「副進……

四通　生口藤二郎安二郎以下白狀」(近衛家文書七)、寛正二年十一月三日近江國菅浦大浦兩庄騒動記に「此方よりもちて候雜物もなし、ぬすミたると申雜物も見へす、生口にてもおかす、理不盡ニ生涯させて候」(『菅浦文書』上、三二三號)など用例少なからず。なお塵芥集の「いけくち」について、Röhl 氏は「塵芥集ハ民事訴訟ニ於ケル證人ヲ "shônin" ト稱スル(一〇〇・一〇八條)ノニ對シテ、刑事訴訟ニ於ケル證人ヲ "ikekuchi" ト名ヅケル。"ikekuchi" ハイツモ明白ニ、罪ニナル行爲ニ加ワッタ――サモナクバ、ドウシテ彼ハソレニツイテ知リエヨウカ? トイウ强イ疑イヲカケラレテイル。刑事訴訟ニ於ケル證人ニ關スル數多クノ條文ハ、人ガコノ强イ疑念ニモトヅク時、ハジメテ理解サレル」(Jinkaishu p. 27)と說き、勝俣鎭夫氏も、「單なる第三者としての證人を指すのではなく、被疑者の一人としての性格を有するもの」(『中世の窓』10號所載「塵芥集に見られる伊達氏の司法警察權についての一二の問題」)と規定し、小林宏氏は、「被疑者を含む一般的證人」(『法學論叢』七二卷三號「塵芥集に於ける若干の問題(一)」八七頁以下)と規定する。

46　**やりこ**　一七一條、結城氏新法度八條にもあり、これら關係條文より推して、市場で發生する(もしくは發生しやすい)犯罪の一種らしいが、分らない。追8參照。

47　**さゆる**　阻止する、妨げる意。八二條「さゝへ」(支)と同義。「Saye, uru, eta.……妨ゲル、抑止スル」(日ポ)。「雪ニサヘラレ十三日ニ使ヲハ遣也……被レ障レ雪此日十三(日脫?)ニ瑞ヲ遣也」(長樂寺日記殘篇、永祿八年正月十三日條)、「脇指をぬき候へ共、さへられ初當不仕」(政景日記三、五六頁)、「喧吪致候間、かけ寄、さへ申候とて、兩人きられ申候よし」(同上八、二二九頁)、「有合候て喧吪をさへ候者科之由申付候者、喧吪のさい人有ましく候(同上、二三二頁)。

48　**ちんはう**(陳法)　結城氏新法度一一・四七條にも「ちんはう」。否定・否認・辯解の意。「陳法チンハフ」(易林本)。「Chinpǒ. 即チ Chinzuru. 否定スル」(日ポ)。(永祿十三年)三月廿六日北條氏康・氏政連署條書に「左衞門尉越度無ニ是非一候、併御奏者挨拶ニ此儀二三之申事之由被レ押旨致ニ陳法一候」(上杉家文書之一、六〇五號)、「宮内ヲめしよせ、樣子穿鑿いたし候へハ、右之樣子ニ不レ申由ちんはう仕候」(政景日記一、二六頁)。この語、鎌倉時代の訴訟文書に頻出する「失ニ陳方一」(陳辯・論駁不能の意)の陳方より出たものであろう。

49　**ひつはき**(引剝)　追剝。「大路ニ女ノ音ニテ引剝(ヒキハギ)有ニ人殺スヤト叫ブナリ」(今昔物語集本朝卷二十三第十六)、「實ニハ我レハ引剝(ヒキハギ)ゾ、シヤ衣剝テムト云フマヽニ」(同上、本朝巻二十七第卅八)。古典大系本『今昔物語集』の校注者は、「引剝」に注して「追いはぎ。宇治『ひはぎ』」(古典大系『今昔物語集』四、二五四頁)。玉葉、元暦二年二月十三日條に、「川原有₂引剝者₁、即搦取」、建武式目三條(『中世法制史料集』第二巻第一部)に「晝打入、夜強盜、所々之屠殺、辻々之引剝」、暦應三年十月の落書起請五通(内四通は廿九日付、一通は晦日付)に「中の御門にてのひはき」、「なかのもんにてひはきをして候てう〱」、「中ノ門カトノモノハキ候事」、「さめこほうしはきて候事」、「受戒時ヒツハキ」(東大寺文書第三回採訪五)、雑事記(十、一七頁)に、「奈良坂引剝事……兒在レ之剝取云々」。

50　**かとふ**(勾引)　六九條に「かとはれ」、結城氏法度四七條に「人かとい」。「勾引カドウ」(易林本)、「娉カトウ誘・諒・勾引」(温故知新書)、「詢訵カトウ」(同上)。「カドワレル(勾引)濱補『カドワレル小兒婦女子などのぬすみかくさるる事、かどわるる事』かどわかされること。字鏡『勾引加度布・該加止布』、類聚名義『誘　カドフ・サソフ』」(宮城方言)「人をかとひ」(政景日記二、五九頁)、「傾城をかとい、にけ候ハんとたくミ致候由」(同上三、一一九頁)「大工傳藏むすめかとひ參候」(同上八、一八一頁)、「百性之女房子共をかとい」(同上八、二三九頁)、「人之妻を包(勾)引參候行人」(同上八、二四〇頁)。

51　**をつかけ人**　「をつかけ」を動詞と見て、「盜賊人を追懸けて」と解することも不可能ではないが、「盜賊人・追懸人」と並記したと解するのが自然であろう。卽ち、この場合、「をつかけ」は一定の犯罪行爲を意味する。結城氏新法度一六條「をいかけ」、五四條「をひかけ」も同義であり、同一〇〇條「をいかけ」は、そのような犯罪を犯した者、卽ち本註の「をつかけ人」を意味する。「一、去年平澤正左衞門子共彌七郎……院内ゟ金山へ罷出候とうげにて、おいかけに合、ころされ申候」(政景日記三、一四〇頁)とある事件の犯人すなわち「おいかけ」が、「山落」、「盜賊人」ともよばれている(註44參照)のに參照すれば、前註と同じく、追剝の意と解される。

52　底本は「とめはうしを」、佐本・狩本は「とめ入はうしを」と「入」字がある。従って後者では明らかに、「とめ入」で切れる。追9參照。

53　**はふく**(省)　割りあてる、分配する意。この語については、森田武氏「日葡辭書の解讀と利用」(『文學』30號 1962—2)に考說あり。卽ち、日ポ Fabucu(省ク)Fabuqiatçuru(省キ宛ツル)の説明に用いた repartir なる語は、(A)「區分・分割・區劃する」意にも、

(B)「分配・賦與する」意にも用いるが、日ポでの用例は(B)に多く(Ategŏ. Biŏdôni. Fiqu. Fuyo. Gueguiŏ.……)、「サントスの御作業」の難語句解で Fabuqi atayuru(省キ與ユル)に Repartir をあて、「コンテムツス・ムンヂ」の難語句解に Faibun(配分)を「省キ分ツ」と釋するを見れば、(B)を採るべく、又「ハフクトハヒキワタス心歟　ハフクトハスクナキ也、省略トモニハフクナリ、アマタニヒキワタシテハフクト云モスクナキユヘニ、サリトテハトテ、スコシツ、ニワクルヲイフ、多ヲヒクヲハハフクトハイハス(塵袋、巻一〇)、「二年――省トハ少々ハ國ヘ下サル、ソ」(京大本漢書抄、景帝紀第五)、「於二所領一者讓二彼女子一雖レ令二各別一、至二公事一者隨二其分限一可レ被二省充一也」(御成敗式目二五條)、「エヂツトノ國バカリハ五穀ヲ食スル者十ニ六七モ有リ、然レドモ萬民ニ省キ與ウルコトナケレバ」(サントスの御作業、巻二)、「あにまの飾りとなるそれ〲に當る事を省き與ふる善をいふべし」(ぎやどぺかどる、下巻、第二篇第一)、「あはれ〲この御利益を我々にもはぶき給へかし」(近代日本文學大系『假名草子集』所收「七人比丘尼」上)などの用例もあって、「省く」に「割り當てる、分配する」意味の存したことを認むべきであると。

54　**はさん**　和讒(ワザン)ではあるまいか。「和讒」は、讒言の意に用いられる(例へば日ポ Vazan 參照)外、(1)「若大事出來者、中宮可レ納二法皇之宮一由、或人和讒、禪門及二二品一有二承諾之氣色一」(玉葉、治承五年正月十三日條)、(2)「相二待下﨟等一列頗經レ刻、仍予和讒令レ立レ列」(園太曆、康永三年正月一日條)、(3)「抑讀師可レ候二御座右方一之處被レ候二左方一、……依二都護卿和讒一、臨レ期被二移著一了」(實隆公記、文明十八年四月十七日條)、(4)「滋野井室家今日歸宅、此間聊夫婦有二確執事一、有二和讒一屬二無爲一、仍罷向」(同上、明應四年九月三日條)などの用例あり、(1)(2)は單なる意見、進言と解しうる(1)は誰かに對する惡意を含んだ進言と解し、讒言・中傷に通ずるものありと見るべきか)が、(3)は單なる意見というよりは、修正的もしくは仲介的意見と解せられ、(4)に至っては仲介・取持ちの意がより明瞭であると思う。ここに考え合わされるのは、最近、春原源太郎氏の紹介された大和吉野の今西家文書慶長十三年十二月廿八日・元和己未十一月五日の賣券(前者は畑、後者は屋敷)に、ウリヌシ・キキミミと並んで「ハサン人」が、寛永拾貳年二月九日家屋敷賣券に「ハンザ人」が、正保二年三月十一日畑賣券に「ハサニン」が、それぞれ連署していることである(春原氏編『近世庶民法資料』三)。この「ハサン人」は「和讒人」であって、賣買の仲介者であろうと考える(春原氏は「判座人」と解する)。「ハサニン」「ハンザ人」ともに訛音であろう(和讒をワンザンともいうことは上方語辭典「わんざん」「くちわんざん」の項參照。「ハンザ人」はワンザンニンの訛と解される)。以上によって、「和讒」は戰國時代から江戸時代初期にかけて、仲介・周旋の意に用いられた(必らずしも他の語義を排除しない)と言えるけれど、肝心の關東・東北地方での用例・方言などに徴證を得ないから、しばらく憶測にとどめておく。(この項、史料の多くを、『國學院雜誌』五十五巻二號一一六頁、齋木一馬氏「國語資料としての古記錄の研究」に負う)

55 **こうちかくれ**(小路隱)　「こうぢがくれ　小路隱(町小路などに行き隱るる義)暫時かくれて他處に居ること。松屋筆記かうじんがくれ。宇津保嵯峨院『北の方わざとにはあらで、夕ぐれ・よるのまにぞ、こうぢがくれせらるるなるや』俳諧紅葉中『商ひは袖にして、小路がくれの家出のと』」(松井、國語辭典)。追10參照。

56 **はづる**(迦)　結城氏新法度一・三八條にも「はつれ候」。逃亡の意。「中外アタリハツレ迦ハツレ釋ハツレ」(溫故知新書)、「迦、トリノク、ハヅル」(倭玉篇)、「外ハヅル、迦同釋同」(運歩色葉集)、「迦ハヅル、矢」(饅本)。(天文四年?)四月二日越後の本庄房長書狀に「某うつろ之者共企ニ謀心一候處、ふしきの仕合候て、けんきやう(現形)いたし候、依レ之、有明平右兵衞をハしめ候て、四五人あひはつれ候」(色部文書)、(慶長頃)二月十五日常陸の石鄕岡氏景書狀に「將又縫殿助爰元相はつれ、赤宇曾口より金津へ被ニ罷越一候處」(佐竹文書四)、「小性衆ヲ殺シ罷はつれ候、……去々年夜打之出入ニ而かけはつれたる者之由」(政景日記三、一四〇頁)、「若壹人も缺はつれ候ハヽ」(同上、五六頁)。

57 **ふる**　未考。追11參照。

58 **地けん**　未考。

59 **ひきかち**　未考。八三條にもあり。

60 **しさる**　退く、辭退する意。「Xizari 又は Xisari, ru. 後退スル」(日ポ)、「Atoye xizare(後へしざれ)」(ロドリゲス)、「しさる退る」(捷解新語)。なお、松井、國語辭典參照。

61 **たいと**(大途)　一三六條にもあり。この語は、(1)大略・大概の意に用いられ、大都(色葉字類抄)、大途(日ポ)通用するが、又(2)太守・國主の意(小田原北條氏の文書に見える)、(3)大變な事、大事の意にも用いられる。塵芥集の場合は(3)に當る。次に(3)の用例を擧げる。大永七年六月廿三日常陸の江戸通泰掟書に「向後之再興上葺之儀、大途思召候哉、無ニ御餘儀一候」(『新編常陸國誌』下、

一四一三頁)、(永祿三年)十二月廿四日長尾景虎書狀に「正大(正木大膳亮憲時)事者、雖ニ遠境候一、年來別而申通之間、原(胤貞)方ニ可ニ存替一覺悟毛頭無レ之候、乍レ去、大途際之儀候間、被レ拋ニ萬障一、被レ屬ニ無事一之様、被ニ執刷一可レ然候」(上杉家文書之一、四七九號)、(天正十七年?)十二月十七日北條氏政定書に「右、天下至ニ于大途一者、是非與衰此節迄候間」(『千葉縣史料』中世諸家二八五頁、神保文書)。

62　**ちきやう**(地形)　地形・位置又は場所の意。「地形チキヤウ」(運歩・饅本)。「Giguiŏ. Gino catachi. 數地・田地ナドノ形又ハ位置」(日ポ)。天正十九年二月廿三日常陸の北義憲充行狀に「此度當地へ相移之間、拾六貫六百文之所遣レ之候、地形之儀者、指ニ添手日記一候」(秋田藩採集文書八)、年未詳文月晦日陸奥の岩城常隆書狀寫に「抑義重(佐竹)數日之御張陣、地形柄令ニ窮屈一候處、被レ屬ニ無事一、被レ納レ馬候」(佐竹文書五乾)、元(和?)八年二月一日佐竹氏老臣奉書「一、千刈者　梅田野谷地　右之地形知行ニ申請、新開仕度由被ニ申上一候、可レ被レ下由被ニ仰出一候」(秋田藩採集文書二十九)、「地形見計、堤可ニ申付一と存候」(政景日記五、一九一頁)、「廣山様御葬禮……御地行(形)天德寺大庭」(同上八、一九四頁)、「天德寺江湖療(寮)作り候……地形ひきく(低)被ニ思召一候間」(同上八、二三六頁)、(寛永十五年七月)伊達氏奉行書狀案に「御座敷たて被レ成候地形之通、こまかに繪圖坪わりなといたさせ」(伊達家文書之三、三五五頁)、寛永十年九月九日肥後益城郡村々庄屋連印請狀に「其上肥後殿御屋敷之地形普請までも仕候」(『熊本縣史料集成』第十一卷、四〇頁、寛永御郡方文書)。

63　**うつろ**(洞)　結城氏新法度一三・一六條に「うつろ」、同八・二三・三六・五四・六二・七一・六五・八八・九九條等に「洞」、朝倉孝景條々一七條に「うつろ」。「洞ウツロ」(易林本・天正十八本)、「洞ウツロ共一」(饅本)、「Vtçuro. 家族又ハ家ニ屬スル人々、或イハ召使イ」(日ポ)、「うつろ Vchino yodai, Vchixu(内の樣態、内衆)」(『キリシタン研究』第七輯所收ヴァチカン圖書館所藏バレト手記一八六頁脚註(4))、「ウツロ(今此辭絶タリ)一家一門ノコトヲ云リ、洞ノ字ヲ用フ、笹子落册子ニ、ウツロノ評議トリ〳〵也トアルハ、卽一門ノ評定定マラヌ意ナリ、タトヘバ嫡家ヨリ支流ノ輩ヲサシテ洞中ト云フ、尙一家中ト云フニ同ジ」(常陸方言)、永正七年十二月二日佐竹義舜起請文に「於ニ洞中遠所之面々一も」(秋田藩採集文書二)、(天文四年?)四月二日越後の本庄房長書狀に「某うつろ之者共企ニ謀心一候處」(色部文書)、天文十年卯月廿六日陸奥の田村隆顯起請文に「尤拙者父子有ニ意趣一樣ニ於ニ御扱一者、御洞同然ニ陣參不レ可

レ有二別條一候」(伊達家文書之一、一八一號)、年月未詳十八日最上義光書狀に「大(大崎氏)の洞我かまゝ申候ハゝ」(同上、四〇八號)、年月日未詳某書狀に「御洞中并親類被二召仕一候面々成共」(伊達家文書之三、一二二八號)、(天正十一年)十二月四日芦名盛隆書狀に「今度鹽松家中取亂之處ニ、自二其口一被レ及二助勢一之上、彼洞堅固之儀、盛隆所江御入魂」(片倉代々記謄錄二)、(天正十二年)十月十三日陸奥の新國貞通書狀に「盛隆死去、依レ之洞取亂候之處」(高野文書)、(天正頃)二月十四日越後の直江兼續書狀に「仁科洞中之者共」(歴代古案六)、(弘治三年)十一月廿五日毛利元就書狀に「洞他家之弓矢」(毛利家文書之二、四〇五號)、年未詳五月七日豐後の大友材親書狀に「いま又うつろの者共心かハリ候て」(『熊本縣史料』二、六〇一頁、志賀文書)等。

64　本條は、佐本・狩本共に無く、底本にのみある條項であるが、底本では一一〇條と一一二條との間の空白部分、特に一一〇條末尾の下の部分に、細字で三行に書かれている。從って形式上後の補入とみられるのみならず、內容上も一一〇條と齟齬するので、塵芥集制定後の追加とみられる。この條項が實效をもったとすれば、藏方之掟第六條失物に關する規定は、塵芥集一一〇條と共に改正されたとみなければならない。尙、小林宏氏「塵芥集に於ける若干の問題㈡」『法學論叢』七三卷一號、一〇八頁參照。

65　**まよい**　償い、辨償の意。「まよう　つぐなう。辨償する。秋田・岩手・宮城・山形縣村山・福島・茨城縣新治郡・山梨・福井・和歌山・京都。まよる　南部。まよいする　奈良。」(方言辭典)。但し、「まやう　まやせる　辨償する。辨償させる。『人の物こわして……まやえ』。仙方『――物を損さし、或は失ふてもとの如く償を云』。伊『まやう　辨償スルコト』。濱補『――償ふこと。』」(宮城方言)とある如く、「mayau」と發音する地方もある。「乍レ去喜兵衞引まよいの銀御座候而」(政景日記七、一四〇頁)、弘治參年十一月廿六日今川義元判物に「先別當少將龍惠亂行故、別當領傳馬鄕令二沽却一之條、及二大破一之處、岡部美濃守增善寺殿代爾其旨依レ令二言上一、不レ準二自餘一之間、各爲二買迷一令二還附一新寄進訖」(『靜岡縣史料』第二卷、二九二頁、羽田祥吉氏所藏舊寶幢院文書)。

ところで、史籍集覽本には、この「まよい」を「まとい」に作っている(諸家の論著に、塵芥集のこの部分を「まとい」として引用したものがあるが、それは史籍集覽本に據ったためであろう)。「まとい」は、「まどう　つぐなう。辨償する。尾張(尾張方言)・秋田市・千葉縣海上郡・愛知縣中島郡・石川縣松任・福井縣敦賀・和歌山・大阪・京都・兵庫・岡山・廣島縣佐伯郡・鳥取縣米子・隱岐・島根縣鹿足郡・山口縣豐浦郡・四國・大分・長崎。まどゆん　奄美大島。まどる　秋田縣鹿角郡。まとう　富山・奈良・大阪」

(方言辭典)とある如く、「まよい」と、同義ではあるが、現在の方言分布上、大體の地域を異にしており、山形・福島兩縣での使用報告はない。それに、史籍集覽本は、解題に記した如く(四三〇頁參照)、村田本(本史料集の底本)→新寫本→閣本→史籍集覽本の順序によって成った本であるが、村田本はもとより、新寫本・閣本とも「まよい」に作っている。從って、史籍集覽に閣本塵芥集を複刻收錄するさいに「まよい」を「まとい」と改めたことは明瞭であるから、本文校訂上、「まとい」を考慮に入れる必要はないことになる。

66　本條は御成敗式目三六條を骨子として成立したもので、式目に「自今以後遣二實檢使一」とある部分が、「いまより後者まことある使をつかハし」となっている。「まことある使」の「あ」は、狩本は「ゐ」に作る。もしこの文章が式目の直譯であるとすれば、「實檢」を「實見」、「檢知」を「見知」と書く例が中世文書に頻出する事實に照らして、「實檢使」は「まことみる使」と和譯されたと考え、「あ」が「み」と誤寫されて、現存諸本の「まことみる使」となったと推定することができる。しかし、系統を異にする三本が「あ」(「ゐ」)に一致する點を重視すれば、「檢」の原義を離れて、「實檢使」を「まことある使」と和譯したと見ることもできる。しばらく後考をまちたい。

67　「ひふんの申いつる」は、「非分を申出る」の意であるから、「の」は狩本「を」が正しいとすべきが如くであるが、中世後期の國語では撥音(ン)の後にくる「を」は、「の」と發音する(國語學でいう連聲の現象)のが一般の傾向であって(ロドリゲス六三六頁、橋本進吉『吉利支丹敎義の研究』六二頁參照。以上、松村明氏の敎示による)、その例は下記の如く塵芥集の他の個所にもみられるから、むしろ「の」を原形と見るべきであろう。

六二條　をつかけ人のさいしよへとめ(諸本)　　七六條　けんもんのひきかち(狩本)
六四條　かのとか人の申いつる　(狩本)　　一二一條　ろんのなすのふんさい(佐本)

68　**たとう**　未考。

69　**ふひき**　賭戲、博奕の一種。狩本は「ふくひき」、佐本は「わひき」に作る。「わひき」の「わ」は「ふ」の誤寫であろう。「ふひき」、「ふくひき」の何れが正しいかについては、「福引フウヒキ正月小兒索貫錢有無之索不レ見而取」(運歩色葉集)、「福引ホウビキ正月索貫錢不レ見而取レ之」(同上)とあり(一般の用例では「ホウビキ」に寶引の字をあてるものが多い)、「ホウビキ……フはもともと身についた倖せとか運勢とかいう意味であり、今もフビキ、フツピキなどという者が多く」(柳田國男『分類祭祀習俗語彙』一三一頁)とあるから、(1)原形は、「ふくひき」で、「ふひき」はその一字(く)脫、(2)原形は「ふひき」で、「ふくひき」は一字(く)竄入、(3)原形は「福引」で、これを仮名書きに改める際に「ふくひき」、「ふひき」の相違が生じた、(4)同じく原形「福引」を假名書きする際に「ふくひき」、「は(ヌハほ)ふひき」の相違が生じ、後者から一字脫落して「ふひき」となった、などのケースが考えられ、今にわかに斷定できない。追12參照。

70 **すくみち**(直路)　ちかみち。「すぐみち　直路　ちかみち。捷路。太平記廿八細川相模守討死『山を超ゆる直道(スグミチ)のありけるより引き返して、相模守の城の前白峯の麓へ押し寄する』」(松井、國語辭典)。寛永五年十一月廿八日水戸藩令に「一、水門より門奈三右衞門前之はしまて、すくとをり之儀、かたく令㆓停止㆒候」(水城金鑑十五)とある「すくとをり」も同義語であろう。追13參照。

71 **かりこと**　詐僞・虚言の意か。元和九年五月十五日水戸藩令に、「一、何事によらす、かり事申もの丶儀、可ㇾ爲㆓曲事㆒」(水城金鑑十五)、寛永十年八月十三日幕府公事裁許定に、「一、かりことを申族之事、其品により、或死罪、或籠舍事、」(『近世法制史料叢書』二、二五一頁、御當家令條三十四)、慶安五年八月岡山藩令に、「傳馬追立送り夫、在々浦々渡海等、何方によらす、無㆓手判㆒自分の假事を申かくる輩、」(藩法集、岡山藩、上一〇三頁)、承應三年六月二十三日板倉重宗覺書に、「一、壹人はりつけ　是ハ丸や町之者、かり言を申、町々ニて錢を取候もの、」(『法學論叢』六七卷三號、猪熊兼繁氏「板倉籠屋證文」一〇二號)。追14參照。

72 **ひつくわい**(密懐)　一六四・一六五條にもあり。「密懐ビックハイ」(饅本)、「密懐びっくはい」(ぎやどぺがどる上、巻末集字)、「Bicquai. 姦通、又ハ他人ノ妻ノ許ニ通フ。例、Tano tçumauo bicquai suru.」(日ポ)。御成敗式目三四條に、「密㆓懐他人妻㆒」とあり、この「密懐」に、天文貳年書寫の御成敗式目假名抄は「ひつくわい」(『中世法制史料集』第一巻、鎌倉幕府法四八頁)、船橋枝賢の御成敗式目註(慶應義塾大學附屬圖書館所藏)は「ビックワイ」と、それぞれ振假名している。

73 **てい**(亭)　結城氏新法度六二條にも「てい」。亭主の意。「御亭コテイ主人」(明應本)、「御亭ゴテイ主人」(天正十八本)。「ゴテイ家主ヲ云フ、御亭主ノ下略ナリ」(常陸方言)、「ごてい　夫の事。御亭主の略。……狂言(笠)『なう御ていに尋ねたい事がござる』」(宮城方言)、「ゴテイドン　家の主人」(肥後方言)。文祿二年七月卅日「夜中亭酒モッテ出、シヤミセン引テキカスル」(重清日記)、同年八月五日「明テ本宿ヘアカリ候ヘハ、亭他行ニて、別宿ヲ取」(同上)。

74 **つつもたせ**　未考。用例をあげておく。「ワカアヤマリヲハ、ケシホトモイハス、テ、ノアヤマリヲモ、ムスコノツ、モタセノコトクナルワロイタヤマヲシヲトスヲモリニイ、マワリ、ケヲフイテキスヲモトムレトモ、ソノアヤマリナキ人ヲハ……」(『眞宗全書』註疏部、本福寺跡書五六頁)「一、當住持田地ヲ買ツケントオモハヽ、他村ノ他宗ニアツケラルヘシ、ソノユヘハ地下ニ一箇所モアラハ、御勘氣カ御本寺様御チカイニ、ヲリヲエテ調法シテ、シオトシテヲツトルナリ、ワナリエクリマツワリ、ツ、モタセノスルコトヲ、ミシリタツナラユルスヘカラス」(同上、五九頁)。追15参照。

75 註書部分は、五五ヵ條本では諸州古文書・池底叢書の二本にのみみられる。前者は本文に掲げた如く細字で付けたりの體裁としているが、後者は校訂註に示したように、本文中の文章として大書する。この部分は保阪潤治氏本に存し、同本は池底叢書本と同文同體裁である。尙、末尾「不レ可レ有レ之」の「有」は、池底叢書本では蟲損していて、判讀し難い。

76 左に掲げる武田氏朱印状にみえる「法意」は、まさに本條文をさすものと思われる。

(武田信玄)
朱印

其方被官他所令二徘徊一者、任二法意一、當主人并地頭へ再三相理、可二召返一、若有二難澁之人一者、早ミ可レ及二注進一、任二道理一可レ加二下知一者也、仍如レ件、

(永祿五年)壬戌
三月廿四日

大須賀久兵衛尉殿

〔『信濃史料』第一二巻所引大須賀文書〕

77 式目とは御成敗式目四一條に、「一奴婢雜人事、右任二大將家之例一、無二其沙汰一過二十箇年一者、不レ論二理非一不レ及二改沙汰一」とある(『中世法制史料集』第一巻、二四頁)をいう。

78　聶屓の二字を松平文庫本は「屓聶」と書いているが、當時、しば〳〵このようにも表記されたことは、天文十六年五月吉日武田晴信壁書(向岳寺文書坤)や、年缺二月廿七日昌勝書狀(同上乾)等にみられる。迫17參照。

79　「鄕中」以下廿一字は、底本以下の流布本系諸本では殆んど文章に相違がみられないが、松本・保本・九本は流布本と字句を異にする。しかも三本間にまた些少の違いがあって繁雜である。松本はこの部分を「可レ爲二鄕中打合一但家十間計茂流者可レ引」としている。保本は右の文章中、「十」を「拾」に、「茂」を「も」に作り、「引」の下に「之」がある。九本は「家」を缺き、「茂」を「も」に作るほか松本に同じい。尙、續いての付加文言も松本以下は「付」を缺き、大書して本文中の文章としている。

80　小葉田淳氏は、永祿二年頃に本規定が改められたとして、左の諸州古文書甲州ノ上ニ所收の文書を揭げられている(『改訂増補日本貨幣流通史』一二一頁)。

定

右、甲州惡錢法度幷新錢等之儀者、一切被二停止一之間、近年檀那中へ可二申渡一之段申付候處、不二申觸一候哉、富士參詣之導者惡錢持來、爲二最花一神前へ投入候、禰宜神主雖二請取候一、造營不レ成二助用一候、且者被レ背二神慮一、且當國被レ破二法度一、又者師(御カ)令二無力一者、檀那中へ無心可二申請一候、此上ケ條以二兼合一、從二當年一爲レ改二新錢一、參詣之ロ々可レ居二置奉行一候、大小之旦那中へ可二申屆一候、若背二此理一有二新錢持來族一者、令二糺明一、其御師末代可レ爲二改易一候、具可二申觸一之狀、仍如レ件、

小山田（方朱印）

永祿貳年
卯月十四日

小澤坊

81　「可二辨償一」(保本は「辨濟」)の後に、松本・保本・九本は左の如き文章を付加している。

逐電死去之事者、不レ及二書載一者也、(松本)

保本は末尾の「者」が無く、九本は「者也」共に缺いているけれども、他は全く同文である。これは、此の條の主文において、松本以下三本が、連判の借狀を以って債務を負った者のうち、「無沙汰」卽ち債務不履行の者があった場合は、殘りの者がその分を返濟

しなければならぬと規定したことと對應している。卽ち、主文では、債務不履行の者が尙、在所に現存していることを前提したもので、從って、續けて、逐電死去の場合のことを規定したのである。

これに對し流布本系諸本では、右三本の「無沙汰」の部分に、「逐電」或は「逐電死去」の語を入れてしまったため、右に掲げた「逐電死去之事者」以下の文章が不要となってしまったのである。

82　諸州古文書本は末尾に「紙數何拾數有之候」という八字が竄入している。「何」の字は恐らく數詞が本來の字であると思われるから、もしそうならこの八字は同本の原となった本に存したものと考えられる。その場合、右の字が全く本法度に關係なき場合、すなわち、反故紙を用いて書寫されたような時、もとの紙に書いてあった八字がそのまゝ消されず、後に轉寫した際そのまゝ本文末尾に竄入するケースがまず考えられる。次には、本法度に本來付記されていた場合を想定しなければならない。この場合に、かゝる付記が存在すべき、最も一般的な場所は、文書の最終の個所である。とすれば、諸州古文書本の祖本には、當該條が最終項となる一本があったことになる。從って現在さような本がなければ、前に設定した偶然の竄入の可能性が強くなることは否めない。ところが、松平文庫本(松本)に當該條が最終項となる體裁が見出されることにより、甲州法度のある系統の本が編成し直された際、もとの最終項が第四九條となり、たまたま紙數を付記していた一本の寫本が、付記をも本文中に寫し取り、諸州古文書本となってきたという推測も許されることになる。

83　この部分は異同が甚しいところで、寫本が作られる時期、場所、あるいは筆者の知識の程度によっては理解しがたい語句の個所であったものと思われる。底本「輕不肖」、古本「輕不背」、池本「輕不屑」、靜本「輕下輩」、甲本「輕不輩」、靑本は缺と、樣々である。ところで松本以下異本系統では「輕無力」と共通している。松本以下は底本系統の本の原となる本に屬するから(解題參看)、本來、輕の下の二字は無力に相當する語であると考えられる。「不背」「不輩」は恐らく非、「不肖」「下輩」が殘る。不肖については、天正四年三月廿一日武田家傳馬掟朱印狀に「一、口付錢於二難澁之族一者、宿中之貴賤令二一統一、不レ撰二人不肖一、不レ可レ出二傳馬一之事」(『靜岡縣史料』第二卷九七頁、植松文書)のほか、用例が少なくない。

84　**敷錢**(シキセン)　中田薫氏は中世の敷錢に三義あることを示された(『法制史論集』第三卷、一一一五頁)。①庄園や所領の代官職その他の管理人が補任の際、本家領家に提供し、辭職の際返還を受ける特定の金額で、今日の身元保證金。②質代金。③妻の持參金。甲州法度本條の敷錢は第二義に相當する。氏はまた他の論文で、本條の敷錢は年季賣の買戻代金を指すと述べられ、ついで、徳川時代以降、質地又はそれと同一目的をもつ年季賣の代金を敷金と呼んだ各地の例を掲示し、「擔保に依る借金の意味である」と結論した(同上第二巻、八四八頁以下)。前者は年季賣の買戻代金、後者は年季賣の代金とされたが、前者も本來代金の意と解することが出來ること、「敷錢を以て請取」を「本錢を以て請取」という用法に照合して明らかである。尙敷錢の例を左に示す。永祿八年九月十五日井伊次郎法師寄進狀「勝樂寺山爲二敷錢一永買付、双方入相可レ爲二成敗一之事、同東光坊屋敷々錢永代買付、縱向後本錢雖レ令二返辨一、永代之上者不レ可レ有二相違一候、同元寮大泉又五郎彼三屋敷幷横尾之畠大工淵畠田少、門前崎田少、大內之田、檜岡之田、爲二敷錢一拾七貫五百文永可レ爲二買付一之事」(『靜岡縣史料』第五巻九三六頁龍潭寺文書)、天正十四年九月七日徳川家康判物案(同上、九三九頁)、永祿十年二月廿八日一宮元實借用狀「駿州用宗鄉當知行之內石田村之畠地參貫文之處、爲二寺地一拾貫文之以二敷錢一御所望之間、遣置候處實正也、幷山共別儀有間敷候、彼拾貫文之爲二利足一參貫文之此地子可レ被レ成二御所務一□但拾貫文之代物返辨候者ゝ、彼參貫文地子錢可レ有二御納所一候」(南海院文書、『靜岡縣史料』第三巻九〇頁)、同日井上繼隆狀(同上、八九頁)、文祿五年正月一日內記賣劵「一、淸右衞門網度半帖申正月一日より丑之十二月晦日まで六年儀うり渡申候事、米合六俵者、但京升三斗六升入也、右、六年之間うり渡申候所實正也、……一、年儀つもり申候ハゝ、右之しきせん返し可レ申候間、網度さういなく返し可レ被レ□候」(『豆州內浦漁業史料』上、三八頁)。但し第一例は永代賣史料で、年季賣のものではなく、さりとて中田氏の第一義及び第三義にも適合しない。

85　**活計**(カッケイ)　九四條には「くわつけい」。享樂の意。吉田澄夫氏『天草版金句集の研究』(一五三頁)に、同金句集の「活計にして居れば(quatqeini xite yreba)」の「活計(クワッケイ)」について、次のような說明がある。「運步色葉集及び易林本節用集にもこの語が見えてゐる。この語の意義は享樂又は奢侈である。慶長四年版の「ぎや・ど・ぺがどる」に『限りほとりなき活計歡樂の數を盡し』(上巻第一篇第八)、『過し美食の活計より、如何なる德をか求むべきぞ』(下巻・第一篇第十二)。また慶長八年版の太平記に『在京ノ大名衆ヲ結ブ茶ノ會ヲ始メ日々寄合活計ヲ盡スニ』(巻第三十三、公家武家榮枯易地事)の如く見えてゐる。」。なお、「明日蜂起沙汰衆辨公於二在所一如レ例貝衆以下會合在レ之、修(終)夜活計云々」(雜事記十、七頁)、「富貴テ人ノ下ニイ(居)ウヨリハ、貧賤テ活計ニセウ」(東京大學國語研究室藏、寛永版史記抄巻十一)等の例參照。

86　**道理非**　宮川満氏『太閤検地論』Ⅲ(三三四頁)は「卽理非」とする。字體は上圖の如く、まさに道の草體であるが、卽の草體と近似するから、「卽」の誤記かとも考えられる。道理非という語は他の史料から検出できなかった。

87　**さんとう**　さつとう(察當)。促音と撥音(もしくは兩表記が互に)が通ずる例は極めて多い。例えば、「しゅんし(出仕)」(貞和二年、菅浦文書上、一八〇號)、「ひんかけ(引懸)」(寛正頃、同上、二八五號)、「せんかん(折檻)」(相良氏法度一五條)、「かんせん(合戰)」(天正頃、伊達家文書之一、三二三號)、「てんはう(鐵炮)」(政景日記一、一二三頁)。「さつたふ　或人問曰、人ノ云事スル事ニ非難ヲ入ルヲさつとをうつト云事ハ察圖ノ字ニテ侍ルヤ、答テ曰、本ハ人ヨリ云カクル事ヲ速ニコタフルヲ云、早答ト書由也……シカレハさつとノカナニテハナク、さつたふト書ベキニヤ」(志布可起)。「察當　法度に違ひ咎めらるゝこと」(俚言集覽)、「さつとう　察當、撮當。咎め、非難のこと。江戸時代語。俚言集覧『(上引)』」(宮城方言)。「さつと(察度)法にそむく事として咎めること。享保十二年・攝津國長柄人柱ニ『ホ、ウ至極のさつと、さこそ〳〵』」(上方語辭典)。

88　**刷**(アツカウ)　結城氏新法度には、この箇所の外、一・六・三二・五八・八四・九〇條などに、この字が用いられている。もとより當時通用の文字であって、「ツクロウ」(色葉字類抄、饅本、外)、「コシラウ」(易林本・饅本・外)、「アツカウ」(温故知新書、但し「刷アツカフ」)などと訓まれる。結城氏新法度では、五條の「所帶やしきたちまちはき取、別人ニあつかふへく候」と、六條の「所帶やしきうはいとり他人ニ可レ刷候」とを對照すると、「アツカウ」と訓んだと推斷される。なお、結城氏新法度に、「アツカウ」にあたる他の漢字(例えば、扱・曖・愀)を用いた箇所は見出せない。

89　**なつき**　「なつきお□候」の如く缺字があって文意明確でないが、「なつき」は次引宮城方言の腦に當り、頭痛を意味するのではあるまいか。缺字部分が「ぼえ」ならば「なつきおぼえ候」で文意は通る。「なずき　額・頭・腦の古語。和名抄『腦和名奈豆岐頭中髓腦也』仙方「ナヅキ　頭のこと」膝栗毛『……なづきやあがり申さない』濱『なづきがやめる　頭痛の事』今日は頭痛の意にナズキと用いるものがある。」(宮城方言)。

90 **身**(ミ)　第一人稱。私。七二條(身かため)、八五條(身かくつるき)、九四條(身をはしめて)など、結城氏新法度には用例が多い。「み　身　我が身。自分。自身。枕『これは身のためにも、人のためにも、さていみじき悦びには侍らずや』」(松井、國語辭典)、「Mi(身)、又は、Miga(身が)。Midomo(身共)。Midomoga(身共が)。Midomoraga(身共らが)。これらは何れも私といふ意味で、男子がいくらか優越感を伴つて言ふ場合に用ゐられる。特に初の二つがさうである。何故なれば、その他のものは身分の低い者同志でも用ゐるから。」(ロドリゲス二六六頁、原形代名詞その他第一人稱に用ゐるものの種々な階級に就いて)。

91 **ゐしよ**　原字「ゐ志よ」。未考。

92 **こすき**　動詞で、終止形は「こすく」であろう。「こすく」には、(A)「こすぐ」、(B)「こずく」の二つが考えられる。(A)ならば、「こそぐる」(日ポに「Cosogue, uru, eta. 削ル、ハギ取ル」)の訛音か、(B)ならば、「小突く」か(「づ」と「ず」の混用は當時その例が少なくない。)と考えられるが、用例を得ない。〔追考〕「扻コスク」(天正十八年本節用集)とあり、諸橋徹次『大漢和辭典』に「扻　擊つ。たゝく。」とある。これに當るか。以上、山田忠雄氏教示。追18參照。

93 **はつて**　語義未考。或いは「張つて」で張行の張、卽ち押して、の意かとも推せられるが、用例を得ない。或いは又「は」の原字「む」は「よ」の誤記で、「よつて」ではなかろうかとも憶測される。

94 **□ん□**　文意より憶測すれば「けんき」(嫌疑)ではなかろうか。

95 **とも**　最下字は字體から言えば「も」が最も近い(上圖右)が、そう讀めば、この部分は子供博奕双六宿の規定となろう。そうとすれば、この條には、文章の上だけで言えば、當時の家法に頻出する博奕双六宿の規定が子供博奕双六の場合についてだけ規定されたことになるが、如何であろうか。テキストに誤記が若干あることを考慮して、「とに(殊に)」(一條の「とに」、上圖左參照)の誤記と見ることも不可能ではない。

96 **くうろん**(口論)　四條にもあり。この種の、oがuに轉じた訛音は結城氏新法度に非常に多い。「しうこ」(證據。一一・一二・一三・一九・四三・四七・五八條)、「しうもん」(證文。一九・四四條)、「くわりう」(過料。一六・九一・九二・九五・追三條)、「そしう」(訴訟。一六條)、「ゆふかい」(要害。三三・九七條)、「りうち」(聊爾。五六條)等。なお、この種の例は當代關東・東北の史料に頻出する。例えば、小田原北條氏掟書の「りうし」(漁師。豆州内浦漁民史料、上一頁、木負大川文書)、結城政勝書狀の「そしう」(訴訟。安穩寺文書)、「くうちやう」(口狀。伊達家文書之一、二九二號)、「ほうくう」(奉公。同上、四四六號)、「ゆうしや」(用捨。政景日記一、一四七頁)、「りうぢ」(聊爾。同上二、一八五頁)、「くう室」(後室。同上三、七六頁)、「りう舟」(漁舟。同上五、三五四頁)など。

97　**くわしかけられ**　原字「くゝしゥけられ」。六條にもあり。未考。

98　**手をよる**　(天正頃)十三日出羽の最上義光書狀に「主下の事ニ候へハ、御ひくハんより御わひ事をも被レ申候ハヽ、よの人々ハえ不レ申候、めしつかわれへく候へ共、したつき不レ申候ニハ、いかてうつろをおほしめし候とても、ひくハんの事ニ候ニ、てをはよられへく候や、ひくハんニてをすり申候も、ものニよるへく候」(伊達家文書之一、三三五號)とあって、主人の方から被官に對して、「てをはよられへく候や」、被官に「てをすり申」すも、物によりけりだと言っている。「てをする」は、手を摩り合せる意に違いないから、それとの關連で、「てをよる」は、手を綟る意で、今日の手をもむ(相手の意を迎えるしぐさ)に相當する意をあらわす語ではあるまいか。そして結城氏新法度の「手をよる」も、右書狀の用例と同じ語ではあるまいか。

99　「法度」の下の約四字分は蟲損が多く判讀できない(上圖參照)。第一字は「之」らしいが中間が缺けており、第二字はほゞ「て」と讀める。その下は完全に缺け、最下字は「り」の右下半らしいのが殘っている。三浦本はこれを「□(とカ)て□(と)□(りカ)」と讀む。「てとり」は從うべきであろう。第一字は「と」の中間缺と見られないではないが、「法度とて」なる表現は、この法度全體の文章より見て、やや熟しない感がある。

100　「此方」の下約八字分は、第一字の右部分と思われる點を殘すだけで、他は全く缺けて、推讀の資となるものがない。今、法度全體の文章表現を參照して、この部分の文意を憶測、表現すれば、「神事(又は祭禮)市町ニて、又他所」の如きものになるのではあるまいか。

101　**もつちり**　未考。

102　末尾「これ」の下は、文意上「へ不可佗言(又は、へ佗言すへからす)」であろう。三三條に「これへ不可佗言」の例あるを參照。なお、「これ」は第一人称(一七・三〇・三一・三二・六五條参照)。

103　まふ　この條には「くわたいをまふほとかけへく候」とあって、語意必らずしも明らかではないが、五一條(子あしかれとまふもの)、六一條(たゝいま迄刀つきとまひ候へは)、六二條(もつたいなきとまひなから)、八五條(洞之爲をまひ)、九〇條(わか所とまふへからす)の「まふ」、「まひ」も同語であろうから、「おもふ」の訛音と見てよい。もっとも、六七條には「外之事とおもひ候へく候」、七二條には「各談合とハおもふへく候共」とあり、「おもふ」も用いられている。一二七條も「おもふ」。

104　「門の」の下は、文意上「りこえ(へ)」もしくは「中(又は、内)ニて」の何れかであろう。この條初行との照應から言えば、前者の可能性が大。

105　ふへん(不辨)　四一條にも見える。不足・貧乏の意。「不辨フベン」(伊京集・易林本)、「不辨フベン不足義」(天正十八本)、「Fuben. Tarauazu. 知識・富・衣類ノ不足、缺乏」(日ポ)。天文十六年正月十日下總の日我掟書の一條に「一當寺不辨之間、……僧旦共對二寺家一難題之儀不レ可レ被レ申事」(妙本寺文書)、年未詳三月十五日豐後の大友親治書狀に「世帶不辨之儀、……はや二ケ月及ひ、飢にのそみ候事」(志賀文書)、「乍レ去將監ハあり所も町すへ、又其身も年よりふべんなる様ニ候間、下々ニ(見世役ヲ)とるへく候」(政景日記一、三四頁)、(大永頃)九月五日越後の三宅政家書狀に「若輩不辨なるもの」(上杉家文書之一、二七五號)、最後の例は知力又は體力の不足の意であろう。

106　たいくつ(退屈)　今川假名目錄、追加一八條に「退屈」。不安、倦怠の意。鎌倉室町時代の史料に頻出する「緩怠」と同義であろう。「Taicut. Xirizoqi cagamu. 不安、又ハ或ルコトニ倦怠スルコト。例、Taicut suru」(日ポ)。(永正頃)十二月十五日越後の大熊政秀書狀に「幾度申入候も、一事之御返事候之間、某も退屈仕候」(上杉家文書之一、一九二號)、(大永七年)六月十日三條西實隆書狀に「抑靑苧公錢知行之處、此三ケ年一向無沙汰、退屈之間」(同上三四六號)、天文十一年四月五日越後の上杉玄淸(定實)起請文に「連々世上大くつ、安閑無事ニ殘世過し度計候」(同上四三三號)、永祿五年二月八日武田氏朱印狀に「軍役退屈ニ付て、於二私領分國一令二徘徊一者」(武州文書四)、永祿十三年五月廿三日三光坊實經請文に「蠶種上分錢取沙汰之儀……以二一書一申入候條々、……一、取沙汰之儀致二退屈一、上表候共」(越前大谷寺文書)、天正九年十二月十日上杉景勝定書に「町人等於レ致二他出一者、退屈之子細聞屆可二申上一事」(市川記間太氏所藏文書)、(天正五年)七月廿三日羽柴秀吉書狀に「其方も御ゆたん候てハ、いかゝニ候間、御たいくつなく、せし御心かけ候而御ちそうあるへく候」(黑田御用記乾)、文祿四年十月廿八日岡部氏掟書に「領內之內より、此以前年貢未進引負候而、或ハ地頭へたいくつ仕候而缺落いたし候共」(『千葉縣史料』中世、諸家三〇八頁、與風會圖書館所藏文書)、「佐大夫指南ノ足輕共……數年佐大夫ニ退窟(屈)仕候間」(政景日記五、一八頁)

107 「他囚」の下は、文意上「ニ可レ刷候(又は、ニあつかふへく候)」であろう。五條に「別人ニあつかふへく候」、六條に「他人ニ可レ刷候」とあるを參照。

108 **草(クサ)** 九八條にもあり。忍びの兵。「くさ　草　四しのびものみ(忍物見)に同じ。草に伏してひそみうかがふよりいふ。ふせかまり。かまり。北條五代記八物見武者有譽『夜に入れば足輕共境目へ行き、草に臥して敵をうかがひ、あかつきには歸る、是を草共忍びとも名づけたり、夜の草晝まで殘る事あり』、伊達日記「草を入れ罷り出で候を見申し候うて、押切りを置き討ち取るたくみを仕り、中略矢澤と申す所へ草を可レ仕由相談候」」(松井、國語辭典)。文祿二年九月八日「人主者片島ニテ喧嘩仕、御調キブクシテ、人主大窪ニ殘而方々ニ待クサヲ置、當人カラメ、即成敗」(重清日記)、年未詳卯月十六日芦名止々齋朱印狀に「仍昨日草調儀之由候」(小田切文書)、(天正十六年)五月廿二日伊達政宗書狀に「此刻自二其口一、爲二內々一草可二指越一候」(伊達家文書之一、三七二號)。(天文十九年)四月廿四日大友義鎭感狀に「其方人數以二伏草一、爲レ始二彼中務一數人被二討捕一候之次第」(『佐賀縣史料集成』七卷一〇三頁、田尻家文書)。

109 **綺たち** 「綺」は左下半部が蟲損であるが、殘畫部分は五三條・九四條の「綺」と酷似しているので、かく判讀した。「綺たち」(終止形「綺たつ」?)は九四條にも見え、(天正頃)日付なし、船尾山城充小大納言假名消息に「おきとのゝいろいたて、さらに〱申ことなく候」(秋田藩採集文書六)の如き用例もある。

110 **ちそ**(自訴) 四九條にもあり。この種の「じ」と「ぢ」の混用の例として、「しやうちん」(精進。六二・八七・九四條)、「なんちう」(難澁。三二條)、「りうち」(聊爾。五六條)、「はうち」(榜示。五八條)、「へいち」(瓶子。九二條)がある。當時の用例二三を擧げれば、「ようちよ」(用所。伊達家文書之一、四八五號)、「はくちやう」(白狀。政景日記三、二四二頁)、「ちかい」(自害。同上四、一五九頁)等。

111 **前長**　この條(前長ニ申をき候)の外、七六條(前長ニ可レ被ニ心得ニ)、八一條(前長ニ申をき候)、八四條(前長申をき候也)、八九條(前長ニ可レ被ニ心得ニ候)、九五條(同上)、九七條(前長ニ下々へ可レ被ニ申付ニ候)などに見える。當時、廣く用いられた「前廉(マエカド)」と同義で、豫じめ、前もって、の意であろう。

112 「筋目」の下は、文意上、「ハ其身ひと」であろうか。

113 **ふしやう**(不請)　辛抱する、いやいやながら肯がうこと。「ふしやう　御不請」(捷解新語)。「ふしやう　イヤニ思フヲふしやうト云ハ不請ノ字ナラン」(『國語學大系』十九所收、志不可起一九九頁)。「ふしやう　不請　心に請ひ望まざること。ふしようぶしようのさまなること。いやいやながらすること。玉葉元暦元年八月廿一日『文覺頗有ニ不請之氣ニ』方丈記『不請の念佛兩三返を申して止みぬ』」(松井、國語辭典)、「ふしやう〔不承〕『不承知』の略。不本意ながら承諾すること。『名に掛替が入るものか、今ので不承せよと有つて』(名取川―選集)、《參考》切支丹教義『賣買を專とする者の爲には不承なる法式たりと雖』、醒睡笑四『世の中はふせうばかりぞ』」(狂言辭典。なお「ふしようながら」參照)、「ふしようふしやう〔不請〕(不承・不祥とも書く)請い求めぬこと。轉じて、不本意。いやいやながら承知すること。享保元年・世間娘容氣一『そこを御不承なされますかはりに、此御器量に千兩といふ土産がござります』、天明六年・短華蘂葉『その馬場先の御馴染の所へ往た氣になつて、ふせうして遊んでおくれ』」(上方語辭典。なお、「ふしようながら」參照)。「ふしよーする　こらえる。辛抱する。岐阜縣本巣郡」(方言辭典)。今日、結城市の近在にこの語遺り、「フショウシマシタ」(御迷惑をかけて失禮しました)、「ゴフショウシテ下サイ」(いやでしょうが、我慢して下さい)、「ゴフショウデショウガ……」(不承知でしょうが)の如く用いる(昭和三十七年十一月編者佐藤採集)。「是にても與五右衞門ニ意見致し、ふしやう仕候へと可ニ申付ニ樣無レ之候間」(政景日記四、一四六頁)、(寛永二十二年?)水戸藩令に「右の役人心にいらすと云共、能き衆の肝入なれは、ふせうしても置故に」(水城金鑑十六)。

114 **すめる**　すべる(滑)、退出する、辭する意。「辭スヘル王位」(溫故知新書)、「すべる　辷　滑　まかる。退出する。辨内侍日記下『夜深けてすべる折りは』国御位を去らせ給ふ。おりゐ給ふ。浦島年代記一『親ら御位をすべらせ給ふ由』」(松井、國語辭典)、「ずめる　滑る。すべる。佐賀。」(方言辭典)、「板橋ハすめり申候間、土橋ニかけさせ申候へと被ニ仰付ニ候」(政景日記七、二八八頁)。

115　**ひかへつれ**　未考。

116　**きさたて**　七〇條にもあり。今日、結城市近在に「キザタテ」の語遺り、「必要以上に、大げさに、又は故意に」の意に用いる由(昭和三十七年十一月編者佐藤採集)。本條の場合もこの意であろう。思うに「きさ」は氣障(キザ)か。又「たて」は、「DATE(だて)、FURI(ふり)、BURI(ぶり)これらの語は名詞又は動詞の後に接して、これこれである事又はこれこれの物を殊更見せるとか、誇示するとか、事實以上に誇張して見せるとかの意を表す。例えば……Gacuxŏdate suru(學匠だてする)、Christandate itasu(吉利支丹だて致す)、Jennindate itasu(善人だて致す)、Chiyedate suru(智慧立てする)、Ricondate suru(利根立てする)。即ち Gacuxŏgamaxij(學匠がましい)、Gacuxŏmequ(學匠めく)の意。」(この後に平家物語より「賢人立て」の例を引く)(ロドリゲス四五〇頁)とある「だて」であろう。戦國時代から江戸時代初期にかけて名詞プラス「たて」の用語例が少なくない。

117　**あまのほたいせん江川**　それぞれ河内天野山金剛寺、大和菩提山寺、伊豆江川で醸造された當代の銘酒(小野晃嗣氏『日本産業發達史の研究』所收「中世酒造業の發達」一五〇―一六五頁參照)

118　**あくみやう**(惡名)　「あくみやう　惡名　惡しきうはさ。よからぬ評判。槍權三上『しうとめが聟の悋氣とは、惡名の種』」(松井、國語辭典)とあるが、用例によれば、弘治三年四月吉日陸奥の田村隆顯定書に「一、於二寺家中一被二召仕一候者之惡名候者……任二咎輕重一可レ及二其沙汰一候」(福聚寺文書)、文祿二年七月廿二日「牛コロシ御センサクニ付、刑左使コス、……主より使アリ、右之惡名之事談合之爲也」(重淸日記)、「右之あくめい闕所之道具、見出し候山廻ニほうびニ出し申候」(政景日記一、二二頁)、「一、酒井雅樂殿御下日比野三郎兵へ下人(缺落人)之惡名つれ參候」(同上五、二八九頁)、などとあって、惡事を働いた者(犯人)の意に用いている。結城家法度の場合が、その何れであるか(或いは第三の語義をもつか)、なお檢討を要する。

119　**つきなく**　不相應に、の意。「つきなし　附無。①すべなし。……②似合はしからず、不相應。」(松井、國語辭典。引例略す。)「Tçuqinai. 無關係ナコト。的ハズレナコト。女性用語。」(日ポ、補遺)。「つきもないこと[付きも無いこと]不似合いなこと。いわれのないこと。『くきやうは申につきもなひ事じや』(腰祈―古本)、《參考》閑吟集『おしやるやみの夜、おしやる〳〵やみの夜、つきもなひことを』、醒睡笑四『つきもない事を言はるゝと、散々惡口して出けり』」(狂言辭典)、「つがのない、連絡がない。似合わしくない。つがもない(近世語)の意。登米郡」(宮城方言)、「つけつけない仙言『つけつけない　つがもないといふ事』。本朝俚諺『つきもなし　俗につがもなしといふ。不都合といふごとし』付け付けないか。」(同上)

120　**み城**(實城)　本城・本丸の意。大永六年正月十一日越後の千田憲次・豐島資義起請文に「從二符內一御人躰申請、實城指置申」(上杉家文書之一、三三四號)、(天正六年)三月廿四日上杉景勝書狀に「去十三日謙信……遠行……遺言之由候之而、實城へ可レ移之由各強而理候條、任二其意一候」(同上之二、六七二號)、天正九年九月廿八日同人掟書に「一、實城中城へハ爰元より差越者共相うつり、其外之くるわニハ」(同上之三、一一九八號)、年未詳正月十一日大寶寺義氏書狀に「早春四日荒澤之城及レ行、外構悉打破燒拂而、實城計ニ成候」(秋田藩採集文書二十二)、文祿二年十月十七日「古實城ノ番請取」(重清日記)。「大窪相模殿ハ近江之かたわらに御座候由、小田原をハミちやう斗被二差置一、御破却之由」(小田原城主大久保忠隣改易の事)(政景日記二、二三頁)。

121　**いきほして**　原字「いきゑして」。未考。

122　**ひさい**　九二條にもあり。「ひさい屋　常陸國にて酒店蕎麥店なとを、ひさいやといふ、是販屋也」(俚言集覽)とあるより推して、「販」(ヒサギ)の訛音であろう。「ひさいめ　販女　ひさぎめ(販女)の音便。名義抄『裨販ヒサイメ』」(松井、國語辭典)の例も參照。

123　**せんさき次第**　六角氏式目一四條の「先々次第」と同語であろう。「せんさき(先先)先の強意語。『それがしがせんさきじや』(鴈大名―記)」(狂言辭典)、「誰ニよらす野城へ參着同日たるといふ共、さき次第ニ水帳を以、能々糺(シラベ)渡可レ被レ申候」(政景日記六、二七頁)より推して、早いもの勝ち、先着順の意であろう。なお、現在結城市近在に「センサキ」の語遺り、「われ先きに」の意に用いられる由(昭和三十七年十一月、編者佐藤採訪)。追21參照。

124　**しゆつくわい**(述懷)　恨み、不滿の意。「述懷シュックワイ」(易林本)、「Xucquai 即ち Vrami 歎息、又ハ怨言。」(日ポ)、「Xucquai(述懷)、愁歎」(ロドリゲス)。「しゆつくはい　自ラ亢(タカブリ)不足ヲ云ヤウナルヲ述懷ト云テ、諺ニモしゆつくはい奉公身をもたずナド云、尤其身ノ時ニアハヌヲ云ノブルモ、自ラ亢ニナルヤ、サレトモ偏ニソレニハ不レ限、自ノ不才ヲ悔テ云事モアリ、トカク思フ事ヲ言ノフル也」(『國語學大系』十九所收、志不可起二七八頁)。永正五年七月日廿三「大內左京大夫大樹へ有二述懷之子細一、有二下向之沙汰一云々」(尙通公記)、(享祿四年)八月十日起請文に「或御敵或ハ述懷義努々不レ可レ有レ之候」(上杉家文書之一、四二一號)、

（永祿十年）七月十八日近江三雲成持書狀に「たかひの恨述懷も不レ可レ有レ之候間」（近江觀音寺文書）。

125　めんひ（面皮）　諂い、又は偏頗の意。「Mempi 諂イ、追從」（日ポ、補遺）。天正十九年五月廿日奉行田中越中守充佐竹義重定書に「一、新町之儀屋敷已下めんひなくわり渡可レ申事」、同日同人充佐竹義重定書に「一、金役之儀めんひなく可ニ申付一事」（以上、秋田藩採集文書十六）。追22參照。

126　卯未　「未」は「末」とも讀める。未考。

127　はちひらき（鉢開）　托鉢して歩く坊主。「はちびらき　鉢開　はちばうず（鉢坊主）に同じ。尤草紙（門門をめぐるは）『鉢びらき』、醒睡笑七『鉢びらきどもの見て、その中の宿老がいひける』、一代男三『其の隣りははちびらき、其の次は放下師』」（松井、國語辭典）。「Fachi……Fachiuo firacu 施シ物ヲ乞ウ」（日ポ）。「はちおひらく〔鉢を開く〕托鉢する。『途々鉢を開いて通ります』（手負山立―三百番）」（狂言辭典）、「はちひらき〔鉢開〕①托鉢僧。貞享三年・佐々木大鑑五『愚僧は何も知らぬ奥方の鉢ひらきにて候』。②乞食坊主。天和二年・好色一代男七『その跡にて鉢ひらき紙屑拾ひが集めて』」（上方語辭典）。年月日未詳、（近江？）就ニ棟別一條々に「一本家百七十三文……、一堂聖鉢ひらき除レ之事」（菅浦文書三）、寬文十年七月肥後藩奉行所達に「一川祭札賦、一比丘尼、一ひしやぎたゝき、一手すゝ、一座頭、一ごぜ、一合藥賣、一はちひらき、右之分在々へ參候儀御赦免にて御座候、然共御所務半は御停止之事」（『熊本縣史料集成』第十一卷五六頁、寬文十年御郡方記錄帳）。

128　ぶんき　未考。追25參照。

129　結城代々系圖に「源政朝（法名孝顯寺殿孝顯大居士天文十六丁未曆七月十三日六十九歲）」とある。

130　大狂　未考。

131　不大方（オオカタナラズ）　原字は上圖の如く、二字目は大・公・久に、三字目は事に見えるが、三字目は方の誤寫で「不ニ大方一」であろう。この語は、（天正八年？）閏三月廿三日瑞龍齋全珎書狀寫に「何も御入魂不ニ大方一候」（下野瀧田文書）、（天正十一年）八月八日足利氏（源德院）書狀に「不ニ大形一洪水、鄉損不レ及ニ是非一爲レ躰候」（喜連川文書案二）、（天正十八年）正月廿三日宇都宮國綱書狀に「仍殿下（秀吉）御進發必然候、就レ之、小田原取亂不レ成ニ太形一候」（佐竹文書五乾）、（慶長十九年）

八月廿五日本多正信書狀に「不二大形一御仕合共ニ御座候條」(相良家文書之二、三七五頁)、(承應二年)逢春門院消息に「ミなく御ねん比の御事とも、大かたならす過分かりにて候」(伊達家文書之三、五二〇頁)の如く用い、「一方ならず」の意。

132 **勘落**(カンラク) 沒收の意。「勘落カンラク」(明應本)、「勘落カンラク又作簡落」(天正十八本)。應永三十二年五月廿五日鹿苑院領近江柏木御厨庄主上使連署安堵狀案に「然就二自作之年貢未進一、彼下地雖レ及二勘落一、買主等未進相當之程、以二一獻一歎申間、令二免除一畢」(山中文書)、康正二年十二月十一日幕府奉行奉書に「近江國……跡事、雖レ爲二給恩之地一、依二不儀一被二勘落一之處、立二却彼地一賣二取年貢一任二雅意一云々」(『葛川明王院史料』九一九頁)、永正六年九月十四日伊勢貞陸書下に「御料所城州……事、禪源院退轉之上者、雖レ可レ令レ勘二落之一、……彌領知不レ可レ有二相違一」(長福寺文書四)、永祿四年二月十四日淺井賢政掟書に「一諸寄進寺庵買德分不レ可レ有二勘落一之事」(近江總持寺文書)、天正十九年九月廿八日近江宇田村惣掟書に「右預りものニ付而も……若何かと六ケ敷樣ニ申もの候ハヽ、惣中として田畠家屋敷ヲ惣ヘ勘落可レ仕候」(山中文書)。

133 **賣襲** 阿本は「賣熟」に作る。これに從えば「賣二熟田畠一」と訓むことになるが、この條の內容が田畠兩賣の規定であることを考えると、「賣襲」(ウリカサネ)を採るべきかとも考えられる。典據、用例を得ない。

134 **相當**(アイトウ?) 相手になる意。(天文十二年)十月十六日六角定賴書狀に「卽追其內一人搦取之處、爲二相當一、其方領內商人田中方へ召籠段、言語道斷次第候」(朽木文書)。なお「あいとう 相當あひたう 當番相手。當番仲間。『今一人相頭が御座るに依て、今日はあれへ參り、相談を致さうと存ずる』(連歌盜人―全集)」(狂言辭典)とあるも同語か。追26參照。

135 **根田** 底本「根田」、異本「根因」に作る。未考。

136 **失墜**(シッツイ) 五一條にもあり。損失、失費の意。「Xittçui. Vxinai tçuiyasu. 出費又ハ損失」(日ポ)。貞和二年十二月十三日幕府追加法に「一旦領主事、或稱二裁許未定之地一、或號二料所幷預地一、領主依レ申二子細一、動施行猶豫之間、涉二年月一之後、本所年貢亦失墜云々」(『中世法制史料集』第二卷二部二五條)、永正五年十二月九日「二﨟之物失墜更無レ之」(永正元年記)、(寬正二年)近江の松平益親陳狀に「又ゑりさす入目地下の失墜たるよし申、」(菅浦文書上三一八號)、天文廿二年淺井氏德政條目案に「但荒耕作失墜分遂二算用一」(同上文書上二六二號)。なお、中田薰氏『法制史論集』第三卷所收「我古法に於ける保證及び連帶債務」は、六角氏式目五一條、連署借の解釋について、この「失墜」の語を取上げ、多數の例を擧げて、この語は、「通常は『不足』『損亡』又は『亡失』の義であるが、時としては『退轉』と同義に使用されたこともある」と說明した後、四〇條の「失墜」は損失の意であるが、五一條の「失墜」は「亡失」の意であり、この條の文意は債務者の一人が譴責使の取立を受けて『亡失』卽ち逃亡した場合には、同人の返辨すべき債務(同返辨物)は、これを他の連署人數中に對して請求すべきこととなるは勿論である。……」と解釋する(同書一四九—一五〇頁)。だが、同氏の擧げられた限りでは、品物の亡失と解釋できる例はあっても、人の逃亡を意味する例は見出されないし、この條の「於二其失墜同返辨物一者」という文章は、假りに同氏に從って「其」を「令」の誤りと見ても、「於……者」の照應は依然殘るわけだから、「同返辨物を失墜せしむるに於ては」と讀むのが自然であり、右のような解釋を導くことはやはり困難ではあるまいか。この條の「失墜」も損失・失費と解し、從って「其失墜」を、譴責使の取立を受けた際の損失(返辨物以外の)と解して文意は通るのではなかろうか。

137　**彌書**(イヤガキ)　「Iyagaqi. 同ジコトヲ二度書ク。Iyagaqi suru.」(日ポ)。追27參照。

138　**敷錢**　妻の持參金の意。中田薰氏は『德川時代ノ文學ニ見エタル私法』(一四九頁以下)に於て、敷金、敷銀が持參金なることを、數多の例を引用して述べられた(なお、同氏著『法制史論集』第三卷、一一一五頁參照)。尙、寛永六年四月廿五日箕浦村介若後家訴狀寫「形部三郎後家……と申者之所へよめいり仕候時、右之田地之內一反しき錢ニもちまいり候て」(宮川滿氏『太閤檢地論』Ⅲ、四一九頁、近江井戸村文書)。

139　**對合**　典據・用例を得ず。

140　**勇血**　典據・用例を得ず。追28參照。

141　**强張**　典據・用例を得ず。

142　南路志本は末尾に付して次の文言がある。「附リ、弓ニ而堂を通事、望次第登セ可レ申事、但自力と不レ成者ニハ、合力遣し可レ申事、」

143　南路志本は末尾に次の文章が續く。「但侍分散田知行ニ望次第ニ、如何程も遣し可レ申儘、遂二上聞一開發可レ仕事、」

144 **太**　年貢としての作物である上、摺、籾に關係し、しかも「吉」即ち上等でないとすれば、井上和夫氏『長宗我部掟書の研究』(一五三頁)の說く如く、太唐米であろう。太唐米は淸良記に「太米」とみえ、土地の肥薄を嫌わぬ由の記事がある。寶月圭吾氏に太唐米に關する詳說がある(小野武夫博士還曆記念論文集刊行會編『日本農業經濟史研究』下卷所收「本邦占城米考」)。

145 **かつら錢**　井上和夫氏『長宗我部掟書の研究』(一五九頁)に、「『かつら錢』は漁業稅で、『かつら』は土佐では『かづら』と稱し、鯛を漁獲するために現在でも用ひられる漁具で、綱へ多くの木片を附けて魚を綱へ追ひやるのである。瀨戶內海には鯛綱桂(カツラ)と云ふのがあり、これは綱開くとき山の「かづら」を結び合せ魚を追ひ集めるから、後には莩を以て綱に改めるに至っても『かつら』と稱した」と說いている。

146 南路志本は末尾に次の文章が續いている。「併新規ニ山を留、百姓共糞草幷牛馬放申所も無ㇾ之、不ㇾ令ㇾ悉惑(迷)ㇾ樣可ㇾ致ㇾ支配ㇾ、其段ハ郡奉行山奉行と相談仕可ㇾ申付ㇾ事、」

147 **あたり地**　未考。追29參照。

148 校訂本の年次署所は左の如くである。

山本　慶長貳年三月廿四日　元親(花押)　盛親(花押)
藩本　文祿五年十一月十五日　元親　盛親　御判有
神本　慶長二年三月廿四日　土佐長曾我部　元親　盛親
類本　慶長貳年三月廿四日　元親　在判　盛親　在判
南本　慶長貳年三月十四日　文祿四年乙未二月朔日　元親　元親　盛親

149 **相手むかひ**　註39の「かけむかい」、結城氏新法度八〇條に見える「あいてくみ」と同義。「あひてむかひ　相手向　當事者雙方のみ向ひ合ひにして、他人の口交ぜせぬこと。傾城反魂香中『銀杏の前が理不盡といはれては大人氣ない。相手むかひにしておきや」」(松井、國語辭典)。江戸時代初期、肥前諫早氏の法令に「一喧嘩ハ可レ爲二相手向一、但、理不盡ニ仕懸者於レ有レ之ハ、當座致ニ堪忍一」(『長崎縣史』史料編二、七五四頁、諫早家々譜上)。なお、「あいてくみ」の用例は、(寛永二十年)十一月廿三日水戸藩法令に「一、跡々被仰付候通り、公事仕候はヽ、相手組之もの斗、評定所へ罷出可レ申候、其外は壹人なり共、他人は不レ及レ申、親類縁者たり共、水戸まで見届にも參間敷候」(水城金鑑十六)。追30參照。

150 **儀當**　未考。

151 **夜放**　夜話(ヨバナシ)の借字ではあるまいか。追31參照。

152 **引方**　未考。「可引方」の讀みは「可二引方一」とも、「可レ引方」とも不明。

153 **大分三ヶ條**　六二條にもあり。中田薫氏「板倉氏新式目に就て」(『法制史論集』第三卷、七〇四頁以下)によれば、板倉氏新式目三條に「於二大分三ヶ條之罪科一者、不レ及二露顯一如二法度一可レ令二殺害一事」とあり、正保三年寫の勝重式目に「女房離別之事、大分三ヶ條之於二罪科一は、死罪流罪離別之間ヲ可レ任二科之輕重一云々」とあり、御當家令條所收板倉父子掟に「女房離別之儀大方三ヶ條之罪科におゐて」云々とあり、「大方」は「大分」の誤り、「大分」は「大犯」の訛謬であると。「分」を「犯(ボン)」の訛音と見るべきかは、しばらくおき、大分三ヶ條が大犯三ヶ條と同義であろうことは疑いない。大犯三ヶ條は鎌倉時代には大番催促・謀叛・殺害人の三事の總稱であるが、戰國時代には屋燒き・人殺し・盜みの三事をいう。「Daibon. Vôqini vocasu. 大キナ犯罪。例、Daibon sangiô yayaqi, fitocoroxi, nusumi.」(日ポ)。(寛永二十一年)正月廿五日鍋島勝茂書狀に、前將軍秀忠の死による赦令の施行につき「國之仕置ニ相成候大分之咎ハ各別候、其外之籠舍ハ指免候樣ニと被二仰渡一候條」(『佐賀縣史料集成』第八卷二三頁、多久家文書)。追32參照。

154 **入角**　用例の典據を得ないが、この五七條と酷似する板倉氏新式目三七條に、「又入江形雲形成之屋敷申分於レ有レ之者」とあるのは、この入角云々の規定に相當するものと考えられる。「入角」も恐らく屋敷地が入江形、雲形に入り組んだ形を意味する語であろう。

155 **不厲**　「厲アシ、ハダ ツクル チカシ アヤウシ ツクル タカシ ミガク ハナ カヽグ」(倭玉篇)とあるが、厲は草體の類似する屬の誤記ではあるまいか。

156 **儔侶**(トモガラ?)　「儕トモカラ・儔・倫・僚・曹」(溫故知新書)、「儔トモカラ トモ」(倭玉篇)、「侶トモカラ トモ タグヒ」(同上)とあるによる。

157　度持　未考。

158　短息（タンゾク）　この語については、布施秀治「古文書記錄に見えたる語辭の一般考察」（下）（『帝國學士院記事』第二巻第二號二五五頁以下）に詳しい解說と引例がある。次にその解說・引例を、一部省略して引載する。「短息（タンソク）　用例の文義を察すれば、盡力、斡旋、世話、介抱の意味の外に、注意、焦慮、心配などの意に解せられるものもある。……又、短息と同一意味のところに短束、短足の字面も用ひられるが、これは借字であらう。短息の語は、室町の末期から江戸時代にかけて用ひられ、中國、九州に行はれたやうであるが、大和法隆寺所藏の天正頃の文書に『種々致二短息一體候』とあり、又、京都勸修寺文書にも見えるから、一概に使用地域を中國、九州と限定するわけにもゆかぬ。」

毛利家文書(二)　天文廿二年十二月廿九日毛利隆元書狀「雲州之義も、ふかく〱敷此方より仕入候間、なてつけてハいかにも不レ被レ置儀候間、定短息不レ及二沙汰一儀たるへく候」

同書　永祿四年月日未詳毛利元就書狀「今度鬬表は、隆景身に引かけて短息候て勝利候、又石州表ハ、勢衆もあるましく候處、不思儀に元春元就短息にて、中之村表如レ此勝利候」

吉川家所藏文書　天正八年五月十日吉川元春書狀「今度我等賀茂罷出候付而、人數餘短息之故、自二御方一十人程先走之者被二仰付一被二差上一候者、可レ爲二祝着一之由申候處」

毛利家文書(三)　年次未詳小早川隆景書狀「一、昨朝以レ面も如二申上一候、あまり近年打續御弓矢短足たてにて、はや悴家來之者共はたと無力、不レ及二是非一ニ付而」

同書　元和七年十一月三日毛利宗瑞（輝元）書狀「一、江とよりこゝもとへのほり候時、そう瑞に心をつけ、やうじやうの儀たんそくつかまつり候へと、のほりのたひ〱に、御ねんをいれられ候ておほせきかせられ候よし、うけ給候事」（以上、布施氏引例）

毛利氏關係以外の用例を若干付け加えれば、（文祿前後？）六月十五日筑前の宗像氏貞書狀に「今度波多衆亂入之由風聞之條、御本陣御歎息半候處」（『佐賀縣史料集成』第七卷三八四頁、鶴田家文書）、九月廿一日鍋島勝茂書狀に「唐之藥研入用之儀候て……御家來衆ニ所持之方候ハヽ、被レ成二御歎束一可レ被レ下事、賴入申候」（同上四〇三頁、鶴田家文書）、年月日未詳鍋島勝茂書狀に「ますかた□

切入石たんそく談合可レ被レ申候」(同上第八巻二六六頁、多久家文書)、八月十七日小代清兵衛尉書状に「其後行方歎息仕續、于レ今身類も御座候哉と心懸申候得共、歎息不二仕出一候」(同上第七巻三一九頁、田尻家文書)。これらは九州での用例であるが、後の三例では「捜しもとめる」の意に用いられている。「Tanzocu. 深イ悲シミヲ以テ、又ハ懸命ニ捜シ求メル。例、Tanzocu suru.」(日ポ)は、その解を示す。

なお、「たんぞく(探測カ)金の工面。調達。寛延二年・双蝶々曲輪日記二『此金のたんぞくする間も今四五日』、寛政九年・百千鳥鳴門白浪三『たんぞくあるは黄金百枚、小判にして七百五十兩』」(上方語辭典)も、引例の文意より考えれば、恐らく「探測」ではなく、この「短息」であろう。

159 **後段**(ゴダン)　「饗應に使う言葉で、食後さらに他の飲食物を出すこと。貞丈雜記、六『客のもてなしに、飯の後に麵類にても、何にても出すを、今の世には後段と云ふ。古へは無き詞也』」(古典大系『東海道中膝栗毛』四〇八頁頭註七)、「ごだん〔後段〕(解説同上)貞享四年・武道傳來記六ノ三『馳走樣々なる體にもてなし、後段(ごだん)すむと心持例ならず、宿に歸ると』元祿十五年・傾城色三味線大坂ノ六『いづれ淺黃に黑羽織きる人に草履取のなきは、結構な振舞に後段のなきやうな物にて、跡の淋しきものにて、安う見えける』」(上方語辭典)、「ごたん　御馳走贈物などの款待を受けること。岐阜縣吉岐郡」(方言辭典)、文祿二年十月五日「龍泉寺ニテ粥アリ、片讚筑出合中ニ酒被レ出、後段ニタウイモ被二振舞一」(重淸日記)。江戸幕府の法令以下、近世諸藩の法令に用例が多い。

160 **蘇錢**　底本に利用した史料編纂所の影寫本によると、「錢」の上の字は字形曖昧であって、比較的「蘇」に近い程度であるが、今姑く大日本古文書に従う。

161 **京盤**　京判の借字。京升の意。「越後盤(判)」の用例あり。寶月圭吾氏『中世量制史の研究』三三三頁參照。

162 **團**(ウチワ)　軍配團扇をいう。「團ウチハ」(字鏡集)。年月日未詳上杉景勝押前次第の中に「一、からくり御團」(上杉家文書之二、九三九號)、〔寛文八年〕五月廿三日甲賀木工助書狀に「其御社(常陸總社)御什物道灌御團、備中守攝津守一覽被レ仕……御團之箱爲二寄進一被二申付一出來候」(『茨城縣古文書集成』一、總社神社文書四六號)とあり、太田道灌所用と傳える團扇、同神社に傳存する(同上文書巻頭寫眞參照)。なお、武家名目抄(雜部六之二。增訂故實叢書本第八巻六八三頁)に團扇又團の項あり、兵具雜記(「團子」)、北

條五代記・上杉輝虎注進狀・淸正記(以上「團」)等を引載。追34參照。

163 **ふきそゝきたる**　未考。

164 **朝榜**　「調法」、始末記本「朝榜」に作る。「朝榜ノ事　人ノテウハウナキトハ何事ソ、无二朝榜一書也　六條內府有房ノ卿ノ說ニ云、上古ニ蒔繪銅細工等皆朝家ヨリ被レ下レ榜、不レ堪レ之者ニハ无二彼榜一、故ニ世間ニ非細工ナル者ヲ无二朝榜一云也、則チ无朝榜共云也ト云云、三寶字抄ニハ榜ヲシルシフタナト點ゼリ、榜トハシルシ歟」(塵添壒囊鈔巻四・四十。佛教全書本一〇九頁)とあるが、この字の用例は檢出し得ない。

165 **たうな**(ドウナ)　無駄の意。「だうな　無益に物を費やすこと。むだ。保元白河殿攻落『此の矢をかいかなぐりて投げ捨て、おのれ程の者をば矢だうなに、手取りにせん』、平家九坂落『只今の矢一筋では敵十人をば防がんずる物を、罪つくりに矢だうなにとぞ制しける』、寛永本太閤記九池田勝入父子討死『敵唯今味方を追つて可レ來、十間より外ならば、玉だうなにうたせそ』」(松井、國語辭典)。「どーな 接尾↓だくな　無益の意を示す。骨折損。『そんな物を買つては錢ドーナだ』仙臺(濱荻補遺)・千葉縣夷隅郡・山梨」(方言辭典)、「どうな　濱補『どうな　無益に費る事をいふ。まくらいどうな。錢どうなどいふ』。保元・平家等に出ている古語で、今日氣仙沼地方に殘つていて、無駄・無益の意に用いられている。……藩政時代の仙臺・千葉・山梨・長野でつまらぬ者、役に立たぬことをダクナと言い、新潟で無駄・無益(接尾語として)をダクナと言う。中世語でダウナと言い『矢だうなに』『玉だうなにうたせそ』など接尾語として使つた」(宮城方言)。追35參照。なお、頴原退藏氏『江戸時代語の研究』二八〇頁以下に詳說あり(前田金五郎氏の敎示による)。

追加補註

追1　過(スグ)　「過去君之(スギニシキミノ)形見(カタミ)跡(ト)曾(ソ)來師(コシ)」(萬葉集巻一)、「Zonjǒno toqiux, jincôni noru cato miyexito iyedomo, imawa faya sono sata sayeno naxi. Satemo fayaqu suguiyuqu xecaino meiyo cana!」(『こんてんつすむんぢ』一四頁)。以上、山田忠雄氏敎示。

追2　**かつす**　補註16に布施氏の研究を引いたが、次のように考えることもできる。(1)「かんす(姦す)」の撥音もしくは撥音表記の轉じたもの(補註87參照)。「その人をかんすなりとて、公事事出で來にけり」(古典大系本『假名草子』仁勢物語、二二〇頁)は「かんす」の用例。(2)「かす(嫁す)」が「かッす」となつたもの。「嫁す」の用例は今川假名目錄七條(本書一一六頁)にあり。以上、山田氏敎示。

追3　**然々**(シカシカ)　三九條には「しか〳〵」。しかと、の意。「野洲栗本老衆、法住ハ佛法カチトシカ〳〵トナイトイフ沙汰(サタ)ヲ蓮如上人様へ御耳へ入ラレケレハ」(本福寺跡書)。以上、山田氏敎示。

追4　**ふるのいくゐとひ**　「ふるの」は古いの意と解すべきか。その用例として、「鉛鉼(秤)のさらの付(緒)をきれ候間……ふるの緒は、川加へニ有」(政景日記一、七七頁)以上、山田氏敎示、「殘おほい雪ハ十市の里過て、物をおとして布留の立橋、水色の巾(ハバキ)のきれハ一色」(西鶴俳諧大句數六)。以上、山田氏を介して得た前田金五郎氏敎示。

熊本縣球磨地方では現在、杭(クイ)一般を「イグイ」「イギー」という。單に「クイ」と言えば、小さな刺(トゲ)を意味し、足に刺がつきささつた場合に「足にクイがぬかつた」などという。以上、圭室諦成氏を介して得た乙益重隆氏の敎示による。

追5　**誘**(コシラエ)　「誘コシラフ」(名義抄・色葉字類抄・溫故知新書)、「栫コシラフ城……誘同」(易林本)、「誘コシラユル人」(饅本)。「誘(コシラ)フト云ヘドモ」(今昔物語集巻十九、第廿七話)、明德三年卯月七日播磨國矢野莊學衆方年貢幷雜穀等算用狀に「百六十文　明德三年正月四日同八日兩度一宿白播(旗)城誘人夫催促力者雜事引手(出)物」(『敎王護國寺文書』二卷、五二四頁)、(文明十二年)十一月十八日太田道灌書狀案に「相州ニハ景春被官人溝呂木在所お誘ニ要害ニ候」(太田道灌狀)、天正十九年八月日山内・松下連署定書に「立毛苅取年貢不レ誘相越候族於レ有レ之者」(歴代古案、『山形縣史』鶴城叢書上所收、四九一頁)、「城誘普請など難レ成候」(覺雜日記上、一四頁)等用例が多い。

追6　**うへなし**　「一　東山大谷殿様ニ御代々御座ノ御トキマテハ……ウヘナシニリヲイ、ヒラクハカイ(我意)ナ、クワンタイ(緩怠)ナ、ウヘナシナトヒラノヤマホドトガヲイ、ツケタマフモノウサハ、ネコガヌスミ(鼠)ノゴトク、タカノキジ、ゴクソツ(獄卒)ノ罪人ヲオツタテ、、カシヤクニタリ」(本福寺跡書)。以上、山田氏教示。

追7　**ともん**　「ともの」に「ん」が挿入されて「ともんの」となつたとも考えられる。「ちねんこ(篠根子)」(政景日記二、一九五頁)、「しやうこんいん(聖護院)」(同上五、一七二頁)等の例を參照。以上、山田氏教示。

追8　**やりこ**　「やりごと」(遣事)の語尾がつまつて「やりごッ」「やりご」となつたのではあるまいか。「やりごと」については、「やりごと(遣事)詐欺。ペテン。人をだますこと。たくらみ事。寶暦十年・極彩色娘扇九『人々をやり事にかける』、享和元年・箱根靈驗躄仇討七『南無三やり事にかゝつた』」(上方語辭典)。以上、山田氏教示。

「やりこ」を「やりごと」の訛語と見ることを助ける例に「かたりこ　私語・岩手縣氣仙郡。福島。」(方言辭典)、「きめごと　福島ではキメゴト、相馬ではキメコスル、會津ではキメッコと言っている」(宮城方言)がある。

追9　**とめ**　求むの意。「趍トム モトム」(名義抄)、「尋トメ」(萬葉集巻九、一八〇九、同巻十九、四一四六)、「一　田ツクリニマサルオモイテハナシ、カチヤ(鍛冶屋)ハカシトシ(餓死年)ニカマナタフルカネヲヤス〳〵トウルヲカイトメ、スキクワカマナタニシテ、ウトク(有德)ナル人ニウルソ」(本福寺跡書)。以上、山田氏教示。

追10　**こうちかくれ**　「小路隱れをして」(古典大系本『假名草子』浮世物語、二四五頁)、「袂しほるゝ藪いりの露、月ハ雲こうちかくれはとちへやら」(延寶三年、ヱアハセ、下八、光能獨吟)、「相談事は松に言問ふ　(西)鶴、行平の小路隱をめされたる　(友)雪、耳までかふる御たてえほし　(西)鶴」(延寶七年、兩吟一日千句)。以上、山田氏及び前田氏教示。

追11　**ふる**　「經る」ではあるまいか。然りとすれば、「政所經ニ公用一事、於ニ別納之地一者可レ被レ落ニ例郷一、至ニ例郷一者、可レ付ニ政所一」(『中世法制史料集』第一卷、追加法四九〇條)の「經」、「公事等庶子對捍之時、惣領經ニ入分以ニ五十貫一、可レ分ニ付田一町一」(同上、追加法六四九條)、「指二日限一可二經入一也」(本書、宗像氏事書四條)、正安元年六月七日鎌倉幕府侍所下知狀「右番(鎌倉番役)者……佛□(心)依レ爲二嫡流一雖二相觸一、庶子一正無沙汰之間、所レ經二入公用一也、……所二經入一之公用、一正可レ辨之由」(小早川家文書之一、九七號)、元亨元年十一月五日まこ三郎去狀案「地頭方御年貢……領家方御年貢……はまの女房へいれさせ給候あひた」(東寺百合文書ユ一至十九)、建武元年二月日若狹太良庄內名主覺秀訴狀「覺秀之母儀依レ經二入領家方御年貢一」(同上)、文和元年十一月廿四日某袖判書下「仍一命婦經入分貳拾餘貫文云々、卽雖レ可レ令二糺返一」(下總健田須賀神社文書)、(貞治五年)十月廿八日の記「經入候トコロノ公用利分ヲ給ヘカラサル由」(大日本史料六編二十七、七六六頁、鶉殿關問答引付)、應永廿九年六月日注進狀「覺阿……彼神事お不レ勤之間、近年者久言致二經入一者也、」(鹿島神宮文書一之一〇七頁)等に見える「經入」、「へいれ」、元亨三年七月日島津宗久代道慶重申狀案「薩摩國伊作庄下司頴娃孫四郎高純背二御下知一、地頭所二經替一當庄正和元二領家年貢不レ致レ辨」(島津家文書之一、五四七號)の「經替」などの語と關係がありはすまいか。

追12　**ふひき**　補註69に引用した運歩色葉集は靜嘉堂本であるが、同書元龜二年本には、フの部に「福引フビキ」、ホの部に「福引ホウビキ フクヒク」とあり、この本の諸例から見て、二訓を併記した場合の左訓は信頼性が弱い。以上、山田氏教示。

追13　**すくみち**　「スクミチカラ、ハヤウイカウトテソ」(京大本史記抄、秦始皇本紀。水澤利忠、龜井孝著『史記桃源抄の研究』本文篇一、四二五頁)。以上、山田氏教示。(文祿二年)正月十五日島津義弘書狀に「直道」(島津家文書之三、一四九七號)

追14　**かりこと**　「八日町彌介と申もの子共吉兵へかりことをいたし參分者、小貫三左衞門ものニて候」(政景日記八、一五六頁)。以上、山田氏教示。かりこと「Caricoto. 噓。……Caricotouo yŭ. 噓ヲ言ウ。」(日ポ)。

追15　**つゝもたせ**　「さためて物取つゝもたせにてそ有らん」(近松の藍染川)。以上、山田氏を介して得た前田金五郎氏の教示。

追16　**擬**(アテガイ・アテガウ)　「擬宜アテガウ」(饅本)、「擬作アテガフ」(易林本)、「擬アテガウ」(合類節用集、言語)、弘治三年四月吉日陸奥の田村隆顯定書に「無二怠(退)轉一樣ニ御擬造營等肝要候」(福聚寺文書)、天文廿一年六月廿一日越後の黑川實氏書狀案に「就中時宗丸殿引越可レ申擬成レ之候」(大輪寺文書)、天正七年六月廿日北條氏朱印狀に「公儀江可二訴申一處、無二其儀一、一列ニ可二取退一擬、重科不レ淺候條」(武州文書十二)、(大永頃)十二月十六日越後の長尾顯景書狀に「如レ斯長野慮外之擬、如何與御覺悟候哉」(上杉家文書之一、三三九號)、寛正四年九月二日近江大浦下庄訴狀案に「名田をかんらくめさるへき御あてかい、あまり御なさけなき事候」(菅浦文書、上、六三三號)、年月日未詳小大納言消息に「まんひきほとしよむ申やうにあてかい候て、よしちか(白川義親)へも御申あるへく候」(秋田藩採集文書六)など。

追17 **贔屓** 贔屓を屓贔と表記することは名義抄に「贔屓 屓贔同ジ」とみえるほか、運歩色葉集の靜嘉堂本・元龜二年本、下學集の猪熊本・天正十二年本・毛呂本・宥善本、初心要抄、岡田希雄舊藏本色葉字盡等いずれも「屓贔」と記している。以上、山田氏教示。

追18 **こすき** 「九國之師逡巡遁逃而 ヲイコスカレタソ」(京大本史記抄、秦始皇本紀。水澤利忠、龜井孝著『史記桃源抄の研究』本文篇一、四五三頁)。以上、山田氏教示。

追19 **かしらをふむ子** 長子の意。「かしら(頭)を踏まえる 兄弟の中で頭の地位にある意。長兄である。長姉である。寶永三年・源義經將棊經二『兄弟五人の頭(かしら)をふまへし太郞殿、父入道殿同前たり』、享保十年・大内裏大友眞鳥三『女でこそあれ頭(かしら)ふまへしみづから』」(上方語辭典)。

追20 **あいてくみ** 「トレモ手マシノ者ヲ、アイテクミニシテ、ヤラレタソ」(京大本史記抄、秦始皇本紀。水澤利忠、龜井孝著『史記桃源抄の研究』本文篇一、三九二頁)、「灌嬰カアイテクミナリ、……韓信ヲアイテクミニセラレタハ、コワモノテソ」(同上、三九三頁)。以上、山田氏教示。「侍從は案内者あひてくみとひしめかる」(假名草子の一つ、花山物語)。山田氏を介して得た前田金五郎氏の教示。

追21 **せんさき次第** 「山田の三郎は先さきなれば……先さきたらん身が申すも由ない」(寶永二年、傾城隅田川)。山田氏を介して得た前田金五郎氏の教示。

追22 **めんひ** 「面皮(めんひ)、人に恩にする義」(和漢通用集)。以上、山田氏の教示。

追23 **かたうち** かたおち(片落)の訛音と見るべきであろう。「お」が「う」に轉ずる例として、「よこ内(横大路)」(政景日記六、一六〇頁)、「うふはれ(おぶはれ)」(同上四、二七三頁)あり。「かたおち 片落 一方のみを贔屓すること。依怙。偏頗。艶狩劒本地五『片落ちの御沙汰と思へども、上へ恨みも申されず』」(松井、國語辭典)、「かたおつ　片落　かたおち(片落)なり。偏頗なり。甲陽軍鑑ニ『いかに國を持つとも、かたおちて一むきなるは、是れ小身なり』」(同上)、「かたおち〔片落〕　片方だけを贔屓にすること。片手落。『其様な片落な事が有る物で御ざるか』(鈍太郎—能)」(狂言辭典)。以上、山田氏敎示。

追24　**はるく**　遙かに、の意。「城州ハ其水潔フシテ萬色ヲ染ムルニ其色餘國ニハルハル違ヘル事從レ古至二于今一如レ斯」(人國記、山城國)、「和泉之國ニハルハルマサレリ(同上、攝津國)、「物之花奢ナル事ハ大隅薩摩ニハルハル可レ勝ナリ」(同上、壹岐對馬國)など、人國記に用例多く、甲陽軍鑑にも同じ用例あり。以上、山田氏敎示。

追25　**ぶんき**　(1)中世文書に見える「分儀」か。(2)分限、一定部分の意をもつ「分切り」の略か。「Bunguiri. ……例、Bunguiri uo sadamuru. 一定額ニ分ツ」(日ポ)。(3)分器か。「分器キ」(廣本節用集)。(2)(3)は、山田氏敎示。(2)から生じたと思われる方言に「ぶんぎ　自分の分け前。長野縣上田」(方言辭典)がある。

追26　**相當**　慶長拾壹午歳三月五日近江の大谷道安覺書に「當年慶長拾壹午歳正月十七日ニ平野下人助四郎と申者、北佐久良の上東ヒラより小柴の根ヲほりおこし候て、罷歸候處に、北佐久良の者共、田へりより四五人來、理不盡に介四郎に取つき、柴とうくわを取候……然者此方者共相當可仕之由申候を、大谷入道、平野小六、年寄役に色々申なため、相當を仕候者、自然人のあたまを打わり候か、又ハ人にうちわらるゝ事か出來候ヘハ……いかゝに候間、兩人ニ任置候へ、謹而ことハりを可レ申とて、」(近江、御上神社文書)とある。

追27　**彌書**　「彌書　同事を又かくを云」(和漢通用集)。以上、山田氏敎示。「彌書イヤガキ」(饅本)。

追28　**勇血**　「勇ケナゲ血氣勇」(明應本)、「勇ケナゲ血氣ノ勇力ヲ云—」(天正十八本)とあるは、「勇血」なる語の形成過程を示唆するものではあるまいか。以上、山田氏敎示。

追29　**あたり地**　「アタリダ　借りてゐる田(伊豫松山)。アテルは備中でも伊豫でも人にわが田畠を作らせることである」(柳田國男『分類農村語彙』下、五八頁)とある「アタリダ」は、「あたり地」の後身か。なお柳田氏は「アタリ」の他の用例として、「アタリ　菜園畠を七島の諏訪瀬島ではアタリ、沖縄の島でも村近くの畠をアタイバルと謂ふ。」(同上、一三〇頁)と述べられている(但し、

「アタリは恐らく周圍近所の意であろう」と註解)。以上、山田氏を介して得た前田金五郎氏の示唆に負う。なお、井上和夫氏『長宗我部掟書の研究』一六〇頁參照。

追30　**相手むかひ**　「いつミてもあいてむこなりお七夕　中村正近」(寛文二年成立、雀子集)。以上、山田氏を介して得た前田金五郎氏の教示。元龜三年十二月朔日、毛利氏掟に「相手向に」、同年同月十三日毛利氏掟に「相手むかひに」(以上、毛利家文書之二、四〇四號)。

追31　**夜放**　「放」を「話」の借字に用いた例として、「我等所へ被レ參候て放(話)被レ申候」(政景日記一、二〇頁)。以上、山田氏教示。なお、夜話については、狂言辭典、日ポ、アビラ・ヒロン「日本王國記」(『大航海時代叢書』XI、八二頁)等參照。

追32　**大分三ケ條**　「一東山大谷殿樣ニ御代々御座ノ御トキマテハ……ヤマダチ、カウタウ、山賊(サンゾク)、海賊(カイゾク)、ダイブン三ケ(サンカ)テウアマリタルトカヲ、ナイタルモノヨリモトガヲ縱横無盡ニメサレナシ、」(本福寺跡書)。以上、山田氏教示。

追33　**夜白**(ヤハク)　「ixxŏno aida tajuo saxiuoqi, yafacutomoni tattomitatematçuruto yŭtomo」(スピリツアル修行、二、一四六頁)、「yafacutomoni nanitaru cotoni tazzusauaritamaiqeruzoto」(同上、三、一三七頁)、「yafacuno xinrŏ, tçucare」(いんてんつすむんち)、「cono uonarujiua tçuchino cotouo iyaxime, tenno cotouo xitai, xeqenno cotouo qirai, yafacu tomoni tenuo negŏ michiuo uoxiye tamŏnari」(同上、一五七頁)。以上、山田氏教示。「yafacu yoru firu 夜と晝」(日ポ)。天正廿年五月四日島津龍伯直書案に「夜白無ニ油斷ニ」(島津家文書之三、一四四九號)、(文祿元年)七月廿三日龍伯書狀に「夜白被レ成ニ辛勞ニ」(同上、一四五〇號)、慶長十八、九年頃の島津義弘女千鶴消息に「やはくともに」(同上、一四〇八號)等の用例あり。

追34　**團**　「團賣侍町のあつさかな」(炭俵集)、「晝寢して手の動やむ團かな」(續猿蓑集)、「月に柄をさしたらばよき團哉」(曠野集)。なお、『芭蕉七部集總索引』參照。以上、山田氏教示。

追35　**たうな**(ドウナ)　「食物タウナニ居テモ功モナイ事ソ」(京大本史記抄五、五ウ、『尾道短大國文學會國文學報』二號「抄物語彙ノート」所載)、「門云飯――ヤレクライタクナメ、江西湖南ヲ其ヤウニシテアルイタカトナリ、」(寛文九年板碧岩鈔、二、一六ウ)。なお、中川芳雄氏「音畫接辭『くな』の傳流―やくざ・だうなの音韻構造―」(靜岡女子短大紀要八號)參照。以上、山田氏教示。

補註語彙一覽

一 補註及び追加補註に於て説明した語彙を五十音順に排列した。
一 頁數は、見出し語はゴチック、説明文中に言及した語は平活字を用いた。
一 難訓の語は、正訓のほかに、便宜音讀も掲げて、正訓を參照すべきことを、→符で示した。(例)早晩→イッ
一 訓みの不明な語は音讀して掲げた。

解題

本書は既刊の『中世法制史料集』第一巻鎌倉幕府法、同第二巻室町幕府法に續く武家家法の第一册である。武家家法を如何に分類編集するかは、武家家法の系譜・內容・發展過程等の大綱が明らかになり、中世法史わけても武家法發達史の上に武家家法が正しく位置づけられた上で、初めて可能であると言わなければなるまいが、そうした問題を論ずることは、複數の編者の手に成る本書では、事實上困難であるばかりでなく、そもそも史料集の解題として必ずしも適當ではないであろう。ここには、本書の編集方針を明らかにするに必要な限りにおいて、左の諸點を結論的に示すにとどめたい。

㈠ 武家家法を狹義に解する立場をとって、武家家訓とよばれるものを一應除外する。武家家法を廣義に解して、法と道德の未分化の現象に注目すれば、武家家訓も亦武家家法の一種と言いうるであろうけれど、編者は家訓と家法が次第に分化し、觀念的にも兩者が辨別されゆく現象に着目して、兩者を別種のものとして取扱うのが、中世法そのもののあり方に卽した編集法であると考える。但し、このことは、兩者未分化の現象の存在を全面的に否定し、又兩者の性格の類似や兩者の相互影響を無視することを意味するものではない。

㈡ 法の基本的性格は、法權の主體と法の規制對象との關係によって決定されると言えるが、この觀點から武家家法を分類すれば、大よそ左の三種となる。

A、一族子弟を規制對象とする家長の法。

B、從者を規制對象とする主人の法。

C、領域内の被支配者を規制對象とする領主の法。

右三種の内Aは、武家家法の形成段階で中心的位置を占めた點、及びその後の發展段階でも「家法」意識を支えるものとして無視しがたい役割を果した點で、重視しなければならないけれど、家法と其の他の諸法すなわち幕府法、公家法、本所法等との關係を考えるには、Cにこそ注目しなければならないであろう。

㈢　家法には又、制定目的、形式及び效力を異にする二種の制定法規がある。一は制定者がその家の法全體の基礎とする目的で制定したものであって、大むね長期的見通しの下で重要と見なされる事項が網羅され、恆久的效力が付與される。言わばその家の基本法規であって、今日一般に戰國家法とか分國法とかよばれるものはこれに當たる。これに對して他の一つは、隨時必要に應じて制定された個別法規である。兩者のちがいと關係は、基本的には恐らく幕府法における御成敗式目と追加法とのそれと同じであると考えられる。もっとも、かゝる意味での基本法規がすべての家で制定されたわけではなく、その今日傳存するものは極めて少ない。

以上の諸點を考慮した上で、われわれは武家家法の第一册に當たる本書に、領主法の基本法規を收めることとして、左記の十二種を選んだ。

一　宇都宮家式條　　五　今川假名目錄　　九　六角氏式目
二　宗像氏事書　　六　塵芥集　　一〇　新加制式
三　相良氏法度　　七　甲州法度之次第　　一一　長宗我部氏掟書
四　大内氏掟書　　八　結城氏新法度　　一二　吉川氏法度

右の内、三―一一の九種は應仁の亂以降の制定(四は編集)にかゝる。一二は近世初頭元和二年の編集にかゝるけれど、内容的にはやはり中世末、戰國時代の法の性格が強い。それらが戰國家法とか分國法とよばれる所以である。この種の基本法規が應仁の亂以降に十點を數えることができて、それ以前には二點を數えるにすぎないのは何故であるか。應仁以前(鎌倉時代)の二點がともに神職系武士の家法であるのは何故か。應仁以降の多數の大名の中で、特定のものだけがこの種の基本法規を遺したのは何故であるか。これらの疑問は恐らく史料殘存の偶然性の中に解消する性質のものではなく、中世法史の根本にふれる問題であろう。ところで、右の內、四と一二は既出の法令を編集したものであって、その他のものと趣きを異にするから、本書に收めるのは適當ではないかの如くであるけれども、編集の目的に徵すれば、やはりそれぞれの家の基本法規たる性格を付與されたと考えられるので、敢えてここに收めた。

次に、ここに收める基本法規はすべて領主法であるとは言っても、それぞれが領主法的條文だけから成っているという意味ではない。むしろ、家長の法、主人の法に屬する條文をも含む場合が多いのであって、却ってそこに武家家法の特質を見るべきであるかもしれない。

次に、基本法規と特に密接な關係をもつ個別法規は、附屬法規と解して、それぞれの基本法規の後に配し、又、基本法規の追加として各傳本に收錄されている個別法規は便宜そのままの形で殘した。

次に、この種の基本法規として知られるものに、なお小野寺家家法、最上家家法、吉良宣經式目、里見家法度の四種があるけれど、編者はこれらについて、信賴すべき傳本を得ることができず、內容的にもなお檢討の餘地あるを認めたので、しばらく收錄をさしひかえた。

附錄として朝倉孝景條々、早雲寺殿廿一箇條を特に本書に收めたのは、それらが全體的には家訓の範疇に屬するとしても、若干の領主法的規定を含む點に注目したいからに外ならぬ。

最後に、諸傳本を對校して、原本を複原する手續について、特記すべき點が一つある。それは、この種の基本法規は制定後、或いは有意味の、或いは無意味の變更が部分的に加えられうるということである。字句文章の改變や條文の削除・補入・順序變更などが、時には制定者自身の手で、時には彼の後繼者によって行われる。甲州法度・塵芥集・六角氏式目などにその例を見ることができる。從って、諸傳本を對校して、その系統を考える際には、それらが必らずしも制定原本から流出したとは限らぬことに留意しなければならない。

一　宇都宮家式條

書名は一般に「宇都宮家弘安式條」と云われているが、「式條」とのみ稱する書もあったらしい。宇都宮史本では「式條」として、その下に「表題如レ斯」との註がある。しかしいずれにしても原題ではあるまい。首題は諸本とも「私定置條々」とする。「私」は「公」すなわち幕府に對する意と思われ、家法なることを示している。

右に述べた如く、本書は下野の宇都宮氏の式條と云われているが、そのことは次の三點で首肯されよう。卽ち、二條に尾羽寺の記事がみえるが、下野國誌七によると、芳賀郡大羽、地藏院の項に、「開山ハ宇都宮左衞門尉朝綱入道寂心なり、されバ宇都宮家代々の墳墓ありて、石塔數多たてり、今山號を大羽山と唱ふれど、古名は尾羽山なり、朝綱法師も系譜に、尾羽入道と記したり」とある。國誌では尾羽山という山號であって、寺號ではないが、尾羽寺と宇都宮氏との關係を想像させる。また一〇條では、氏家・眞壁郡司などと地名がみえ、支配內に屬することがわかるが、氏家は宇都宮の北、眞壁は南東にあることにより、右の推定は强められる。宇都宮氏が二荒社＝宇都宮檢校であることは吾妻鏡にみえるから、本式條に神社及び神宮寺に關する修理・社官・住侶・祭祀・法會にわたり、かなり詳細な規定が記されていることも妥當である。

制定年次は諸本とも卷首に弘安六年の記載があるが、豐田武氏は「弘安六年の作とは考えられぬ」と否定されている（『增訂中世日本商業史の研究』、一三九頁）。しかし內容上特に弘安六年說と矛盾する個所は見出せず、氏もその根據を示しておられないので、今姑く、傳本の記事に従っておく。ともあれ鎌倉後期の作とは認められよう。

本式條の制定者に關しては、何の記事もないが、弘安六年の制定とすると、海老叟漁隱の按文にみえる如く、宇都宮景綱の世代となる。關東評定傳によると、景綱は文永六年鎌倉幕府引付衆となり、同十年評定衆に昇進、引續き弘安六年には在職している。翌年四月出家して蓮瑜と號する。本式條には七、四五、五三條に幕府との關係を示す法文、三五條〜四三條に相論、訴訟等に關するかなり詳細な規定を載せるが、或いは景綱の敍上の履歴と無關係でないかもしれぬ。

全法文七〇ヵ條で、現存傳本間には條數及び條文排列順序の違いはない。

傳本は三本ある。いずれも江戸時代以後、それもかなり後の寫しで誤字脱字が多く、諸本共通の誤りもあるが、著しい異同はないから、すべて、同一系統の本であろう。

「令」と「被」を書寫の間に相互に誤まることは往々見られるところであるが、本書に於ては、「被」を「令」と誤ったと見るべき箇所が少なくない。例示すれば、

四〇條　可令處別罪科　　五七條　可令充行別人
四二條　可令追却　　六六條　可令處過怠
五六條　可令付別給人　　六七條　可令召籠

右の諸例が「被」の誤りであることは、右と同意と見るべき句を全部列擧するだけで十分であろう。

八條　可被召所帶　　一二條　可被處罪過
九條　可被召籠其身　　三二條　可被充行別人
一〇條　可被處罪科　　三五條　可被召所帶

四〇條　可被放其職
五一條　可被處過怠
五三條　可被分所帶
五五條　可被處罪科
五九條　可被行罪科
六〇條　可被處罪科
六五條　可被處罪科
六七條　或被追放（この下に前掲「或可令召籠」がある。上下照應しない點に注意）
六八條　可被行罪科

なお範圍をひろげて、制定者が科刑を明示した句を拾っても、やはり同様である。

一八條　可被止常住之義
二六條　可被止社家之出仕（但、止は意補）
六〇條　可被曝于市

以上によって前掲六例の「令」は「被」の誤りと斷じて差支えあるまい。又右に列擧した「被」の諸例と對照すれば、左の三例は明らかに「被」を脱していると判斷される。

五二條　可改彼所職
五四條　可仰付
七〇條　須追放所領内

よって前掲六例の「令」は意を以て「被」と改め、右の三例は意を以て「被」を補った。
なお四〇條の「可令罪科」は、「可被罪科」もしくは「可被處（或いは行）罪科」に、又六九條の「可令致嚴密之沙汰」の「令」を「被」に、それぞれ改めるべきかと考えるが、姑らく斷定を留保したい。

一　式條（底本）　（寫）一冊　宇都宮市、上野秀文氏所藏『宇都宮史』五所收

東北大學の田代脩氏より提供せられた寫眞による。『宇都宮史』は下野庵宮住撰。本書は明朝綴の册子本、半丁一〇行書。始めに

式條　表題如レ斷　按ルニ宇都宮七代下野前司景綱君の代ニ定られし物成べし

と記している。この按以下の註は後掲する『宇都宮志料拾遺』の奥書と同文で、たゞ拾遺には文首に「海老」の二字が加わっている。從ってこの部分の註記は、拾遺の編者海老叟漁隱の註であって、『宇都宮史』本來の記文ではない。また「表題如斯」の註も同人の記であるかもしれない。

本云
應永卅二年十月廿三日[　]ゝ

延德二年七月廿三日寫レ之畢

于レ時天文二年癸巳首夏二八日寫レ之畢

于レ時天文九年庚子林鐘初寫レ之畢

という本奥書で終っている。

二　式條〔史本〕（寫）一册　東京大學史料編纂所架藏『宇都宮史』所收

本書は『宇都宮史』巻之一及び巻之二の合綴、一册本で、巻之一部分は版心下部に「枥木縣」と附刻した罫紙に、巻之二は同じく「枥木縣」の附刻と外枠はあるが、無罫の楮紙に書寫されている。

題名下の按文、或は頭註、傍註など底本と殆んど同じであるが、まゝ異同もある。訂正は墨字にて行なっているほか、朱筆でも行なっている。また朱で返り點、振假名を付している。

三　宇都宮家弘安式條〔志本〕（寫）一册　『宇都宮志料拾遺』所收

海老叟漁隱編。『宇都宮志料拾遺』一に収める。東京大學附屬圖書館所藏『宇都宮史』巻十七には「下野庵宮住翁

遺稿／海老叟漁隱補訂」なる記がみえるから、漁隱が『宇都宮史』をみていたことは間違いなかろう。しかし乍ら本書の原が、宇都宮史本であるか否かを判定する材料を缺く。たゞ宇都宮史本と比べて、次の點を指摘しておこう。それは、宇都宮史本に存するのに本書では空白として書落した個所で、字數のかなり多いものが、左の如く三ヵ所ある。二三條、樂以下七字、二八條末尾、定以下七字、五八條、小以下十四字。これらはいずれも空白部分を作っているから、誤脱ではなく、書寫の際、何等かの事情で讀み得なかったものと考えられる。とすれば、宇都宮史本の直接の書寫本ではなかろう。

東京大學史料編纂所架藏謄寫本に據った。

奥書は

應永卅二年十月廿三日□之
延德二年七月廿三日寫之畢
于時天文二年癸巳首夏二八日寫之畢
于時天文九年庚子林鐘初八寫之畢
海老按るに此式條ハ宇都宮七代下野前司景綱君の代に定られし物成へし

と本奥書幷に漁隱の按を付記している。

四　宇都宮家弘安式條〔館本〕（寫）一冊　南葵文庫本　東京大學附屬圖書館所藏

外題は「宇都宮家弘安式條」と打付書する。本文十五枚。版心下部に「宇都宮社務所」と附刻している半丁一〇行の罫紙に書寫している。首題の部分を示すと左の如くである。

宇都宮家弘安式條　七代下野前司景綱代歟　私定置條々　弘安六年癸未

本文第一紙表、右上に印文「陽春廬記」の方朱印、右下に「南葵文庫」の朱藏書印がある。奥書は、

明治六年六月寫

（朱筆）「明治十一年九月從宇都宮二荒山神社祠官戸田氏惠贈

小中村淸矩」

本書は奥書にみえる如く、明治の書寫であるが、上述諸本の直接の轉寫本ではないようである。まず志料拾遺本と比校するに、九條「條」、一八條「效」、二三條「樂」以下七字その他が志料拾遺本に無く、本書に存する。又、宇都宮史本との關係をみると、同本に無い五條「焉」、二三條「儀」、三七條「須」等の諸字が本書にある。更に注目すべきは、史本に校合の註記があり、他本との相違の個所の多くは、「何イ」、脫字の所には「何乎」等が、頭註あるいは本文の適當な個所に傍註してあるが、その註記の文字が本書の本文にあることである。卽ち左に掲げる異同の、上に記したものが宇都宮史本本文、下が同本の註にして、本書本文に使用されている字である。

一九條、儀―譜　二三條、（ナシ）―有　二八條、定―足　三七條、（ナシ）―須　四六條、別而―前々

五八條、兩―田　五九條、賣―買

尙、右の四六條、五九條は志料拾遺本には、「ト前々イ」、「ト買イ」と註記のあるもので、「ト」が何の略號か不明なるも、拾遺本にとっても異本にあたる一本である。以上から、宇都宮史・志料拾遺兩本が共に異本とした本が本書であると云える。右の事柄と關連あると思われるが、本書には、史本・志本に共通してある應永以來の本奥書が無い。

二　宗像氏事書

本書は「事書條々」で始まる十三ヵ條の法令で、正和貳年正月九日、筑前、宗像社の前大宮司宗像氏盛の制定であ

る。

神社幷に神宮寺の神事佛事をはじめ修造等に關する規定は、正嘉三年二月八日に、その公布をみたこと、前文に記されているところより知ることができよう。こゝに示された條々は、宗像氏が神社の支配的地位にある者として、また所領の領主として、祠官名主以下を支配するためのものとみられる。本法は、島田次郎氏により「宗像神社事書條々」(「九―十三世紀における私領の形成と鎌倉幕府法」『史學雜誌』六七編一〇號)、石井進氏により「宗像社事書條々」と呼ばれているが(「十四世紀初頭における在地領主法の一形態」『中世の窓』一、二、三號)、石井氏が既に指摘された如く、本法は叙上のような性格であるので、こゝでは宗像社といわず、あえて宗像氏事書と稱した。

氏盛は宗像宮社務次第、同大宮司系圖によれば第四十九代の大宮司であるが、正和元年十月八日嫡子松法師丸に所職所領を讓與し、續いて本條目を定めた。一條、三條、十條等に松法師丸の領主的地位をバックアップする意圖を露骨に表わした條文を見出すことにより、本法制定の直接の目的をほゞ推定できよう。

本事書は『福岡縣史資料』第十輯一二四頁以下に收載されたほか、前掲石井氏論文にも全文掲載されている。これを本書に收錄するに當っては、小島鉦作氏の配慮によって、宗像辰美氏所藏原本の寫眞を利用した。それによれば、四紙を貼り繼いだものに書いた樣式になっている。本法の性格、發布の事情、意義等は石井氏論文に詳細である。

三　相良氏法度

相良氏法度は、肥後人吉の城主相良爲續、同長每、同晴廣三代の法度である。爲續の制定は明應二年卯月廿二日、晴廣の制定は天文廿四年二月七日であるが、長每制定の年次は明らかでない。爲續は明應九年六月卒去しているので、それより後、長每が永正十五年五月十一日卒するまでの間である。從って一本の末尾に、天文十八酉己五月吉日の記があるが、それが長毎法度の制定年次でないことは明らかである。

爲續法度は七ヵ條、長毎法度は一三ヵ條、晴廣法度は二一ヵ條である。何れも制定原本は傳存せず、㈠前二代の法度を收める「爲續長毎兩代之御法式」、㈡三代の法度を收める「御法度條々」の二種の寫本が知られるのみである。兩寫本とも相良家に傳わったもので、現在では、相良家傳來の多數の史料とともに、慶應義塾大學附屬圖書館の所藏に歸している。なお、東京大學史料編纂所には、その影寫本があり(相良文書五所收)、同編纂所刊行の大日本古文書、相良家文書之一にも二三四號(爲續長毎兩代之御法式)、四七〇號(御法度條々)として收められている。本史料集に收錄するに當っては、上記慶大圖書館所藏本を利用した。

以上によって明らかなように、爲續法度と長毎法度は㈠㈡兩寫本ともこれを收め、晴廣法度は㈡寫本にしかない。爲續長毎兩法度について、兩寫本を比較すると、內容上ほとんど差違はなく、㈡寫本の長毎の法度に漢字の多いのが特徵的である。本史料集においては、爲續、長毎兩法度は、書寫年代の古い㈠寫本を底本とし、㈡寫本を以て對校した。晴廣法度は言うまでもなく㈡寫本に據った。なお兩寫本とも一九條「上樣」の上を闕字としているが、本書ではその體裁を保存しなかった。

一　爲續長毎兩代之御法式(底本)

端裏書に「爲續樣長毎樣御壁書案文」とある。表は第一行、「爲續長毎兩代之御法式」と、紙のやゝ下方に寄せて書くが、勿論原題ではありえない。續いて爲續長毎兩法度を記した後、

天文十八己酉五月吉日押レ之　　　所新兵衛尉税 繼惠(花押)

の日付奧書がある。端裏書及び奧書よりしてこの本は爲續長毎兩法度の天文十八年の寫しとみられる。天文十八年は長毎既に歿し晴廣の世代であるから、この時に壁書を押したということは、少くとも此の時には爲續長毎兩法度が晴

廣により、その效力を保證されたことを意味する。寛政重修諸家譜によると、相良家は爲續・長毎父子の後、長毎の子長祇、孫長定が嗣ぎ、その後は長毎の子義滋が嗣いだ。しかし義滋の後を承けた晴廣は養子で、實は一族の賴興の男であるという。このような晴廣の立場が、相良宗家の掟を再確認する原因となったのであろうか。

二　御法度條々〔異本〕

端裏書「御法度條々」とあり、表には、まず爲續長毎の法度の題名「爲續樣長毎樣御兩代御法式」として兩法度を掲げ、續いて「晴廣樣被二仰定一候條々」として晴廣法度を記している。書寫年代は書風より見て中世末期、遲くも文祿を降らないであろう。

相良氏法度、少なくとも晴廣法度は江戸時代にも遵用された形跡がある。卽ち享保九年相良家法度四條の付たりに、「一向宗の事、當家代々これを禁止す」(相良家近世文書二〇〇號、『熊本縣史料集成』一四卷一六〇頁)とあるが、その原は晴廣法度にみえる(三六條)。また翌十年七月相良氏禁制第四條に出家社人山伏以外の者の祈誓の取次幷禱咒を禁止しているのは(諸法令留帳、『熊本縣史料集成』一四卷一七五頁)、晴廣法度の素人の祈念禁止(三七條)と同趣である。更に降って文政頃の相良藩士田代善右衞門意見書に、「近年缺落仕候者共……晴廣公御代被二仰出一候條々之內、逃者歸來候節、錢上納被二仰付一候儀相見申候へば、右之古例に被レ準、歸參願出候はゞ、其身又は親共より錢一貫文科料として上納申付、被レ成二御免一可レ然哉とも奉レ存候」(相良家史料一六卷、『熊本縣史料集成』一四卷一九〇頁)とあるは晴廣法度三四條の引用である。約二世紀の後まで法の命脈を保っている點で、相良家法度は分國法中特異である。

四　大内氏掟書

大内氏掟書は、周防に興って、室町・戰國時代に山陽・山陰・西海三道にまたがる强大な守護分國を築き上げた大内氏の法令集である。すなわち、これは、大内氏が隨時發布した法令を、或る時期に編集したものであって、本史料集に收めた多數諸家の基本法規とは形式、內容ともに甚だ異なる。これを敢てここに收めたのは、かくも顯著な相違にもかゝわらず、やはりこの法令集の編集には、諸家基本法規の制定と共通した意圖と目的があり、その意味で、この法令集も亦、大內氏の基本法規とよびうる性質のものであると考えたからである。このような大內氏掟書の性質は、編集者、編集年代、編集目的などから知られるのであるが、それらの說明に先だって、まず個々の傳本を見ておく必要がある。

一　內閣文庫本〔閣本〕（寫）一册　國立國會圖書館支部內閣文庫

外題に「大內家法」とあり、墨付三〇丁、但し前二八丁に掟書を記し、終りの二丁に「舟岡山合戰事」と題する記事を載せる。首闕本で長祿三年五月廿三日令の本文途中から書出している（本史料集一―七條參照）。收載條數は全八八ヵ條。

二　群書類從本〔類本〕（板）一册

群書類從、武家部卷第四〇二に收める。外題に「大內家壁書」とあり、奧書に「右大內家壁書、以弘文院本校合」とある。閣本と全く同じ首闕本であって、收載條數、條文、排列順序ともに閣本と同じである。

三　書陵部本〔寮本〕（寫）一册　宮內廳書陵部

松岡文庫舊藏本で、內題に「大內義隆朝臣家壁書　首闕」とあり、墨付二九丁。首闕の體裁、條數、條文、排列順序ともに閣本、類本と同じ。

四　前田家本〔前本〕（寫）一册　前田家尊經閣文庫

外題に「書札禮事」とあり、墨付三七丁。收載條數九五ヵ條。卷首に左の前書あり。

就二御分國中御定法一幷（マヽ）前々之御法度以下御判物次奉書同壁書等案文、隨二求出一記レ之、

五　毛利文庫本〔毛本〕　（寫）一册　毛利文庫（山口縣立山口圖書館寄托）

外題に「大内家諸掟留書」とあり、墨付二八丁。收載條數、條文、排列順序ともに前本と同じく、巻首前書も亦同じ。

六　永田本〔永本〕　（寫）一册　山口縣立山口圖書館

近藤淸石の舊藏本であって、同氏編纂の「大内氏實錄」の稿本である「大内氏實錄土代」（全二〇巻）の第十五巻に、原本のまま收められている。内表紙に「大内家諸掟留書」と題箋あり、外表紙に、淸石の手で「大内家掟書全」と外題あり、又巻末に同じく淸石が加えた左の奧書がある。

此本永田瀨兵衞政純之本也、有二藏書印一、可二珍重一矣、校合以二丹朱一書者、群書類從本、後人之所爲也、以レ朱書二一本一者、余壯年之頃、借二覽山口多賀社司高橋氏本一而所二校合一、高橋氏本奧書如レ左、印

右以二烏田智瑞（マヽ）藏本一寫レ之、

寛政十一年未七月

多賀大宮司

右同書、山口古熊村永福寺ニモ有レ之候事、

右に見える永田政純は萩藩士で國史、典故に通じ、藩の右筆となり、享保年間、藩命によって萩藩閥閲錄の編纂に從い、寶曆四年八十二歳で歿した人である。「永田瀨兵衞政純之本」とは、常識的には永田政純舊藏本の意と解せられるが、山口圖書館の石川卓美氏の示教によれば、筆跡から見て永田政純の自筆本であろうという。かたがたこれを永田本と稱する。なお、右奧書には、丹朱校合は後人の所爲とあるが、これ亦石川氏によれば永田政純の手であろうと。

さて永田本は墨付七一丁、内六〇丁迄が掟書。殘りの一一丁（嚴密に言えば六〇丁裏の末行以下）には大内氏當主の

書狀と思われるもの二七通、大内氏老臣連署狀一通、計二八通の案文が月日順(正月五日—八月廿四日)に排列されている(恐らく書札禮として編集されたものであろう)。巻首に「防州山口大内殿居住之時、諸事被ニ定置一聞書」と內題あり、續いて左の前書がある。

就ニ御分國中御定法儀一、前々之御法度以下御判物并奉書同壁書等案文記レ之、求出次第ニ記置之條、年號月日前後相違在レ之、

收錄條數一四七ヵ條、その內八九條迄は、長祿—延德年間の掟書が略々年代順に排列されているが、九〇條以下は年次錯亂している。なお、上掲奥書に見える如く、淸石は高橋氏の本を以て對校している(「以朱書一本」云々)が、この高橋氏の本とは次に掲げる多賀本のことである(多賀本奥書參照)。

七　多賀本〔多本〕　(寫)一册　山口縣立山口圖書館

山口市、多賀神社大宮司高橋氏舊藏本。外表紙の題簽に「大内殿掟制札類　全」、內表紙の外題に「大内殿掟制札類 永享文明長亨(享)延德明應 此外有之右年中略有之　全」とあり、巻首に「大内家掟書」と內題あり、續いて永田本と略々同文の內題及び前書がある(「以」を「已」、「出」を「書」、「在」を「有」とする)。墨付三八丁、內三〇丁(表初行)迄が掟書、同丁(裏末行)以下(三八丁表初行迄)は書狀案文集である。掟書の後(三〇丁表)に、

(朱)「右大内家壁書以弘文院本校合」

右朱書ハ群書類從大内家壁書ニ有之所寫置之　(高橋)有文

とあり、巻末(三八丁表裏)に左の奥書がある。

右以ニ烏田智端■■藏書一寫レ之

寛政十一年未七月
右同書山口古熊村永福寺ニも有之候事
多賀大宮司□(朱印)

さて多賀本の收錄條數は一四四ヵ條。永田本の二四・九二・九三の三ヵ條を缺く外は、條文、排列順序とも全く永田本と同じい。

八　世良本〔世本〕（寫）一册　宮內廳書陵部

墨付三八丁。外題に「大內殿掟別札類全」とあり、內題、前書、掟書の後の書狀案文集ともに多賀本と同じである。掟書の收錄條數は一四四ヵ条。條數、條文、排列順序ともに多賀本と(從って永田本とも)同じ。すなわち多賀本系の一本である。外題の「別」を「制」の誤寫と見るのもこの理由による。

巻末に左の奧書あり。

此一巻、萩侯藩世良氏より讓を受て莊(マヽ)を合てぬ、
嘉永三　明義

これによって、今この本を世良本とよぶ。なお、本書は松岡文庫舊藏本である。

九　松田本〔松本〕（寫）一巻　神奈川縣藤澤市、松田愛三郎氏

東京大學史料編纂所架藏の影寫本によれば、墨付一〇四紙。題箋に「大內殿掟書」とあり、多賀本と略々同文の內題、前書及び書狀案文集あり。掟書の收錄條數一三九ヵ條。多賀本の一二―一六條を缺き、一ヵ條の重出がある外は、條文、排列順序ともに多賀本と同じ。

一〇　布施本〔布本〕（寫）一册　毛利文庫(山口縣立山口圖書館寄托)

內表紙に「大內壁書布施藏書之寫」とあるによって、布施本と稱する。大內氏實錄に「布施本大內壁書」の名で引用される條文はこの本所收のそれと一致する。墨付二八丁。收錄條文四八ヵ條、內十一ヵ條(五—一五)は掟書とよびがたい文書の案文である。掟書三七ヵ條の中、既出の傳本に含まれているのは文明十七年四月十五日の禁制三條のみ、殘りの大部分は文龜—享祿年間のものであって、年次の順序なく排列されている。

本史料集が利用し得た傳本は以上の十本である。これを題名(とくに內題)、首闕の有無、前書、條文、條數、排列順序、書狀案文集の有無、奥書等に注目して分類すれば、大よそ左の四系となる。

A　內閣文庫本系(內閣文庫本、群書類從本、書陵部本)　首闕八八ヵ條

B　前田本系(前田本・毛利文庫本)　九五ヵ條

C　永田本系(永田本、多賀本、世良本、松田本)　一三四乃至一四七ヵ條、書狀案文集を付す。

D　布施本系(布施本)　三七ヵ條

まずA系本とB系本を比較檢討すると、A系本は首闕であって、B系本卷頭の規定長祿三年五月廿二日令の本文途中から書き出している。この首闕部分は、B本系によれば前書及び右長祿三年令の事書(七ヵ條)と本文の前半に當る。或いはA本系には長祿三年令の前に他の條文があったかもしれないと想像することはできるが、系統の大いに異なるC本系もこの部分はB本系と一致するから、その可能性は少ないと言わねばなるまい。長祿三年令の後はAB相互の間に、脫落と思われる二三の出入がある(A系本に長享元年九月四日令の日付及び長享元年九月日令の本文缺け、B系に文明十九年四月廿日令、長享三年五月日令の二ヵ條なし)點を除けば、條文、排列順序とも兩系一致する。從ってAB兩系は比較的近い關係にあると想定することができる。

これに對して、C系本は條數を比較しただけでも、AB兩系本との間に大きな隔たりが感ぜられるが、

㈠　B系本の前書が、「御分國中御定法」云々と述べて、大内氏健在の時期の編集であることを語っているのに對して、C系本は同じ前書を置きながら、その前に「防州山口大内殿居住之時諸事被定置聞書」なる内題を掲げて、大内氏滅亡後に成立したことを暴露していること。

㈡　大内氏歴代の忌日を示した文明十八年九月四日令に於て、AB兩系本とも闢雲寺（大内教幸、文明三年歿）までに止めているのに對して、C系本はその後に法雲寺（大内政弘、明應四年歿）、凌雲寺（大内義興、享祿元年歿）、龍福寺（大内義隆、天文二十年歿）の三人を補入していること。

㈢　文明十九年三月晦日令（築山掃除之事）は、AB兩系本では卷末に近い年次錯雑の部分（終りから二番目）に排列されており、特にB系前田本は、その事書に「可レ加ニ書文明十九年之類一」と傍書して、年代順に條文の排列された前半部の相當位置（文明十九年令の排列されている位置）に移すべきことを注意しているのに對して、C系本はまさにこの注意に從ったかの如く、前半の年代順排列部分の相當位置に本令を配していること。

以上の諸點によれば、C系本はAB兩系本よりはるかに後れて成立したものと考えられる。又D系本が他系本と全く無關係に、そしてC系本よりさらに後れて編集されたことは收錄條文とその年代を比較對照しただけでも大體推測できよう。從って、AB兩系本、就中B系本が大内氏掟書の原形、もしくはそれに近い形を傳えると言うことができる。それでは大内氏掟書の成立（編集）時期は何時か。前記の如く、B系本の前書によれば、それは大内氏健在の時期（大内義隆の亡びた天文二十年以前）となるが、さらに、AB兩系本何れも長祿三年から明應四年八月迄の法令を年代順に排列していること、前引文明十八年九月四日令の大内氏歴代の忌日に、明應四年十二月に歿した大内政弘の忌日を補入も註記もしていないこと、などの點から推測すれば、それは明應四年八月以後さして下らぬ時期と言うことができる。

編集者は明らかでないけれど、大内氏内部の資料(法令の留案、地下より提出された請文など)を利用しうる立場の者すなわち大内氏の國政に近く位置した者(老臣、奉行の如き)の手に成ったことはほゞ明らかである。ただ彼(もしくは彼ら)の私撰か、大内氏の命による編集かは、遽かに決定しがたい。B系本の前書「就御分國」云々が本來編集の際に書かれたものならば、「随求出」云々の文言は私撰を思わしめるに足るけれど、前書成立の時期を確定することは困難である。他面、次に述べる編集方針によれば、私撰というよりは、大内氏の正式編集と見るのが自然のように思われる。この點については後考をまちたい。

編集方針についても、直接にこれを語る史料はないけれど、C系本が後年追補したと考えられる條文の明應四年八月以前のものには、奉行人の出仕や勤番宿直など、大内氏内部の執務規定に關するものが多い。比較的蒐集しやすいが、他面國政の上ではさ程の重要性をもたないこの種の條文が、AB兩系本に殆んど收められず、後年の追補にようやく利用されたとすれば、最初の編集が、一定の方針にもとづく資料の取捨選別の上になされたと考える外なく、さらに一歩進んで、かゝる本來編集の條文の内容と追補條文のそれとを總體的に比較すれば、國政上の重要度において、兩者の間に大きな懸隔があり、從って本來編集の方針が國政上の基準資料の蒐集にあったことを看取するのはさして困難なことではない。ここに大内氏掟書が、本史料集に收めた多くの家法と共通の目的を以て編集されたと考うべき理由がある。大内氏正式の編集か否かについて疑問をのこしつつも、これを敢て本史料集に收めた所以である。

以上のように考えれば、本史料集に收録すべき大内氏掟書はAB兩系本(及びC系本のAB兩系本と同じ部分)であって、C系本に含まれる大内氏滅亡後追補の部分は除外すべきである、ということになるが、利用の便を考慮して、これを含めて、年代順に排列し直した。D系本(布施本)所收條文も亦同じ理由でここに收めた。

本掟書の題名は前掲の如く諸本區々として一定せず、原題を確認することができない。本史料集では、便宜上C本系の題名を借りて「大内氏掟書」とよぶこととした。

次に個々の條文を諸本について對校すると、さきに述べた傳本系統の相違による外に、相當多くの誤脱、改竄による異同が見られる。今、諸本の字句文章の異同全體について、ごく一般的な傾向を擧げれば、次の如くである。

(一) A本系では内閣文庫本が最善本であって、他の二本は誤脱が甚だ多い。よって校註には内閣文庫本を用い、他は參考に止める。

(二) B本系では前田本が善本であって、毛利本は同本と大差ないので參考に止めた。

(三) C本系では、永田本、多賀本が比較的善本であって、世良本、松田本は誤脱が多いので同じく參考に止める。

(四) 文體を比較すると、A本系に漢文體(もとより中世通用の御教書文體、以下同じ)最も多く、C本系に假名交り文體最も多い。B本系はその中間に位する。掟書の原文が漢文體か否かは、一般的に論ずることの困難な問題であるが、大内氏發給の文書を含めて當時一般の事例に徵すれば、地下に高札を以て公示される掟類には假名交り文體も相當あったであろうが、家中とくに老臣、守護代充ての法令などは漢文體であったに相違ない。この點より見ると、漢文體の原形を假名交り文體に改めたと見るべき事例がC本系に最も多く、A本系に最も少ない。永本系に收める明應五年十月會町禁制條々の奥に「これハ去年のおく(かへ?)かき(壁書?)の内よミよきやうに少なをして明應六十ノ七弘瀌まで進上仕たる也」とあるのは、同系本に假名交り文體の多い理由の一斑を說明する記事ではあるまいか。

よって、底本は個別法令ごとに檢討、選擇することとし、選擇の基準は原則として、第一に法令の形式、次に文章、次に字句に置いた。なお、大内氏實錄所引の掟書は參考にとどめた。

五　今川假名目錄

今川假名目錄が「假名目錄」と稱されたことは、假名目錄追加第五條駿府不入事に「かな目錄に有うへハ」とみえることから確認できる。しかしながら、それが原題であるか否かは明らかでない。制定者は今川氏親、年代は大永六年四月十四日であることは、末尾に明記されている。氏親は官途修理大夫で、大永三年十二月十九日判物には修理大夫と署しているが(富士文書、『靜岡縣史料』第三卷所收)、翌四年九月廿日朱印狀には紹僖と署名し(諸家文書纂八、興津氏文書)、同六年六月十八日付の文書は案文ではあるが、沙彌紹僖と署している(舊久能寺文書、『靜岡縣史料』第三卷所收)。從って假名目錄の年次と署名の間に矛盾はない。

制定年次は諸本大永六年としていること既述の如くであるが、二〇條(黑川本二一條)「爲借物入置知行事」のなかには、「今年大永五年乙酉」の語がみえる。これは單純に、今が去の誤りとみることもできるが、又、今年大永五年の記事を生かして、本法度の母型となるものの制定が五年に行われたか、或いは該條文の原となるものが五年に作成されていたと解することも可能である。

條數は傳本によって相違がある。即ち、今川記本は三三ヵ條、黑川本は三一ヵ條(日下の部分には以上卅ヶ條とある)構成となっており、二ヵ條今川記本が多い。この二ヵ條とは二三條「駿府中不入事」及び二八條「諸宗論事」である。前者が、今川義元が追加を制定した當時には存在していたことは、假名目錄追加五條の條文中に、「駿府不入之事停止之由、かな目錄に有うへハ不レ及二沙汰一と云共」と書かれていることから推定することができる。從って少くとも假名目錄の最終的形態のものには、本條が存在したことが結論として云える。しかしもし、假名目錄が三一ヵ條が當初の體裁で、後に二ヵ條を加え三三ヵ條になったものとすれば、黑川本の二ヵ條不足を誤脱とは云えないことになる。さて、右に問題とした駿府中不入の條について、もう少し考察してみよう。その前條は「不入之地事」で内容上本條と關係あり、配列上も妥當するのであるが、その條の末尾には問題がある。今川記は「重而載レ之歟」で終っているのに、黑川本は「重而これを載了、各々異儀に不レ及也」と八字多い。ところで今川記本にのみある次條「駿府中不入地事」の末尾は「各不レ可レ及二異儀一」で結んでいる。とすると、黑川本「不入之地事」の末尾は、本來は次條「駿府中不入地事」の末尾の文章であったものが、同條の誤脱の際に前條末尾に竄入したのではないかとの推測を生ずるのである。この推測が正しければ、黑川本の不足する一條に關しては、假名目錄追加中の文章とも照合して、同本の誤脱ということが決定する。しかし他の一條に關しては、初め三二ヵ條本が出來、ついで三三ヵ條本となるというような、假名目錄の制定過程を示すものか、單なる誤脱か、或は又今川記本の竄入なのか的證がない。

追加は、諸本とも「かな目錄追加」また「假名目錄追加」と題している。これは前掲の如く、追加本文中に、氏親の法度を假名目錄と稱していることからして、當時の呼稱とみることが出來るが、本來掟書の首題として書載せられていたかどうか明言できない。制定者は今川義元、成立は天文廿二年二月廿六日、條數は諸本二一ヵ條から成っている。

本文第三に掲げた訴訟に關する條目は制定者、制定年次とも記載がない。一條「評定日事」に毎月二日、六日、十一日は駿遠兩國の公事を沙汰し、十六日、廿一日、廿六日は三河の公事を沙汰すること、半年は三河に在國するから、公事裁斷も同國で行なう旨の記事がある。三河在國の記事からは、義元時代以後という事のほか年次を確定し難い。義元が三河にかなり强固な支配を確立するのは天文十八年松平廣忠が殺された後のようで、現在殘っている義元の三河關係古文書も、その前年ぐらいから多くなる。そして永祿元年になると、駿河・遠江關係には義元の子氏眞の判物が多くなり、三河への發給文書はほとんど義元の判物という特徴がみられる。但しこの時期においても公事沙汰がすべて義元自身の握るものであったか、地域的分割があったか明らかでない。永祿三年五月義元は桶狭間で敗死し、氏眞の代となるが、翌年松平元康が氏眞から離叛するに及び、三河國における氏眞發給文書は著しく減少する。以上のような事實から、訴訟條目制定は義元の時代である可能性が強い。公事沙汰日と今川氏發給文書の日付とを合わせてみると、天文廿二年三河の寺院に出した安堵狀三通の日付が、いずれも廿一日であることを指摘できるが、その反面、同年中における駿遠兩國への發給文書は沙汰日に適合しないものが多いから、今にわかにこの時期と斷定できない。

傳本の種類　現存する寫本には今川記本と黑川本の二種類がある。兩者の間の違いは、假名目錄及び追加の部分に前述のように條數の相違があるほか、條文配列の順序、語句等にも異同がみられる。また訴訟關係の條目は黑川本にしか見られない。從ってこの二本は、一本が轉寫の間に分かれたものではなく、本來その祖本を異にすると考える方が自然である。

語句の誤りや脫文は雙方にあって、いずれを善本とも決し難い。しかも右の如く、その據った原本そのものが違うとなると、ますます誤脫の程度のみによって善惡を判斷することはできない。以下、兩本の相違點の一、二を考察してみよう。

假名目錄には、年次部分に兩本共、干支が入っているが、その所在が違っている。卽ち今川記本は干支を年字の上に、黑川本は下に書いている。明應以後の氏親發給の文書には、干支が年字の上にあるのが普通であり、黑川本の體裁は珍しい一例といえよう。尙また、假名目錄追加では、今川記本は干支を缺き、黑川本は年字の下に書いてある。義元の文書には、干支を年字の下に書いた例は、少數みられるが、殆んど大部分は、これを入れないか、或は年字の上に書いている。從ってこの場合でも黑川本は異例に近い。因みに、駿河關係文書で年字の下に干支を据える例は武田氏の發給文書に非常に多い。

次に署名部分をみると、假名目錄では今川記本は「紹僖在印判」となっているが、黑川本は「紹喜在判」としている。紹僖名義の文書原本を未見であるため、確定的なことは言えないが、制定者の項で掲げた二文書では、ともに紹偖としている。またそのうちの諸家文書纂所收興津氏文書では、署名の下に、印文「紹貴」の方印を摸し、肩に朱と註記し、朱印が捺されていたことを示している。該文書にして誤りなしとすれば、今川記本にみえる在印判ということも可能性が強くなる。そして更に、今川記本には次行に「同裏次目ニ悉印判あり」と註記がある。時代は降るが、天文十八年八月十一日駿河浅間宮流鏑馬役錢目錄には(『静岡縣史料』三、大井博氏所藏舊村岡大夫文書)、紙繼目表に今川氏の朱印を捺して、將來の剝離に備えたことがあることを思い合わせると、右の註記にみえる印判も、今川氏のそれであると想像しても、あながち行過ぎではあるまい。

追加は、今川記本署名を缺き、黑川本は署所部分に「義元追加」と書いてある。義元の官途は、追加制定の天文二十二年當時治部大輔で、判物の大部分は治部大輔と署し、極く稀に治部大輔義元と署名したものや、袖判あるいは日下判のみの文書もあるが、義元と署名しただけのものは殆んどない。まして「追加」の二字が加わっている以上、黑川本署所部分の四字は原書の體裁とは考えられない。

以上を綜合した結論としては、年次署所部分については、今川記本の記載樣式の方が總じて黑川本よりも、ありうる可能性の大きい體裁であるということになる。これを既述した條數の問題と合わせ考えて、校合本の底本として今川記本を用いた。

(イ)　今川假名目錄　(寫)　『今川記』所收

『今川記』は現在、全五卷で、假名目錄はその第五卷に收錄されている。今川記は、『續群書類從』卷六百二に收められているほか、內閣文庫〔閣本〕(文化六年本、明治七年本)、靜嘉堂文庫(文化八年本)等にも所藏されているが、些少の文字の異同のほか、さしたる違いはない。本史料集の底本としては、宮內廳書陵部所藏『續群書類從』寫本を使用した。

『今川記』は第四卷末に、「右四卷を前代之聞記と云、是ハ駿州蒲原住人齋藤道齋七十餘歲時記文者也」との本奥書があることから、本來、假名目錄を含まぬ四巻本であったと考えられるが、この推測は、上記書陵部の續類從寫本巻四、本奥書の後に朱書細字で、

黑川眞賴本奥書云

此一巻富麓記ト題シテ昌平坂御文庫ノ御本也、弘文院ノ藏書ニテ寛永以後〔前〕ノ寫ト見エタリ、日々奔走シテ學校ニ遊フノイトマ寫シエタリ、書ノウチ或ハ文字細ク或ハ太ク記コハ元本ニナラヒケル故ナリ、家ニ歸リナホ類本ヲ求、一校ヲ經テ其字畫ノ認（マ丶）レルヲ補ハント思ノミ、

文化改曆春日　公克

と黑川本の奥書を寫し、第五巻の巻首には、同筆で「已下黑川本无」と註記していることによって、より確實になる。すなわち、現存今川記本の假名目錄及び同追加は、本來四巻の今川記に、後人が巻五として增補したものと考えられる。增補の時期は、內閣文庫寫本によって文化六年以前と言える以上には確定できない。

書陵部本には「和學講談所」の朱長方形印がある。

(ロ)　假名目錄(黑本)　(寫)一冊　明治大學刑事博物館所藏

表紙左上に「假名目錄」と打付書し、右上に、右から「古寫本」「今川家式目」と二行に書いている。袋綴二七枚の册子本。半丁八行書。第一丁は直ちに本文第一條から書き始める。上部に「黑川眞賴」の丸朱印、下部に右から「□羅樹園」の方朱印、つゞいて「黑川眞賴藏書」「黑川眞道藏書」「黑川眞前藏書」の三つの長方形朱印が各々一顆捺してあり、黑川氏舊藏本なることを示す。奥書はなく、書寫年代は明らかでないが、書風よりみて元龜天正頃のものと認められる。

本書は、假名目錄三一ヵ條・追加二一ヵ條に續いて年代未詳の訴訟に關する條目一三ヵ條を掲げる。この條目は今

川記本にみえない。

黒川本の字くばり、字體をも摸した忠實な寫本一册が、同刑事博物館に收藏されている。同書は表紙左上に打付書に「今川家式目」とあり、内表紙には「今川家／式目　完」と二行書きにしている。古寫本同樣の、眞賴・眞道・眞前の三藏書印があるほか、「和學講談所」朱長方形印一顆が卷頭に、卷末に「塙忠瑤圖書印」一が捺されている。

六　塵芥集

一　塵芥集

本法度は諸本ともに塵芥集と題しており、この名稱が原題である。尙、大日本古文書『伊達家文書』に複刻された佐藤本は表紙に「御成敗式目」と書き、その肩に「稙宗樣御家老」と注しているが、恐らくは原題ではなく、首題「塵芥集」とあるが本來のものであろう。塵芥集なる語の意義に關しては、瀧川政次郎氏が古く、塵芥なる意味は内容の多種多樣な事を意味すると說かれたのに對し(『日本法制史』)、最近、小林宏氏が多樣という意のほかに、「輕微」、「汚穢」の義があることを述べられた(「塵芥集に於ける『塵芥』の意義について」『法學論叢』七五卷四號)。また木島誠三氏は、唯一神道に由來し、教訓の意義が含まれていると主張しておられるが、如何であろうか(「塵芥集に就て」『歷史と地理』二七卷六號)。

天文五年四月十四日伊達稙宗の制定であることは、署名及び年次により明らかである。但し、それも正確に云うと、體裁上年次は、本文につゞく伊達家家臣の起請文のそれである。この起請文は、御成敗式目の起請文に相當するもので、式目では鎌倉幕府評定衆の差出しとなっているから、伊達家にも評定の制度があったのならば、家臣起請文と云ったものは、正しくは伊達家評定衆起請文と稱すべきであろう。

條數は傳本によって相違するが、最も完備したものは一七一ヵ條ある。このうち一一一條が底本以外の他本にみえず、後の追加とすると(補註64參看)、當初の制定條數は一七〇ヵ條となる。また最後の一七一條も、底本にのみみえるものであり、もしこれをも追加とみるならば、一六九ヵ條となる。

體裁は、前書、本文、稙宗の署名、花押につゞいて家臣の起請文で終っている。この體裁は御成敗式目の傳本の體裁と一致するのみならず、文章においても式目のそれと殆んど相同じい部分のあることから、早く三浦周行・植木直一郎は式目との繼受關係を說き、植木は特に、式目傳本中武家側傳本に倣ったことを明らかにした(『御成敗式目研究』四五六頁)。近時、小林宏氏は、武家側傳本のなかでも特に岩崎本式目、芦雪本式目抄に近く、その系統の本を使用したことを推定された(「塵芥集の制定と御成敗式目」『法學論叢』七五卷二號)。

文體は書き下しであるが、まゝ和文調の部分もあり、或は又、八四條「可レ爲二越度一」、一五〇條「不レ及二是非一」にみる如く、漢文の體裁を傳えるところもある。諸本を通じて假名書きが大部分であるが、傳本により漢字の交り方の多少がある。校訂本の底本としたものは假名の多い本であり、佐藤本は比較的漢字の多い本である。ところで塵芥集の制定原本はこれら種々の文體のいずれを基調としたものであろうか。御成敗式目にその法源を求められる條文については、式目が漢文體であったろうことはまず否定する根據はないが、塵芥集の原本が漢文體であったか、假名書きであったかは現在明らかにしえない。ましてや塵芥集獨自の數多くの條文については、確言することは出來ないが、以下所見の二三を記して考えてみよう。現存する傳本を調べてみると、現在漢字で書いてある個所でも、その原になった本がその部分を假名で書いていたことを證明することは出來る。たとえば底本一一八條には「その越度をつと」と書き直している。この「をつと」は「夫」の意で、恐らく原が假名書であったため、書寫の際發音が同じであることから、本法度にしばしばあらわれる「越度」の字を充てて書き、誤りに氣付いたか、或は原の本の通りに假名書に改めたものではないかと想像できる。また八二條「歟かの地」もその例であろうか。次に漢字の多い佐藤本では、より適切な例を示すことができる。一四條「しりやう」(寺領)を「所領」に作るのは恐らく「志」を「所」の草體と讀み誤ったものであろうし、四二條「猶しらさる人」は「名をしらさる人」(狩野本)の意で、原は假名で「なを」とあったことが推定される。かかる例として、一〇一條「ともからのちきやう」(輩の知行)を「ともから後きやう」に、一〇八條「しきよしてのち」(死去して後)を「しき由てのち」とすることを掲げることができる。以上の諸例から、佐藤本の場合は特に、現在正當な漢字が入っている個所でも、原は假名書であったものが少なからずあるのではないかと推測される。

次に、文體について更に推測を加えるならば、一條には「年のゆたかなるにもあしき年にもましおとりなく」という文章がある。この文章は、系統を異にすると思われる諸本ともに同文である。これは全くの和文であるから、もし原文が漢文であったとしたならば、必ずや和文調に改める場合に諸本の間に差異を生じたであろう。然るに現在みられる如く諸本同文であるということは、本來、塵芥集の祖本が漢文ではなかったことを裏書する。

しかし他方、一九條末尾、底本「へからさる也」を佐藤本は「へからす也」としているが、このような違いは、かなり多くみられる。かゝる相違を生じたもとは、その祖本が「不レ可」という漢文體であったためではないかと考えられよう。

以上を要約するに、制定原本は式目の如き漢文體のものではないが、所により、漢文の體裁を残す部分のあったものであろうということになる。その程度は全く不詳であるが、天文五年前後の稙宗發給文書にはほとんど假名書のものとかなり漢字を交えたものとの兩樣があるが、純漢文體のものはない。そのあたりを參考とすることができよう。

塵芥集に關する研究文獻には、上揭論著のほかに、內田銀藏「伊達氏の塵芥集」(『史學雜誌』七篇一〇號)、Wilhelm

Röhl, Jinkaishû.——Ein Beitrag zum mittelalterlichen japanischen Recht——(Tokyo, 1960)がある。後者はドイツ文で書かれていて、塵芥集の研究と翻譯(補註を付す)から成っている(なお、小林宏氏「W・レール著『塵芥集——日本中世法の一考察——』」『法學論叢』七一巻六號參看)。

傳本の解說　塵芥集の傳本には村田本、佐藤本、狩野本の三本がある。三本の間には、かなり著しい相違點がある。特に本文の後に附加された起請文連署の順序の異同は、轉寫の過程に生じた單なる誤寫ではなく、恐らく、制定原本を筆寫した數本のそれぞれに、稙宗及び重臣等が署判し、重臣もしくは一族の間に分與した際、本によって署判の順序を變えたのであろう。もしそうであるとするならば、將來右三本以外の系統の寫本が出現することもありうる。後述の如く、村田本が本來伊達家に傳來されず、家臣の家に傳わったことも、勿論ある時期に伊達家から家臣に讓與されたケースも考えうるが、本來家臣に分與された爲であろう。

上述三本のうちでは、村田本が最も誤脱の少ない善本である。しかし右に述べた如く、制定原本に近付くための手段としては、現在知り得る他本との校合がまず第一段階として行われねばならないのである。

一　塵芥集〔村田本〕　(寫)一册　村田親重獻上本　仙臺市博物館所藏

布表紙、左上に「塵芥集」と書いた題簽がある。首題「塵芥集」。現在は桐箱に納められているが、箱蓋中央に、「塵芥集壹册」と墨書している。袋綴、墨付五十六枚、大體半葉九行書であるが、第五十二丁表は十一行書としている。これは本文末尾にあたる爲、この半葉で全條文を終ろうとした努力の結果かとみられる。最終條文は他本にない條項であるから、一一一條と共に後の追加という想像も許されるが、前條末行あたりから、心持、寫字が小さくなっているので、村田本書寫の際には該條が既に存したとみても不自然ではない。

條數は一七一條より成るが、再三記した如く、一一一條は追記で、追加制定の可能性がある。

著しく假名の多い本で、變體假名もかなり多く使用している。また所々に濁音符を用いているが、室町末期から江戸初期にみられるという三點符を使用している點、注目されよう。

本書は本文の後に「左京大夫稙宗(花押)」と署名しており、原本の體裁を示している。また起請文にはまた何人かの家臣の花押が据えてある。稙宗の花押は圖版一に示したものである。ところで、彼は生涯に幾度か花押を變えている。今、年代順に例示すると、圖版二の如くである。第一型は原本から撮影する都合上、年不詳十二月廿七日書狀のものから取ったが(伊達家文書之一、一五九號)、同型花押が平渡文書永正十一年五月三日の書下にある。第二型は大永三年十二月廿二日(同上、一五一號)、第三型は(天文五年)六月廿五日(同上、一三四號)、第四型は天文拾二年十二月廿一日(同上、一五三號)、第五型は天文拾六年閏七月九日(同上、一五七號)、第六型は弘治二年十月一日(同上、一五八號)の判物に載せる花押である。三と四とは甚だ類似しているが、詳細に見ると、花押の頭部の特徴的な相違に氣が付く。第三型では頭部に點をうち、その右方から下部へ縦線が引かれるのに對し、第四型では上部の點は、縦線へ入る筆勢により生じたような印象を與えるほど、點と縦線とが接着している。圖版として掲げた第三型は推定年次天文五年であるが、この型の年次の明らかなものは平渡文書天文四年四月十日稙宗書下がある。また第四型に屬するものとしては、天文八年九月十三日(伊達家文書之一、一五二號)が比較的早い時期のもので、ほかに伊達家文書之一、一五四號、一五五號、一五六號、また平渡文書天文十二年三月十日の書下等の花押が

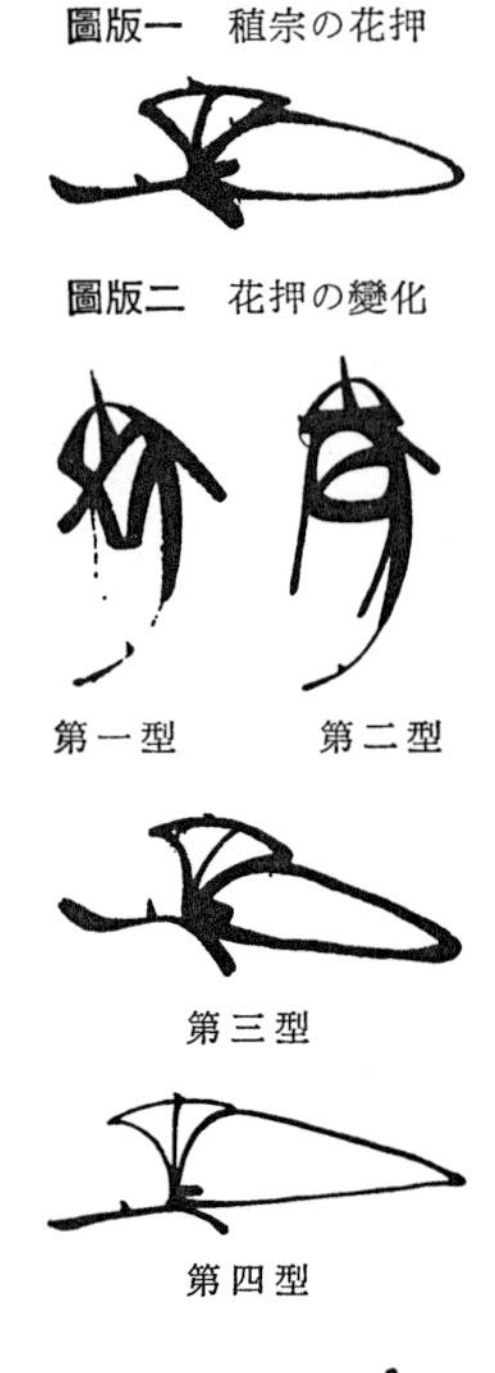

圖版一　稙宗の花押

圖版二　花押の變化

第一型　第二型

第三型

第四型

第五型　第六型

それである。従って些細な上述の變化も、年代推定の一つのポイントとなる。そこで村田本の稙宗の花押を右の六型に照合すると、第三型の一例であり、年代的に相應する。稙宗の花押については型體、筆勢とも非のうちようがなく、本書が原本なることは、書風、濁音符等の特徴と合わせみても適合的であり、まず疑いないと思う。しかし、起請文に載せる家臣の花押は疑わしい。その第一は、總體に墨がどんよりとして筆勢ないこと、第二は富塚仲綱や牧野景仲の花押は藏方之掟の場合のそれと異なっている點等による。恐らく家臣の花押は原のものではあるまい。しかし、これらが、後人により全く恣意に加えられたものかどうかは今にわかに斷言できない。本書は起請文の終末に近いあたりから缺損が目立ち始め、年次署所、特に、紙の下方花押部分に傷みは甚しい。このため、延寶に裏打ちし、明らかに日付、その他の部分に補筆している。補書の部分を示すと、年次では「夏十四日」、署名では伊藤宗良の個所で、「伊藤」が補書である。但し「伊」字の人篇の部分は原紙が殘っているが、更に筆を加え、裏打ち紙にかけて書いている。このようなわけであるから、花押部分も或は補筆があるか、又は裏打ちの際、にじみ、型を變えてしまったことも推測できよう。ともあれ、こゝでは以上の點を指摘して、將來の研究に俟とう。

(奥書)此一部者、伊達十三代植(稙)宗朝臣所レ令レ錄在判并家臣之連判可レ爲二重寶一之書也、頃村田善兵衛藤原親重令二進上一之間、加二奥書一者也、

延寶七年十二月一日　　伊達十九代左少將兼陸奥守
藤原朝臣綱村（花押）

右奥書により、本書が延寶時に村田親重から伊達家に獻上された事は明らかである。勿論、本書が村田家に傳來されたものか、他家傳來の書を親重が進上しただけなのか、右の奥書からは判らない。村田家は、伊達世臣家譜一家之二

によると、もと小山と稱したが、のち奥州柴田庄村田郷に住し、村田氏と稱した。近重の代に伊達家に仕えたが、男子が無かったため、伊達稙宗の第九子宗殖（むねふゆ）を迎えて養子とした。慶長元年宗殖歿して嗣無く、兄宗清の子宗友に後を嗣がせた。宗友の孫が親重で、村田宗家は彼の兄が嗣ぎ、親重は別家ということになっている。村田家はこのような關係で伊達家と結びついている。

以下村田本の系統の諸本を圖示し、ついで略説しよう。

村田本 → 上命新寫本 → 閣本 → 史籍集覧本
村田本 → 新寫本（仙臺市博物館本）→ 大日本古文書所引イ本塵芥集
閣本 → 大日本古文書所引イ本塵芥集

(イ)　上命新寫本　（寫）一册　東京大學史料編纂所々藏

桐箱入、箱蓋中央に「塵芥集」と墨書する。布表紙で、外題、首題共「塵芥集」と書す。奥書に

此一部者、伊達十三代植（稙）宗朝臣所レ令レ錄在判幷家臣之連判誠可ニ重寶一之書、頃村田善兵衞藤原親重令ニ進上一之處、破壞之間、令ニ畑中助三藤原經吉新寫一加ニ奥書一者也、

于レ時延寶七年季冬朔日

伊達十九代左少將藤原朝臣

綱村（花押）

とあり、村田本が伊達家に獻上されたとき、綱村が畑中經吉に寫させたものである。かなり忠實な寫本で、字體も大體似せてあるが、まゝ變體假名を通常の平假名に改めたり、その逆に書いたところもみられる。

(ロ)　閣本　（寫）一册　内閣文庫所藏

本書が上命新寫本を書寫したものであることは、右に掲げた同本の奥書を寫し（花押も摸寫）、その後に、次の書寫

奥書があることから明らかである。

明治十五年九月十五日華族伊達宗基藏書ヲ謄寫ス、二級寫字生金子兼弘

同年同月十九日　　五等掌記瀧澤規道校（圓形朱印）

この奥書によれば、當時伊達家では原本である村田本は貸出さず、新寫本を貸與したことがわかる。

史籍集覽本が閣本を複刻したものであることは、史籍集覽本の奥書に明記されている。

(ハ)　仙臺市博物館所藏新寫本　（寫）一冊

(イ)本の副本ではないかと思われる。二重箱入り、箱書は(イ)本と一筆であろう。外箱蓋中央に「塵芥集　寫」、內箱蓋中央に「塵芥集　壹册」と記す。布表紙、外題「塵芥集」。字體、字くばり共に、ほゞ(イ)本と一致する。

二　塵芥集〔佐本〕　（寫）一册　仙臺市博物館所藏

大日本古文書、伊達家文書之一、第一五〇號として收められたもの。楮紙袋綴六〇枚、表紙、裏表紙とも本文と同質の紙を用いている。綴じ穴は五針眼で、いわゆる朝鮮綴である。表紙に

天文五年丙申

植宗様御家老
御成敗式目

孟夏十四日

と書いてあるが、首題は「塵芥集」となっている。裏表紙の右下端には「佐藤彦兵衞所持物、山崎左平次上」と二行に書いた符箋がついている。また包紙には、

（異筆）
「塵芥集」

稙宗様御代御式目壹册

（異筆）
「天文五年七月十四日」　　　　佐藤彦兵衛所持之物
　　　　　　　　　　　　　　山崎左平二上

とある。佐藤彦兵衛はこの塵芥集のほかにも文書を伊達氏に獻上している。伊達家文書之一、二六一號、二九五號、三〇一號、三〇四號、三四〇號文書等がそれである。これ等のほとんどが伊達宿所充のもので、伊達晴宗の陣所に充てたものか、晴宗の病に關する書狀である。三四〇號文書だけが、天正十四年三月廿五日付知行に關する黑印狀で、享保七年四月廿一日遊佐次郎左衞門の、黑印についての勘案書が添付されている。佐藤本塵芥集が伊達氏に獻ぜられたのも、やはり享保七年以前であろう。

法文一六七ヵ條を收める。村田本より四ヵ條少ない。また誤脱と思われる個所がかなり多い。村田本と比べ、字數の比較的多い脱落は、九條、二五條、三二條、五三條後半から五四條の殆ど大部分、一〇六條、一四六條等にみられる。また本書の前半は、一打ちを缺いたり、或は丸印、または黑丸印をもってこれに代えたりしている。これら一打ちの異同は、煩雜をおそれて、本文の校訂註から省いて、便宜ここに掲記しておく。

一打ちを丸印とする條　一―五、八―二五、二七―三六、三八、四〇―五三、五五―五六、五八―六四、六六、六九、

一打ちを黑丸印とする條　五七、六五、六八、

一打ちを缺く條　七、三九、

以上の如き脱文や、原體裁としては當然なければならぬ一打ちを丸印等で代用している點は、佐藤本の原となった本が損傷の著しい本で、該部分の書寫が不可能であったことを示すと考えられる。

所々に訂正の個所があるが、その場合は片假名で傍書している。例えば八二條「とうん（シ）」、九二條「ものき（チ）」等の如きである。しかし重要な脱文、誤寫が訂正されていないところが多いから、異本との校合ではあるまい。

總體的には假名が多いが、村田本・狩野本に比べると兩本より漢字の使用が多い。助詞の「に」を「ニ」と書き、かつ本文の右端に漢文の送り假名のように細記することが多いのも特徴の一つである。濁音符は大體二點、一二九條「こんぼん」の場合だけ三點を使用している。

奥書はないが、書風はかなり古いものであることを示している。

本文校訂には發音の同じ假名の異同の註記を一さい省略したので、便宜四三四頁以下に纒めて掲げておく。

三　狩野文庫本〔狩本〕　東北大學圖書館所藏

本文第一丁右下に、狩野亨吉氏舊藏書なることを示す朱印を捺し、傳來を示している。表紙左上の題簽に「塵芥集完」と書す。五針眼の朝鮮綴。楮紙袋綴四七枚。奥書はないが、江戸時代後期の新寫本で、誤脱も多い。

塵芥集一六二ヵ條に續けて藏方之掟一三ヵ條を併記し、次いで稙宗の署名花押、家臣の起請文という體裁になっている。稙宗の花押は摸寫しているが、家臣の花押は全く無い。既述の如く、家臣の署名順序は村田本・佐藤本と相違するが、また藏方之掟のそれとも一致しない。また村田本、佐藤本と比べると右のほか、例えば一四四條の法文中、村田本は「なにかしのかいをく」とするところを、「なにかしのかたよりかいおく」と四字多くなっている點で村田本とことなり、八八條で佐藤本「あれつへき」、村田本「あれあれつへき」と二字抹消しているものが、本書では「あれ〳〵つへき」となっている點で佐藤本とも一致しない。

本文校訂に當っては「い—ゐ—ひ」「お—を」に類する假名の異同及び清音濁音の違いは註記しなかった。

條數	底本	佐本
前文	せいはい	せひはひ
	をよハす	およハす
一	じんじや	しんしや
	さいれゐ	さいれひ
二	てんぐ	てんく
	をこたり	おこたり
三	さうゑい	さうゑひ
	じんりやぅ	しんりやぅ
四	せいはい	せひはひ
五	しんぼく	神ほく
	さうゑい	さうゑひ
	をよハす	およハす
	かいて	かひて
六	けいばう	けいはう
	をよふ	およふ
七	さいれゐ	さひれい
八	ばう寺	はう寺
一〇	さうせい	さうせひ
	はからい	はからひ
一四	ちかいめ	ちかひめ
一五	はいとく	はひとく(二ヵ所)
	かい地	かひ地
一六	せつかい	せつかひ
一七	かけむかい	かけむかひ
	ししやう	しせう
一八	せつかい	せつかひ
	しやうかい	しやうかひ

條數	底本	佐本
一九	をひいたし	おひ出し
	をひいたす	おひいたす
	をよはす	およハす
二一	すいきやぅ	すひきやぅ
二三	ひゝき	ひいき
	にんたい	人たひ
二四	をハつて	おわつて
二五	すいきやぅ	すひきやぅ
	人をきる	人おきる
	かいしん	かひしん
	しよたい	所たひ
	さいほぅ	さいはぅ
二六	をよふ	およふ
二七	をよはす	およはす
	きよやう	きよやう
二八	ていしゆ	てひしゆ
二九	をよひ	およひ
	ていしゆ	てひしゆ
	をよはすハ	およハすハ
三二	つかい	つかひ
	せつかい	せつかひ
三四	しかい	自かひ
	たいもく	たひもく
	せいはい	せひはい
	申をかす	申おかす
	をよふ	およふ
三五	人ちかい	人ちかひ

條數	底本	佐本
	いつハり	いつわり
	せつかい	せつかひ
	をよハす	およハす
	せいはい	せひはひ
三六	くひちかい	くゐちかひ
三八	ておい	ておひ
	ておいしにん	ておひ死人
	をつと	おつと
三九	をよはす	およハす
	タトイ	たとへ
四〇	をいはらふ	おいはらふ
四一	とうるい	とうるひ
	むかい	むかひ
	せいはい	せひはい
四三	とうるい	とうるひ
	をきぬし	おきて主
四四	をつと	おつと
四六	をよひ	およひ
	ておひ	ておい
四七	をよふ	およふ
四八	れゐせん	れひせん
	とうさひ	とうさい
四九	かのるい	かのるひ
五〇	あはする	あわする
	とうるい	とうるひ
	はくしやぅ	はくちやぅ
五一	とハせさる	とわせさる

くいきり　くゐきり
をよふ　およふ
五二　大せい　大せひ
とうさい　とうさひ
五三　と〻のはて　と〻のわて
なハ　なわ
をいにかす　おいにかす
をよふ　およふ
五四　をよはす　およはさるなり
五五　とうさい　とうさひ
五六　人かとひ　人かとい
五七　さかい　さかひ
五九　さいほう　さひはう
しんるい　しんるひ
とうさい　同さひ
六〇　せいはい　せひはい
とうるい　とうるひ
六一　せいはい　せひはい
ののち　の〻ち
つかう　つかふ
六二　あくたう　あくとう
ておひ　ておい
ていしゆ　てひしゆ
をよハす　およハす
とうさい　とうさひ
六三　とうさい　同さひ
たうそく　とうそく
さいくわ　さひくわ
六五　さいほう　さひはう
うはい　うはひ
れいおほし　れひおほし
さいくハ　さひくわ
をひきたらは　おい來たらハ
をよハすなり　およはさる也
たうそく　とうそく
さいくわ　さひくわ
六六　こえ入　こへ入
とうさい　とうさひ
六七　かいて　かひて
をよハす　およハす
さいくわ　さひくわ
六九　ふたい　ふたひ
かいとめ　かひとめ
つかハる　つかわる
もんたう　もんとう
をよふ　およふ
たかい　たかひ
かいとめ　かひとめ
七〇　をよハす　およハす
せつかい　せつがひ
ちうくわ　ぢうくわ
七一　れゐ　れい
七二　こうち　こうぢ
きよ〻う　きよよう
とうさい　同さひ
七三　おしかけ　をしかけ
七四　かんかへ　かんがへ
とか　とが
ミやうたい　ミやうたひ
七六　たい〱　たひ〱
しよたう　しよとう
ゆうしよ　ゆいしよ
せいはい　せひはひ
くわふ　くハふ
七八　地とう　他たう
せいはい　せひはい(二ヵ所)
つかい　つかひ(二ヵ所)
ちけ　ちげ
たいし　たひし
くうし　くうじ
をよふ　およふ(二ヵ所)
しあはせ　しあわせ
七九　ちとう　地たう
八〇　きんせゐ　きんせひ
ちとう　地たう
八一　地とう　地たう
なこ　なご
ひくハん　ひくわん
ゆうしよふん　ゆうしよぶん
八二　もんたう　もんとう
八三　もんたう　もんとう
地とう　地たう
をよふ　およふ
をよはす　およはす

條數	底本	佐本
八四	をよふ	およふ
	はこくむ	はごくむ
八五	みそ	ミぞ
	江ほり	えほり
	地とう	地たう
	をよふ	およふ
	せんれゐ	せんれひ
八六	たいと	たひ〳〵と
	たいてん	たひてん
	をよふ	およふ
八七	はんにん	ばんにん
	けからハし	けがらハし
	ふしやう	ふちやう
	をゝこなふ	をおこなふ
八八	をよふ	およふ
	はんミん	ばんミん
	そんまう	そんまもう
	ふんさい	ふんさひ
八九	たいてん	たひてん
	かうさくは	かうさくば
	せいはい	せひはい
九一	いさかい	いさかひ
	をよひ	およひ
	をよはす	およはす
九三	れい	れひ
九四	かいて	かひて
九八	はいとく	はひとく

條數	底本	佐本
	くわへ	くはへ
	かいぬし	かひ主
	くハたつ	くわたつ
	なんそ	なんぞ
九九	かい地	かひ地
	たぶ	たふ
	おんしやう	をんしやう
一〇〇	はうれゐ	はうれい
一〇一	かい地	かひ地
	さうそく	さうぞく
一〇三	かい地	かひ地
一〇五	しよたい	しよたひ
一〇六	らうどう	らうとう
	たいし	たひし
一〇七	しやくじやう	しやくしやう
一〇八	にんたい	人たひ
	もんとう	もんたう
	をよふ	およふ
	あハせ	あわせ
	もんこん	もんごん
一〇九	をきて	おきて
	をきて	おきて
一一〇	くらかた	くらがた
一一六	ちとう	地たう
	候ハて	候ハで
	せいはい	せひはい
	くわふ	くはふ

條數	底本	佐本
	人たい	人たひ
一一七	をよふ	およふ
一二〇	をよふ	およふ
一二一	さかひ	さかい
	こえ	こへ
	れゐ	れひ
	わつらい	わつらひ
	本さかひ	ほんさかい
	さかひをこえ	さかひをこへ
一二二	さくは	さくば
一二三	たゝさる	たゝざる
	をよはす	およはす
	をよふ	およふ
一二四	をこたらす	おこたらす
	くわふ	くはふ
一二五	かいて	かひて
一二六	をよはす	およはす
	ふきやう	ぶぎやう
一二七	ちとう	地たう
	たんかう	たんこう
	をよはす	およはす
	ちとう	地たう
	をよふ	およふ
一二八	をよふ	およふ
	ちとう	地たう
	ちとう	他たう
	ちとう	地たう（二ヵ所）

一二九	せいはい	せひはひ
	くわふ	くはふ
一三一	かゝへをき	かゝへおき
一三四	ぼうしよ	ほうしよ
	をこなふ	おこなふ
一三五	たとひ	たとい
一三六	ちとう	地たう
一三七	くかい	くかひ
	さいくわ	さひくわ
一三八	こほち	こぼち
	をよハさる	およハさる
一三九	ひくハん	ひくわん
一四〇	まかりこえ	まかりこへ
	ちとう	地たう
一四四	かいとめ	かひとめ
	かいをく	かいおく
	とうさい	とうさひ
一四五	おつと	をつと
一四六	をよふ	およふ
	ふたい	ふたひ
	うりかい	うりかひ
	をしかくし	おしかくし
	とうさい	同さひ
一四七	しもへ	下ペ
	ひくハん	ひくわん
	いはれ	いわれ
	おつと	をつと
	へきなり	べき也

一四八	ミやつかゐ	ミやつかひ
	こハすして	こわすして
一四九	たうり	だう理
一五〇	さうてん	さんでん
一五一	せいはひ	せひはひ
	さいほう	さひほう
一五五	はくち	ばくち
	をよハす	およハす
一五六	そんもう	そんまう
	ちくるい	ちくるひ
	いゑ	いへ
一五八	さふらゐ	さふらひ
	をいはらふ	をひはらふ
一六〇	くハふ	くわふ
一六三	たかいに	たかひに
一六四	ひつくわい	ひつくわひ
一六五	よこあひ	よこあい
	ひつくわい	ひつくわひ
一六六	さうろん	そうろん
	つゐて	ついて
一六七	おつと	をつと
	おつと	をつと
	をよハす	およハす
	おつと	をつと
	をこなふ	おこなふ
	をよはさる	およはさる
	こうくハひ	こうくわひ

	さいあひ	さひあひ
	をよふ	およふ
	おつと	をつと
一七〇 起請文		
	かいて	かひて(二ヵ所)
	もうまい	もうまひ
	をよはさる	およはさる
	あひちかい	あひちかひ
	ささらん	さざらん
	せいはい	せひはい
	でう〳〵	てう〳〵
	けんはう	けんばう
	をこなふ	おこなふ
	むかい	むかひ
	ひやうちやう	ひやうぢやう
	あたへは	あたへば
	のふる	のぶる
	をろか	おろか
	まぐる	まくる
	でう〳〵	てう〳〵
	ふるい	ふるひ

二　藏方之掟

本掟は、塵芥集一一〇條に、質屋にて失物の事は藏方之掟の如くたるべし、と規定されているその掟であって、藏および質入れ人を規制する一三ヵ條の法令である。次掲伊達家本によれば天文二年三月十三日に發布されたものである。尙既述の如く塵芥集一一一條が制定された後は、本掟の一部が改訂されたことになる。

傳本は數少く、伊達家本と狩野文庫本塵芥集に付記されたものとの二本が知られるのみである。

(イ)　伊達家本(底本)　伊達家舊藏、現在仙臺市博物館所藏　大日本古文書、伊達家文書之一、一三五號に收載されている。現在、二紙を貼りつぎ、紺色の表紙を付して成巻されている。端裏に「掟之事」、首行に「藏方之掟之事」と題號あり。一三ヵ條の本文の後に天文二年三月十三日の日付、「坂内八郎右衛門尉殿」という充所、富塚仲綱以下六名連署々判の差出書があって、原本と認められる。

(ロ)　狩野文庫本(狩本)　伊達家本が獨立した掟の體裁をとるのとは異なって、塵芥集の本文一六二ヵ條のあとに續けて、一三ヵ條の本文だけが記されている。從って、この本は、塵芥集の一部(末尾)に編入された形になっている。但し條文內容に關する限り伊達家本と全く同じである。

七　甲州法度之次第

甲州法度は、甲斐の武田晴信(信玄)が制定した法度である。江戶時代の版本・群書類從本に「信玄家法」と題して版行され、世に知られているが、その稱呼は、つとに三浦周行の說いた如く「甲州法度之次第」という名が原題である(『續法制史の研究』所收「武田家の法律『甲州法度』」)。このほか「甲州式目」「甲州新式目」「甲州法度狀」等と題する寫本もある。「甲州新式目」の「新」については、後述の如く、甲州法度には二六ヵ條本と五五ヵ條本があり、前者が後者の原型であると考えられるので、前者に對し、後者に屬する一本が「新式目」と稱したともいえる。しかし「高白齋記」天文十六年五月の記事に、「晦日、庚申、甲州新法度之次第書納進上仕候、」とみえ、二六ヵ條本そのものを既に「新法度」と稱していることからして、右記の「新式目」も、「新法度之次第」同樣、これよりも前に發布された武田氏の法令に對するものとも考えられるが、明らかでない。

條數は右に述べたように二六ヵ條のものと五五ヵ條本とがあり、前者は天文十六年六月朔日の日付と武田晴信の花押とをすえた原本の體裁をとるもので、本法度の原形體および制定者を認定する根據となる。これを今、第一類とする。尙、制定の事情の一斑は、前引高白齋記にみえる。つぎに、五五ヵ條本には大別して二種類がある。その一種は、第一類の二六ヵ條に二九ヵ條を加え、更に追加二ヵ條を併せて五七ヵ條としたもの。これを第二類とする。他は同じく第一類の二六ヵ條のうち一條を除く二五ヵ條に三〇ヵ條及び追加二ヵ條を加え併せて五七ヵ條としたもの。これを第三類とする。第二、三類とも、五五條の次に、「右五十五箇條者、天文十六年丁未六月定置之畢、追加二箇條者、天文廿三年甲寅五月定ㇾ之」の註書が付いている。

制定者について。第一類は原本で、晴信の署判を有するから、その含む二六ヵ條が晴信の制定なることは明瞭である。第二、三類についても、前記した註書を信用すれば、すべて晴信の制定として問題はない。たゞ次に述べる如く、註記をそのまゝに信賴することはできないということになれば、甲州法度全文六〇ヵ條(後掲條文對照表參看)のうち、第一類に收載される條文以外の三〇餘ヵ條の制定者については、今後尙、檢討する必要があろう。

次に五七ヵ條の制定年次と深く關係する前掲註記について述べると、二六ヵ條本が發見されるまでは、註記の眞實性は疑われなかった。しかし同本が利用されるに至ってようやくこの註記が問題となるのである。田中久夫氏は、二六ヵ條本と五五ヵ條本とを對比し、天文十六年六月に定められたのは二五ヵ條(もしくは二六ヵ條)で、殘りの三〇ヵ條はそれ以後の制定でなければならず、註書に天文十六年六月に定め置かれたとあるのは、根幹となる二五ヵ條（又は二六ヵ條）の制定年次をそのまゝにして、爾後の補入改正を行なったものであると説かれた。その結果、五五ヵ條の成立は天文十六年六月より天文二十三年五月までの間であるとし、その時期は二六ヵ條本の一九條「持二妻子一出家不レ可レ供二養之一」の項が削られ、且つ僧侶に妻帯役が賦課されるようになった時期であると考えられた（「武田氏の妻帯役」『日本歴史』四六號、二一頁）。氏の引用される如く、妻帯役賦課は『甲陽軍鑑』に信玄が決めたとみえるから、五五ヵ條本の成立は信玄在世時であることは動かないとしても、氏が妻帯役關係文書として掲げられるものは永祿四年、天正六年の二點で、いずれも天文より後のものであるから、上述の天文廿三年以前の七年間に成立時を確定する根據は註書以外にない。ともあれ、註記の意義がこのように縮小されたことは、流布本にみられる現體裁成立の時期・制定者に關する今後の研究の餘地を殘す。

傳本の種類　現存する傳本は大別すると、左の如く三種類とすることができる。

第一類（二六ヵ條本）　保阪潤治氏本

第二類（五五ヵ條本）　松平文庫本・保坂良晴氏本・九州大學圖書館本

第三類（同）　東京大學法學部研究室本・諸州古文書本・池底叢書本・青山靖氏本・靜嘉堂文庫本・甲陽軍鑑本

第一類保阪本は既述の如く末尾に年月日と晴信の花押をすえた原本の體裁を備えた本である。また第三類は流布本の系統のもので、第二類と比較してみると、條文に出入があるほか、配列の順序および語句文章に少なからぬ相違がある。つぎに條文の對照表を掲げる。（事書を（　）で包んだものは、第三類流布本にない條項、また松平文庫本以下の條數の下の線は條の連續を示すために付した。）

保阪本	第三類		松平文庫本	保坂本	九大本	摘要
1	1	罪科跡事	1	1	1	
2	2	公事披露事	2	2	2	
3	3	他國音物書札遣之事	3	3	3	
4	4	他國結縁嫁事	4	4	4	
5	5	札狼藉田畠事	5	5	5	
	6	百姓抑留年貢事	6	6	6	
6	7	名田無意趣取放事	7	7	7	
7	8	山野之地事	8	8	8	
	9	點札事	9	9	9	
8	10	各恩地事	10	10	10	
	11	抱恩地人夫公事事	11	11	11	
9	12	私領名田之外恩地領令沽却事	12	12	12	
	13	百姓出夫事	13	13	13	
10	14	親類被官私令誓約事	14	14	14	
11	15	譜代被官事	15	15	15	
	16	奴婢逐電事	16	16	16	
12	17	喧嘩事	17	17	17	池本31條トス
13	18	被官之喧嘩幷盜賊等事	18	18	18	池本17條
14	19	無意趣而嫌寄親事	19	19	19	池本18條
15	20	不可忘武道事	20	20	20	池本19條
17	21	川流木幷橋事	21	21	21	池本20條
18	22	淨土宗與日蓮黨法論事	22	22	22	池本21條
19		(持妻子出家事)	52	54		

保阪本	第三類		松平文庫本	保坂本	九大本	摘要
20	23	被官出仕座席事	23	23	23	池本22條
21	24	出沙汰翟事	24	24	24	池本23條
22	25	童部口論事	25	25	25	池本24條
	26	童部誤殺害朋友等事	29	29	29	池本25條
23	27	閣本奏者就別人企訴訟事	26	26	26	池本26條
24	28	自分之訴訟直不可致披露事	27	27	27	池本27條
25	29	分國諸法度事	28	28	28	池本28條
	30	近習翟事	40	42	42	池本29條
	31	他人養子事	41	43	43	池本30條
	32	棟別法度事	42	44	44	
	33	他郷移屋人事	43	45	45	
	34	逃散人棟別錢事	44	46	46	
	35	棟別侘言事	45	47	47	
	36	惡黨成敗家事	46	48	48	
	37	河流家事	47	49	49	
	38	借錢法度事	30	30	30	
	39	田畠等方々書入借狀事	31	31	31	
	40	親子負物事	32	32	32	
16	41	負物人分國內令徘徊事	51	33	33	
	42	惡錢事	33	35	35	
	43	載恩地於借狀事	36	38	38	
	44	逐電人之田地事	37	39	39	
	45	穀米地負物事	38	40	40	

46	負物人死去事	39	41	41	
47	以連判借錢事	48	50	50	
48	質物事	50	52	52	
49	負物之分沽却田畠事	55	53	53	
50	米錢借用事	34	36	36	
51	藏主逐電事	35	37	37	
52	禰宜山伏事	53	55	54	
		26			
53	譜代被官出子於他人被官事				
54	百姓年貢夫公事無沙汰事				
55	晴信形儀弁法度以下事	54	56	55	靜本57條
56	定年期田畠事	56	57	56	靜本55條
57	百姓隱田事	57	58	57	靜本56條
	（火難賊難事）	49	51	51	
	（不足錢事）		34	34	

保坂良晴本は五八ヵ條となっているが、これは第三類本四九條の本文を掲げながら一打ちを缺き、ために五三、五四條と合せて、あたかも三ヵ條少くなったかの如くなり、代りに「持妻子出家事」「不足錢事」「火難賊難事」が加わったため、實際には五八ヵ條本となった。しかし意識的には五七ヵ條本の體裁にし、「右五十五箇條者」以下の註記をも存する。また九州大学本は流布本四〇條「親之負物」の項を分けて二ヵ條とするため、體裁上は五八ヵ條となるが、內容は五七ヵ條であり、靜嘉堂文庫本を除いて諸本にみられる「右五十五箇條者」云々の註書を缺いている。

右表でわかるように第二類中に含めた本の中でも、保坂良晴本と九州大學本とはほゞ條項配列の順序が一致するが、兩本と松平文庫本との間には少異がある。しかし約五十項目の順序が同じであり、出入の點でも三本間に差違がありながらも、共に第三類流布本の五三、五四兩條を缺く特徴を共通している。

語句の異同は諸本間でかなり複雜なものがあるが、ごく大まかな傾向として、第一類と第二類には著しい親近性があることを指摘できる。第一類と第二類とが同じで第三類と異なる主な部分は次の如くである。（校訂本參照の便宜上、第三類本によって條數と語句を示し、その下に第一、二類本での相當語句を（　）に入れて示す。また諸本の小異は註記しなかった）

(3)謀略（計儀）　(8)四至傍爾之論境（有論境儀）　(12)無據者（有難去用所者）　(14)私令（其外人等爲不申事之由）、致盟約（神水事者不苦）　(15)旨趣（筋目）、領掌（納得）、「任式目」ノアリ場所　(19)嫌（乖）、自由之至也（可停止）　(22)「法論之事」第三類ナシ、(24)致狼藉（出手事）、善惡（鬪理非）、可付論所於敵人（可落着）　(25)却而（結句）　(27)企訴訟（申入事）、條紆濫之至也自今以後（申請儀）　(28)自分（自面）、雖然（併）、「是非以使可令裁許」第三類ナシ、等申趣一切可禁遏也（類之披露可令停止）　(29)「縦雖任其職」第二類ナシ

これに對し、第一類と第三類が同じで、第二類と異なる個所は、第三類の個々の傳本についてみればともかく、類全體として云えば、殆ど見當らない。次に第一類と異なり、第二、三類に共通する點は左の通り。（　）内は第一類。

(10)以相當之地（似合地）○九大本は「似合之地」　(14)於戰場之上（於于虎口上）○九大本は「於虎口上」　(27)閣（指置）○九大本は「指置」

以上を綜合して、第一類に最も近いものは第二類中でも特に九州大學本、ついで第二類の他の本、最も相違するのは第三類流布本であることがわかる。このような第一類と九州大學本との語句の親近さにも拘らず、後者が第一、二類本に收載すべき「持妻子出家事」の條項を缺いていることは、同本の特徴で、このことは、第一類→九州大學本→第二類→第三類という成立の推移過程を單純に想定することを困難とする。「持妻子出家事」の項は第一類の保阪本では、一應の清書終って後に紙を切り、同條記載の紙を挿入したものと田中氏は云われている（前掲論文）。とすれば、九州大學本は保阪本成立以前の本、或は稿本の系統から分出したものなのであろうか。

條項、語句の考察の結果、第一類→第二類→第三類の推移が想像されるのであるが、このことを更に今川假名目錄との關連においてみてみよう。假名目錄と甲州法度の繼受關係については、古く木島誠三氏が指摘された（「塵芥集に就て」『歷史と地理』二七巻六號）。甲州法度と假名目錄と對應するのは左の條項である。（括弧内は假名目錄の條數、殆んど同文の個所のあるものは（　）、內容上關係があると思われるものは〔　〕を使用。）

4〔30〕　7（1）　8（2・3）　12（13）　15（5）　17〔8〕　18（10）　21〔27〕　22（28）　23（32）　24〔4〕
25（11）　26（12）

兩者間の繼受關係は右表により本文を照合するならば、その事實が知られると思う。なお對應する條項の大部分が

甲州法度二六ヵ條本(第一類)にあることは注意されてよい。さてこゝでは特に一二、一五、二六の三ヵ條に注目してみよう。一二條は恩地沽却を禁じた條であるが、文中、第一、二類は「有ニ難レ去用所ニ者」とある部分が第三類は「無レ據者」としている。假名目録は「難レ去要用あらハ」とし、前者に近い。また第一類本は末尾に續けて「自今以後有ニ自由奸謀之輩ニ者可レ處ニ罪科ニ」とあり、第二類中九州大學本もほゞ同文の記事があるが、これは假名目録に「自今以後自由之輩ハ可レ處ニ罪過ニ」とある文に相應する。一五條は文頭、第一類は「舊被官」、第二類は「舊被官」及び「舊代被官」に作り、第三類は「譜代被官」とする。假名目録は「古被官」となっている。以上字句上假名目録に近いものが甲州法度中第一、二類であることをみてきたのであるが、次に二六條をみてみよう。該項は「童部誤殺害朋友等事」で、第一類には無く、第二、三類にのみみられるのであるが、その但書部分に、第二類では十五以後の者は咎を免し難しと規定してあるのに、第三類では十三としている。この部分は假名目録に十五以後とみえることよりして、第二類本の誤寫でないばかりか、却って同本の第三類本よりも古い段階の本である證左となりうる。

以上、第一類→第二類→第三類の推移を設定した。第三類は第二類よりはるかに整備されたものであることは條項配列順序に端的に表われている。即ち童部に關する規定を第二五、六條に續け、三八條から四六條までの債權關係の規定と四七條から五一條までの同種規定が、第二類では、その間に三〇條から三十七條までの「近習事」や棟別規定をはさんでいたのを、順序を入換えてまとめあげた點などがそれである。そしてこの整備された第三類に屬する五七ヵ條本の最古の寫本は天正八年で武田氏滅亡以前であり、古寫本の數も少くなく、當代施行されていたと考えうること、東京大學本に武田氏の龍の朱印をもつものがあること等から、五七ヵ條本の校訂用底本として第三類所屬の東京大學本を用いた。

尚、研究書として、解題中に掲げた論著のほか、林貞夫氏『甲州法制史』第一巻がある。

第一類

一　甲州法度之次第　一巻　保阪潤治氏所藏

現物を實見しないが、昭和十一年十一月撮影東京大學史料編纂所架藏レクチグラフによれば、巻子本で紙數十枚ほどのものである。本文二六ヵ條、その次に、左の奥書がある。

天文十六年丁未六月朔日　(武田晴信)(花押)

八、九、一二、一四、一八、二六條に抹消、訂正、補入の個所があり、後補とみられる一九條「持妻子出家」條には合點が付せられている。

この本を元祿年間に書寫したものが宮内廳書陵部にある。同書は「武田家法度書」と外題に打付書した本で、内題は「武田信玄甲州法度之次第」とする本文楮紙五葉、半紙判袋綴册子本。印文「芸叢之印」の方形朱印、「芸叢」の陰刻菱形朱印が捺してある。字くばりは保阪本と異なり、まゝ誤寫があるが、晴信の花押を摸寫したうえ、上記の改正個所もそのまゝの體裁を寫しとっている。奥書に

右一巻不慮一覧之間、率(爾カ)ミ令書寫一ヨ校之ー畢

元祿八年初秋日　(花押)

とあり、大正十一年三月書陵部購入の印がある。

第二類

二　甲州式目〔松本〕　(寫)一册　松平文庫本　島原圖書館所藏

表紙題簽に「甲州式目」とあるが、奥書には、

甲州御法度之次第　　　　（花押）

惣都合五十七ヶ條

天正貳年甲戌初春吉日書畢

とある。册子本、本文二十一枚、半丁六行書。五七ヵ條本の現存寫本中年代の明らかなもののうち最古のものである。返點、送假名、振假名を付している。昭和三十六年八月十三日の日付を記入した島原圖書館の印が表紙裏中央に捺してある。第二類の代表的一本として本文校註本の次に掲載したものが本書である。尙、その際、明らかな誤寫とみられる個所も私意を加えず、そのままにしておいた。

三　甲州法度之次第〔保本〕　（寫）一册　山梨縣南巨摩郡增穗村最勝寺保坂良晴氏所藏

本文校訂は、昭和三十五年影寫東京大學史料編纂所架藏本に據った。影寫本によると、本文十六葉、半葉七行書のもの、かなり亂雜な字で書き寫したものに、返點、送假名、振假名を所々に施し、また他本を以って、書入れ、訂正を行なっている。影寫本校正者岩澤愿彥氏の註記によれば、これら返點以下の筆は、すべて本文書寫のものと異なり、また裏表紙第一面には「保坂伊之助、最勝寺村甫坂金之丞」と二行に書いてあるという。

この本の本文は第二類の本を書寫したものであるが、該本またはその祖本が既に二本以上のものの混成であろうと思われるのは第一に、二六條（第三類二七條）の初の部分が「閣本奏者指置」となっている點である。「閣」と「指置」は同義で、いずれか一方でなくてはならぬ筈である。保阪潤治氏本と後述の九州大學本は「指置」を用い（但、兩本共に「指置」は文頭にある）、他はすべて「閣」を使っている。第二には、前記條項對照表とその註を見てわかるように（四二八頁參看）、本書は九州大學本と條項配列が同じであるのにも拘らず、同本に缺く「持妻子出家」の條があり、た

めに全五八ヵ條となっている。しかも本書の中には、全條文は五七ヵ條なる旨の註記があるのであるから、本書の體裁は始源的なものでなく、二本、あるいはそれ以上の本の混成の結果と考えられる。

次に、別筆の書入れに用いられた本の系統は、斷片的な部分からの推定であるが、第三類甲陽軍鑑本系のものとみられ、特異な點はほとんど見出せないので、校訂本作成には採らなかった。

(奥書)
元和第三丁巳九月吉日

四　甲州法度状〔九本〕　(寫)一册　九州大學圖書館所藏

首題に「甲州法度状」とあり、本文第一紙上部に「九州帝國大學圖書館」印が捺してある。袋綴册子本、本文二一丁、半丁六行書。ごく初の部分に返點、送假名を付けている。前記松平文庫・保坂本よりも、語句の點では保阪潤治氏本に近い(例えば、七、八、一〇、一二、一四、一五、二三、二七、五五條)。尚、條項の特徴については、條文對照表及びその註を見られたい。

法文本文の後に

天文廿二年甲寅五月六日定レ之畢

と制定年次を記しているが、干支によれば廿三年の衍で、他本の註記に「追加二箇條者天文廿三年甲寅五月定レ之」とあるのに對應する。六日という日付は現在その根據を明らかにしえない。このほか書寫奥書はない。

第三類

五　甲州法度之次第〔東大本〕　(寫)一巻　東京大學法學部研究室所藏

表紙は金襴、軸頭に水晶を用いる巻子本装丁で、外題はない。鳥の子紙二七枚を續ぎ合せ、裏打ちをほどこしている。一紙大よそ一〇行書前後である。首題「甲州法度之次第」、つゞいて本文第一條に入るが、首題の上から「甲州」の二字にかけて、武田氏龍の朱印一顆を捺してある。印は相田二郎が、龍の朱印判第二種とされた形狀のもので、（「武田氏の印判に關する研究」『歴史地理』七一卷三號）、紙質が鳥の子紙のためか、總體にベッタリと朱が浮き、楮紙に捺された同型印判に比し、その色は鮮かで、大きさもごく僅かであるが、大きめとなっている。本文の最後の行の次に約一行分の空白をおき、やゝ小さめに左の奥書がある。

天正八庚辰年二月十七日書之

第一紙裏に「東京帝國大學圖書印」一顆がある。

六　甲州法度之次第〔古本〕（寫）　諸州古文書本

この本は諸州古文書卷四に收める摸寫本であり、「甲州法度之次第、甲州駒井村百姓、持主茂左衞門」と、三行の註記がある。原本が卷子本であったのか册子本であったか知る由もない。現在は原の表紙をあらわすとみられる一紙左上に「甲州法度之次第」と打付書の體裁で記し、次丁から同名の首題、ついで本文を書きのせている。半丁七行書、本文全一五枚、左の奥書がある。

天正八年庚辰卯月十二日

右筆竹千世九（丸カ）十三

比較的、東京大學本に近い寫本であるが、注目すべき點は、四九條負物事の末尾に「紙數何拾數有レ之候」なる八字が竄入していることである。「何」はある數字の、「數」は「枚」の誤寫であると考えられる。かかる文章の存在すべき位置は、墨付きの最後であることを通常とする。從って、諸州古文書本の祖本は四九條が最後の條項となっていたと考えられる。ところで、第二類に屬する松平文庫本は、實にこの條を五五條卽ち最終條項としているのである（但し、追加二ヵ條を除いて）。このことは又、將來二六ヵ條本から五五ヵ條本が成立する過程を研究する際に重要な資料となるであろう。

七　甲州法度之次第〔池本〕　（寫）一册　池底叢書本　宮内廳書陵部所藏

縹色表紙左上、題簽に「池底叢書　八」とあり、内表紙左上より書名を打付け書しているが、蟲損のため「甲州法□次第」の五字がやっと讀みとれる。本文は袋綴楮紙三四枚に、半丁四行書に記され、朱にて返點を付してある。表紙裏左下に「花迺家文庫」の朱藏書印を切り取って貼付けている。蟲損が著しく、所々字畫を缺く部分があり、現在は裏打ちがされている。

第三類流布本系の本であるが、その中では語句や付けたり書等の點で第二類に近い部分が少くなく、古色を存する。尙、條文配列上の特色として、流布本一七條にある喧嘩事が三一條他人養子事の次に位置している。

（奥書）于レ時天正九辛巳年彌生四日書レ之了、右筆四州阿國住曉海舜慶田口住居之砌寫レ之者也、

所持水石勘四郎

高橋靭負□繩（花押）

この本の影寫本が無窮會神習文庫所藏玉籤第三十册目に收められている。

八　甲州新式目〔青本〕　（寫）一册　山梨縣南巨摩郡鰍澤町青山靖氏所藏

本文校訂には昭和三十四年影寫の東京大學史料編纂所架藏本に據った。從って原體裁、紙質等は詳かでないが、影寫本によれば、表紙中央に「甲州新式目」と書き、首題も亦同名の記載となっている。影寫本で、本文一七葉、半葉六行書としている。條項配列は第三類の一般的順序に從っているが、文字は他本と比し、特異な個所がかなり多く、第三類中でも、獨立した系統にたつものといえる。

（奥書）
天正廿年八月十七日書二寫之一畢
雖レ斟酌至極候一、御所望之間、早々うつし進レ之候、猶御用候者、可レ被二仰付一候、無沙汰申ましく候
宗重（花押）

九　甲州法度之次第〔靜本〕（寫）一册　松井文庫本　靜嘉堂文庫所藏

松井簡治氏舊藏本で、昭和十一年靜嘉堂文庫に入庫した。表紙中央に「甲州法度之次第」の題簽があり、本文の初めと終りに「松井氏藏書印」の方形朱印が各一顆、「靜嘉堂藏書」朱印が初に捺してある。本書は、原紙の上下に缺損があるため裏打ちを施した縦二六・二糎横一三・三糎の折本で、十枚の紙を貼り續ぎ、二三丁の折本となっている。大凡半丁五行書にしてあるが、第一六葉裏から第一七葉表にかけての見開き部分だけは、全九行書となっているため、五行目が折れ目の上に書かれている。このことは現在の體裁が、あるいは原體裁ではないのではないかという疑を抱かしめる。ところで十紙はそれぞれ横六〇糎餘の長さがあるから、たとい表裝し直したものとしても、原體裁が袋綴册子本であったとは考えがたい。

本文の語句、追書などにまゝ古體を殘す本であるが、諸本に一般的にみられる「右五十五箇條者」以下の註記がなく、全五七ヵ條の後に

右條々、堅可二相守一者也、
天文十六年六月日

とあって、あたかも追加二ヵ條をも含めた五七ヵ條の全文が天文十六年六月に制定されたものであるかの如き體裁をとっている點が特色である。右の事柄に對應して、「晴信於行儀」の條が第五七最終項となっている。

一〇　甲陽軍鑑本〔甲本〕（板）一册

『甲陽軍鑑』第一巻、第一品に「甲州法度之次第」として、五七ヵ條を收め、その直後に永祿元年の年次を有する跋文、次いで品第二として信繁の家訓が收錄されている。右の跋文については、中澤見明氏が武田信繁家訓の天正四年寫本を紹介された際に、本來は該家訓の序文であることを明かにされた（「武田信繁家訓の古本と流布本信玄家法に就いて」『歴史地理』六三巻六號）。しかし江戸時代發刊の「信玄家法」や群書類從本などはいずれも『甲陽軍鑑』の誤った體裁をそのまゝに公刊しており、これ等がみな同系統本なることを示している。本文校訂には萬治二年版本を用いた。

一一　信玄家法〔類本〕（板）一冊　群書類從本

群書類從武家部巻四百三に收める。前項に述べた如く甲陽軍鑑系の本で、校訂には參考として特異な一、二ヵ所を揭げるに止めた。

（奥書）
此二巻元文五庚申年八月十九日滿天仁摸畢
右信玄家法以二普通印本及甲陽軍鑑一比校已了
右信玄家法以二流布印本一校合了

八　結城氏新法度

結城氏新法度は、「弘治二年丙辰十一月廿五日新法度書之、政勝（花押）」とある奥書によって、制定者及び制定年次を知ることができる。政勝はすなわち下總國結城の城主結城政勝である。もっとも、右奥書の文章は書寫奥書と解せられないでもないが、九四條に「孝顯の日十三日」に公界の寄合を禁じ、他にこの種の規定のないことから推して、制定者が結城政朝（孝顯寺殿孝顯大居士）の嗣子なる政勝（結城代々系圖、結城家之記）であること疑いなく、又七〇條に、「去夏の一戰ニもおほえたる事ゆ」とあるは、弘治二年四月五日に政勝が北條氏康の援をかりて、小田氏治の屬城常陸の海老島を攻略した事實（『新編常陸國誌』）をさすと考えられるから、右奥書は制定者自身の制定記と解して誤りあるまい。

　結城氏は常陸の豪族小山政光の男朝光が源頼朝に仕えて、結城七郎と稱したのに始まり、近世初頭に至るまで、關東の名家の一つとして、世に重んぜられた。この間、十一代氏朝のとき結城合戰で一時衰えたが、十四代氏廣、十五代政朝に至って再び勢いを復し、政朝は「結城中興」を以て稱せられた（結城家之記）。政朝の子政勝また父の遺業をついで、經略につとめ、宇都宮・小田兩氏を制壓し、北條氏と結んで佐竹氏と對峙して譲らぬ程の强盛を致した。結城代々系圖に「永祿二乙未八月朔日五十六歳」と見える歿年を信ずれば、本法度の制定は政勝の晩年五十三歳の時に當たる。

　制定の事情については、前文において、家中の統制を目的とする旨が述べられており、八二・八三條には、家中（恐らく全般ではなく、小範圍の老臣であろう）に諮問の上で規定したとあって、制定手續の一斑を窺うことができる。

　本法度は結城家法度、結城家新法度、結城政勝法度などとよばれるが、本史料集では、上引奥書に「新法度」とあるを原題と認めて、結城氏新法度と題する。本法度は、冒頭に法度制定の趣旨を述べた前文があり、ついで一〇四ヵ條に及ぶ本文がある（八二條は、一ツ書が四條あり、形式的には四ヵ條に數えられるが、內容に卽して一ヵ條とする）。その內容は刑事・民事・裁判・軍事・家中統制・領內支配等諸般の事項を含んでおり、戰國時代の大名が、自家の基本法典となすべく制定した家法の一つの典型と認めることができる。

　制定奥書の後に二ヵ條の追加、及び家臣連署の請文あり。何れも年次明らかでないが、本來制定時に徵せられて、制定奥書の次に置かれた家臣請文が、書寫の際に、追加二ヵ條の後に移されたか、本文制定後、家臣請文署判以前に二ヵ條が追加されたか、その何れかであろう。末尾に政勝の次代晴朝署判の一ヵ條がある。

　傳本はただ一つ、結城氏の後裔松平基則氏所藏本を明治二十二年五月影寫した東京大學史料編纂所本（松平基則氏所藏文書の中に收む)があるのみ。結城氏は政勝の子晴朝嗣なく、德川家康の子秀康を迎えて養子とした。秀康、關ヶ原の戰後結城より越前福井に移り、松平と改姓、秀康の子直基が結城氏を嗣いだが、後松平に復し、子孫前橋藩主となり、明治に及んだ。前記松平基則はすなわちその後裔である。從って同氏所藏本は傳來の由緒最も正しいものと推定されるが、今次大戰の災火に燒失し(松平家の當主直富氏より編者佐藤宛書簡による)、それの寫本としてはわずかに上記史料編纂所本がのこされているにすぎない。そして松平本以外には本法度の傳本あるを聞かないから、本法度校刊上、據るべき傳本は、史料編纂所本たゞ一つということになる。本史料集がこれを底本とすること言うまでもない。

史料編纂所本によれば、松平本は戰國時代の書風をよくのこしており、結城政勝・同晴朝の花押もそれぞれの原形を傳えており、一見制定原本に非ざるやを思わしめるものがあるけれど、家臣請文連署の最後に「岩上新二郎判」とあるによって、寫しと斷ぜられる。恐らく、史料編纂所本を謄寫した三浦周行舊藏本(現、東京大學法學部研究室架藏)の奥書(三浦博士自筆)に「右明治廿二年五月史局ニ於テ伯爵松平基則藏本ヲ寫シタリシ同伯所藏文書中ヨリ複寫シ、新ニ書名ヲ附ス、同書ニアルハ寫ナルモ、影寫カ又ハ當時ノ古寫ト見ユ、廿二年十一月」とある如く、制定時の原本に忠實な寫しか、制定當時の寫本であろう。松平本の體裁は今見るに由ないけれど、蟲損部分が大體同じ位置に等間隔にあらわれ、しかも初め最も大きく、次第に小さくなることから見て、恐らく卷子本であったろう。

さて、底本とした史料編纂所本によれば、本法度は假名交り文、假名は當時の例にもれず變體假名が縱横に用いられている。又既述の如く多くの蟲損がある上、文中には方言・訛語と見るべきものも相當あり、さらに松平本の原本に既に存したものか、その後の書寫で生じたものか明らかでないが、若干の誤脫も認められる。明らかな誤脫と認むべき箇所を擧げれば次の如くである。

	原　文	誤　脱
二〇條	〻町〻	〻(ニ)町〻
三六條	義共	義(成)共
三七條	成就	成敗
四六條	をよつ□(て)	をもつ□(て)
六二條	於此度	於此(法?)度
同	まかりたつく候	まかりたつ(へ)く候
同	若人	客人
同	なされ共	なされ(候)共
九三條	さいけんなく	さいけんなく(候)
九四條	をちらしへき事	をちられへき事
同	若人	客人

本史料集に収めた諸家法の中で、この法度が最も難解であることは、多く異論のないところであろうが、その原因は大體以上の諸點にあると思われる。編者は關東・東北地方の古文書・記錄・方言集に方言・訛語解讀の典據を求め、結城市の石島吉次・富高武雄・沼田一の諸氏に同地方現用方言の教示を仰いで、解讀作業を進めた(その際、慶長初年常陸から出羽秋田に轉封となった佐竹氏の臣梅津政景の日記はきわめて有效であった)が、なお編者の力及ばず、未考のままにのこさざるを得なかった箇所が少なくない。

なお上記三浦周行舊藏本は史料編纂所本の謄寫本に、三浦博士による朱墨筆及びペン字の補訂、傍註、頭註が施されており、同博士の解讀本として貴重であり、宮川滿氏『太閤檢地論』第Ⅲ部所收の結城家法度は唯一の先行刊本として、及び宮川氏の解讀本として同じく貴重である。又、松本新八郎氏の解讀にかゝるプリントが昭和十九年以降數種出されている。編者は解讀に當たり、これら三浦・松本・宮川諸氏の解讀本に負うところ少なからぬものがあった。

終りに、本法度を主題とした研究は見當たらないが、松本新八郎氏「室町末期の結城領」(同氏著『中世社會の研究』所收)が本法度を研究する上に極めて有益であることを付言しておく。

九　六角氏式目

六角氏式目は近江南半の領主六角氏が永祿十年四月制定した家法である。この家法は、昭和十二年十一月、本史料集の監修者牧健二氏が、本文に詳細な解題を付して『法學論叢』誌上に發表されて、はじめて世に知られるに至ったものである(同誌三十七卷五號「義治式目の發見と其價値」)。牧氏の發見紹介された阿波國文庫本には、外題に「義治式目」とあり、これによって、右紹介以來、義治式目という名稱が學界に用いられているけれども、本史料集が利用し得た傳本によれば、標題必ずしも一定せず、又制定者の署判も、六角義治單獨のもの、義治と父承禎と連署のものなどがあって、制定者を六角義治一人と見なすことは必ずしも適當ではないので、本史料集では六角氏式目と題することとした。以下、主として牧氏の解題に依って、制定事情、本文の形式内容について略述する。

六角氏は鎌倉幕府創業の功臣佐々木定綱以來、佐々木家の嫡流、近江國の守護として、四百餘年の命脈を保った名家である。すなわち定綱の子廣綱の時、承久の亂で京方にくみして亡ぼされたが、廣綱の弟信綱が代って近江の守護、佐々木の惣領となった。降って室町時代には近江北半の守護職は庶流高氏(導譽)系に割き與えられ、惣領家は國の南半を保って、蒲生郡觀音寺城を居城とした。惣領家は京都の六角に住して佐々木六角とよばれ、庶流高氏系は同じく京都の京極に住して佐々木京極とよばれ、やがてそれぞれ六角、京極を苗字とした。六角氏は天文の末年、定賴の歿した頃から、京極氏の下から興った江北淺井氏の强盛に押されて、家運急速に傾き、加えて、定賴の子義賢(承禎)が家督を子義治(初め義弼)に譲った翌年永祿六年十月、義治が重臣の一人後藤賢豊父子を暗殺した事件を端緒として内亂が起こり、觀音寺城及び城下町の石寺は焼かれ、義賢・義治はそれぞれ重臣三雲賢持、蒲生定秀の許に遁れた。これを觀音寺騷動という。内亂は定秀らの調停で收まったが、永祿九年六角氏は淺井氏と戰って慘敗し、いよいよ衰亡に瀕する。六角氏式目はまさにこのような状況下に制定されたものであって、本文首部にいう「當國一亂」とは永祿六年の觀音寺騷動を、又重臣及び制定者の起請文にいう「南北鉾楯」とは江南六角氏と江北淺井氏の抗爭をいうのである。そしてこの式目が制定された同じ年の内に、義治は家督を弟義定に讓り、ついで翌永祿十一年織田信長の侵入によって、義賢・義治父子以下國外に逃れ、四百年の命脈を保った近江の守護六角氏はここに亡びるのである。

この式目は、冒頭の「當國一亂以後、不レ任二公私意一、猥輩爲二御成敗一條々」という題號によって制定の目的が明示され、本文の後に付せられた重臣連署の起請文に、「御政道法度之事、得二御諚一、愚暗書立備二上覽一、被二許容一」とあって、重臣等の起草上申、六角氏の承認という手續を經て成ったことが分かるが、さらに主君が訴訟を糺明することなく、一方の言分だけで御判・奉書を下付すべからざること(三七條)、訴訟取次の資格は連署の重臣に限るべきこと(六六・六八條)などが規定され、式目の規定全體を遵守すべきこと、戰功の賞賜に偏頗あるべからざることなどを、六角氏が重臣らに誓約している(六角氏起請文)點に注目すれば、重臣らは單なる式目起草者たるにとどまらず、式目制定の主唱者であり、彼らの主たる目的は、主君六角氏の恣意の施政を制約するにあったとすべきであろう。

式目制定の經緯及び目的が以上の如くであったとしても、それが六角氏の家法であることを示すには、形式的にもせよ制定權をもつ六角氏の承認が必要である。六角氏の起請文はすなわちこれを示すものであって、この起請文に署判が加えられることによって、式目制定の手續は完結したのである。そこで六角氏起請文の署判が問題となるが、この點は、前記の如く阿波國文庫本が義治の單獨署判、大谷本が承禎・義弼の連署、布施本が承禎・義治の連署、和田本・和田一本が義秀の單獨署判となっており、諸本區々として一定しない。今、事實について見ると、義治は初め義弼といったが、(永祿十年)三月廿八日付の書狀にすでに「義治」と署名している(近江、觀音寺文書所收、安國寺質流相論一件文書)から、その翌月に當る式目起請文の署判は「義弼」(大谷本)ではあり得ず、「義治」(布施本・阿波國文庫本)を正しいとすべきであり、又、式目制定當時、義治は六角氏當主の地位にあったとは言え、なお父承禎が國政に關與する實情であったから、承禎・義治の連署(布施本)こそ、かゝる實情を正しく反映する形式であり、恐らく式目の原形を示すものであろう。もっとも、制定の時點に於て、又その後に於て、義治が右の連署形式のものの外に、彼の單獨署判の起請文を付した式目を下付することも十分ありうるわけであって、阿波國文庫本はその種の傳本の一つかもしれない。和田本、同一本に見える義秀は僞系圖の作者として知られる澤田源内が創作した人名である(谷春散人「澤田源内僞撰書由來」、『歷史地理』八巻一・二號)。和田一本の「秀」が「治」の改竄であり、和田本の「義秀」も同様改竄の結果であるらしいことは後述の如し。

　題名については、牧氏の紹介された阿波國文庫本には、標題に「義治式目」とあるが、これは同本の六角氏起請文の署判が「義治御判」とあるによって、後人の付したものであろう。和田本の外題に「近江式目」(和田一本の外題には「近江式」)とあるのも同様であろう。ところで、丁度この式目制定の前年に當る永祿九年に起こって翌年の式目制定後に及ぶ芦浦安國寺質流相論という一件がある。この相論は重臣起請文の中にその名の見える後藤高治と進藤賢盛の間で爭われ、同じく起請文に見える狛、布施、永田、三上、三雲成持らが後藤の側に立って周旋しており、或いはこの事件が部分的にもせよ、式目制定の動機となったのではないかと思われるのであるが、その一件文書(近江、觀音寺文書)の中にある(永祿十年)七月十八日の三雲成持書狀に、「度〻申上候安國寺之儀、後藤被二申上一目安狀、不レ被レ及二御一覽一、被二返下一候、其段申聞候處、彼家中歷々至二當所一相越申事二、(二)御公事理非ハ御糺明次第候、殊今度御置目も有レ之事候間、其掟下として何として可ニ相破一候哉、後藤我等緣者と申、歴々入來候而歎申所、つきはなしかたく候、皆々へのとゝけにて候間、旁以かゝへておき申、御なけき申候ハて不レ叶事候、(二)今度御置目御順路之旨、公私御誓紙之上者、双方目安を被ニ御覽一、理非を被レ付候者、たかひの恨述懷も不レ可レ有レ之候間、被レ加ニ御分別一、御順路之儀可ニ忝存一事」と見えている(傍線、番號は編者)。この文中、傍線(一)の部分が式目三七條を指し、同じく(二)の部分が式目末尾の六角氏(公)及び重臣(私)の起請文をさすことは明らかであって、ここに引用した後藤氏家中の主張及びこれを支持する三雲成持の主張は、まさに式目制定の趣旨に卽して、主君六角氏の恣意を制約せんとするものであるが、ここでは、式目が六角氏の家中に「今度御置目」とよばれている點に注目したい。すなわち、この式目は、もともと冒頭の「當國一亂以後、不レ任ニ公私意一、猥輩爲ニ御成敗一條々」の外に、原題と見るべきものなく、當時家中の間では單に「今度御置目」とよばれたのである。

式目の條數は六七ヵ條、神社寺院の規定に始まり、所領相論、年貢收納、刑事犯罪、家族關係、債權關係、訴訟手續など多岐にわたるが、年貢收納その他農民支配の規定及び債權關係の規定が特に詳細であること、押（オサヱ）奉書、立符など六角氏權力の發動手續に嚴密な規定を設けていること、これと關連して訴訟手續について詳細かつ特色ある規定を設けていることなどは、この式目の特色として、すでに指摘されたところである。

傳本には大谷本、布施本〔布本〕、阿波國文庫本〔阿本〕、和田本〔和本〕、和田一本〔和一本〕の五本がある(〔　〕内は本史料集校訂上の略稱)。

大谷本は滋賀縣野洲町大谷雅彥氏所藏。大谷氏はもと三上神社の神官という。この本は昭和三十八年、滋賀大學教授河井勇之助氏の發見にかゝり、その後、東京大學史料編纂所に於てもこれを採訪した。册子本、二七丁。毎半丁七行。草體を交えた行書體。外題、内題なく、一丁一行より「當國一亂以後」云々と書き出してある。本史料集の校訂に用いた河井教授研究室の寫眞によれば、江戸時代中期の書寫と見られる。二一條に約一行分の脱文があり、他にも誤脱なしとしないけれど、諸本の中では比較的誤脱の少ない善本である。六角氏起請文の後に、永祿拾年五月四日の定三ヵ條が付記されている（その第一條徳政令は、前引安國寺質流相論一件文書に引用されている）。なお、『東淺井郡志』巻四（三二九頁以下）に、三上神社文書（野洲郡三上村三上神社藏）として収められている㈠六角家重臣起請文案、㈡六角承禎父子起請文案、㈢六角家式目は、大谷本の重臣起請文以下の部分に當り、彼此對校すると、一二の誤植もしくは省略と覺しい點を除けば字句ほとんど一致し、ことに永祿十年五月四日の定、二條の缺損部分まで符合する。大谷本の所藏者がもと三上神社神官である點も考慮に入れると、彼此實は同本ではあるまいか。

布施本は滋賀縣高月町、布施巻太郎氏所藏で、布施氏多年の蒐集史料の一つであるという。昭和三十八年、史料編纂所によって採訪された。册子本、一六丁。初丁空白。二丁初行より「當國一亂以後」云々と書き出してあり、内題外題ともにない。末尾（一六丁裏）に「本云右一册以二建仁清住院之本一書寫畢、十五巻物之内云々」と押紙あり。本文の書寫年代はやはり江戸時代中期と覺しく、毎半丁一〇行、一行一九字。禪僧の語錄、抄物に見られる特色ある書風の細字楷・行書體で書かれており、押紙の本奥書にいう傳來の信ずべきを思わしめるものがある。全文に返點、連讀符、送り假名が施され、間々訂正傍書も見えるが、これらも恐らく本文と同筆であろう。なお、この本には追加が付いていない。

阿波國文庫本はもと江戸時代後期の國學者屋代弘賢の藏書で、同人より徳島藩主蜂須賀氏に獻ぜられて、阿波國文庫に入ったもの。昭和十二年牧健二氏によって、徳島縣立光慶圖書館保管の阿波國文庫の中より發見紹介された。この本は太平洋戰爭中、戰災で燒失したが、牧氏の寫眞版、豐田武氏の靑寫眞（史料編纂所にその影寫あり）及び牧氏の紹介（前掲）によって、これをうかがうことができる。美濃判袋綴五〇丁、表紙に「義治式目」と外題あり、六角氏起請文の後に「就三御沙汰御法被二定置一、目安狀幷訴訟錢、奉行被二仰付一條々」と題する三ヵ條があり(大谷本にある永祿十年五月四日の定三ヵ條はない)、その後に左の本奥書がある。

天正十一年十月十九日書之　□□(判讀不能)(花押)

この本の書寫年代は江戸時代末であろう。

和田本は滋賀縣大津市、和田滋穗氏所藏。昭和三十九年史料編纂所の採訪にかゝる。册子本三四丁、毎半丁六行。外題に「近江式幷副書又誓詞アリ」、內題に「近江式目」とあるが、外題は本文と別筆。間々、返點、連讀符、送リ假名、フリ假名、訂正傍書、說明註に類する傍書あり、何れも本文別筆(傍書は外題と同筆か)。六角氏起請文の署判は、日下の部分を切取って、その左に義秀と書き改めてある。切取り部分はわずかに殘る一字目の頭部と二字目の左端によれば、もと「義治」と書かれていたらしい。六角氏起請文の後に、阿波國文庫本と同じ目安狀幷訴訟錢に關する追加三ヵ條がある。全體に、行草の亂雜な書寫で、江戸時代後期のものであろう。

和田一本は同じく和田滋穗氏所藏、史料編纂所採訪。册子本二六丁、表紙なく、毎半丁七行、毎行大略、十五、六字。間々、返點、連讀符、フリ假名、訂正傍書を施してある。六角氏起請文の署判は、日下に「義治判」と書き、「治」を「秀」と改めた上、その下に細字で「義秀判」と再記している。起請文のあとに阿波國文庫本、和田本に見える追加三ヵ條の中、前二ヵ條がある(最末丁裏が丁度追加第二條で終っているから、或いは第三條を記した一紙が亡佚したものかもしれない)。本文の書寫年代は和田本と同じく江戸時代後期であろう。

以上五本を對校した結果によれば、多數の異同の中には、書寫によって生じた誤脫とは見なし難い箇所がいくつか見出される。その主なものを擧げれば、

六條　　寺庵(阿本・和本・和一本)　　寺領(大谷本・布本)
七條　　建立(阿本・布本・和本・和一本)　　定置(大谷本)
三八條　　棄捐(阿本・布本・和本・和一本)　　寄破(大谷本)
六角氏起請文二條　依奉公(阿本・布本・和本・和一本)　　就親近(大谷本)
同上三條　令偏頗(阿本・布本・和本・和一本)　　致偏頗(大谷本)
同上四條　正直(阿本・布本・和本・和一本)　　廉直(大谷本)
追加　　目安狀并訴訟錢三ヵ條(阿本、和本。和一本は二ヵ條)　永祿十年五月四日定三ヵ條(大谷本)　追加ナシ(布本)

右によれば、阿本・和本・和一本の間に親近關係があり、これを同一系統と見なすことができる(以下、これを阿本系という)、これに對して大谷本は全く異系統に屬し、又布本は阿本系に近いけれど、なお同系統とは見なし難い。そして右に表示した以外の異同についても、大體この區分は適合する。從って、現在知られる五本は、A大谷本、B阿本系(阿本・和本・和一本)、C布本(A・Bの中間)の三種に大別される。本史料集には、比較的誤脫の少ない大谷本を底本とし、他の四本を以て對校した。但し、和本と和一本は近似の點が多いので、和一本は參考にとどめて、特記の必要ある點のみを註することとした。

終りに、既往の活字本には、牧氏が法學論叢誌上に載せたものと、宮川滿氏が『太閤檢地論』Ⅲ(昭和三十八年刊)に收錄したものとがある。何れも阿本の複刻であって、義治式目と題されている。

一〇　新加制式

新加制式が阿波三好氏の法度であると説かれたのは中田薫氏である（「板倉氏新式目に就て」『法制史論集』第三卷、六八五頁、註一一）。氏は、これまで『大日本史』が巻二一七、玄慧傳中に、新加制式を足利尊氏時代の幕府法と述べたことに對し、二〇條に「可レ被レ追ニ却分國一」の文言があることから分國法であると主張し、八條「但實休時遁來之族者」の實休は三好實休（義賢）を指すと説かれた。そしてその裏付けとして、三好別記に、實休の歿後長春が嗣ぎ、「實休の舊臣篠原騆雲（他本に紫雲とあり）才智あるゆへに、藥師といふ智者を崇敬して諸事を相談し、式目を以訴訟を分、萬事に私なかりけれは、諸人恨みを不レ存、阿波讃岐淡路の三ケ國よく治り候由」とあることを擧げ、こゝにみえる式目こそ新加制式であると斷じられた。騆雲は正しくは岫雲、俗名を篠原長房といゝ三好氏の家宰として威を振ったが、天正元年五月主家の三好長治（三好別記にいう長春）及び細川眞之に攻められ敗死した。

制作年代について中田氏は、以上のような所論の結果として、實休討死後、篠原岫雲切腹の天正元年迄の間、まず永祿年間であろうと推定された。實休の歿したのは永祿五年三月であるから、その後約十年間のものということになる。

本法度は、現在本文を見ることのできる神習文庫本によると、二二ヵ條より成っているが、上述『大日本史』には二一ヵ條とあり、この條數は彰考館文庫所藏の草稿本でも變りはない（なお玄慧傳は、草稿本では巻二一八に收載されている）。從って草稿作成時の數え違いや誤記でないとすると、『大日本史』編纂に用いた本法度は現存本とは異なる一本ということになる。

傳本としては寫本一本があり、『續史籍集覽』に複刻されている。

新加制式　（寫）一册　無窮會神習文庫所藏

「玉篋」に収められている寫本で、建武式目・新加制式・沙汰未練書・式條之外御成敗條々・武政軌範が合綴されている。新加制式は二二ヵ條が九丁に書寫され、返り點・送假名・連結符が付されている。建武式目・沙汰未練書等には朱點、朱註を施した部分があるが、本書では朱筆の書入れは全くない。奥書はなく、傳本の由來は明らかに出來ない。

本書の又寫本は、東京大學史料編纂所にあり、「明治廿五年四月井上頼圀藏本ヲ寫ス」との奥書がある。しかし誤寫がまゝある。

『續史籍集覽』十七に收錄する新加制式は神習文庫本に據ったものと思われるが、奥書はない。しかし、新加制式に續く收載書が沙汰未練書以下武政軌範に至るまで神習文庫本と同一で、語句までほゞ一致し、且つ最後の武政軌範の奥書には、神習文庫本にのみ存する井上頼圀の校語をそのまゝ收錄していることから、集覽本は神習文庫本の版行であろうと推定できる。

一一　長宗我部氏掟書

一　長宗我部氏掟書

長宗我部氏掟書は土佐長宗我部氏の法度である。傳寫本の書名は「長曾我部元親百ケ條」(明大本)「元親盛親連判掟」(山内本)「長曾我部百ケ條」(神宮文庫本)「盛親元親百ケ條」(同上奥書)等と題しているが、原題はなく、「掟」で始まる九九ヵ條乃至一〇〇ヵ條より成る法度である。制定者は、明大本には明記なく、南路志本が文祿四年の細記した年次の下に元親のみの名を記しているほか、諸本共盛親・元親の連署を載せ、兩人の制定の體裁をとっている。制定年次は明治大學本・蠹簡集本は共に文祿五年十一月十五日、山内本以下は慶長二年三月廿四日としている。南路志本のみ慶長貳年三月十四日と書いた左側に更に文祿四年乙未二月朔日の日付を細記している。このうち、文祿五年本と慶長二年三月廿四日本とは條數の問題と關係して後述するが、南路志本の十四日が廿四日の誤りであるとしても、文祿四年の年次の根據は全く判らない。

さて文祿五年本についてみると、同年は十月廿七日慶長と改元しているのであるから、文祿五年本の制定は改元後のことである。しかるに尙、舊元號を用いているということは、制定者が當時、京畿に居なかったことを示しているから、同法令の制定場所も京都・大坂以外でなければならない。長宗我部氏の當主である元親は、同年四月、大坂邸に豐臣秀吉を接待しているが、その後の動靜を明らかにしがたい。『長曾我部元親記』下、高麗赤國陣之事によれば、同年十月には朝鮮に出兵していたことになるが、この記事は、恐らくは翌慶長二年出兵記事の誤りであると考えられる。その理由は、例えば軍功のしるしとして敵方の鼻を削いで鹽漬けとして實檢にそなえたことが同記にみえるが、この事實を確實な史料に徵しうるのは、慶長二年出兵時を初めとする。同記以外、元親が文祿五年在鮮したことを傳える史料はない。また管國を離れ、異國轉戰下にあって、領國支配のための法規の制定にあたることは、不可能ではないにしても、あまり現實的ではない。とすれば、制定は京畿でも、朝鮮でもなく、領國土佐に於て行われたと考えてよかろう。因みに、土佐では、文祿五年を通じて、新元號慶長を用いていない。

本掟は明大本九九ヵ條、山内本・神宮文庫本一〇〇ヵ條、蠧簡集本・類從本一〇一ヵ條から成っているが、一〇一ヵ條本は、四一條と九九條に同文の「質物事」を重出しているので、實際の内容上は一〇〇ヵ條本と同じことになる。また明大本は山内本の一〇〇條「親類中へ之わけ分事」の項を缺いている。井上和夫氏は、『長宗我部掟書の研究』のなかで、明大本のこの一條を「無論筆寫當時の脱漏であることは明らかである」と斷定しておられるが(八九頁)、これを誤脱とみるか、或は文祿五年制定は九九ヵ條であったものを、慶長二年一ヵ條を加えて一〇〇ヵ條としたとみるか、二通りの考え方ができる。その一條が最後の項である點、また明大本は後に典據史料の略說で述べる如く「上聞」「御意」等の字の上を闕字にするように意を用いたかなり丁寧な寫しであることを考慮すると、先の二つの設定のうち、後の場合が妥當するものではないかと思われる。この場合、明大本と同じ文祿五年本に屬する蠹簡集本は九九ヵ條でないことが難點のように見られるが、同本は前述の如く「質物事」を重出する系統の本であることをみると、原本からの忠實な寫本もしくはその轉寫本ではなく、必ずや、他本との校合を行って成立した本であるか、或はその轉寫本であろう。從って同本が一〇〇ヵ條本の條項を完備しているにしても、それは九九ヵ條本と一〇〇ヵ條本とを校合、補入した結果であろうから、それにより、文祿五年本が九九ヵ條であったことを否定する根據とはなりえないのである。

傳本の種類　傳本は制定年次によって分けるならば、南路志本の註記にみえる文祿四年本が最も古いものである筈であるが、この本が果して、現在いわゆる長宗我部氏百ヵ條と稱するものの一本なのかどうか明らかでない。同本の本文は、慶長二年本を用いたことになっているが、同年本には勿論、文祿五年本にもみえぬ文章が、まゝ記載されている。七條、四八條、七八條の末尾に附せられた附加文言がそれである。或はこれらの文章が文祿四年本の名殘なのであろうか。

長宗我部氏掟書として、明確に本文、體裁までを知りうるものは、文祿五年本と慶長二年本である。前者に屬するものには明大本と蠹簡集本があり、この兩本の特徵は前述條數の項の部分でふれた。

慶長二年本は群書類從等により世上に流布した本で、山內本、神宮文庫本のほか、南路志本・土佐類從本等いずれも、この系統に屬する。尙、所見の機會を得なかったが、井上氏によれば、山內家所藏の土佐中村本、井上氏所藏本も又、この類に入る。以上の諸本を圖示すれば左の如くである。

文祿四年本？　南路志本書入？

文祿五年本 ｛明大本　九九ヵ條
　　　　　　 ｛蠹簡集本 ｝一〇一ヵ條
　　　　　　 類從本──→土佐類從本 ｝

慶長二年本 ｛山内本・土佐中村本・神宮文庫本・井上氏本・南路志本｝一〇〇ヵ條

傳本のうち、山内本は、東京大學史料編纂所の調査及び井上氏著書の口繪寫眞に徴するに原本とみられる。また同氏によれば、土佐中村本も「桃山期の最も味はひ深い書道大家の筆跡なるを思はせるに十分で」「元親・盛親の花押があり」、延享四年「幡多郡中村山内分家より山内本家に指上げたもので、中村町人所持のものを差出させたもの」と紹介されている（同上書七五頁以下）。この外、山内家には古く、元親自筆之百箇條と稱する直判の一本があり（同上書所引「元親百ヶ條由來」）、享保の頃、「野市村郷士下司貞兵衞藏百ケ條一册、慶長二年三月廿四日盛親元親花押有レ之、所持」なる本が存在した記事がある（蠹簡集拾遺六）。これ等が後代の摸寫でないとすれば、慶長二年本の掟は、元來多數書寫頒布されものであることが知られる。

さて、この種の本相互間には單なる字句上に止まらず、條項の配列にも相違がある。神宮文庫本は明大本に同じいが、山内本・南路志本は明大本一五條を三三條の次に入れ、山内本と類從本・土佐類從本の三本は三九條と四〇條とを入れ換えている。以上の相違をすべて、原本である山内本が正しく、他本は誤りと速斷することは、既述の如く、原本は山内本に限らず多數書寫頒布されたであろうことから考えて危險である。事實、一五條は訴訟を女房衆が取次ぐことを禁止したもので、前條が訴訟の奏者に關する規定、後條が裁決後の再訴訟の規定である。これを山内本の如く、三三條の次に移せば、前後條項はともに女犯關係の規定で、その間に訴訟取次の條が入ることとなり、この三條は女ということで共通する點はあるにしても、甚だ奇異な配列となる。従ってこの部分は、山内本と異なる諸本が誤りとは云えないのである。そして又、語句等の相違についても同じことがいえよう。この意味で、各の諸原本、あるいは諸寫本の原となった制定原本の體裁、字句が求められるべきものなのであるが、明らかにしがたい今、慶長二年本の原となったと思われる文祿五年本は貴重な存在といえる。しかも同系統本中でも明大本は、奥書によると、慶長二年六月晦日、すなわち文祿五年の制定から僅かに七箇月餘の後の書寫である上、誤寫とみられる部分も極めて少ない。本文の底本として用いた所以である。なお蛇足ながら、右の明大本の地位を、山内本との對比において確かめる一例を提示しておこう。山内本は六七條の法文で「其職人頭申付儀令信用諸事申付儀聊……」と、「申付儀」のあり場所を、「職人頭」の下から「諸事」の下に改めている。この三字は明大本に「其職人頭申付儀令信用」と抹消された部分に存在するから、山内本が敢えてその原本のあり場所から新しい場所に移したのではないかとの疑惑を懐かせる。とすればこの部分に關する限り、山内本の原本の體裁は、明大本と同じかったと推斷できるのではなかろうか。

一　長曾我部元親百ケ條〔明大本〕　(寫)一冊　明治大學刑事博物館所藏

中村直勝氏舊所藏本。原題なく、最近付けた題簽が表紙左上に、「長曾我部元親百ケ條慶長二年」とある。現在は新しい帙に入っているが、帙にも外題と同じ題名が、同筆で著されている。

表紙裏表紙とも本文と同じ紙質のものを二つ折にして付けている。表紙中央やゝ右寄りの部分に文字の痕跡を残しているが、擦り消えているため讀むことは出來ない。綴じ穴は四つあるが、綴絲は縦絲をかけず、四箇所それぞれ横絲を結んでいるだけで、いわゆる明朝綴になっていない。表紙一枚、副紙一枚、本文として九九ヵ條四三枚、その後に近習之輩事八枚、中間の規定四枚、つゞいて副紙一枚、裏表紙一枚、合計五九枚の楮紙を袋綴にしたものである。本文第一紙表右下と、後の副紙裏左下に印文「雙柏文庫」の朱印各一顆があり、中村氏の舊藏本なることを示している。
本文は半丁五行書で、條數九九ヵ條、文祿五年十一月十五日の年次を据える。書體は古く、確かな寫しで、本文中しかるべき語の上を闕字としている。すなわち、一〇條「上聞」、四八條「上聞」、八〇條「御意」、八一條「上聞」、八二條同上(二ヵ所)、八三條「上意」、八九條「上聞」の上がいずれも闕字としている。このことは、該本が非常に丁寧な寫本であることを示すと共に、同本の筆者もしくは、その原本の筆者が長宗我部氏と何等かの直接的關係のあることを想像させる。

(奥書)
右一巻、内々懇望之條、本之儘寫進レ之候、定而落字等可レ在レ之候、嘲後見いかゝ迄候也、

慶長二年六月晦日書之　似□(花押)

二　元親盛親連判掟〔山本〕　一册　舊土佐藩主山内家所藏

この本は、井上和夫氏によれば、表紙に

慶長二年
三月廿四日
元親盛親連判掟

と記され、桐箱の表書には「元親百箇條」とある。東京大學史料編纂所架藏、「史料蒐集目錄」二五九(昭和七年東京府)、東京市澁谷區代々木山谷町二〇八侯爵山内豐景氏所藏史料の目錄中、

一　長曾我部百ケ條　一册

原本ナリ、慶長二年三月廿四日盛親元親ノ連署花押アリ、群書類従本ト異同アリ、史料編纂所々藏木版本ニ注シタリ、

の記事をみる。この本は井上氏の紹介された本と同じ書物と思われるが、兩本間には尚些少の相違があり完全な一致をみない。本文校訂には、いま姑く、編纂所の木版類従本の書き込みを用い、井上氏が前掲著書の口繪に掲げられた

巻首と四、五條及び日次署名部分の寫眞を併せ利用した。尙、山本大氏によれば、本書は焼失し現存しない由である（『群書解題』武家部二、一四頁）。

三　土佐國蠹簡集本（蠹本）（寫）一册

土佐國蠹簡集は、土佐關係史料を年次に從って收載しているが、長宗我部氏掟書は文祿五年十一月十五日の制定年次を明記し、同書巻六、文祿五年十月廿一日の坪付の次、同年霜月廿貳日坪付の前に收められている。蠹簡集本は全法文一〇一ヵ條あるが、八四條の一打ちを脫し、そのかわり四一條と九九條に質物規定を重出しているので、體裁上は一〇〇ヵ條本となっている。同本の性質・特徴に關しては、既述條數の項、後述群書類從本の略說の部分を參看されたい。

本文校訂本として用いたものは、東京大學史料編纂所架藏謄寫本で「地誌備用圖籍之記」の朱印を踏する。袋綴、掟は半丁一〇行書、一五丁に收められている。末尾に

右一筆高知北村武兵衞藏、此外今莊監家藏之者亦多、蓋秦圭時頒ニ鄕村一也、

との註記がみえる。

四　長曾我部百ケ條（神本）（寫）一册　神宮文庫所藏

外題は表紙左上に打付書で「長曾我部百ヶ條　全」と書いている。本文袋綴三五枚、奥書一枚より成り、半丁六行書である。巻首上部に、印文「林崎文庫」の矩形朱印、同下部に同じ印文の短册型朱印一顆を踏している。また第三六紙裏左下に「天明四年甲辰八月吉旦奉納／皇太神宮林崎文庫以期不朽／京都勤思堂村井古巖敬義拜」と三行に刻んだ矩形印がある。奥書は左の如し。

右題號盛親元親百ケ條云々

天明三卯臘月三日寫了　　　　洛東隱士村井古巖

本書は百ヵ條の慶長二年本であるが、本文校訂に用いた諸本のなかでも、最も明大本（底本）に近い一本である。そして又、本文中、所々闕字の體裁を殘しているが、明大本と照合してみると、まゝ闕字とすべき所を追込んでしまった部分もある。八二條「上聞」八三條「上意」八九條「上聞」の三ヵ所が闕字とし、八二條の後出「上聞」は丁度行頭に來ているため、それを加えると、四ヵ所ほど敬意を表する體裁を殘し傳えていることになる。明大本に字句上近い點、闕字の體裁を傳存する點など、本書は掟書の古體を傳えているものといえよう。

五　長曾我部元親百箇條〔類本〕（板）一册　群書類從本

群書類從武家部卷四〇三所收。「右元親百箇條、以二馬詰親音本一書寫、以二一本一校、」なる奥書がある。類從本の特徴は蠹簡集本と同じく一〇一ヵ條より成る點である。從って類從本は蠹簡集本と同系統の本であるが、兩本間には看過しがたい相違點もある。そしてその違いは類從の編者の恣意的改竄や誤脱によるものではなく、一定の傾向が見出されるのである。今、兩者の主要な相違個所の一部を摘出してみよう。

	蠹簡集本	類從本
二二條	年寄	年老
三七條	隣所	（ナシ）
三九條		（四〇條ノ次ニ在リ）
五三條	五貫	五百貫
年次	文祿五年	慶長二年

右の五箇所を他の本と照合してみると、蠹簡集本の語・體裁はいずれも明大本に、類從本のそれは山内本と同じで

あることが判る。蠹簡集本と類従本の相違するその他の個所でも、傾向として右のような結果となる。従って類従本は蠹簡集系統本と山内系統本とより作り上げられた校合本であると言える。但しそれが類従本作成の段階でなされたものか、その原となった馬詰本において既にそうであったのか明らかでない。

井上氏は、奥書にみえる校合に用いた一本に南路志本を充てておられる。根據としては、文政二年三月四日南路志の著者武藤致和の子平道が、同書二巻充を塙保己一に送るべきことを書状を以って約していることをあげる(同上書八七頁以下)。しかし現在類従本の本文そのものから、南路志本を校合に用いたという積極的根據は見出せない。また類従本には、南路志本特有の補足規定が、註の形でさえも見られないから、「一本」は南路志本以外の本であると考える方が自然である。

本文校訂には、群書類従木版本を使用した。

六　南路志本〔南本〕（寫）一册

『南路志』は序文によると一二〇巻あり、武藤致和の編集に成る。文化二年より同十年までかゝってその業を終えたという。掟は同書巻四七に、「一　百條目」の見出しを付けて収められている。南路志本は年次署所の部分は左の如くである。

慶長貳年三月十四日　　盛親
　　　　　　　　　　　元親
文祿四年乙未二月朔日　元親

この年次は全く他本にみえない獨特のものである。條項配列では、一五條公事邊女房衆取次事が三三條の次にある事は、山内本と同じであるが、七三條から七八條までは他本と著しく異なる。今その順序を示すと左の如くである。

（下の數字は底本の條數。）

72　竹子折事　77
73　牛馬事　78
74　竹木等事　76
75　尺杖事　73
76　横道堅停止事　74
77　かつら錢事　75

本文においても、傳本の項で既述の如く、他本にない付加文言が、七、四八、七八の各條にみられる。このほか七二條道路に關する規定（本道事）でも、「同道之事、在々山里浦々共、庄屋堅申付、附内雖レ在レ之、奉行中迄不ニ申届一ハ剪事堅停止也、若又……」とあり、「附」以下「也」まで十九字が他本より多い。しかしこれは七六條竹木に關する規定の文章の竄入であることは明らかである。しかも同書には、七六條にも同文の部分が存在する。從ってこの本は、性格不明の何本かの校合から成る本、あるいはその轉寫本である上、著しく誤寫の多い一本であるため、本文校訂には他本との差違の著しく、しかも是非不明の部分數箇所に限り、參考として頭註に揭げるに止めた。

『南路志』は東京大學史料編纂所架藏本を用いた。同本目錄奧書には

地誌課ノ南路志ヲ謄寫スル纔ニ八十六本ニ過ス、校字ノ際因テ其德目ヲ錄シ、以テ他日ノ搜索ニ備フ、

明治七年七月上浣　　中邨元起　識

の識語が見える。

二　近習輩可勤存條々・中間小者可相守條々

右の二規定は明治大學刑事博物館所藏「長曾我部元親百ケ條」に、收錄されている。卽ち同書は、いわゆる「百箇

條」の後に近習規定八枚、中間小者規定四枚を併加している。

内容は近習以下それぞれの言動に關する詳細な規定で、制定は掟書と同じ文祿五年十一月十五日であるが、掟書に署所が空白となっているのに對し、この二掟書共に盛親一人の名を載せている點が相違している。掟書の付加規則として制定されたと思われるが、それよりも輕く見なされたことを示すものであろうか。

三　長宗我部元親式目

本書は續群書類從本が「長曾我部元親式目」と呼稱しているが、元來は「掟」で始まる法令で原題はない。慶長二年三月朔日の年次と元親の署名を据え、條數二二ヵ條より成る。

本法は主として侍分家臣を對象として制定されたものであることは、本文の大部分が侍の心得、生活戰陣等に關する規定であって、領內人口である他の身分、則ち僧・百姓・奴婢等に關するものが一條もないことにより明らかである。從って逆に、本掟に、特に侍の行爲に關する旨明記のない三條博奕、五條酒宴等の規定も、侍分を對象としたものであることが推斷できよう。從って、本掟は、百箇條掟書に比するに、はるかに限定された範圍を對象とする。その點で、文祿五年の近習・中間等に關する法令と相通ずるものを持っている。尙、百箇條掟書と重複する條文は殆んどなく、關連する條項、例えば五、八、一五條も、百箇條掟書と抵觸しない。

本掟は傳本に善いものがなく、又めぼしい異本も見あたらない。こゝでは續群書類從本を底本とし、他の二本を以て對校した。尙年次署名部分の體裁が諸本相違している。續類從本は署名の次行に年次を書き、南路志本は年と月日を分けて二行に書く。古文叢本は年次・署名を一行に書いている。

一　長曾我部元親式目(底本)　(寫)一册　續群書類從本

『續群書類從』武家部巻六五六所收。「新式目」との合本。首題として朱筆で「長曾我部元親式目」と書く。奥書に「右佐伯杏仙所藏古文書、續蠹簡集に出せるをうつせし故、考書をも記置候、(中略)蠹簡集前編續編共、土佐かゝり候事在レ之古文書を集候書にて候、馬詰親音」とある。馬詰親音に關しては井上氏前掲書九三頁以下に詳しい。本史料集底本には、宮内廳書陵部所藏續群書類從を用いた。尙、本書の轉寫本として土佐國群書類從本がある。

二　南路志本〔南本〕

『南路志』巻四七に收める。

三　古文叢本〔叢本〕

『古文叢』伍のうち土左國古文叢第廿二巻に收錄。本書は南路志の編者武藤致和の子忠五郎平道の編である。平道は『南路志』の編纂をも助けているから、古文叢本は南路志本の寫しとも考えることも出來るし、又、その故に、他本を收錄するという可能性も考えられる。ともあれ、小異があるので校訂に用いた。

一二　吉川氏法度

吉川氏法度は周防國岩國の城主吉川廣家の制定にかゝる。吉川氏は鎌倉時代以降、安藝國大朝新庄地頭職を領したが、戰國時代に至って天文年中、毛利元就の次子元春が吉川家をついで、毛利氏の分國擴大の業を扶け、とくに山陰經略に力をつくした。廣家は元春の三子で、初め經言といったが、天正十五年兄元長の死によって家を嗣ぎ、廣家と改名。天正末年には毛利氏の領內に於て、隱岐一國・伯耆三郡・出雲三郡・安藝の一部を領して、出雲の富田城に據った。關ヶ原の戰後、毛利氏の領地削減にともなって、周防に移り、元和三年家を子廣正に讓り、寛永二年六十五歳で歿した。

吉川氏法度は、同家に傳來する折本仕立ての廣家自筆本によれば、外題に「自二前々一年寄共申渡候ケ條」、書出しに「覺」とあり、末尾に、左の如く日付、充所、差出書がある。

元和三年卯月廿六日　　　　　　　　廣家（花押）
　吉川佐介殿（廣正）
　吉見彥次郎殿參（就賴）

充所の吉川佐介は廣家の嗣子廣正、吉見彥次郎は同じく廣家の子就賴である。外題によれば、この法度は、それ迄廣家が制定發布した個別法令を集めたものであるが、法度集成の時期と、法度を嗣子に與えている事實には、特別の意味があったと考えられる。すなわち、廣家は、この前年元和貳年六月十六日付で、家の重書、重代の太刀以下の什寶を嗣子廣正に讓っており（吉川家文書之二、一三六〇號）、法度の日付二日前の元和三年卯月廿四日に、「御用ニ罷立衆」即ち吉川家の功臣を、奉公の内容別に列擧した人數帳を作成して、法度と同じく廣正、就賴に與えており（同上文書之二、追加二號）、同年九月三日には、吉川家と宗家毛利氏との關係を說き、廣正の將來を諭した遺訓と見るべきものを、廣正に與えている（同上文書之二、一三一三號）のであって、これらの事實を參照すれば、廣家が晩年退隱の時に當って、彼がそれ迄制定發布した法令の次代に遺すべきものを集成して、家の基本法規たらしめんとするのが、法度作成の意圖であったと見ることができる。後述の如く、條文排列の順序を見ても、既出法令の單なる集成たる以上に、整理のあとがうかがわれ、内容もまた大名の基本法たるにふさわしく、家中統制、領内支配、民事刑事裁判等の諸重要規定を備えている。本掟書の成立は近世初頭に屬するけれども、所收條文の原制定年時が慶長以前に遡りうることと、本法度が吉川家の基本法規たる性格をもつことの二點に注目して、本法度を中世武家々法の第一部の中に加えた。

さて、本法度は全一八五條より成るが、形式内容より見て、一―一七〇條と一七一―一八五條の前後二部に大別される。前半には、家中の軍役、奉公規定（一―一四）、刑事規定（一五―一二一）、家中日常の統制規定（一二二―一三一）、物品の盜取・貸借に關する規定(三二—三四)、領內支配の規定(三五—四九)、家族法に關する規定(五〇—五五)其他があり、後半には、前半部の二條に「年頭歲暮之禮儀、錫鹽硝之事、別紙ニ在之」と明記された別紙が、「年頭歲暮禮儀、鹽硝錫之事」と題して七一—七四條に揭げられ、同じく三條にいう別紙が、七五—八四條に、二七條にいう書物が一二六—一三七條にあるような、前半部所收條文の細則や、右のように前後の對照は明示しないけれども、やはり前半部所收條文の細則もしくは付則と見るべき具體的な細目規定が、普請之事、番之事、振舞之事、町中掟などの題號を付して配列されている。すなわち、本法度の前半部は基本規定、後半部はその細則及び付則と見ることができる。

ところで、この法度に、京都所司代板倉勝重の制定と傳えられる板倉氏新式目と酷似した條文があることは、この法度を利用する上に注意すべき事實である。中田薰氏の研究によれば(『法制史論集』第三卷所收「板倉氏新式目に就て」)、板倉氏新式目は慶長八—十七年の間の制定にかゝり、中世的な內容の規定が多く見られるという。板倉氏新式目と吉川氏法度との關連性については、離別の妻の財產處分について石井良助氏の指摘がある(『法學協會雜誌』六十之十二、「中世婚姻法」三七頁、註24)が、今、兩書の全條文を對照檢討すると、文章の酷似するもの及び規定內容の一致するもの一八ヵ條を數えることができる。これを表記すれば次の如くである(板倉氏新式目及び、同式目の異本とされる京都所司代板倉氏父子公事扱掟條々(板倉掟條々と略稱)、國立國會圖書館本「勝重式目」の相當條文を併記した。板倉氏新式目と板倉掟條々とは德川禁令考前集第六所收本に據る。勝重式目については東京大學大學院學生今井典子氏の調查に負う)。

吉川氏法度	板倉氏新式目	板倉掟條々	勝重式目
二一條　火事々	三二條		三六條
三三條　盜人贓物事	九條(後半)	六條	五條
四六條　田地旱水損事	四五條		三三條
四七條　放牛馬事	四三條		三一條

五一條	親子間事	一九條	一四條	一三條
五二條	僧俗師弟間事	二三條(前半)		四九條(前半)
五三條	夫婦間事	一七條	一一條	一〇條
五四條	養子事	一九條付則	一五條(付則)	一四條(付則)
五六條	山林野原河等堺目入相事	三八條		二五條
五七條	町屋堺目相論事	三七條	一八條	一七條
五八條	謀判事	一三條	七條	六條
五九條	密懐事	一八條	一六條	一五條
六〇條	出家亂行事	五六條	一七條	一六條
六一條	前判後判出入事	一四條	二二條	二一條
六二條	相論和平扱事	三條		五三條
六三條	親子咎相互懸否事	二一條		五四條
六四條	敵討事	二二條		四七條
六五條	毒害事	三一條		三九條

右は單に對照條文數を示したにすぎないが、本文を比較對照すれば、吉川氏法度と板倉氏新式目との間に直接の母子關係もしくは姉妹關係のあることは明らかであろう。板倉氏新式目の原形如何の問題もあって、詳細な檢討は今後にまたねばならないけれど、大よその印象としては、吉川氏法度(の右對照箇條)が板倉氏新式目を模したと見られる。然りとすれば、吉川氏法度のこの部分は、元和三年に比較的近い時期に制定されたものとなろう。

本法度の傳本としては上記廣家自筆本があり、大日本古文書、吉川家文書之二(追加二號)に収めて刊行されている。本史料集には東京大學史料編纂所架藏の影寫本吉川文書六所收のものを用い、右の大日本古文書を參照した。

附錄一　朝倉孝景條々

本書は越前の守護朝倉孝景の制定した家訓である。題號は「朝倉英林壁書」(黑川本)、「朝倉英林入道子孫へ一書」(新井白石本)、「朝倉敏景十七箇條」(群書類從本)、「朝倉敏景條々」(百和香本)等とあって一定していない。今日では類從本の題名が一般に用いられているが、本書の體裁からして原題はなかったものであろうし、とくに一六ヵ條編成の黑川本に「十七箇條」の名稱は適當しないので、本史料集では、便宜「朝倉孝景條々」とした。

制定者朝倉孝景は法名英林宗雄と稱する。黑川本の末尾にも、「朝倉彈正左衞門尉日下氏、孝景入道英林」と記している。そして諸家系圖纂廿三下、日下部系圖教景の項に「後敏景、後孝景」とあって、敏景は孝景の前名と知られる。『朝倉始末記』に終始、敏景の名で敍述する事蹟は、年代その他より見て孝景のそれに相當する。この點をもっとも明瞭に語るのは始末記本家訓の前文に、「敏景……御家督氏景へモ萬端心持以下ノ條々ヲ被二示置一曰」とあり同じく後文に、「入道一孤半身より盡二粉骨一不思義に國を執しより以來」とある點である。朝倉氏が越前國守護職に補任されたのは、孝景の代だからである。以上によって、孝景と敏景は同一人と見られるが、たゞ「孝景」の名は文明三―同十一年間の文書の署所や、文明十三年七月彼の死歿を傳える中央の記錄(『親元日記』)に見出されるのに、「敏景」の名は、當時の確實な史料に求められず、何時、如何なる場合に「敏景」の名が用いられたのか、明らかにすることができない。

制定年代は、前引「入道……國を執しより以來」の文によって、孝景が越前守護となった文明三年五月から同十三年七月廿六日死歿までの約十年間に限定される。彼は前引の如く、自ら「入道」と稱しており、また彼の死後、子氏景が正宗龍統に贊を求めた孝景畫像は法躰であったらしいが(『禿尾長柄帚』)、文明十一年二月發給の文書(大鹽八幡神社文書・劒神社文書一)には「孝景」と俗名で署名しているから、彼の出家は文明十一年二月以後、從って家訓制定もこの時以後のごく晩年と言えそうであるが、出家入道以後もなお、發給文書に俗名を用いることもありうるから、今はしばらく漠然と上記の十年の間としておく。

條數は既述の如く一六ヵ條本と一七ヵ條本とがある。その違いは、夜能に關する條を五條猿樂事に附加するか、別掲して一條とするかにかゝっている。この條は他の條文に比して著しく短い。或いは本來は、五條の中に含まれていたものかもしれない。

本書の傳本のうち基本となるものは三本ある。この三本を條數によって分類すると、一六ヵ條本の黑川本に對し、一七ヵ條本には新井白石本と朝倉始末記本とがある。もう一つの分類の標識としては、最後の條項から後文にかけての部分の體裁卽ち、「諸沙汰直奏之時、理非少も被レ枉まじく候」と述べた後、役人私曲あらば同罪に處する旨の指示までは諸本、體裁をひとしくするが、この後の「諸事内輪を勤厚に沙汰いたし」(諸本語句に小異あり)以下を、右掲の條文に續ける本と、「右之條々」をこれに冠して、「右之條々諸事内輪を」云々の如く、改行して後文としてしまう本とがある。前者には黑川本・白石本、後者に始末記本が屬する。このようにみてくると、黑川本と始末記本が兩極に對立し、白石本がその中間に位置することになる。このような白石本の位置は、字句文章の比較の點からも確定される。その數例を示すと左の如くである。(條數の括弧は白石本・始末記本の條數を示す)

	黑川本	白石本	始末記本
第四條	名作之刀さのミ	(同上)	名作ノ刀脇指等サノミ
第五條	可然歟	可然歟之事	可爲嘉樂事
第七條(第八條)	國端在庄之侍ハ花麗に恐	國の端々の侍色を好	(同上)
第十一條(第九條)	其身之能を慢し	身の能をのミ本として	(同上)

さて、諸本を一應、三本を基に分類してみると、次のようになる。（……は直接の寫本であることを確定できないもの）

(イ)　黑川本

(ロ)　新井白石本（書陵部本）——閣本
　　　　　　　　　　……群書類從乙本

(ハ)　朝倉始末記本……群書類從甲本　｝鶯宿雜記本
　　　　　　　　——百和香本

次に三本の良否について檢討してみよう。五條「猿樂事」をみると、黑川本は「四座之猿樂切々呼下」云々とあり、白石本・始末記本は「從二京都一四座の猿樂……」となっている。四座とはいわゆる大和猿樂の四座であろう。能勢朝次氏によれば、文明頃、大和四座は興福寺に屬し、毎年二月の薪猿樂を奉仕する慣例であった。しかし金春は多く大和に居住していたが、觀世は京都に、寶生は大和以外の國に居ること多く、恆例・臨時の興福寺關係の猿樂興行の際に歸國參加したという。彼等は、招かれては京都・堺はもとより、河内や中國の大内氏の許にまで足をのばしている（『能樂源流考』）。猿樂師の生活は右のようなもので、彼等を招聘するには、實は京都よりも、奈良に連絡する方が確實である上、越前の河口・坪江兩庄が興福寺領であった關係から、守護朝倉氏と興福寺とは交渉が深かった。孝景の晩年にあたる文明十一年三月廿五日に、「金剛今日向二越前國一」と『大乘院寺社雜事記』にみえるが、これも奈良から越前に出立したのであろう。從って、白石本等に四座の猿樂を殊更に「從二京都一」呼び下すとあるのは、當時の猿樂師の生活狀況の上からも、朝倉氏の興福寺との關係の上からも適切でないように思われる。この點で黑川本は白石・始末記兩本より善本であると云えよう。

黑川本は最も文章簡潔であって、家訓の原形に最も近いと考えられる。白石本は黑川本に比して説明が多いばかりでなく、明らかに、黑川本と意味内容を異にする文章語句を用いた箇所が少くない。或いは、孝景以後、原形を大幅に改補した結果を示すものかもしれない。始末記本は他の二本に比べて學問の素養ある者の手に成ることを思わせる漢語が隨所にみられるほか、書留め文言がまた異様である。後世の改竄の疑を存する本といえよう。よって本史料集では黑川本と白石本を併掲し、白石本は、該本にやゝ近い始末記本を以て對校した。

(イ) 朝倉英林壁書(黑川本) (寫)一册　明治大學附屬圖書館所藏

現在は新しく付けられた表紙があるが、原表紙は澁黄表紙、左上に「朝倉英林壁書」と打付書している。本紙袋綴六枚で裏打ちがしてある。首題は外題と同名。首題の上に、「黑川眞頼」の圓形朱印、三行目第一條末尾下の空白部分に「明大圖書館」「黑川眞頼藏書」「黑川眞道藏書」の長方形朱印各一顆を踏する。半葉八行書、第六丁裏右端に、

寛文[ ]酉十月下旬書寫之者也

の奥書がある。

既述の如く、一六ヵ條構成の本である。

(ロ) 朝倉英林入道子孫へ一書(白石本) (寫)一册　宮内廳書陵部所藏

本書の外題に「朝倉英林家誡白石自筆」、内題に「朝倉英林入道子孫へ一書」とあり、その後に、「朝倉宗滴話記」及び朝倉氏關係文書六點が附收されている。家訓の本文全二八丁、半丁九行書。第一紙表右下に印文「天爵堂圖書記」の朱印を踏する。新井白石の藏書印であり、外題の「白石自筆」なる記載の根據となったものであろう。第二八丁裏左下に印文「源堪之印」陰刻方形朱印、「躬自拙錄」の陽刻朱印各一が捺してある。

本書と同題名の一本が内閣文庫に所藏されている。これは外題「朝倉英林宗滴　完」、扉「朝倉英林宗滴家誡　全」とあり、首題以下の構成、丁數、體裁等ほとんど白石本と同じで、恐らくは同本のかなり忠實な寫本と考えられるが、

白石本同様奥書がない。本文第一丁に印文「祕閣圖書之章」の朱藏書印のほか、本書の由來を示すものは何もない。

(ハ)　朝倉始末記所收本〔始本〕　(寫)一册

『始末記』巻第一「朝倉家由來之事」の中に掲載されている。原題はない。孝景(敏景)が文明三年五月廿一日越前の領有を幕府に認められ、居城を足羽南郡一乘谷に移したことを記した後、「御家督氏景ヘモ萬端心持以下ノ條々ヲ被ニ示置一曰」として、一七ヵ條を記している。

『朝倉始末記』は諸所に所藏されているが、ここでは比較的善本とみられる內閣文庫本に據った。この本は「不羈齋圖書記」「牘庫」「飯塚文庫」の朱印を踏する書で、八巻より成る。書寫年代を明らかにしない。第八巻末に、「明治廿年二月水戶彰考館ニ據テ校ス　福井安宅」の校記がある。假名は片假名を使用している。

始末記本の轉寫本に太田覃(南畝)編『百和香』巻九所收の一本がある。この本は首題を「朝倉敏景條々」とし、その下に「朝倉始末記云御家督氏景ヘ萬端心持以下ノ條々ヲ示シ置ル曰」と註記している。しかし閣本始末記とはまゝ文字の相違がみられる。本書の寫本は國立國會圖書館に架藏されている。

(ニ)　朝倉敏景十七箇條〔類甲本〕〔類乙本〕　(板)一册　群書類從本

群書類從武家部巻四百三に收める。類從本は抄本二本を併載している。今その順序に從って、前なるものを類甲本、後なるものを類乙本と呼ぼう。類甲本は朝倉始末記本と殆んど大差なく、恐らくは始末記本からの轉寫本ではないかと考えられる。そして始末記本の一條から一七條までと後文途中の「他國の惡黨ハ邪魔せぬものなり云々」で終り、それ以下を省略している。

類甲本に對し類乙本は、一七條以下のみを掲げ、一六條までを缺いている。これは類乙本の收錄にあたって、類甲本と異同の少ない前半部分は省略し、差異の著しい後半部分だけを採用した結果であると考えられる。前掲した諸本の分類圖に示した如く、乙本は現在殘っている部分のみから推定するに、黒川本・白石本系統の本であるが、語句文章は黒川本とかなりの相違があり、白石本に近い。從って白石本系統の一本の略本と思われる。特徴は末尾を、

今川了俊歌

子をおもふ親の心のまことあらハいさむる道にまよハさらめや

という和歌で結んでいる點である。

類從本は「右朝倉敏景十七箇條以二奈佐勝皐本一書寫校了」と奥書にあるが、現在の類從本の體裁そのものが、すでに奈佐本にあったものなのか、或は奈佐本とは甲本を指稱するのか乙本にかかるのか明瞭でない。

國立國會圖書館所藏『鶯宿雜記』巻百九十八に収める「朝倉敏景十七箇條」は、群書類從本の寫しであるので、本文の校訂には用いなかった。

附錄二　早雲寺殿廿一箇條

早雲寺殿廿一箇條はまた「北條早雲廿一ヶ條」と稱する書もあるが、ともに原題ではない。本史料集には校訂本の底本である群書類從本の題名を用いた。この家訓が果たして題名にいうように小田原北條氏の祖、伊勢長氏(早雲庵宗瑞)の作であるかどうか、本文中からその徴表を検出することは出來ない。萬治二年版『北條五代記』には、「むかし關東にをいて早雲寺殿をしの狀と號し小札あり、心をろかなる者ハこれをよみならひたりし」とあるから『五代記』成立以前に、宗瑞作と傳えられていたことは明らかである。『五代記』序文によると、同書はもと『見聞集』という三十二册本から、北條氏關係の記事を抽出し、十巻に纒めたという成立事情がわかる。從って右の「むかし云々」の記事もその『見聞集』の文章であると考えられるから、宗瑞作という傳も江戸初期まで遡ることができよう。

成立年代不明。條數は二一ヵ條。

傳本は少なからず存するが、群書類従本以外は、いずれも同一系統と思われる。類従本もまた、同系の一本であるかとも思われるが、奥書等による確證はあがらない。

寫本には、類従本のほか北條五代記本、靜嘉堂文庫本、修史館本、往古令法集所收本等があるが、結論だけを云うと、靜嘉堂文庫本以下は『五代記』または、その原となった『見聞集』から分出したものであると思われる（一々の論證は典據略說に述べる。）。しかし諸本少しく相違があり、殊に靜嘉堂は最も異同が甚しい。

一　早雲寺殿廿一箇條〔類本〕（板）一册　群書類従本

群書類従武家部巻四百三所收のもの。底本としては木版本を用いた。

（奥書）右北條早雲廿一箇條以二瀬名貞如本一書校合了

二　北條早雲廿一ヶ條〔靜本〕（寫）一册　靜嘉堂文庫所藏

松井文庫本（松井簡治博士舊藏本）で、三本の合巻本である。外題は青表紙左上題簽に、

「楠正成壁書　北條早雲廿一ヶ條
松平越中守心得書　合巻」

とある。全一三葉の袋綴册子本で、廿一ヶ條は、正成壁書に續いて、その第二葉裏から第六葉裏にかけて書寫されている。本書第一葉右下に「靜嘉堂藏書」の朱印と、印文「松井藏書」の楕圓形朱印各一顆がある。

本文の後に、

相州湯本に早雲菩提寺を建而金湯山早雲寺と號、永正十六年己卯八月十五日逝去、法名早雲寺殿天岳瑞興居士、此人仁義を以てひとへに民を憐、他國までも其德をしたひけると也、

という記がある。この文章の前半は、『北條五代記』巻一、「伊豆早雲平氏茂由來之事」に、後半「此人」以下は、同書巻四、「北條氏茂百姓憐愍の事」にほゞ同文がみられる。従って、恐らく靜嘉堂文庫本は『五代記』、或はその原である『見聞集』からの轉寫本であろう。しかし『五代記』からの轉寫本中では現存五代記本に最も遠い本である。

（奥書）
文政五年壬午霜月廿九□南窓下凍筆を呵す　　五十七叟 松野直純（花押）

異本見あたり候節子孫等校合すへき事をおもふのみ

三　宗雲寺殿二十一ケ條〔修本〕（寫）一册　内閣文庫所藏

修史館本、橙色の表紙に「宗雲寺殿二十一ケ條」の題簽がある。袋綴、全八葉、墨付六葉、前後に白紙一葉がある。半葉一一行書。廿一箇條本文の後、『北條五代記』巻一にみえる左の文章を轉載している。

右之文を愚老見馴し事なれは、則是にしるし侍る者也、相模湯本に宗雲菩提寺を立置給ふ、是を金湯山宗雲寺と號す、宗雲ハ永正十六年乙卯八月十五日逝去なり、法名宗雲寺殿天岳瑞公大居士と名付、此寺靈驗あらたなるかゆへ綸旨を下され、勅願寺と號し、關東第一之名寺也、下萬民に至るまて渇仰のかうへをかたふけすといふ事なし、勅書に言、

當寺爲ニ勅願淨刹一、至ニ佛法紹隆一、宜レ奉レ祈ニ皇家再興一者、天氣如レ此、仍執達如レ件、

天文十一年六月廿四日　　左大辨

爲宗雲寺大隆禪師禪室

如此の靈寺たりといへとも末代に至て破却しなきかことし、みな是むかしかたりと成、今ハ宗雲の寺號計そ殘りける

書寫奥書なし。

四　北條氏茂入道早雲條目〔往本〕（寫）一册　往古令法集本　内閣文庫所藏

『往古令法集』は、諸書より法令家訓の類を集めて一册本としたもので、早雲條目には「見于北條五代見聞集」との細註が首題下に付してある。『北條五代記』が『見聞集』なる書から抄書して成ったものであることは既述の如くであるが、ここにいう『北條五代見聞集』が、果して『五代記』をさすのか、『見聞集』をさしているのか明確でない。

五　早雲寺殿廿一ケ條〔北本〕（寫）一册　北條五代記本

『北條五代記』は木版本（寛永十八年版その他）があって、流布した十巻の本であるが、『早雲寺殿廿一ケ條』はその第一巻「一、伊豆早雲平氏茂由來之事」の後半部分に收錄されている。本文校訂に用いた寛永版には讀點、振假名が付してあり、濁音符を用いている。校合には濁音と淸音との異同の註はすべて省略した。

なお、『鶯宿雜記』巻百三拾九草稿所收「北條早雲廿一ケ條敎之狀」は首題の下に「北條五代記」と註記し、『北條五代記』よりの轉寫であることを明示している。

あとがき

本史料集の第二巻刊行後ちょうど八カ年を經て、ようやくここに第三巻を刊行することになった。この巻から百瀬が編集に加わることになったが、三人の協力を以てして、なおかつ編集に意外に多くの日子を費したのは、一つには收錄すべき家法の數が多く、しかもそれらの大部分に、それぞれ多様な傳本があって、對校と整理に困難をきわめたためであり、また一つには戰國時代の家法、とくに相良氏法度、塵芥集、結城氏新法度に多く見出される難解語彙の解義に多くの時間を要したためでもある。しかもなお、校訂、註解ともに完全とは言いがたく、ことにいくつかの語彙を未考のままに殘さなければならなかったことは、編者非力の結果と言うほかはない。今後の研究と、利用者諸彥の教示によって、將來の補訂を期したい。

この巻の編集についでは大變多くの方々の御世話になった。ことに山田忠雄氏は國語學の見地から主として補註の語彙釋義に有益な示教を與えられ、追補すべき多數の史料を提供せられた。巻末に付した追加補註はほとんど同氏の援助によって成ったものである。ここに特記して銘謝の意を表する。

また、貴重な史料の閲覽利用を許された上野秀文氏、宗像辰美氏、大谷雅彥氏、中村直勝氏の各位、東京大學史料編纂所、同大學附屬圖書館、內閣文庫、宮內廳書陵部、前田家尊經閣文庫、山口縣立山口圖書館、靜嘉堂文庫、明治大學刑事博物館、仙臺市博物館、東北大學附屬圖書館、島原圖書館、九州大學附屬圖書館、東京大學法學部研究室、無窮會神習文庫、神宮文庫、明治大學附屬圖書館、東京大學文學部國語學研究室の諸機關諸文庫、史料の閲覽その他

に格別の配慮を賜わった豊田武氏、田代脩氏、小島鉦作氏、石川卓美氏、島田正郎氏、益田宗氏　和田清馬氏、大石直正氏、九州大學文學部國語國文學研究室、新城常三氏、石井良助氏、田中久夫氏、松平直冨氏、河井勇之助氏、坂本賞三氏、奥野高廣氏、小泉宜右氏、新田英治氏、柴田武氏、圭室諦成氏、菊地勇次郎氏、校訂、註解に有益な示教を與えられた前田金五郎氏、寶月圭吾氏、加藤榮一氏、松村明氏、小山弘志氏、森田誠一氏、乙益重隆氏、松岡久人氏、石島吉次氏、富高武雄氏、沼田一氏、笠松宏至氏、山本大氏、史料の照合、校正を援助せられた勝俣鎭夫氏、石井進氏、笠松氏、龍福義友氏、今井典子氏の各位に深謝の意を表したい。

また岩波書店の山鹿太郎氏、古莊信臣氏、中島義勝氏、保延醇一氏及び印刷所の方々は、編集、校正上の多くの無理を聽きいれて下さったことも、編者の忘れがたいところである。

終りに、本書も第一、第二巻と同じく先年、佐藤が與えられた財團法人風樹會の研究補助、佐藤、池内、百瀬が與えられた文部省の研究助成に對する報告の一部であることを明記する。

昭和四十年六月二十日

佐藤進一
池内義資
百瀬今朝雄

第六刷に當って

四六頁二行「したかひ、かたく[22]」を「したかひて、」と改め、同頁頭注一三行「〇かたく原作有て意改諸本無」を「〇て永本多本無」と改め、三五七頁三・四行の補注22を削る。以上、鈴木滿氏の教示による。

昭和六十二年一月五日

■岩波オンデマンドブックス■

中世法制史料集 第三巻
武家家法 I　　　牧 健二 監修

1965年8月4日 第1刷発行
2005年9月5日 第10刷発行
2019年10月10日 オンデマンド版発行

編 者 佐藤進一（さとうしんいち） 池内義資（いけうちよしすけ） 百瀬今朝雄（ももせけさお）

発行者 岡本 厚

発行所 株式会社 岩波書店
〒101-8002 東京都千代田区一ツ橋2-5-5
電話案内 03-5210-4000
https://www.iwanami.co.jp/

印刷／製本・法令印刷

ISBN 978-4-00-730929-8　　Printed in Japan